악의 상징

PAUL RICŒUR

폴 리쾨르 / 양명수 옮김

LA SYMBOLIQUE DU MAL

악의 상징

PAUL RICŒUR

폴 리쾨르 / 양명수 옮김

LA SYMBOLIQUE DU MAL

문학과지성사
1999

지은이 폴 리쾨르Paul Ricœur(1913~2005)
현상학자이며 해석학자로서 20세기의 가장 중요한 철학자 중 한 명으로 꼽힌다. 서양철학과 신학의 다양한 전통을 수렴한 그의 폭넓은 학문세계는 신화학, 언어철학, 문학비평, 역사철학, 윤리학, 시간론, 분석심리학, 신학, 사회정의론, 정치철학 등 다양한 분야에 영향을 주고 있다. 지은 책으로『해석의 갈등』『살아 있는 은유』『시간과 이야기』(전 3권),『타자로서 자기 자신』『텍스트에서 행동으로』『기억, 역사, 망각』등 다수가 있다.

옮긴이 양명수
이화여자대학교 기독교학과 명예교수. 교토 대학, 제네바 대학, 로잔 대학 등에서 동서양 사상에 대해 강연했으며 자유, 평등, 정의, 인간의 존엄성, 민주주의 같은 보편가치의 관점에서 기독교 신학과 서양철학을 연구하고 소개해왔다. 이화학술상을 수상했으며(2018), 미국기독교윤리학회 SCE의 글로벌 스칼러Global Scholar에 선정되기도 했다(2020). 지은 책으로『마르틴 루터의 정치사상과 근대』『퇴계 사상의 신학적 이해』『폴 리쾨르의『해석의 갈등』읽기』『아우구스티누스 읽기』등이 있다.

우리 시대의 고전 5
악의 상징

초판 1쇄 발행 1994년 3월 5일
초판 3쇄 발행 1995년 7월 20일
재판 1쇄 발행 1999년 9월 10일
재판 11쇄 발행 2025년 6월 30일

지은이 폴 리쾨르
옮긴이 양명수
펴낸이 이광호
펴낸곳 ㈜문학과지성사
등록번호 제1993-000098호
주소 04034 서울 마포구 잔다리로7길 18(서교동 377-20)
전화 02)338-7224
팩스 02)323-4180(편집) 02)338-7221(영업)
전자우편 moonji@moonji.com
홈페이지 www.moonji.com

ISBN 89-320-1101-X

폴 리쾨르의 사상과『악의 상징』

　　오늘날 세상은 새 세상을 준비하고 있다. 서양은 서양대로 우리나라는 우리나라대로 새로운 길을 찾고 있다. 새로운 길이란 새로운 세계관의 정립을 말한다. 서양으로 말하자면 그 동안 문화의 기틀을 이루었던 현대성 (모더니즘)에 대한 반성과 함께 몇 가지 길이 제시되고 있다. 대개 세 가지 방향이 있는 것 같다. 하나는 탈현대주의다. 우리에게도 잘 알려진 자크 데리다와 미셸 푸코, 프랑수아 료타르 등이 그 선봉에 서 있다. 그들은 현대 정신이 고양한 인간의 주체성과 합리성을 제약하고 탈역사를 주장함으로 새로운 인간 해방을 모색한다. 그 맞은편에는 위르겐 하버마스가 있다고 해야 할 것이다. 그는 계몽주의 정신 곧 현대의 합리성을 회복해야 한다고 주장한다. 오늘날 서양의 위기가 기술 합리성에 치우친 데서 비롯되었다고 보고, 기술 합리성의 공헌을 인정하면서도 그것이 초래한 획일화를 치유할 대안으로 상호 행위 *interaction* 곧 커뮤니케이션을 내세운다. 상호 행위야말로 기술 합리성의 일 *arbeit* 과 달리 윤리를 낳는 프락시스 *praxis* 로서 근대 합리성의 핵심이라고 본다. 그리고 이제 제3의 길로 폴 리쾨르의 해석학이 있다고 해야 할 것이다. 리쾨르는 해석학을 밀고 나가 포스트모더니즘이나 하버마스와는 다른 방식으로 현대를 넘어서는 방법을 제시한다.

　　먼저, 우리는 리쾨르의 해석학적 세계관이 항상 윤리력을 견지하고 있음을 분명히해두어야 하겠다. 그는 여러 세미나에서도 그 점을 강조했다. 여기서 윤리라 함은 사람과 사람 사이에서 분출되는 새로움을 가리킨다. 그 새로움은 새 세상을 넘보고 일군다. 새 세상을 향한 역동성은 리쾨르에게서 줄곧 언어의 상징성과 연관되었지만 비교적 최근에 그는 사람과 사람 사이의 문제를 직접 다루었다. 윤리 문제의 핵심으로 들어간 것이다. 그 작업에 있어서 그가 맞상대로 염두에 둔 사상가는 20세기 최대의 윤리학자라 일컬어지는 엠마누엘 레비나스Emmanuel Lévinas 다. 여기서 레비나스의 사상을 소개할 필요는 없지만 리쾨르의 해석학은 윤리 문제로 직접 넘어가면서 레비나스를 만나고, 레비나스를 경청하면서도 그와는 다른 제삼의 길을 간다. 레비나스는 탈현대주의자라 할 수는 없지만(그에게는 언제나 정의론이 핵심이다) 탈현대주의자들에게 다름 *altérité*을 가르친 사람으로 지극히 예언자답다. 리쾨르는 레비나스보다 덜 예언자답지만 차분하고 설득력 있게 인간과 사회를 분석하여 길을 보여준다. 유대인 계통인 레비나스처럼 리쾨르 역시 성서의 영성을 철학의 바탕에 깔고 있다. 여러 학자들이 하이데거의 신론 문제를 다룬 책(*Heidegger et la question de Dieu*, Paris, 1980)의 짧은 서문에서 리쾨르는 "왜 하이데거는 횔덜린을 말하면서 시편과 예레미야에 대해서는 생각지 않는지 모르겠다"고 할 만큼 성서의 영성을 중요시한다. 리쾨르가 그리스도교 영성을 중요시하는 이유는 그리스 철학에 바탕을 둔 서구의 존재론이 윤리성과 책임성을 비껴가는 경향을 지니기 때문이다. 그렇다고 그가 존재의 문제나 존재 철학을 배제하는 것은 아니다. 그 점에서 레비나스나 마리온(Jean Luc Marion: 릴 대학의 주목할 만한 카톨릭 철학자·신학자)이나 탈현대주의자들과 다르다. 그들은 독일의 관념론(3H 곧 헤겔, 후서를, 하이데거)을 동일성의 철학이라고 보고 다른 것을 같은 것으로 보는 것이야말로 폭력이라고 본다. 그리고 보편화 뒤에 숨어 있는 존재론적 구조의 폐쇄성을 파헤친다. 사실 근대 기술 과학은 비슷한 것은 같은 것으로 보는 관점에서 발전했다. 현대는 동일성 또는 정체성 *identity*의 철학에 의지했던 것이다. 그러나 리쾨르는 정체성의 문제를 'la mêmeté'와 'ipseité'로 나누어 자기 정체성 문제를 폐쇄적으로 볼 수 없다고 본다. 그가 말하는 'ipseité'는 타자와의 만남을 통해 형성되는 자기 정체성이다. 그것은 타자 곧 남(가장 다른 것은 다른 사람이다: 레비나스)과의 만남이 원초적으로 반영되어 있지 않은 관념론적 정체성을 배격한다. 동시에 도무지 정체성이라는 것을 인정하지 않은 채 처음부터 다시 출발하는 전적 타자성만 말하는 레비나스의 견해도 배격한다. 그러면서 그 둘이 말하려는 것을 모두 존중한 입장이다. 그 점을 직접 다룬 것이 1990년에 출간된『남 같은 나 *Soi-même comme un autre*』이다.

사실 그의 해석학이 항상 그런 구도에 서 있다. 주관 철학과 객관 철학을 넘는다. 넘되 그냥 쉽게 넘지 않는다. 양쪽을 인정하며 그 둘의 긴장으로 그 둘을 넘는다. 한쪽에서는 데카르트 이후 모든 존재 물음을 주체의 의미 물음으로 바꾼 주체 철학이 있다. 그는 후서를 현상학의 에포케에서 철저한 학문 방법을 배우고 지향성에서 주체 철학을 배웠다. 그리고 칸트와 장 나베르의 영향을 빼놓을 수 없다. 그러나 다른 한편으로 그는 저쪽에서 오는 존재의 신비를 가브리엘 마르셀에게서 배웠다. 그래서 그는 주체 철학을 존중하되 주체의 의식(의식은 의지다)으로 좌우할 수 없는 무엇을 인정하지 않을 수 없었다. 그러한 사고의 결과가 그의 박사학위 논문 『의지적인 것과 비의지적인 것 *Le volontaire et l'involontaire*』(1949)이다.

철학의 주제는 언제나 "주체란 무엇인가?"인데, 근대 관념론이 내세운 자신만만한 주체는 그렇게 수정된다. 그러한 수정에는 실존주의 영향도 있고 구조주의의 영향이 있다. 리쾨르는 구조주의의 공헌을 인정하면서 문제삼는다. 구조주의의 핵심은 레비-스트로스가 선언한 대로 "주체의 제약"이다. 주체 바깥에 있는 어떤 객관적 구조가 주체의 조건을 이룬다는 것이다. 그 구조는 가다머가 말하는 영향사 *Wirkungsgeschichte*에 의한 레벤스벨트에도 들어오지 않는 공시적인 것이다. 통시적인 시대 사건에 따라서도 변치 않는 무엇이다. 그러한 구조주의는 언어학과 밀접히 연관되어 있다. 소쉬르는 랑그와 파롤을 구분하고 파롤의 사건성보다는 랑그의 선험성을 언어의 핵심으로 보았다. 그것은 기호론을 발전시켜 주체 제약에 들어갔다.

그러나 리쾨르가 볼 때 기호론은 언어를 완전히 객관적인 것으로 환원한다. 후서를의 주관적 환원과 방향이 반대되는 또 하나의 환원이다. 그리하여 리쾨르의 언어철학은 랑그보다는 파롤에, 낱말보다는 문장에, 소쉬르의 기호론보다는 뱀베니스트의 의미론에 더 비중을 둔다. 물론 구조주의의 공헌을 인정한다. 그래서 한 낱말의 객관치 없이 문장이 이루어질 수 없고 랑그 없이 파롤이 있을 수 없다. 그러나 한 낱말은 문장 안에서 그 객관치를 뛰어넘어 새로운 의미를 창출하고 파롤은 랑그에 얽매이지 않고 그것을 딛고 넘어선다. 그리하여 리쾨르는 공시성보다는 역사를, 객관적인 구조보다는 주체가 일으키는 사건을 중시한다. 기호론에서 언어는 차이밖에 없어 한 낱말의 뜻은 다른 낱말과 차이로 이루어지므로 기의(시니피에)가 언어 바깥의 무엇을 가리키지 않는다. 그러나 리쾨르는 언어의 지시성 *référence*을 인정하고 그것을 가리켜 언어의 존재론적 특성이라 부른다. 그가 말하는 언어의 존재론적 특성은 상징 이론과 연결되면 세상을 바꾸는 윤리성으로 연관된다. 그처럼 리쾨르의 존재 철학은 상징을 푸는 해석학에 바탕을 둔 것으로 주체를 중시하는 반성 철학의 자리에 서서 주관주의를 넘어서는 역동성을 지닌다. 주체가 주관주의에 갇힐 때 결국 타자성이 배제되고 신비가 사라져 숨막히는 동일성의 이데올로기로 빠져들기 때문이다. 그러한 논의들을 담은 것이 해석학 제1집 『해석의 갈등 *Le conflit des interprétation* 』(1970)이며 텍스트 이론을 행동에까지 발전시켜 사회철학으로 발전된 것이 해석학 제2집 『텍스트에서 행동으로 *Du text à l'action* 』(1986)이다. 한편 그 사이에 나온 『해석에 대하여: 프로이트 연구 *De l'interprétation: Essai sur Freud* (1965)는 의식을 중심으로 전개된 주체철학을 제약하는 프로이트의 무의식을 상징 이론으로 연결시켜 해석학으로 끌어들이고 있으며 『살아 있는 은유 *Le métaphor vive*』(1975)는 본격적으로 언어의 상징성을 탐구한 책이다. 한편 말뿐 아니라 행동까지 해석해야 할 본문으로 본 그의 해석학은 마침내 인간의 시간 체험을 이야기와 연결시킨 거대한 시간론을 정립한다. 그것이 세 권에 걸친 『시간과 이야기 *Temps et récit* 』(1983~1985)이다. 이렇게 해서 그의 언어철학은 이야기론이 된다. 시간 체험은 삶의 체험이며 삶이란 행위로 이루어지고 이야기는 그런 행위의 모방이다. 행위의 모방인 이야기는 줄거리를 통해 삶의 단편들을 모으고 엮지만 이른바 사실과는 언제나 거리가 있다. 이야기 전체가 하나의 상징이 되며 그 점에서 모든 이야기(역사를 포함)는 픽션이다. 픽션이 갖는 거리, 리쾨르에게 있어서 거리는 상징성이고 따라서 창조적 거리다. 이야기는 새 세상을 향한 희망이다. 인간의 시간은 할 얘기와 함께 경험되며 이야기와 함께 경험되는 한, 시간 체험은 절망 속에서도 희망의 체험이다. 리쾨르의 시간론은 이미 인류의 미래를 위한 귀한 메시지로 주목받고 있으며 20세기에 하이데거의 『존재와 시간』이 감당한 역할을 21세기에 감당할 것으로 보인다. 한편 리쾨르의 정치철학은 두 권으로 된 『강의 *Lectures*』(1992)에 실려 있다.

『악의 상징』(1960)은 리쾨르가 본격적인 해석학자로 자리잡기 전 현상학에서 해석학으로 넘어가는 과정을 생생하게 보여준다. 특히 이 책의 서론과 결론이 그 점을 보여준다. 악의 문제를 택한 것은 인간의 가장 원초적 체험이기 때문이다. 먼저 현상학적 되풀이를 통해 악의 고백을 찾아낸다. 그 고백들은 사유되지 않은 부르짖음이요, 탄식이요, 두려움의 외침이다. 그처럼 고백을 통해 체험은 언어 속으로 들어온다. 그 언어들은 상징 언어요, 일차 상징들이다. 자기 이해를 물리적인 표현으로 한 것들이다. 그러한 일차 상징의 해석이 신화다. 그러므로 신화는 2차 상징이다. 신화의 해석이 반성 철학의 합리적 진술이다. 그 상징을 거치지 않고 바로 반성된 결론으로는 악의 현실을 이해할 수 없다. 악의 고백이나 신화는 생각할 수 없는 것을 드러내기 때문이다. 그러므로 일차 상징까지 거슬러 올라가야 한다. 그리고 거기서부터 해석의 작업을 한다. 그때에 악의 가능성이 아닌 (성급한 반성은 악의 가능성만 알려줄 뿐이다) 악의 현실성을 생생하게 알 수 있다. 인간의 현실 그것은 해석학을 통해 얻어진다. 그리고 그 해석은 결국 상징을 해석하는 것인데, 어떤 전이해가 있게 마련이다. 여기서 해석학적 순환이 생긴다. 전이해가 있다는 것은 이미 내가 어디에 속해 있다는 것이다. 내가 의도하지 않은 저쪽으로부터의 계시 속에 내가 개입되어 있음을 가리킨다. 그처럼 전이해가 있어야 해석이 가능하다는 것은 '믿어야 안다'는 것이다. 그러나 알지 못하면 믿을 수 없다. 내가 주체로 해석할 때 그 전이해가 작동하는 것이다. 결국 해석학적 순환이란 "믿어야 안다, 그러나 알아야 믿는다"고 하는 전통적인 그리스도교 신학의 명제와 같이 간다.

이 해석학적 순환이 어떻게 근대의 합리성을 극복하고 새로운 세계관을 형성할까? 해석도 생각으로 하지만 생각에는 두 가지가 있다. '생각나는 생각'이 있고 '생각하는 생각'이 있다. 근대 이후 주체 철학은 의식적으로 '생각하는 생각'으로 모든 것을 요리했다. 그것은 자율적 인간의 책임성을 고양하는 데 공헌했다. 그러나 상징의 해석은 생각나는 생각이 없이 불가능하다. 상징이 스스로를 드러내면서 일으키는 직접적인 생각 없이 생각하는 생각은 불가능하다. 후자는 믿음의 차원 곧 존재가 내게 말하는 차원이다. 전자는 반성의 차원 곧 존재 물음이 의미 물음으로 바뀌는 차원이다. 결국 리쾨르의 상징론은 근대 합리성의 역할을 중시하면서도 존재의 신비를 실존의 또 한 축으로 삼아 둘 사이의 역동적 순환을 본다. 그리하여 결론에서 말하는 대로 그의 해석학은 현대의 산물이지만 현대를 극복하게 해준다.

한편 그러한 해석학의 문제를 떠나서라도 이 책은 악의 문제에 관한 고전으로 꼽힌다. 그 방면에서 우리의 지식을 넓혀주고 인식을 새롭게 해준다. 물론 서구인의 체험을 다룬 책이다. 그러나 악의 세 차원의 문제는 우리의 경험에도 상당히 비슷하게 해당되지 않을까 한다. 흠 *le souillure*과 죄 *le péché*와 허물 *la culpabilité*은 오늘날까지 우리의 악의 체험에 섞여 있다. 흠은 금기와 터부로 이루어진 원시 종교의 악체험이다. 죄의식은 인격적인 존재와의 관계 단절의 체험으로 누구에게나 '들어 있는 악'이다. 허물은 죄가 내면화되고 세분화되어 '저지르는 악'이다. 그것은 합리성의 차원에서 측정되는 악 곧 사회 규범을 어기는 문제다. 그러므로 죄와 달리 허물은 개인에 따라 정도의 차이가 있다. 윤리는 죄의식에서부터 가능하다. 만일 우리가 악의 문제를 주로 흠의 차원으로 이해한다면 아직 원시 종교의 상태를 벗어나지 못한 것이다. 그때에는 자신의 깊은 회개 없이 겉에 붙은 때를 제거하듯 주술적으로 해결하려 한다. 한편 허물은 죄의식의 발전이다. 그러나 죄의식 없는 허물 의식은 율법주의의 폐쇄성에 빠진다. 도덕 규범을 지킴으로 스스로 의인이라고 생각하게 된다. 서로 정죄하고 정죄받는 피곤한 사회가 된다. 그러므로 내게 '들어 있는 악'에 대한 인식이 있어야 한다. 그때에 민족의 뿌리깊은 회개가 가능하다. 죄의식은 우리의 뿌리깊은 악을 드러냄으로 회개도 뿌리깊어야 함을 가르쳐준다. 뿌리깊은 회개는 뿌리깊은(래디컬한) 개혁의 요청을 듣는다. 자신과 사회의 개혁이다. 물론 개인화된 허물 의식의 발달 없이 죄의식은 잘 발달 안 된다. 우리 사회의 문제도 거기에 있다. 잘못한 사람의 잘못을 가려 그에 합당한 벌을 주려고 할 때 "주머니 털어서 먼지 안 날 놈 있나?"는 논리로 바라본다. 재수 없어 걸렸다는 생각이 짙다. 그것은 오랫동안 사회 정의가 왜곡된 데서 오는 반발이다. 그리하여 누구에게나 있는 뿌리깊은 죄의 문제가 우리 사회에서는 자신의 회개의 차원으로 발전되지 않고 자신의 잘못을 변명하는 차원으로 발전된 경향이 있다. 그렇게 되면 삶의 토양이 척박해진다. 한편으로는 합리적인 사회 규범을 의식하는 책임적 허물 의식이 필요하고, 다른 한편으로는 래디컬한 개혁성을 잃지 않기 위해 종교적인 죄의식이 필요하다. 전자는 도덕의 문제요 후자는 신앙의 문제다. 신앙은 도덕을 폐하지 않고 완성한다. 독자들은 이 책을 통해서 자신과 우리 사회를 위한 이러저러한 중요한 통찰력을 얻으리라고 믿는다.

프랑스에 있는 동안 역자의 사회철학 공부에 가장 영향을 많이 준 사람이 폴 리쾨르와 엠마누엘 레비나스다. 레비나스 저서의 예언자적 정열과 리쾨르 저서의 차분한 설득력이 준 무한한 감동과 학문적 충동을 잊을 수 없다. 학위 논문 심사의 부심에도 이 두 분의 제자 교수들이 참여했다. 『악의 상징』을 출판함에 있어 그분들과 (주)문학과지성사의 관계자 여러분들께 감사한다. 그리고 오암 정영식님의 우정과 격려에 늘 감사한다.

1994년 2월 잠실에서

양 명 수

차 례

제 I 부

일차 상징: 흠 · 죄 · 허물

서 론
'고백'의 현상학

1. 사유·신화, 그리고 상징

악의 가능성이 어떻게 해서 악의 현실성으로 될까? 잘못을 저지를 수 있다는 가능성이 어떤 방식으로 잘못된 현실 행위로 되는 것일까?

그 과정을 생생하게 잡아보려 한다. 종교 차원의 '고백'을 우리가 되풀이해봄으로써 그 과정이 생생한 행위의 현장 한가운데서 포착될 것이다.

그러한 되풀이는 상상력과 공감대를 통해 이루어진다. 그렇다고 해서 철학의 사유가 우리의 작업 밖으로 밀려나는 것은 아니다. 철학이 무엇을 하는지 눈여겨보아야 한다. 그 되풀이가 어떻게 철학 쪽의 논의에 수용되는지 보아야 한다. 유한과 무한의 변증법으로 푸는 철학의 인간론 속에는 고백의 되풀이 작업이 끼여들어 있다. 그 문제는 이 책에 이어 나올 다음 책에서 제대로 다룰 것이다. 그 문제가 어떤 방향으로 풀릴지 이 책 끝에 가면 가닥이 잡히리라.[1]

종교 심성에서 나오는 악의 고백, 그것을 '되풀이'하는 작업이 철학을 배제하지 않을 뿐 아니라 그 '고백'이라는 것이 이미 철학의 관심 영역에 속해 있다. 왜냐하면 고백은 '말'이기 때문이다. 사람이 자기에 대해 한 말이다. 모든 말은 철학 차원의 언어로 '재생'될 수 있고 또 그렇게 되게 되어 있다. '되풀이'는 이미 종교 체험의 영역은 아니고 아직 철학 영역도 아닌데, 그러한 되풀이가 철학에서 차지하는 위치에 대해서 조금 후에 말

---

1) 책의 결론 부분 「상징은 생각을 불러일으킨다」 참조.

해보자. 우리가 악의 고백이라고 부른 그 말들이 '말하는' 것을 보자는 얘기다.

'고백'에 대해 고찰하되 가장 합리성을 따라 정립된 고백으로부터 출발하고 싶은 유혹이 있을 수 있다. 합리성이라는 것은 그만큼 더 잘 '설명'할 수 있는 능력이고 따라서 철학 언어에 더 가까울 것이라는 기대에서 그런 생각을 한다. 그래서 흔히 생각하기를 철학 쪽에서 악의 문제에 대해 손을 대려면 나중에 어거스틴이 정립한 '원죄론'에서 시작해야 한다고 본다. 대부분의 고전 철학이나 현대 철학이 그처럼 신학에서 정립된 개념을 중시한다. 그래서 인간의 잘못을 철학 문제로 고찰하려 할 때 흔히 원죄론을 비판 검토하는 것 정도로 생각한다.

그러나 사실 원죄의 개념만큼 곧바로 철학 사유와 연결시키기 어려운 것은 없다. 합리성을 띤 그 겉모습에 기만당하기 쉽다. 오히려 철학 쪽의 이성이 끼여들어 작업을 시작할 곳은 가장 덜 정립되어진 최초 고백의 표현이다. '사변에서 나온' 표현으로부터 '저절로' 나온 표현으로 거슬러 올라가야 한다. 특히 앞으로 마음에 새겨둘 것은 원죄 개념은 그리스도교 죄 경험 주기의 처음에 있지 않고 맨 끝에 있다는 점이다. 또 원죄론이 제공하는 해석은 그리스도교의 죄 체험을 합리성에 맞게 설명하는 여러 가지 방식 가운데 하나일 뿐이라는 점도 명심해야 한다. 또 하나 가장 중요한 사실이 있다. 전통에 의해서 계승되어져 그리스도교 인간론의 밑바탕이 된 원죄론은 영지(그노시스)적인 것과 관련을 맺고 있다는 사실이다. 신의 신비와 인간 운명의 신비를 '알아내려' 한 영지주의 관심이 판을 치던 시대의 산물이다. 그렇다고 해서 원죄가 영지주의 개념이라는 말은 아니다. 오히려 반−영지주의 개념이다. 그러나 원죄론도 영지주의자들과 똑같은 방식으로 합리성을 따라 설명을 시도했다는 점에서 영지주의 시대의 산물이다. 영지주의자들이 그들의 원초적 이원론, 지혜(소피아)의 타락 또는 인간 이전의 어떤 실체의 타락에 관한 생각(철학 차원이라고도 할 수 없는) 따위를 어떤 '앎'의 도식으로 체계화한 것과 똑같은 방식으로 그리스도교의 뿌리깊은 죄 체험을 이치에 맞게 설명해보려 한 것이 원죄론이다. 우리가 가장 잘 합리화된 고백 형태에서 출발하지 않는 이유가 거기에 있다. 곧 영지주의 같은 거짓 철학의 오염을 막기 위해서다.

사변에서 어디로 가는가? 곧바로 생생한 체험으로 가는가? 아직 이르다. 사변 뒤, 즉 영지주의와 반영지주의 뒤에는 '신화'가 있다. 신화에 대해서는 오늘날 종교사 분야에서 밝혀놓은 것과 같다. 우화성이 있다 해서 신화를 그냥 거짓으로 넘겨버리면 안 된다. 어떤 사실에 대한 잘못된 설명으로 보면 안 된다. 신화란 태초의 사건에 대한 전승된 이야기로서 오늘날 예배 행위의 바탕을 이룬다. 그리고 인간의 자기 이해를 가능케 하는 모든 사고와 행위의 틀을 결정한다. 오늘날 우리 현대인에게 있어서 신화는 그냥 신화일 뿐이다. 비판 정신을 따라 현대인은 신화의 시간을 실제 역사와 연결하지 않으며, 신화에 나오는 어떤 장소가 지금의 지리 공간 중 어떤 곳을 가리킨다고 믿지 않기 때문이다. 그래서 신화는 더 이상 어떤 사실의 설명이 될 수 없다. 그리하여 신화에서 어떤 최초 사실에 대한 설명을 캐보려는 의도를 버려야 한다는 것이 비신화화 *démythologisation* 의 주제다. 그러한 비신화화는 필요하다. 그러나 그처럼 설명의 기능을 상실한다 해도 신화는 어떤 시각을 열어준다. 사람에 대해 무엇을 탐구하고 이해하게 하는 시각을 열어준다. 즉 신화에는 사람과 성스런 무엇 *le sacré* 과의 관계를 발견하고 밝히는 능력이 들어 있다. 나중에 우리는 그것을 신화의 상징 기능이라 부를 것이다. 신화는 그처럼 양면성을 지닌다. 과학의 세계관 앞에서 비신화화되지만 다른 한편으로는 상징이라고 하는 엄숙한 기능을 가진다. 그리하여 신화는 오늘날 사고 방식의 한 차원을 이루고 있다.

무엇이 발견되고, 밝혀진단 말인가? 이 책에서 신화에 대해 일반론을 전개하고 싶지는 않다. 악의 처음과 끝에 대해 말하고 있는 신화만 살필 것이다. 그처럼 연구 범위를 제한하지만 결국은 조금 전에 말한 대로 사람과 성스런 무엇과의 관계를 드러내는 신화의 기능에 대해 더 분명하게 알게 될 것이다. 악——흠이나 죄——이란 그 관계의 '위기'와 같은 것이요, 그래서 예민한 부분이다. 연구 범위를 처음과 끝에 관한 신화로 좁힘으로써, 우리는 폭이 넓지는 않아도 깊이가 있는 이해를 얻을 것이다. 왜냐하면 악이란 성스런 것과의 위기 체험이며, 사람과 성스런 무엇의 관계가 단절될 위협을 느낀다는 것은 그만큼 사람이 성스런 무엇의 힘에 의존하고 있다는 말이기 때문이다. 한편, 관계 '위기'의 신화는 '통합'의 신화이기도 하다. 곧, 그런 일들이 어떻게 시작되었고 어떻게 끝날 것인가 하는 얘기를 통해 사람에게 전체를 보는 시각을 주어 방향을 잡게 한다. 결국 신화는 회상과 예측을 통해 인간 현실에 대한 총체적 이해를 가져다준다.[2]

그러면 이제 우리는 맨 처음에 악의 기원과 종국에 대한 신화를 해석해 들어갈 것인가? 아니다. 아직 이르다. 사변에서 신화로 내려갔지만 다시 더 낮은 차원의 체험 세계로 내려가야 한다. 영지보다 그리고 어떤 이야기보다도 더 밑에 있는 차원으로 말이다. 성서의 타락 이야기는 이스라엘 예언자들의 선포보다 더 오래 된 전승에서 나왔지만 후대 경건한 유대인들의 죄 체험에 바탕을 두고 얘기가 펼쳐지고 있다는 점을 알아야 한다. 신화의 뿌리는 역시 제사 의식에 나오는 '죄의 고백,' 예언자의 '공의Justice et le droit' 호소에 있다.

그리하여 사변의 산물인 원죄론에서 타락의 신화로, 다시 타락의 신화에서 죄의 고백으로 거슬러 올라간다. 타락의 신화는 유대—그리스도교의 죄 관념 형성에 그다지 큰 구실을 하지 못한다. 그래서 거의 모든 구약성서 기자들이 인간의 악의 역사 맨 처음에 등장하는 아담이라는 인물을 다루지 않고 있다. 성서에는 믿음의 아버지요 이스라엘의 조상인 아브라함과 대홍수 이후 인류의 아버지인 노아가 더 많이 나온다. 그랬다가 바울이 그리스도를 제2의 아담으로 놓고 봄으로써 아담이 다시 등장했던 것이다. 게다가 아담의 사건을 그리스도의 '사건'과 비슷하게 보게 되었다. 제2의 아담이 역사성을 지님에 따라 첫번째 아담도 역사성을 갖게 되고 무엇보다 그리스도처럼 한 인격으로 여겨지게 되었다. 그처럼 바울은 아담 상징을 그리스도론 차원에서 풀었기 때문에 타락 이야기의 비신화화를 시급한 문제로 만들었다.

그런데 그 상징의 차원은 신화가 말하는 체험을 '되풀이'할 때 얻어지는 것이다. 거기까지 파고들어가야 한다.

그러나 도대체 그 되풀이가 가능한가? 신화와 사변에 매개자의 역할을 인정했지만 그것들이 방해자가 되지 않을까? 다시 말해서, 신화와 사변보다 더 밑에 있는 세계를 재현해보려는 우리의 노력에 오히려 신화와 사변

---

2) 신화에 대한 이론은 Ⅱ부 서론을 보라.

이 걸림돌이 되지 않겠느냐 하는 말이다. 언어가 없다면 그럴 수도 있다. 만일 신화와 사변 밑이 더 이상 언어의 세계가 아니라면 우리의 모험은 헛되리라. 그러나 그런 일이 있을 수 없다. 거기에는 '고백'의 언어가 있다. 신화의 언어 그리고 사변의 언어는 그 고백의 언어가 2차, 3차 거친 것이다.

고백은 체험의 표현인데 그 체험은 세 가지 특성을 지닌다. 갈피를 모르고, 복잡하고, 물음투성이인 그런 체험이다.

먼저, 그 체험은 갈피를 모르는 체험이다. 아직 무슨 느낌에 사로잡혀 두려움과 걱정에 싸여 있다. 거기서 고백이라는 얘기 형태가 나와 느낌이 객관 세계에 들어온다. 결국 고백이란, 느낌을 밖으로 밀어내는 것이다. 그런 작업이 없다면 느낌은 스쳐가는 인상처럼 그야말로 그냥 느낌에 그칠 것이다. 언어는 느낌을 비추는 빛이다. 고백의 언어는 무슨 잘못에 대한 의식을 비추어 말이라고 하는 밝은 세계로 끌어낸다. 고백을 통해 사람은 어긋나고 힘들고 어려운 삶의 체험 한가운데서조차 말하는 존재로 남는다.

그 다음, 그 체험은 복합성을 띤다. 흔히 생각하는 것과 달리 죄의 고백이 드러내는 체험은 그리 단순하지 않다. 몇 단계의 체험이 얽혀 있다. 먼저, 우리가 '허물'이라고 부를 수 있는 것이 있는데, 그것은 한 인격이 느낀 죄 경험이며 가장 발전된 단계의 것으로서 내면화되고 개인화된 형태다. 그보다 좀더 앞선 것으로 '죄'가 있다. 죄의 느낌은 개인이 아닌 '모든 사람'이 겪는 것으로서 신 앞에 선 사람의 현실을 가리킨다. 바로 그 죄의 이야기를 입구로 삼아 신화가 세상 속에 모습을 드러내는 것이다. 사변을 통해 원죄 교리로 확립하려는 노력도 바로 그 죄의 문제에서 비롯된다. 그러나 죄도 그것보다 더 근원에 가까운 체험인 '흠'이 극적으로 바뀐 것이다. 흠은 바깥에서 가한 흠집과 같은 것이다. 이처럼 허물·죄·흠, 이 셋이 바탕에 있어 체험의 다양성을 이룬다. 따라서 그 경험은 갈피를 못 잡는 느낌에 머물지 않고 여러 가지 의미가 엇갈리며 까다로워진다. 그래서 다시 한번 언어가 필요해진다. 다시 말해, 잘못을 느끼는 의식 밑에 흐르는 갈등을 밝혀 드러내는 일을 언어가 한다는 말이다.

죄의 고백이 나오는 체험은 그 체험 자체가 야릇하기 때문에도 언어를 불러온다. 자기 자신이면서 동시에 자기로부터 소외되는 체험은 곧바로 물음 형태의 언어 차원이 된다. 죄가 자기에 대한 소외라고 볼 때, 그 체험은 자연 현상보다 훨씬 더 놀랍고 혼란스럽고 물음투성이가 된다. 그래서 그것은 모든 의문 형태의 사고가 비롯되는 근원지다. 바빌론 유폐 당시지은 시에서 성도는 이렇게 묻는다: "주님 언제까지니이까? 도대체 내가 누구에게 죄를 지었습니까? 무슨 죄를 지었단 말입니까?" 죄는 나로 하여금 나를 이해하지 못하게 한다. 하나님은 숨었고 세상 돌아가는 일은 더 이상 의미가 없다. 바로 그 물음의 선상에서, 다시 말해 무의미의 위협에 맞서기 위해 신화는 "어떻게 악이 시작되었나"를 얘기하는 것이다. 또 영지주의에서 유명한 물음, "악이 어디에서 오는가 πόθεν τὰ χαχά"를 묻고 여러 가지 설명 방식을 동원한 것도 그래서이다. 사람이 물음을 묻게 되는 가장 중요한 계기가 바로 죄이리라. 그리고 덜 영근 대답을 주절주절 늘어놓는 것도 죄의 물음을 앞에 놓고 있는 일이다. 신화나 영지주의에서 답이라고 내놓는 것이 우리 시대에 잘 맞지 않는 게 사실이다. 그러나 사람의 가장 강렬한 체험 즉 죄를 지어 버림받았다는 그 체험이 의문투성이라고 하는 바로 그 이유 때문에라도 죄의 문제는 다시 연구되고 이해되어야 함을 신화나 영지주의가 말하고 있다고 보면 된다. 마치 칸트가 사람의 당혹감으로부터 오히려 이성의 무조건적 권능을 내보였듯이 말이다.

그러한 세 갈래 길을 따라, 잘못에 대한 체험은 언어를 수반한다. 그 언어는 갈피를 못 잡는 체험이지만 표현해보고자 하는 언어요, 체험들 사이의 갈등과 변화를 드러내려는 언어이며, 소외의 체험에서 오는 놀라움을 밝히려는 언어다.

히브리나 헬라 문학에 보면, 잘못에 대한 의식이 실존 상태에서 터져나오도록 푯대를 꽂는 언어가 새로 생겨나는 모습이 드러나 있다. 우리는 그처럼 언어가 생겨나는 동기를 다시 발견함으로써 흠에서 죄로 다시 허물로 가는 과정을 되풀이해볼 것이다. 잘못을 나타내는 히브리말이나 헬라말들은 우리를 생생한 체험의 세계로 인도할 만한 지혜를 나름대로 품고 있기 때문이다. 따라서 우리는 악의 신화 밑으로 파들어갈 때 말로 할 수 없는 무엇에 마주치지 않고, 계속 언어를 타고 가게 된다.

게다가 잘못을 가리키는 어휘들의 의미를 분석함으로써 신화의 해석학으로 가는 준비 훈련을 할 수 있다. 그 작업은 이미 그 자체로 해석학이다. 왜냐하면 "원초에 가장 가깝고 신화에 가장 먼 언어는 이미 상징 언어"이기 때문이다. 곧, 흠은 때라고 하는 상징으로 얘기되며 죄는 무슨 과녁을 빼먹었거나 길이 비뚤어졌거나 무슨 한계를 넘은 것 따위의 상징으로 얘기된다. 짧게 말해, 잘못을 가리키기 위해 특별히 사용되는 언어는 돌아가는(우회하는) 형상 언어다. 여기에 꽤 놀라운 사실이 있다. 사람의 마음속에 있는 자아 의식은 상징을 통해 형성된다는 점이다. 그리고 그 1차 상징이 저절로 해석학을 일으키는 단계에 가서야 추상 언어가 생긴다. 그러한 사실이 얼마나 중요한 뜻을 지니는지는 나중에 살펴보자. 당분간 다음에 만족하자. 곧 영지주의에서 신화로, 신화에서 다시 잘못을 고백하는 작품 속에 들어 있는 최초의 상징적인 표현들로 거슬러 올라가며 상상력과 공감대를 가지고 '되풀이'할 때, 그 되풀이는 언어 바탕에서 이루어진다는 점이다. 그러한 틀 속에서 신화와 영지는 2차, 3차 상징으로 보게 된다. 그리고 그것들은 1차 상징에 비추어 해석될 것이다.

따라서 우리는 고백이라고 하는 맨 밑의 언어, 신화라고 하는 발전된 언어 그리고 영지 혹은 반(反)영지의 정립된 언어를 모두 한 묶음으로 보아야 한다. 사변이 저 혼자 따로 놀 수 없다. 신화도 2차의 것에 지나지 않는다. 그러나 동시에 2차와 3차의 정립을 거치지 않고 잘못을 직접 느끼는 그런 의식도 없다. 고백과 신화와 사변 사이의 돌고도는 원을 이해해야 한다.

따라서 우리가 생생한 체험에서 해석을 시작해보겠다고 해도 그 체험은 겉보기와는 달리 추상된 것임을 잊으면 안 된다. 교육을 위하여, 큰 의미 묶음에서 갈라져나와 다시 엮어진 것이기 때문이다. 또 그 체험은 결코 바로 가 닿는 것이 아님을 잊으면 안 된다. 일단 체험을 '말했다'는 것은 1차 상징, 즉 신화와 사변을 통해 거듭 나타나는 1차 상징을 거치지 않고는 있을 수 없는 일이기 때문이다.[3]

---

3) 이 책에서는 신화 이상의 단계는 다루지 않기로 한다. 사변 차원에서의 상징 문제는 다음 책에서 다루기로 하자. 영지는 철학과 맞붙어 논의될 만한 것일 게다. 그러므로 그 문제는 잘못의 '철학'에서 다루어져야 한다.

2. 상징의 기준

고백은 언어로 이루어진다고 말했다. 그런데 언어는 본질상 상징성을 띤다. 따라서 고백을 자기 의식 안으로 끌어들이려는 우리의 철학은 큼직큼직하게나마 상징의 기준을 세울 필요가 있다.

상징을 직접 현상학의 지향성을 따라 분석하기 전에 상징이 출현하는 몇 가지 영역을 나누어야 하겠다. 옛 바빌론이나 이스라엘에서 죄를 고백한 말들을 살피면서 느끼는 것이지만, 반성된 사고에서 사용하는 상징을 이해하려면 좀더 원시 형태의 상징으로 거슬러 올라가지 않으면 안 된다. 반성 의식의 밑바탕을 이루는 그 원시 상징은 세 영역으로 나누어진다. 성스러움이 드러나면서(히에로파니) 생기는 우주 상징, 밤에 꿈이 만들어내는 상징, 끝으로 싯말〔詩語〕이 만들어내는 상징, 이렇게 세 차원이 있다. 우주와 꿈과 시, 상징의 이 세 가지 차원은 모든 상징 안에 들어 있다. 뒤에 살펴볼 상징들(흠 · 빗나감 · 헤맴 · 쫓겨남 · 무거운 짐)은 상징의 이 세 가지 기능과 연관해야 이해할 수 있다.

사람이 성스러운 무엇 *le sacré* 을 읽어내는 것은 이 세상 위에서이다. 세상에 있는 여러 사물들 곧 해와 달과 물과 나무 따위를 통해서이다. 말로 된 상징은 알고 보면 성스런 무엇의 드러남 곧 히에로파니 *hiérophanie* 와 연결되는데, 그 성스런 무엇은 우주를 이루는 조각조각의 사물들 속에서 드러난다. 그 사물은 자기 본래의 모습을 뛰어넘어 무한한 의미를 품는다. 그리고 우주가 사람 사는 곳이라는 *anthropocosmique* 의식을 가능하면 많이 품어내려 한다.[4] 그러므로 무엇보다 먼저 해 · 달 · 물과 같은 우주의 구성 요소들이 상징이 된다. 그렇다면 우주적 차원의 상징은 언어 이전이요 언어와 관련 없다고 할 수 있을까? 결코 그렇지 않다. 그 사물들이 상징이 된다는 것은 그 존재를 통해 무슨 의미있는 의도를 실현한다는 것이다. 곧 생각을 불러일으키기 이전에 말로 하게 하려는 의도다. '사물'을 통해 '드러나는' 상징은 '말'을 통해 '뜻하는' 상징의 모태 역할을 한다.

---

4) Eliade, *Traité d'Histoire des Religions,* Paris, 1949, p. 385.

하늘을 가리켜 말했다면(비교현상학의 방법을 쓴 엘리아데가 처음 든 예) 결코 거기서 끝나지 않는다. 하늘이 성스런 무엇을 '드러낸다'는 말은 하늘이 매우 높고, 위대하며, 힘과 질서이며, 명철과 지혜이며, 불변을 '뜻한다'는 말과 똑같다. 사물을 통해 드러남은 끝없는 애기를 낳는다. 드러남과 뜻함은 철저히 동시에 서로서로 발생한다. 상징 역할을 하는 사물 하나하나에는 우주 세계와 윤리와 정치에까지 뻗치는 다함 없는 의미 뭉치가 대응하는 것이다. 사물로 된 상징은 말로 된 상징을 무수히 낳고 말로 된 상징은 다시 우주의 독특한 드러남 속에 뭉쳐 있다.

따라서 잊지 말아야 할 사실이 있다. 앞으로 우리는 말로 된 상징과 자아의 상징만을 알게 될 텐데, 그 상징들이 좀더 세련되고 지성화된 의식 형태에 비하면 꽤 원초적으로 보이지만, 이미 우주 상징의 뿌리에서 갈라져나온 것임을 잊어서는 안 된다. 한편 앞으로 우리가 흠의 상징에서 죄의 상징으로 그리고 다시 허물의 상징으로 가는 것은 점점 상징의 우주적 뿌리에서 멀어져가는 것이다. 흠의 상징은 우주 차원에서도 아직 나타난다. 흠이 있는 것과 성스러운 것은 서로 맞먹는다. '존재론적 구조'는 흠이 지니는 특징이지만, 그보다 먼저 성스런 무엇의 나타남 곧 히에로파니가 가져오는 구조다. 나중에 흠이 상징하는 영혼의 위험은 그보다 먼저 금기의 어떤 '사물'이 경고하는 위험 바로 그것이다. 여기서 위험을 알리는 사물이란 속된 손이 닿지 못하도록 금지되어 있고 오직 제사 의식을 준비하고서만 가까이할 수 있는 어떤 물건을 가리킨다. 터부가 바로 그것이다. 곧 접촉이 가져오는 위험을 피하기 위해 금지되고 격리된 사물·행위·사람의 상태가 터부다. 흠의 상징이 다함 없고 결코 없어지지 않는 것은 그것이 우주의 성스러움에 뿌리를 내리고 있으며, 이 세상에 있는 야릇하고 두려운 모든 것——사람을 끌기도 하고 밀어내기도 하는——에 잇대어 있기 때문이다. 나중에 살피겠지만, 흠보다 더 역사성을 띠고 덜 우주다운 죄의 상징 또는 허물의 상징은 그 모양새(이미지)가 두텁지 않고 빈약한데 좀더 근원에 가까운 흠의 상징을 취하거나 변형함으로써 그런 점을 보완한다. 흠의 상징성이 풍요로운 것은 나중에 내면화될 때까지도 그 뿌리를 우주에 두고 있기 때문이다.

우리가 상징의 제2차원 곧 꿈의 차원을 들여다보면 반성 의식에까지 닿아 있는 우주의 소리가 덜 들리게 된다. 꿈속에서 우리는 사람됨을 이루는 가장 기본되는 상징들의 기능이 '우주적인' 것에서 '정신적인' 것으로 옮겨감을 본다. 만일 종교현상학에 따른 히에로파니와 프로이트나 융의 정신분석학에 따른 꿈의 차원(프로이트가 말하는 대로, 적어도 개인적인 삶의 투사를 넘어서고 한 주체의 사적인 고고학을 넘어서 문화라고 하는 공통의 장 또는 전인류의 민속 속에서 활동하는)을 서로 반대되는 것으로 본다면 상징이 사람과 전체 존재의 연관을 뜻한다는 사실을 결코 이해할 수 없으리라. '우주'에 '성스러운 것'을 드러내는 것과 '영' 속에 성스러운 것을 드러내는 것은 똑같은 것이다.

그러한 꿈의 상징을 어린애 같은 본능으로 이루어진 정신 부분이 변형된 것으로 보는 해석과 거기서 우리의 발전과 성숙의 가능성을 내다보는 해석 사이에서 양자택일할 필요는 없다. '뒤로 가는 것'은 '앞으로 가는' 길이며 우리의 잠재력을 개발하는 길이다.[5] 우리는 뒤에서 그런 해석 방법을 취할 것이다. 그러기 위해서는 '단계'(자아·이드·초자아)를 말하는 프로이트의 메타심리학과 융의 메타심리학(에너지론·원형론)을 뛰어넘어 여러 형태의 환자를 다루는 프로이트의 치료법과 융의 치료법으로 직행해야 할 것이다. 우리의 과거로 되돌아감으로써 물론 우리는 인류의 근원으로 되돌아갈 것이다. 그처럼 이중으로 후퇴함으로 우리는 우리 자신을 발견하고 앞을 내다볼 수 있게 되리라.

상징은 그처럼 '자기 자신이 되는 데' 길잡이가 된다. 그런 상징 기능은 성스런 무엇의 드러남을 통해 작용하는 '우주적' 상징 기능과 한데 묶여져야 한다. 우주와 영은 표현의 두 기둥이다. 나는 세상을 표현하면서 나를 표현한다. 세상의 성스러움을 밝혀냄으로써 나는 내게 있는 성스런 것을 캐낸다.

그런데 우주적이고 영적인 이 두 겹의 '표현'은 제삼의 상징꼴인 시적 상상력을 통해 보완된다. 그러나 오해는 말자. 환상과 상상력은 구분해야 한다. 흔히 환상이라면 실재하지 않는 것을 그림으로 그려놓은 것을 가리

---

5) Heinz Hartmann, *Ego Psychology and the problem of adaptation*(1939), in David Rapaport, *Organization and pathology of Thought*, Columbia University Press, 1951.

키니 말이다. 그것은 지금 있지 않은 무엇을 그대로 그려내어 '지금 있는 것'으로 만들려 한다는 점에서 사물에 상당히 의존하고 있다. 그러나 시의 상상력은 사물을 그리는 그림보다는 말에 가깝다. 바슐라르Bachelard가 꼭집어 말했듯이 시적 상상력은 "우리를 말하는 존재의 본바탕으로 인도한다." "그것은 새로운 언어 존재가 되어 우리를 그것이 표현하는 것이 되게 함으로써 우리를 표현한다." 다른 두 형태의 상징 즉 성스런(히에로파니) 상징과 꿈의 상징과 달리 시의 상징은 막 밖으로 드러나는 지점을 보여준다. 시 속에서 상징은 언어가 막 터져나오는 시점 즉 '언어 출현의 시점'[6]에 존재한다. 이와 달리 종교사에서 말하는 상징은 신화와 예배를 통해 멈춘 상태로 잡히고 또 꿈의 상징은 사라진 유아기를 재현함으로써 포착된다.

이 세 가지 형태의 상징이 서로 관계가 있음을 이해해야 한다. 시 상징의 구조는 곧 과거에서 미래를 끌어내는 꿈의 구조요 또 하늘과 물과 풀과 돌을 통해 성스런 무엇이 드러나는 구조다.

종교 상징과 꿈의 상징과 시의 상징이 서로 일치한다는 것을 본질 직관을 통해 밝힐 수 있을까? 어느 정도까지 가능하다. 그 통일의 원리를 지향성 분석을 통해 가려내기가 어느 정도는 가능하다. 그러나 본질 직관이 모두 그렇듯이 지향성 분석은 상징과 상징이 아닌 것을 '구분하는' 정도에 그친다. 그래서 의미의 핵심을 다소 직관적으로 단번에 포착하려는 것이다.

우리는 상징의 본질에 차근차근 접근해 가보자.

1) 상징도 기호signe라는 것은 분명한 사실이다. 기호는 의미를 전달하는 표시물이다. 그 의미는 말parole을 매개로 무언가 뜻하려는 의도에서 생긴다. 우주(하늘·물·달)나 사물(나무·돌)이 상징물일 경우, 그것들이 상징이 되는 것은 말(성별의 말, 기원하는 말 또는 신화 얘기)을 통해서다. 뒤메질Dumézil이 잘 지적했듯이, "오늘날 종교학 연구는 '로고스'를 따라 이루어진다. '마나mana'를 따라 이루어지지 않는다."[7]

---

6) G. Bachelard, *La Poétique de l'Espace*, Paris, 1957.

7) Eliade, *Traité d'Histoire des Religions* 의 서문.

꿈 역시 말하고 가깝다. 언제나 얘기할 수 있고 전달할 수 있기 때문이다. 시적 상상은 처음부터 언어임을 이미 보았다.

2) 그러나 상징이 곧 기호다라는 명제는 너무 나간 말이다. 좀더 따져봐야 한다. 기호는 모두 자기를 넘어 무언가를 가리킨다. 그러나 기호라고 해서 모두 상징은 아니다. 상징은 두 겹의 지향성을 품고 있다. '흠'과 '더러움'의 경우를 보자. 이 의미체에는 1차 지향성 또는 문자대로의 지향성이 들어 있다. 그 1차 지향성은 의미체가 모두 그렇듯이 자연 기호에 대한 협약 기호의 우월성을 말해준다. 흠의 문자 의미는 때다. 그러나 그 문자 의미가 이미 협약 기호다. '때'나 '얼룩' 같은 낱말이 그것이 뜻하는 것과 닮아서 그런 낱말을 쓰는 것이 아니다. 그러나 그런 1차 지향성을 바탕으로 2차 지향성이 이룩된다. 곧, 물리적 '얼룩'을 통해 사람의 상황을 가리킨다. 성스런 무엇 앞에서 때묻고 더러워져 있는 사람의 상황 말이다. 그러므로 문자 의미는 때를 넘어 때 '같은' 무엇을 가리킨다. 그러므로 상징 기호는 기술 기호와 달리 불투명하다. 기술 기호는 자기가 말하려는 것을 꼭 그대로 가리켜야 하므로 투명하다. 그러나 상징 기호는 1차 의미 곧 문자 의미가 유비를 통해 그 안에 들어 있는(반드시 그 안에 들어 있어야 한다. 이 점에 대해서는 뒤에서 상징과 알레고리를 구분하며 다시 논의하겠다) 2차 의미를 가리킨다. 그 불투명성이 상징의 깊이를 무진장하게 만든다.

3) 문자 의미와 상징 의미 사이에 이룩되는 유비 관계(아날로지)를 살펴보자. 유비라고 하면 보통 A와 B의 관계는 C와 D의 관계와 같다고 하는 비례식을 통해 4번째 요소(D)를 산출하는 추리이다. 상징에서는 2차 의미와 1차 의미의 유비 관계를 객관화시켜 독립시킬 수 없다. 오직 1차 의미 속에 있으면서 1차 의미에 의해서만 1차 의미를 넘어 2차 의미로 들어간다. 상징 의미는 문자 의미 속에서 문자 의미에 의해 생긴다. 문자 의미가 유비 활동을 일으켜 유사물을 낸다. 그래서 모리스 블롱델Maurice Blondel이 이렇게 말했다: "유비는 관념 차원의 유사성 *similitudines*에 바탕을 두고 있다기보다는 닮아가는 마음 *intentio ad assimilationem*이 쏠려 이룩된다."[8] 정말, 상징은 1차 의미의 운동이며 그 1차 의미는 우리

---

8) Maurice Blondel, *L'Être et les Êtres*, pp. 225~26, Lalande, *Vocabulaire philosophique*,

를 잠재 의미로 끌어들여 상징된 것과 하나되게 한다. 그냥 머릿속에서 유사성을 생각하는 게 아니다. 우리가 결론 부분에서 상징은 생각을 불러일으킨다고 할 때 바로 그 점을 두고 하는 말이다. 1차 지향성이 유비를 통해 2차 의미를 주기 때문에 상징은 생각을 불러일으키는 것이라고 할 수 있다.

4) 상징과 우의 (알레고리)의 차이를 살피면 문자 의미가 일으키는 유비에 대해서 더욱 잘 알 수 있다. 그 문제에 대해 페팽 Pépin이 잘 분석해놓았다. 그에 따르면, 우의에 있어 1차 의미 곧 문자 의미는 우발성을 띤다. 2차 의미 곧 상징 의미는 1차 의미 바깥에 있어 1차 의미를 통하지 않고도 얼마든지 거기에 도달할 수 있다. 그러므로 두 의미의 관계는 '번역'의 관계다. 한번 번역이 되면 그때부터 우의는 필요없게 되므로 버려도 된다. 그래서 상징과 우의는 다르다. 그런데 상징이 그 차이를 인정받는 데는 오랜 세월이 걸렸다. 역사를 통해 볼 때, 우의는 문학이나 수사학 쪽에서 상징 비슷한 것을 만들어내는 데 쓰이기도 했으나 그보다는 신화를 푸는 방법으로 더 많이 쓰였다. 스토아 학파에서 호메로스나 헤시오도스의 신화를 변장한 철학으로 해석할 때 그랬다. 거기서 해석한다는 것은 곧 변장 속으로 들어가 그것을 벗겨버리는 것이다. 결국 우의는 기호를 창출해내는 것이라기보다는 하나의 해석 양태였다. 따라서 우의라기보다는 우의에 따른 해석이라고 말해야 옳다. 그러므로 상징과 우의는 차원이 다르다. 상징은 해석에 앞선다. 알레고리는 이미 해석이다. 상징이 주는 뜻은 번역과는 다른 방식으로 밝혀지는 것을 봐도 그렇다. 의미를 환기시킨다, 또는 암시한다(그리스말의 αἰνίττεσθαι 라는 뜻에서)고 해야 하리라. 수수께끼 같은 불투명한 투명성 속에서 의미가 드러난다. 그리하여 나는 상징에서 의미가 밝혀지는 것과 우의에서 번역에 의해 해석되는 것을 다르게 본다.

5) 여기서 말하는 상징이 상징논리학에서 가리키는 상징과 관련이 없을까? 거꾸로다. 그러나 말로는 불충분하다. 왜 그런지 알아야 한다. 상징논리학 쪽에서 말하는 상징은 형식주의의 극치다. 형식논리학은 이미 삼단논법 연구를 통해 낱말을 무엇에도 들어맞을 기호로 바꿔놓았다. 물론

---

art. "Analogie"편에 인용됨.

관계의 표현들, 예를 들어 '모든' '몇몇' '이다' '암시한다' 따위는 일상의 언어 표현과 구별되지 않았다. 그런데 상징논리학에서 그 표현들은 말기호가 아닌 글기호로 대치되었다. 그 글기호는 그것이 논리 전개의 과정에 어떻게 참여하는지 몰라도 계산이 가능하도록 한다.[9] 그것은 이미 알고 있는 구어 표현을 줄인 것이 아니라 라이프니츠가 말한 '부호들' 곧 계산의 요소들을 압축시킨 것이다. 그러나 우리가 말하는 상징은 부호와는 정반대다. 우리가 말하고자 하는 상징은 내용이 있는 생각 곧 형식화되지 않은 생각에 속한다. 뿐만 아니라 그 상징의 1차 지향과 2차 지향 사이에 밀접한 관계가 있다는 점 그리고 상징의 의미는 유비를 거쳐서만 밝혀진다는 점 따위에서 볼 때, 상징 언어는 본래 '연관된' 언어 곧 내용에 연관된 언어다. 1차 내용을 거쳐 2차 내용에 연관된 언어다. 그런 점에서 상징은 절대형식주의와 절대로 다르다. 여기서 좀 놀랄지 모르나 상징이 서로 상치되는 용법 둘을 가지고 있음을 알 수 있다. 그것은 의미 구조 때문이기도 하다. 의미란 없음과 있음의 구조를 통해 생기니 말이다. 없음의 구조란 이것이다: 뜻한다는 것은 '없는 가운데' 뜻하는 것이다. 뜻한다는 것은 무엇 대신에 들어선 기호를 통해 무엇을 뜻하는 것이니 결국 무엇 없이 무엇을 말하는 것이다. 있음의 구조란 이것이다: 뜻한다는 것은 '무엇을' 뜻하는 것이며 결국은 세상 사물을 뜻한다.[10] 결국 의미는 그 구조상 기호를 부호로 또는 더 나아가 계산 요소로 환원하는 형식화 작업을 가능하게 하기도 하지만 무엇보다 언어의 전체성을 회복한다고 봐야 한다. 곧 지향성에 가득차 유비를 통해 은밀히 다른 무엇을 가리키는 성질 말이다.

6) 마지막 기준: 신화와 상징은 어떻게 구분할 것인가? 신화와 우의를 마주놓기는 비교적 쉬우나 신화와 상징을 명쾌히 구별하기란 쉽지 않다. 우의와 다른 길로 신화를 이해하는 방식 가운데 하나를 상징으로 보기도 한다. 그렇게 되면 상징과 우의는 신화를 해석하는 태도가 된다. 상징에 따른 해석과 우의에 따른 해석은 같은 내용의 신화를 놓고 푸는 해석의 두

---

9) R. Blanché, *Introduction à la logique contemporaine*, Paris, 1957; D. Dubarle, *Initiation à la Logique*, Paris, 1957.

10) 의미 안에 들어 있는 텅 빈 '가리킴'과 '대상 지시성' 사이의 관계에 대해서는 Husserl, *Logische Untersuchungen*, II, 제1연구, 「표현과 의미」, §§12~14 참조.

방향이 된다. 그러나 나는 좀 달리 본다. 상징은 그보다 훨씬 앞선다. 그
것은 스스로 이룩되어 곧바로 뜻을 내는 유비를 통한 의미 작용이다. 그리
하여 흠은 때의 유비물이요, 죄는 빗나감의 유비물이요, 허물은 짐의 유비
물이다. 이러한 상징들은 물이 홍수 때에는 위협을 뜻하고 세례 때에는 거
듭남을 뜻하는 것과 같은 차원이며, 또 원시 시대 성스런 무엇을 담고 있
는 것들과도 같은 차원이다. 따라서 상징은 신화보다 훨씬 뿌리 깊다. 나
는 신화를 상징의 한 단계로 본다. 이야기 형태로 발전된 상징이다. 과학
적으로 맞지 않는 때와 곳을 무대로 이루어진 이야기 형태의 상징이 신화
다. 예를 들어 추방은 인간 소외의 일차 상징이다. 그러나 아담과 이브가
낙원에서 추방되는 이야기는 인물과 때와 곳과 사건이 얽힌 신화스런 얘
기다. 추방은 일차 상징이지 신화가 아니다. 그것은 실제 사건이 유비에
따라 사람의 소외를 뜻하기 때문이다. 그런데 그 소외가 에덴 추방이라는
공상 이야기로 엮일 때 즉 언제 그런 일이 있었다고 얘기될 때 그 이야기
는 신화다. 그와 같은 이야기의 두께가 신화의 바탕을 이룬다는 것을 앞으
로 보게 되리라. 원인을 따져 올라가는 신화에서는 2차 특징이라고 부를
수 있는 것 곧 뭔가 설명해보려는 의도가 엿보이기는 하지만 말이다. 그
문제에 대해서는 2부 시작하는 곳에서 다시 살피겠다.

3. 고백을 철학에서 '되풀이'함

옛 고백을 지금 여기서 되풀이하는 것이 무슨 의미가 있을까? 그 상징
의 차원들을 모두 짚어가며 되풀이하는 작업이 철학과 무슨 상관이 있을
까? 앞에서 뒤로 미루었던 물음이다. 고백의 되풀이를 철학적으로 어떻게
자리매김할 것인가?

그것을 가리켜 잘못의 '철학'이라고 하기에는 이르다. 아직 예비 단계
에 지나지 않는다. 물론 미토스 *mythos*는 이미 로고스 *logos*다. 그러나 미
토스는 아직 철학 언어를 거쳐야 할 것이다. 예비 단계는 순수히 서술적인
현상학의 차원에 머물러 있다. 신자를 고백하도록 놔두고 철학자는 그 고
백의 동기와 의도를 짐작으로 포착한다. 철학자는 그 고백의 1차 원시성과

는 거리를 둔 채 그럴 것 같다는 정도의 중립화된 형태에서 느낀다. 현상학이란 상상과 공감 속의 되풀이라고 말하는 것도 바로 그 때문이다. 그러나 이 현상학은 잘못 또는 오류라는 철학 개념을 이끌어낼 만한 반성 작업과는 아직 거리가 멀다. 문제는 이것이다: 어떻게 이 상상과 공감 속의 되풀이를 반성 *réflexion*으로 발전시킬 수 있을까? 어떻게 노예적 자유의 상징을 거쳐 반성을 띄워올릴 수 있을까?

확실한 답변은 다음 책에서 논하려고 한다. 다만 이 책의 끝머리에서 어떤 해결의 원리를 제시할 것이다. 그것은 이러한 공식이다: 상징은 생각을 불러일으킨다. 우리가 왜 전제 없는 철학을 망상이라고 보는지 그리고 왜 꼭 언어에서 출발해야 하는지도 그때 가서 말하리라. 그러나 우리의 방법론을 여기서 어느 정도 밝혀보자.

어떤 상징에서 출발한다는 것, 그것은 무얼 생각한다는 것이다. 그러나 동시에 대단한 우연성이 언어 행위에 개입되는 순간이기도 하다. 먼저 상징이 있다. 내가 그것과 마주치고 그것을 발견한다. 이 과정은 고대 철학에서 타고난 관념을 말할 때와 같다. 왜 그게 그 상징인가? 왜 그런 상징들이 있는가? 그것이 언어 행위에 스며들어 있는 문화의 우연성이다. 게다가 내가 상징을 모두 아는 것도 아니고 상징을 탐구하는 방향이 있게 마련이다. 방향이 있다는 얘기는 그만큼 제한되었다는 얘기다. 어떻게 방향이 잡혔나? 물론 상징 세계 속에 처한 나의 상황이 방향을 결정하는 데 중요한 역할을 했을 것이다. 그러나 그뿐이 아니다. 내가 묻는 철학적 물음의 뿌리 곧 나의 역사적·지리적·문화적 뿌리가 방향 결정의 중요한 역할을 차지한다.

서양의 철학은 그리스에 그 기원을 두고 있다. 보편성을 추구하는 그리스 사상의 맥이 우리 사고에 영향을 주고 있다. 그 기본 사상은 **τί τὸ ὄν** 곧 존재란 무엇인가 하는 물음이다. 이 물음에 다른 모든 물음이 들어 있다. 실존의 문제, 이성의 문제 그리고 결국 사람의 유한성과 죄의 문제에 이르기까지 모든 문제가 그 물음에 포괄되어 있다. 그리스적 물음이 최초 상황을 이루고 그것이 종교 영역도 결정한다. 결국 우리는 그렇게 결정된 종교를 철학적으로 탐구해보려는 것이다.

그리스 밖의 다른 문화가 전혀 들어 있지 않다는 얘기는 아니다. 오히려 그리스에 바탕을 둔 물음이 주된 방향을 잡은 결과, 우리 안에 들어 있는 문화 구조가 어떤 '친함'과 '거리'의 관계를 형성하고 있다. 무엇보다 그리스 문화와 유대 문화가 이루는 친한 관계가 있다. 서양 사람들 의식의 첫 지층을 이루는 것이 이 두 문화다. 좀더 자세히 말해서 유대 문화와 그리스 문화의 만남이 서양 문화의 밑바탕을 이룬다는 애기다. 유대의 줄기야말로 서양 철학이 부딪힌 첫번째 '타자'였다. 타자 중에서는 가장 '가까운' 타자였다. 우연한 이 두 문화의 만남은 서양 사람들 실존의 운명을 결정한다. 서양은 거기서부터 출발하므로 그 만남은 필수적인 것이 되었다. 그 만남은 어떻게 할 수 없는 우리 현실의 전제다. 바로 그 때문에 우리는 잘못의 철학을 풀기 위해 그리스 애기와 유대 애기를 계속 들먹이지 않을 수 없다. 그리스 사람들이 잘못에 대해 어떻게 생각했는지, 유대 사람들은 어떻게 생각했는지 그 역사를 집중적으로 파헤칠 필요가 있다. 서양의 정신적 거리 가운데서도 가장 가까운 거리가 그 두 문화의 거리다.

아테네와 예루살렘이라고 하는 두 축이 이루는 것 말고 다른 관계도 있다. 여러 문화가 '차츰차츰' 우리의 정신을 형성했다. 그러나 거기에는 '가까운' 관계가 있고 '먼' 관계가 있다.

'차츰차츰'은 무슨 말인가? 여러 방향의 관계가 있다. '깊이'의 관계, '측면' 관계 그리고 '앞뒤의 관계'가 있다.

먼저 '깊이의 관계'에 대해 말해보자. 오늘날 우리 의식의 두께와 투명도를 이루는 종교적 주제들이 거기에 해당한다. 흠의 개념이 가장 좋은 예다. 잘못 중에서도 흠의 개념은 그리스, 유대 모든 문서에서 볼 수 있다. 잘못의 의식을 탐구할 때 우리 심층에 형성된 그 구조를 결코 과소평가할 수 없게 되어 있다. 뒤에 보겠지만 정신분석학에서도 서양 의식의 근원(아르케)을 두 문화에서 찾으려 한다. 우리가 서양과 별개의 문화——아프리카 문화, 오스트레일리아 문화, 아시아 문화——에서 나온 문서 또는 현대 문명에서 나온 문서들을 탐구할 때도 여전히 우리 서양 의식의 침전물을 끄집어내려는 의도가 있다. 물론 인종학을 통해 서로 다른 문화간의 유사성이 밝혀진다. 그러나 그 유사성의 지식으로 우리는 우리의 잊혀진 과거를 소화하는 것이다. 인종학의 의의는 거기에 있다. 우리 안에 침전된 것을 소화하고 밝혀내는 데 죄의식에 대한 인종학적 연구의 의미가 있다.

한편, '측면' 관계를 제외하고는 '깊이'의 관계를 말할 수 없다. 예를 들어 오늘날 히브리 문화의 맥을 이해하려면 고대 근동 문화의 틀 안에서 형성된 제도와 신앙 형태를 살펴보아야 한다. 히브리 줄기는 근동 문화의 일정 부분을 답습(직접 문화 이전이 일어났거나, 공통의 바탕을 가졌거나 또 정신적·물질적으로 공존했거나 하는 따위의 이유로)하는 한편 철저하게 변형시킨 부분도 있다. 두 문화의 공통점과 차이에 대한 인식이 히브리 줄기에 대한 우리의 인식에 항상 따라다닌다. 따라서 고대 근동의 문화가 우리의 기억 가장자리(중심은 아니지만)에 자리잡고 있는 것이다.

그 다음이 '깊이'와 '넓이'의 관계를 조정하는 '앞뒤'의 관계가 있다. 우리의 내면 의식(기억)은 옛날을 새롭게 발견함으로 끊임없이 회고적으로 새로워진다. 근원으로 거슬러 올라가 개혁과 부활로 점철된다. 물론 그것은 과거를 그대로 재현하는 것이 아니다. 이른바 새로운 과거가 우리의 의식 배후를 이룬다. 따라서 오늘날 우리의 내면을 형성하고 있는 헬레니즘은 알렉산드리아의 헬레니즘도 아니요, 교부들의 헬레니즘도 아니며 스콜라 철학이나 르네상스의 헬레니즘도 아니고 계몽주의의 헬레니즘도 아니다. 현대에 있어서 고대 비극의 재발견을 보더라도 그 점을 알 수 있다. 과거를 찾되 끊임없이 현재에서 과거를 찾는 것이므로 우리의 과거는 그 의미가 끊임없이 변한다. 현재에서 과거를 소화하는 것이므로 과거의 심층에서 우리를 움직이는 것, 그것이 시시때때로 변한다.

이 새로운 과거의 두 가지 형태에 대해 말해보자. 하나는 잃어버린 매개물을 회복하는 것이며 하나는 뒤늦게 거리를 없애는 것이다.

우리 내면의 기억은 일정 부분 매개물을 잃어버렸다. 그것이 우리의 상황이다. 그러나 그것을 회복했을 때 갑자기 우리 자신이 과거의 빛에서 새롭게 조명된다. 예를 들어 사해사본의 발견으로 유대-그리스도교 역사의 한 부분이 복원되었다. 최근까지 우리 의식은 그것을 모른 채 움직여왔다. 그러나 최근의 발견으로 전통이 회복되어 희미했던 삶의 근거가 밝혀지고 그래서 우리에게 새로운 기억을 주었다.

우리 기억 안에 새로운 과거가 형성되는 또 하나의 과정은 우리 의식의 바탕을 형성한 것들간의 '거리'를 뒤늦게 수정하는 것이다. 종교학은 아직 만나지 않은 문화들을 만나게 한다. 그러나 그러한 만남은 상당히 인위적인 것에 그칠 수 있다. 그 문화들의 관계가 우리의 유산을 새롭게 할 만한 무슨 구체적인 문화 유물을 형성한 것이 밝혀지지 않는 한 그렇게 된다. 히브리 문화와 그리스 문화는 아주 현실적으로 만나 우리의 내면 의식(기억)을 형성했었다. 그러나 학자들 사이에서만 만나고 우리의 전통을 바꿀 만한 만남은 이루지 못한 문화들이 많다. 극동의 문화들이 그렇다. 그렇기 때문에, 그리스에 바탕을 둔 철학적 물음으로 무장된 현상학이 인도나 중국의 위대한 삶의 체험을 정당하게 평가할 수 없는 것이다. 우리 전통의 한계가 거기에 있다. 방향을 주는 것이 곧 한계를 주는 것일 수 있다. 극동의 문화들이 그리스나 유대 문명'만큼의 가치'가 있다고 말들 할 것이다. 틀리지 않은 말이다. 그러나 그처럼 동등한 가치를 말할 만한 관점이란 아직 없다. 아마 그것은 인류의 어떤 보편 문화가 있어 다른 문화를 모두 총괄할 수 있을 때나 가능할 것이다. 그러나 인간의 경험을 모두 총괄할 수 있는 보편적인 것은 없다. 어떤 철학도, 어떤 종교사도 그럴 수 없다. 학문의 객관성으로 어떤 관점이나 상황도 배제한 채 모든 문화를 동일하게 본다고 하지만, 그것은 그 문화들의 가치를 중립화시켜놓고야 가능한 얘기다. 학문의 객관성 가지고는 그 문화들이 왜 동등한지 그 이유를 댈 수 없다. 또 서양 철학은 그리스에서 나와 서양에 퍼진 것이므로 구체적인 보편성과 걸음걸이를 같이할 수 없다. 그 철학이 다른 문화와 아무리 깊은 만남을 갖고 상호 설명을 한다 할지라도 그 문화들을 서양의 경험 영역으로 끌어들이지 못하며 결코 그 한계를 버리지도 못한다. 말하자면 그러한 만남과 상호 설명은 아직 일어나지 않은 셈이다. 평생을 바쳐가며 그것을 시도한 사람들과 모임들이 있다. 그러나 서양 문화 전체로 볼 때 그런 노력들은 극히 작은 얘깃거리에 지나지 않았다. 그런 노력들이 서양 문화의 바탕을 찾는다거나(그리스의 물음과 히브리 종교의 만남처럼) 서양 문화의 재창조(여러 가지의 르네상스를 비롯한 회귀의 노력)를 이루지 못함은 분명하다. 그 현상학적 특징은 지나칠 얘깃거리에 그치고 만다. 그래서 서양 문화와 극동 문화의 관계는 '먼' 관계다. 그러나 우리는 '가깝고' '먼' 대립 관계의 틀 속에 있는 우리의 내면 의식을 재조정하는 시대에 살고 있음이 분명하다. 그런 시대적 상황이 우리의 존재론적 범주에 어떤 영향을 줄지, 우리가 소크라테스 이전의 작품을 읽는 데 어떤 영향을 줄지, 그리스의 비극이나 성서를 읽는 데 어떤 의미를 주는지 아직은 알 수 없다. 그러나 한 가지는 분명하다. 문화와 문화간의 이 대논쟁 속에 들어갈 때 우리는 항상 우리의 기억 곧 내면 의식을 갖고 들어간다는 점이다. 그때, 지금 우리가 '멀다'고 느끼는 문화와 우리 문화의 거리가 줄어들기는 하겠지만 그렇다고 우리의 기억의 구조를 없앨 수는 없고 다만 복잡하게는 할 것이다. 우리가 그리스 철학과 함께 태어났다는 것, 그리고 인도나 중국 문화를 만나기에 앞서 유대 문화를 만났다는 것은 언제나 분명한 사실이다.

우리 기억이 그토록 우연한 과정을 거치며 형성되었다는 사실에 놀라고 거북해할 것인가? 그러나 그 우연성 때문에 철학과 철학 이외의 것 사이의 대화가 불가능해지지는 않는다. 철학의 역사라는 것도 우연성으로 점철되어 있다. 우연성이 역사의 연속 관계를 끊는다. 예상하지 못했던 사상가들과 작품들이 갑작스럽게 돌출된다. 합리적으로 파악되는 연속성도 항상 우연성을 거쳐 존재하게 마련이다. 그런 역사적 우연성을 부인하고 '객관성'의 이름으로 삶의 현장 바깥에 서는 사람은 모든 것을 알지 모르나 아무것도 이해하지 못한다. 어떤 물음 곧 관심 없이는 아무것도 찾지 못하는 것이다.

제 1 장
흠

1. 부정 (더러움)

부정탄 데서 오는 두려움 그리고 그걸 씻는 제의는 잘못과 관련된 우리의 모든 감정과 행실 배후에 자리잡고 있다. 그런 행실과 감정에서 철학자는 무엇을 이해해낼 수 있을까?

아무것도 이해하지 못한다고 말하고 싶으리라. 흠은 아주 미미한 표상이요 그마저 어떤 두려움에 잠겨 있어 반성을 방해한다. 흠과 함께 우리는 공포의 지배하에 들어간다. 스피노자가 말한 "nec spe nec metu" 곧 "아무것도 두려워하지 않기 위하여 아무것도 바라지 않는다"는 말이 떠오른다. 그 두려움은 정신분석학자들이 말하는 신경강박증과 유사한 것 같기도 하다. 정화 작업을 통해 저지른 잘못 곧 흠을 없애려 한다. 그러나 그 제의 행위는 우리가 오늘날 이론화할 수 있는 그런 유형의 행위가 아니다. 물리적 행위다, 심리학적 행위다 또는 우리에 대한 우리의 의식이다라고 딱 떨어지게 말할 수 없다. 또, 흠의 표상——두려움에 사로잡혀 있고 제의 행위와 연관된——은 우리가 '상상과 공감 속에서' '되풀이'할 수 없는 사고 형태다. 그래서 페타초니 Pettazzoni는 흠을 이렇게 정의한다: "악이나 불순, 유동적인 것 또는 신비하고 유해한 무엇을 유발하는 행위로서 주술적으로 움직인다."[1]

흠이 반성의 영역에 들어오지 않는 것은 그것이 무슨 물질 같은 것을

---

1) Pettazzoni, *La confession des péchés*, Bologne, vol 3., 1929~1936, 불역 I권, 1931, p. 184.

가리키기 때문이다. 그것은 얼룩과 같이 번지며 보이지 않게 더럽히는 것을 연상시키며 그런 가운데서도 우리의 심리적·육적 실존에 강력한 힘을 행사하고 있다. 깨끗함이란 흠을 없앤 상태다. 곧, 흠을 제거하는 정화 작업이다. 그만큼 악은 뿌리 깊다. 우리는 이미 악의 힘을 그대로 이해하지 못한다.

그런 흠의 의미를 '되풀이'하는 것이 가능할까? 그것은 합리적이지 않기 때문에 비스듬한 접근이 가능할 뿐이다. 우선 우리는 인종학을 이용하되 그 내용까지 파고들지는 않을 것이다. 그러나 여하튼 인종학을 이용해서 우리가 알아낼 것은 흠이 이미 지나쳐버린 의식 세계라는 점이다. 그래서 우리는 이미 멀어진 감정과 행실을 대조를 통해 이해하게 될 것이다. 그처럼 외곽에서 흠을 들여다보는 단계를 거쳐 두번째 단계에서는 좀더 가까운 이해를 얻어내게 된다. 왜 흠이 우리 의식에서 지나쳐버린 것이 될 수밖에 없는지 이해하게 된다. 잘못에 대한 경험이 지니는 풍요로운 상징성이 드러나는 것도 거기서다. 사실, 우리가 일상 생활에서 아직도 흠이란 말을 쓰는 것은 그 무한한 상징력 때문이다. 가능한 한 우리는 그 흠의 체험에 가까이 갈 것이다. 그것은 이미 지나쳐버린 것이 아니라 아직도 간직된 경험이다. 그것은 수많은 변화 속에서도 그것을 지켜준 어떤 넘어설 수 없는 힘을 내포하고 있을 것이다.

흠이 이미 지나쳐버린 의식으로 보이는 것은 두 가지 관점에서다. 첫째는 객관적인 관점이고 둘째는 주관적인 관점이다.

먼저, 우리 의식으로는 흠의 목록이 더 이상 인정되지 않는다. '흠인 것'과 '우리에게 악인 것'은 더 이상 일치하지 않는다. 그와 같은 흠의 목록의 변화는 동기 그 자체의 변화를 가리킨다. 옛날에 부정탄다고 생각했던 행위 중에서 많은 것이 악과 관련없는 것으로 떨어져나갔다. 윤리적 신에 대한 모독이나 정의의 훼손이나 인격의 존엄성의 훼손 따위만 악으로 생각하게 되었기 때문이다. 그래서 흠 있는 행위들이 악의 영역에서 제외되는 것이다.

사실 흠의 목록을 들자면 굉장히 많은 것도 같고 굉장히 적은 것도 같고 균형이 안 잡힌 것 같기도 하다. 자기 의사에 따르지 않은 어떤 행동이나 무의식적인 행동 또는 동물의 어떤 행동이나 단순히 물리적인 어떤 사

건을 가리켜 부정탄다(흠이 있다)고 부르는 것을 보고 놀라지 않을 수 없
다. 예를 들어 개구리가 불 속에 뛰어들거나 천막 근처에서 하이에나가 똥
을 누는 짓 같은 것 말이다. 그런 것을 흠 있는 것으로 보는 게 왜 놀라운
일인가? 인격적인 더러움이 안 들어 있는데 흠이라고 부르기 때문이다. 결
국 부정이라는 것은 책임적인 주체가 더러워지는 것과는 관계없이 금기를
객관적으로 훼손하는 것을 가리킨다.

반면에 흠의 목록이 상당히 허전한 데 놀라기도 한다. 수많은 규정들로
이루어진 금기 규율이 우리가 볼 때 윤리적으로 중립인 영역을 규제한다.
또 그러한 금기 규율이 셈족이나 그리스 법령에 따르면 나쁘게 규정된 행
위들——도둑질·거짓말 또는 종종 자살에 이르기까지——을 흠 있는 행
위로 보지 않기도 한다. 그런 행위는 신을 고백하는 문제나 인간 관계를
존중하는 문제나 자존심과 관련됐을 때만 흠으로 본다.

따라서 흠의 차원에서만 볼 때 잘못의 목록은 인격 주체의 의도와 관련
된 것은 매우 적고 세상 사건과 관련된 것은 아주 폭넓다.

거기서 우리는 악과 불행이 나누어지지 않은 단계가 있음을 보게 된다.
악을 행한 *mal-faire* 윤리 영역과 불행하게 된 *mal-être* 우주적 생물학적
영역——고통·병·죽음·실패 따위——이 구분되지 않은 단계다. 조금
후에 보겠지만, 부정타는 것을 두려워하는 마음의 핵심에 벌을 받으리라
는 예감이 있는데, 거기서도 악과 불행이 엉켜 있다. 불행은 벌이다. 모든
고통 곧 병이나 죽음 또는 실패 따위는 모두 흠으로 이해된다. 그렇게 해
서 부정한 행위나 사건의 결과도 곧 부정한 것으로 되어 흠의 세계 속에
포함된다. 그리하여 차츰 모든 것이 부정하거나 아니면 깨끗하거나 둘 중
의 하나가 된다. 물리와 윤리의 구별이 없고 성과 속이 분리된다. 현대의
합리성에는 낯설지만 말이다.

삭제와 추가를 통해 잘못의 목록의 폭이 자꾸 변하는 데서도 알 수 있
는 것이지만, 가면서 특히 어떤 금기 사항에 비중을 둠으로 ㄱ 강도를 달
리해나가는 데서 알 수 있는 것은 흠의 경험이 얼마나 뿌리 깊은 것인가
하는 점이다.

흠의 영역에서 특히 엄하게 다룬 것이 성과 관련된 금기의 훼손이다.
근친상간·남색, 낙태의 금지 및 특정 시간——가끔 특정 장소——의 성

교 금지 따위가 가장 기본적인 금기로 되어 있다. 아예 흠은 곧 성과 관련된 것이라고 말할 정도다. 흠과 성의 공범 관계는 태고 적부터 있었던 것처럼 보일 정도다. 그런데 앞에서 우리는 두 가지 사실을 지적했었다. 금기가 도덕적으로 중립적인 행위에 대한 규제라는 점 그리고 거짓이나 절도 또는 자살에 대해 예배 의식에 어떤 규율도 들어 있지 않다는 점이다. 거기에 비추어볼 때 금기가 주로 성과 관련되었다는 것은 이상하다. 결국 우리는 다음과 같은 사실을 알 수 있다. 성과 관련된 흠은 신의 거룩함에 대한 고백에서 나오는 윤리와는 원래 무관하며 또 정의나 도덕적 인격성과도 무관하다는 것이다. 성의 흠은 윤리 이전의 어떤 신앙 형태다. 물론 윤리 문제가 될 수는 있다. 살인도 원래는 흘린 피의 저주에 대한 믿음 때문에 부정한 행위였지만 인간 관계의 상호성에 대한 침해로 이해되었을 때 윤리 문제가 되었듯이 말이다. 성교와 살인은 그 이미지로도 비교 가능하다. 두 경우 모두 접촉과 전염을 통해 옮아가는 어떤 '물질'이 부정한 것이다. 물론 나중에 보겠지만 흠의 세계에서도 부정한 접촉을 문자대로 물질로 해석하지만은 않는다. 만일 처음부터 흠이 상징성을 띠고 있지 않았다면 오늘날 그 흠의 얘기가 조금 수정된 채 여전히 쓰이고 있는 것을 이해할 수 없으리라. 오늘날 성의 접촉을 윤리적으로 이해하면서도, 곧 다른 사람과의 관계에서 무얼 주고받는 인격 상호간의 사건으로 이해하면서도 흠의 용어를 쓰고 있음을 상기해야 한다. 여하튼 여러 가지 특성으로 보아 성의 금기에는 흠의 세계가 물질과 비슷하다는 것 때문에 비롯되는 아리송한 측면들이 들어 있다. 예를 들어 아이는 부정하게 태어난다. 아빠의 정액이 부정하고 엄마의 자궁과 출산이 부정하기 때문이다. 그런 의식이 오늘날 현대인의 의식에는 전혀 없다고 할 수 있는지 분명치 않다. 또 그런 의식이 원죄론에 결정적인 영향을 미치지 않았는지 생각해볼 일이다. 사실 원죄론은 처음의 흠이 전해내려옴을 말하기 위해 접촉이나 전염을 상상할 뿐 아니라 부정의 대명사[2]로 여겨지는 성적 흠의 관념에 상당히 영향을 입고 있다.

한편 깨끗하게 하는 제의 행위를 볼 때, 이처럼 성과 관련된 흠을 물질

---

2) Pettazzoni, *op. cit.*, pp. 163~64, 169.

적인 부정으로 보는 것이 근거 있는 해석임을 더욱 분명히 알게 된다. 그 제의들은 흠을 씻는 것 치고는 좀 소극적이다. 특히 결혼 의식의 경우, 어떤 울타리를 쳐놓고 그 안에서는 성교가 흠이 안 되지만 시간과 장소와 성교 행위에 관한 규범을 어겼을 땐 다시 흠이 될 수 있다고 본다. 그것은 성교가 보편적으로 부정한 것임을 인정하면서 그 부정성을 소극적으로 제거하려는 것 아닐까? 이처럼 원래 흠이란 성과 연관된 것임을 볼 때, 순결 (흠 없음)과 처녀성이 일치됨을 알게 된다. 처녀성과 무접촉은 같이 간다. 마치 성교와 오염이 같이 가듯이 말이다. 이 이중의 대비가 우리 윤리의 배후에 어디나 자리잡고 있다. 윤리의 근원을 이루고 있음을 결코 부인할 수 없다. 물론 세련된 윤리 의식은 노동·소유·정치 따위 성과 관련없는 것들이 빚어내는 인간 관계에서 생긴다. 남과의 관계에서 비롯되는 윤리 곧 사랑·정의 따위의 윤리 의식이 생기는 곳도 거기다. 그러나 그런 것도 알고 보면 성문제로 되돌아가, 성을 재평가하거나 성의 가치 전환을 이루고 있다.

2. 윤리적인 두려움

지금까지 우리는 흠을 객관적 사건으로 말했다. 흠이란 접촉을 통해 오염시키는 물질 같은 것이라고 했다. 그런데 그 더럽히는 접촉은 두려움이라고 하는 특별한 감정을 통해 주관적 사건이 된다. 사람은 두려움을 통해 윤리 세계에 들어가는 것이지 사랑을 통해 들어가는 것이 아니다.

바로 그 점을 보아도 부정하다는 의식은 상상과 공감을 통해 되풀이할 수 없음이 분명해진다. 도덕 의식이 발전함에 따라 폐기된 계기라고도 할 수 있다. 그러나 그 두려움은 그 후에 올 모든 계기의 싹을 품고 있다. 어떻게 두려움이 스스로 자기 초월을 감행하게 됐는지 그 비밀이 그 두려움 속에 있기 때문이다. 이런 얘기다. 두려움은 처음부터 단지 물리적인 무서움이 아니라 윤리적 두려움 곧 윤리적 위기 의식이었다. 그것은 더 이상 사랑할 수 없게 된다는 위기 의식, 목적의 왕국에서 죽은 자가 되고 말리라는 위기 의식으로까지 발전될 것이다.

우리 기억 중에 가장 오래 된 것으로 두려움이 거론되는 이유가 거기 있다.

두려움의 원인은 흠에 대한 응보에 있다. 흠과 보복 그 둘은 뗄 수 없는 관계에 있다. 벌이 모두 보복성 있는 속죄로 여겨질 때 바로 그 점이 전제되어 있는 것이다. 흠과 보복의 연관성은 변형되기도 하고 정신화되기도 한다. 그러나 그것은 나중 문제다. 분명한 것은, 부정타는 행위에는 반드시 응보 곧 보복이 뒤따른다는 것이다. 물론 그 보복은 어떤 의인의 수난을 거친 구원과 질서 회복이라는 관념을 낳기도 한다. 그러나 거기에도 흠의 의식과 관련된 최초 직관은 그대로 남아 있다. 곧, 수난은 질서를 침해한 데 대한 대가요 그래서 순결을 회복하는 것이어야 한다는 점이다.

그것은 두려움과 관련하여 원초적인 숙명의 얘기다. 흠은 반드시 대가를 치르게 된다는 생각은 모든 제도, 모든 노력, 모든 법령의 배후에 자리잡고 있다. 그것은 응보의 하나님이라는 관념보다 앞선 관념이다. 복수의 분노라는 관념이 선천적으로 있었기 때문에 원시인들은 두려워 떨며 신의 인준을 받으려 했던 것이다. 잘못, 곧 부정한 행위가 금기의 권세를 훼손했을 때 거기에 대해 반드시 반격이 가해지는 식이었다. 자연의 규칙을 알아내기에 앞서 사람은 흠 있는 행위에 대한 복수의 필연성을 고백했다. 그리하여 인간이 처음으로 세상 모양을 표현하려 했을 때, 그러한 응보의 언어로 표현했다. 유명한 아낙시만더의 단편이 그 점을 말하고 있다: "세상 존재의 출처는 곧 존재 파괴의 필연적 지향점이기도 하다. 존재자들은 각자의 불의에 대해 서로 속죄하고 체벌을 가하기 때문이다"(Diels, 단편 B1).

그런데 그 익명의 분노 곧 대가를 갚는 폭력은 수난의 얘기로 인간 세계에 새겨져 있다. 흠에 대한 응보는 고난을 낳는다. 그리하여 응보를 매개로 모든 물리적 질서가 윤리적 질서로 둔갑한다. 고난이라는 악이 결국 잘못이라는 악과 결부된다. 악이라는 말이 애매한 까닭이 거기에 있다. 곧 흠의 의식이 두려움과 떨림 속에서 인식하는 보복의 법칙 때문에, 오늘날까지 악이라는 말이 두 겹의 뜻을 지닌다. 고난도 악이다. 그것은 저지른 악의 결과다. 고난을 마치 흠 있는 행위 때문에 받는 벌로 생각한다.

여기서 다시 한번, 흠의 세계는 윤리와 물리가 나누어지기 이전의 세계

다. 고난이 윤리적 의미를 담고 있으며 윤리가 육체적 고통과 혼동되고
있다.

 고난이 무슨 징조로 보이게 된 것도 그 때문이다. 고난을 당하는 것은
누가 금기를 어겼기 때문이다. 고기잡이나 수렵을 하다가 화를 당하게 된
것은 그 부인이 간음했기 때문이라는 식이다. 깨끗이하는 제의를 통해 홈
을 예방하는 것도 화(고난)를 예방하려는 것이다. 난산이나 사산을 피하기
원한다면, 또는 재해(폭풍·일식·지진 따위)에서 안전을 도모하고, 위험성
많은 일(항해, 장애물 넘기, 수렵, 어로 따위)에서 실패를 맛보지 않으려면
홈을 제거하고 깨끗이하는 의식을 치러야 했다.

 그처럼 홈과 고난은 단단히 얽혀 있었다. 인간은 두려움과 떨림 속에서
그것을 체험했다. 최초의 인과 관계가 거기서 만들어졌다. 오랫동안 인간
은 홈과 고난의 연관성에서 최초의 합리화의 도식을 추려해냈던 것이다.
그리하여 홈과 고난의 연관성은 더욱 영향력을 발휘했다. 고통을 당하거나
아프거나 실패하거나 죽는 것은 잘못을 저질렀기 때문이다. 그처럼 고난을
홈의 징조요 검사관으로 보는 시각이 도덕적 악을 설명하는 데도 그대로
반영된다. 이성뿐 아니라 경건한 신앙심까지 겹쳐서 고난을 그런 식으로
이해한다. 사람이 고난을 당하는 것은 그가 부정탔기 때문이며 따라서 하
나님은 결백하다는 것이다. 윤리적 두려움 속에는 그런 모양의 '합리화'가
들어 있다. 그렇기 때문에 죄라고 하는 윤리 세계와 고난이라는 물리 세계
를 떼어놓기 위해서는 그 첫번째 합리화를 쳐부숴야 했다. 바빌로니아의
욥과 히브리의 욥이 그 첫번째 장본인이다. 그 두 세계를 떼어놓는 것은
인간이 겪은 가장 큰 문젯거리였다. 죄가 정말 정신적인 의미를 지니려면
고난은 모순되고 이상스런 것이 되어야 했기 때문이다. 그런 과정을 거쳐
서야, 죄에 따라다니던 두려움은 더 이상 고난과 실패를 당할까 하는 데서
오는 두려움이 아니라 충분히 사랑하지 못하는 데서 오는 두려움이 될 수
있었다. 영적인 죽음에 대한 두려움과 육적인 죽음에 대한 두려움이 분리
되게 되었다. 그렇게까지 되기 위해 치른 대가는 엄청난 것이었다. 최초의
합리화, 고통에 대한 최초의 설명을 잃었다. 악이 홈에서 죄로 바뀌려면,
고난은 설명할 수 없는 이상한 악이 되어야 했다.[3] 고난당하는 의인 곧 부

---

3) V. Jankélévitch, *Le Mal,* Paris, 1947.

당한 고난이 적나라하게 드러날 때, 불행에 대한 설익은 합리화가 무너져 내렸다. 이제 악을 행하는 것과 악을 당하는 것 사이에 즉각적인 연결고 리가 끊겼다.

따라서 인간이 부정타는 것을 두려워한 것은 최초의 합리화가 붕괴되기 이전, 곧 불행(고난·병·죽음·실패)과 잘못이 갈라지기 이전의 일이다. 흠을 예방하여 두려움과 고통을 몰아냈다. 직접 죄인이 되기에 앞서 사람 은 세상에서 일어나는 여러 가지 불행한 일로 죄인이 되었다. 인간의 최초 윤리 의식은 그처럼 엉터리로 죄인이 되는 것이다.

고난을 벌로 보는 관점에서 소급해 올라가면 금기의 특징을 몇 가지 가 려낼 수 있다. 금기가 보복에 앞서 있지만 금기 속에 이미 보복이 예견되 어 있다. 금기는 단순히 "이런 게 있어서는 안 된다" 또는 "이런 일이 있 어서는 안 된다"는 것이 아니다. 금기는 단순히 "너는 이런 짓을 해서는 안 된다" 하고 조목조목 열거하는 것에 그치지 않는다. 금기에는 이미 그 것을 어겼을 때 치러질 응보의 그림자가 드리워져 있다. "이런 짓을 해서 는 안 된다"가 무게를 갖는 것은 "그렇지 않으면 죽으리라" 때문이다. 터 부란 다른 게 아니다. 금기에 들어 있는 벌의 경고다. 금기의 위력이란 죽 음의 위력이다.

더 거슬러 올라가면 벌의 그림자는 금기의 모든 영역과 그 바탕에까지 드리워져 있으며, 성스런 것에 대한 체험에 어두운 그림자를 만들고 있다. 금기 속에 들어 있는 고난과 응보 때문에 성스런 것은 초인간적인 파괴력 으로 드러난다. 원초적인 순결 안에도 죽음이 새겨져 있다. 그래서 인간은 흠을 두려워하면서 초월자의 파괴력을 두려워한다. 사람은 초월자 앞에 설 수 없다. 하나님——적어도 터부와 금기의 하나님——을 보는 자는 죽는다. 그 같은 분노와 무시무시함과 죽음의 권능을 통해 성(聖)은 속 (俗)과 분리된다. 성스런 것을 만져서는 안 된다. 만지면, 곧 훼손하면 죽 는다.

3. 때의 상징성

그처럼 흠에는 객관적이고 주관적인 두 가지 특성이 있다. 더럽히는 '물질' 그리고 복수에 대한 두려움이다. 우리가 '지나쳐버린' 악의 표상이라고 보는 것이 바로 그 두 가지다.

놀라운 것은 그 두 가지 성질이 오늘날까지 사라지지 않고 재현되거나 새로운 계기 속에서 다른 모습으로 나타난다는 점이다. 그리스어서는[4] 비극 시인들과 아티카의 변론가들이 그 증인이다. 흠의 표상이 재현되고 흠과 관련된 정화 제의가 부활되었다. 그러나 이미 지나쳐버린 신앙이 뒤늦게 단순히 부활된 것이라면 그렇게 문제될 것이 없다. 그런데 흠의 세계는 단순히 부활의 형태로 존재하지 않는다. 흠의 세계는 상상력을 통해 철학적인 정화 작업의 바탕이 될 틀을 제공한다. 어떻게 그런 '변신'이 가능했을까?

다시 한번 히브리의 예가 마음을 끈다.[5] 오직 히브리인들만이 죄의식에 도달했고 그리스인은 질에 있어서나 깊이에 있어서 진정한 죄의식에 도달한 적이 없다고까지 말할 수 있을 게다. 이스라엘 백성의 애기는 흠의 도식을 "철학적으로 변형하는 것" 말고 다른 것이 아니다. 부정함과 정함의 도식이 어떻게 그런 변신을 겪게 되었는지 밝혀야 한다. 히브리 백성의 체험이 중요한 역할을 할 것이다. 이스라엘 백성 안에 흠에 대한 신앙이 존재한 것은 단순히 제사법을 통해서가 아니다. 오래 된 흠의 언어에 표현된 것은 죄의 체험——죄와 흠의 차이는 뒤에서 밝힐 것이다——바로 그것이다. 이사야 선지자가 성전에서 환상을 보았을 때 이렇게 외친다: "화로다, 나여, 망하게 되었도다. 나는 입술이 부정한 사람이요 〔……〕 만군의

---

4) Kurt Latte, *Schuld und Sünde in grichischen Religion*, Arch. fr. Rel-wissft(20), 1920~1921, pp. 254~98; Moulinier, *Le pur et l'impur dans la pensée des Grecs, d' Homère à Aristote*, Paris, 1952; E.-R. Dodds, *The Greeks and the irrational*, Univ. of Calif. Press, 1956.

5) Eichrodt, *Theologie des alten Testaments*, Leipzig, 1933~1939, III, § 23; Sven Herner, *Sühne und Vergebung in Israel*, Lund, 1942; G. von Rad, *Theologie des alten Testaments*, t. I, Münich, 1957, pp. 157~65, 249~79.

여호와이신 왕을 뵈었음이로다." 그런데 한 스랍이 제단에서 들고 온 불타는 숯을 그의 입술에 대고 말하기를 "보아라, 이것이 네 입에 닿았으니 네 악이 제하여졌고 네 죄가 사하여졌느니라"(이사야, 6장 5절과 7절). 나중에, 다윗이 했다고 하는 고백——그 문제는 뒤에 죄의식뿐 아니라 허물의 문제에서도 길게 다룰 것이다——에서 시편 기자는 이렇게 탄식한다: "하나님이여. 주의 인자를 좇아 나를 긍휼히 여기시며 주의 많은 자비를 좇아 내 죄과를 도말하소서. 나의 죄악을 말갛게 씻기시며 나의 죄를 깨끗이 제하소서. 〔……〕 하나님이여 내 속에 정한 마음을 창조하시고"(시편, 51편). 결국 흠의 구도는 처음의 주술적이고 제의적인 관념을 넘어서기 때문에 강력하고 풍요로운 것으로 살아 남는다.

만일 흠의 세계가 처음부터 상징력을 지니지 않았다면 어떻게 살아 남을 수 있었겠는가?

사실, 흠은 그냥 문자적인 때를 뜻한 적이 없다. 부정함은 그냥 문자적인 더러움이나 얼룩을 뜻한 적이 없다. 그렇다고 해서 부정함이 도덕적인 불결의 차원까지 갔다고는 할 수 없는 것 역시 사실이다. 그렇지 않았다면 접촉과 전염의 주술은 자취도 없이 사라져버렸을 것이다. 흠의 표상은 반은 물리적이고 반은 윤리적인 이중성을 지니고 있다. 개념화되지는 않지만 그 이중성을 우리는 삶에서 체험하고 있다. 부정함에서 오는 두려움이 반은 물리적이고 반은 윤리적이지 않은가?

우리가 흠의 상징 구조를 반성하거나 표상화하지 않는다 해도 적어도 그 구조를 따른 행위가 있다. 정결하게 하는 행위에서 흠의 상징 구조를 포착할 수 있다. 정결하게 하는 행위에서 정결하게 된 것으로 거슬러 올라갈 수 있다. 흠의 상징성을 명시적으로 보여주는 것이 제의다.[6] 제의가 무엇을 상징적으로 씻어내듯, 흠도 상징적으로 더럽힌다.

목욕도 단순히 몸을 씻는 게 아니다. 이미 부분적이고 가상적인 행위다. 목욕이 이미 상징적 행위이기 때문에, 그 씻어내는 작업도 비슷비슷한 갖가지 동작을 통해 이루어질 수 있는 것이다. 그 갖가지 동작은 서로가 서로를 상징하며 동시에 모두 합쳐 어떤 한 행위를 상징하기도 한다. 여하

---

6) J. Cazeneuve, *Les rites et la condition humaine*, Paris, 1958, pp. 37~154.

튼 흠의 제거가 어떤 큰 행위 하나로 이루어지지 않기 때문에, 항상 부분적이고 대체 가능한 표시들이 모여 흠의 제거를 의미한다. 예를 들면 태우고, 털고, 쫓아버리고, 던져버리고, 뱉아버리고, 감추고, 묻고 하는 동작들이다. 그 동작들은 각각 하나의 제의 공간을 이루는데, 그 공간 속에서 각 동작은 자기만으로 무슨 의미를 지니지는 않는다. 통합체인 한 인격의 통합적 행위의 부분으로서 의미를 지닌다.

그리하여 흠은, 그것이 제의적 청소의 '대상'이 되는 한 그 자체로 악의 상징이다. 흠과 때의 관계는 정화와 세탁의 관계와 같다. 흠은 때가 아니라 때와 같다. 상징적 때다. 그리하여 오염의 표상 안에 암시된 상징성을 분명하게 보여주는 것이 정화하는 제의의 상징성이다.

더 중요한 사실이 있다. 만일 정화하는 제의가 그 상징 행위를 통해 그가 씻어낸 무엇을 상징 세계에 유입시킨다 해도, 동작으로 이루어진 것인 한 제의는 벙어리라는 점이다. 그런데 흠이 인간 세계에 들어오는 것은 말을 통해서다. 걱정은 말로 전달된다. 전달되기 전에 무슨 걱정인지 정해지는 것도 말을 통해서다. 깨끗한 것과 더러운 것(부정)의 대립도 말로 이루어진다. 깨끗함과 더러움에 대해 하는 말이 그 둘의 대립을 만든다. 말이 없을 때, 때는 그냥 때다. 그러나 부정함은 금기의 말을 통해 제시된다.

그 점에 대해 살인의 경우가 좋은 예다.[7] 앞에서 우리는 흠의 문자적 해석과 흘려진 피의 관계를 보았다. 성문제가 아니더라도 어디서든 흠을 때와 구별하는 것은 그리 어렵지 않다. 살인의 경우에서 모든 부정한 접촉의 한계 상황을 볼 수 있다. 거기서 흘린 피의 부정함은 씻어낼 수 있는 무엇이 아니다. 더구나 살인이 몰고 오는 저주의 힘은 인간의 존재와 관련 없이 존재할 수 있는 것이 아니다. 다시 말해서 흠을 말하는 말하고만 존재한다. 다른 사람이 볼 때 살인자는 흠 있는 사람이 된다. 곧 다른 사람들의 말에 따라 살인자는 흠 있는 사람이 된다. 흠이 있다고 여겨지는 것이 흠이다. 그것을 말하기 위해선 법이 필요하다. 금기의 법은 이미 말이다. 또 부정한 것이 정하게 되기 위해 해야 할 것을 말해야 한다. 제의의 여러 동작이 의미를 지니고 효과를 발휘하려면 제의가 벙어리여서는 안

---

7) Moulinier, *op. cit.*, pp. 176 이하.

된다. 제의는 결코 벙어리가 아니다. 어떤 제의가 말없이 진행된다 하더라도 이미 그 바탕에는 말이 들어 있다.

그처럼 뭐가 부정한 것인지 말로 정하는 것은 일종의 '교육'이 되며 상당히 중요하다. 그것을 통해 제의와 갖은 동작만 상징이 되는 것이 아니라 부정하고 정한 것 그 자체가 상징이 된다. 성스런 것의 체험을 전달할 수 있는 상징 언어가 된다. 그렇게 해서 부정함(더러움)과 정함(깨끗함)의 어휘는 '허물의 느낌'과 '죄의 고백'을 낳는 최초의 언어학적·의미론적 모태를 이룬다.

서양 사람들로 말하자면 깨끗함과 더러움의 어휘는 그리스 고전에서 나왔다.[8] 그런데 그러한 흠의 어휘는 대부분 상상의 결과이며 가공의 얘기와 관련되었다는 점이 특이하다. 그것은 그 어휘들이 비교적 후대의 산물로서 문화적 창작물임을 암시한다. 곧, 지나간 옛 과거를 재해석하고 그리스 사람들에게 윤리적 교훈을 주려는 것이었음을 알 수 있다.

흠이나 정화와 관련된 얘기가 기원전 5세기 전에는 드물었는데 갑자기 많아졌다. 데모스테네스를 우두머리로 하는 연설가들이 추방과 공공 금기를 규정한 드라곤법을 주석했다. 그들은 드라곤법에서 고의성 없는 범죄자라 하여 고의적인 범죄자와 구분한 사람들까지 일반 시민과 "접촉하는 것을 막았다." 한편 투키디데스는 신성 모독의 행위——아크로폴리스 성소에서 살인한 행위——가 알크메오니데스의 가족을 '더럽혔고' 그들에게 속죄의 무거운 짐을 안겼다고 말했다. 또 다 알 듯이, 오레스테스와 외디푸스의 흠을 말하는 비극도 있다.

아주 간단한 의미론적 관점에서 보더라도, 그러한 상징 언어 형성에서 가장 중요한 역할을 하는 것이 비극이다. 살인에 대해 말할 때 **μίασμα**, **χηλίς**, **μύσος** 같은 낱말은 산문에서는 잘 안 쓰는 말이다. 어떤 교리를 제시할 때나 전설을 들먹일 때만 쓰는 말들이다.[9] 신화상의 범죄자들의 가공할 만한 흠을 그리면서 시인들은 부정(더러움)의 상징의 길을 텄던 것이다.

---

8) Moulinier, *op. cit.*, pp. 149 이하.
9) *Ibid.*, p. 180.

흠을 나타내는 모든 어휘를 지배하는 낱말 카타로스 **καθαρός**
도 물리와 윤리 사이를 오가는 정함(깨끗함·순결)의 이중성을 그대로 드
러내고 있다. 그 낱말의 중심 뜻은 부정한 것을 없애는 것이다. 곧 섞이지
않고, 더럽지 않고, 흐릿하지 않고, 혼동되지 않는다는 뜻이다. 그 '않음'
은 문자 의미와 형상 의미 모두에 배여 있다. 카타르시스 **κάθαρσις** 역시
물리적인 청소를 뜻할 수 있고, 의학적으로는 체액을 비우거나 청소하는
것을 가리킨다. 동시에 청소는 제의적인 정화나 윤리적인 순결을 상징할
수도 있다. 따라서 카타로스-카타르시스는 지적인 명쾌함, 스타일의 분
명함, 질서의 깨끗함, 신탁의 단순함 그리고 흐릿하지 않고 도덕적으로 깨
끗함을 가리킨다. 그리하여 이 단어는 변화하여 본질적인 정화 곧 지혜와
철학의 정화를 가리키게 될 수 있다. 물론 그렇게 되는 데는 새로운 신화
가 필요하리라. 육체에 갇혀 있는 영혼이 원래는 깨끗한데 육체 때문에
"뒤섞여 있다"는 신화 말이다. 그러나 그처럼 정화 행위를 둘러싼 그리스
인들의 여정에는, 정함과 부정함의 경험이 처음부터 변형될 여지를 지니
고 있었음이 전제되어 있다.

우리는 상징의 형성에만 관심이 있다. 그렇기 때문에 그리스 고전에서
전설적인 영웅 시대에까지 거슬러 올라가는 흠의 얘기가 실제도 고대 사
람들부터 알려졌다는 사실은 우리에게 별로 중요하지 않다. 역사가들은
거기에 대해 의심을 품을 만하다. 고대 시인 호메로스가 그 문제에 대해
침묵을 지키는 것으로 볼 때 그는 기원전 6세기와 5세기의 죄 문화와 전혀
관련이 없는 것 같다.[10] 물리니에도 말하듯이 호메로스의 영웅들은 깨끗한
것을 좋아해서 목욕을 많이 한다. 그런데 그 목욕은 전적으로 물질적 차원
이다. 그들이 싫어한 것은 오물——피·먼지·땀·때——이다. 오물은
사람을 '지저분하게' 만들기 때문이다. 호메로스의 영웅들은 사람을 죽였
다고 해서 흠 있는 사람이 되지는 않는다. 그래서 『일리아드』와 『오디세
이』에는 "고전 시대의 전형적인 흠의 모양——신성 모독적인 살인·출
생·죽음"(p. 30)을 결코 찾아볼 수 없다. 그러나 『일리아드』와 『오디세
이』가 풍속소설은 아니고, 생활을 묘사하고 있다 해도 과대 포장하거나 미

---

10) E.-R. Dodds, *op. cit.*, ch. II : "From shame-culture to guilt-culture."

화하고 있다"(p. 30)는 점, 그리하여 호메로스가 언급하거나 침묵하거나 아무것도 입증하지 못한다는 점을 알아야 한다. 또, 기원전 7세기 사람들의 신앙이 어떠했는가 하는 것은 우리에게 별로 중요하지 않다. 고전 시대의 연설가나, 역사가·시인 들이 말한 흠의 표현들이 이룬 문화적 사건이 더욱 중요하다. 그리스 사람들이 그들의 과거를 표현하고 그들의 신앙을 말하는 방식이 중요하다. 우리가 악의 문제를 다루는 데 그리스 문화가 공헌할 점이 바로 그것이다. 바로 거기서 흠의 주제는 원류가 되는 어떤 문학을 이루어 로고스를 형성한다. 그 로고스가 곧 서양 문화의 논리가 된다.

더 중요한 것이 남아 있다. 그처럼 흠을 그리스 문화를 빌어 읽을 때, 어떤 문학적 표현을 통해 흠의 감정을 교육하게 될 뿐 아니라, 철학의 비철학적 근원을 찾게 된다. 그리스 철학은 신화와 관련하여 이룩되었다. 신화 자체가 흠과 관련된 신앙과 제의에 대한 설명적·서술적 주석이요 해석이다. 그리스 철학이 반대하고 거부한 이 신화들——비극 신화와 오르페우스의 신화——을 통해 우리 철학은 허물과 죄의 문제뿐 아니라 흠의 문제하고도 씨름하는 것이다. 흠과 흠의 정화와 철학의 관계는 우리 문화사의 바탕이 되는 것이므로 그 문제의 정신적 잠재력에 대해 주목하지 않을 수 없다. 흠의 문제는 철학과 관련이 있기 때문에 단순히 존속과 폐기의 문제를 떠나 의미의 모태가 된다.

따라서 역사가나 연설가나 극작가들의 증언을 단지 사회학적으로 해석해버린다거나, 거기서 도시법에 대한 옛 가족법의 저항만을 본다면 그 증언들의 의미는 완전히 상실된다. 그러한 해석도 나름대로 옳기는 하다.[11] 그러나 다른 '이해'의 영역을 배제해서는 안 된다. 흠과 순결과 정화의 문제가 끊임없는 상징화와 변형을 거치면서 제기하는 이해 말이다. 정함과 부정함의 표상이 처음부터 상징성을 갖는 것은 흠이 그것을 규정하는 말과 연관되어 있기 때문이다. 그리하여 모든 피의자를 성스러운 공공 장소에서 내쫓는 '금기 규정'은 흠 있는 것을 성스런 곳에서 배제하려는 것이다. 범죄자로 확정된 자에겐 더욱 큰 금기가 부과된다. 그것은 그와 그의 흠을 완전히 없애는 것이다. 추방과 죽음이다. 그처럼 추방과 죽음이란 흠

---

11) G. Glotz, *La solidarité de la famille dans le droit criminel en Grèce*, Paris, 1904.

있는 자와 그의 흠을 모두 제거해버리는 것이다.

고의 없이 살인한 자는 두 가지 표상을 지닐 수 있다. 하나는 그가 '고의 없이' 살인했다고 봐주는 좀더 법적인 표상이다. 그것은 이디 우리가 나중에 말할 허물의 영역에 속하는 차원이다. 또 하나는 좀더 종고적인 표상으로 그를 '부정한' 사람으로 본다. 그것은 흠의 표상이 이중적 의미를 지니고 있음을 상기하면 쉽게 이해할 수 있는 문제다. 고의 없이 살인하여 추방된 자는 단순히 물리적인 접촉 영역 밖으로 내쫓기는 것이 아니다. 법이 활동하는 삶의 영역 밖으로 쫓겨나는 것이다. 그래서 그는 조국이라고 하는 삶의 공간에 나타날 수 없다. 그리하여 조국이 끝나는 곳에서 그의 흠도 끝난다. 아테네 영역 안에서 살인자를 죽이는 것은 조국을 깨끗하게 하는 것이다. 조국 밖에서 그를 죽이는 것은 아테네 사람을 죽인 것으로 본다. 새로운 곳, 새로운 법 아래서 거행되는 피난과 환영의 제의는 살인자를 한번 더 깨끗하게 할 수 있다고 보았다.[12]

흠과 흠을 규정하는 말의 관계, 흠과 삶의 영역의 관계가 그처럼 그리스 문서에서 명백히 드러나지만 프레이저Frazer와 페타초니Pettazzoni가 연구한 바와 같이 원시 형태의 많은 금기 조항들에서도 볼 수 있다. 고의 없는 행위, 무의식적 행위, 부정타는 사고 따위가 단순한 어떤 사건이 아니다. 그것들은 항상 삶의 환경을 이룬다. 개구리가 뛰어든 불, 옆에서 하이에나가 똥을 눈 천막은 인간이 드나드는 영역이요, 인간이 존재하고 행동하기 때문에 문제되는 공간이다.

그처럼 때가 흠이 되려면 꾸짖는 남의 이목이 있어야 한다. 부정함과 정함을 가르는 말과 함께 때가 흠이 된다.

4. 두려움의 승화

흠의 '객관적' 표상이 그 상징 구조로 말미암아 계속 변형하여 잘못의 악의 상징으로 끊임없이 쓰임을 3절에서 보았다. 그런데 부정함의 '주관

---

12) Moulinier, *op. cit.*, pp. 81~85.

적' 측면인 두려움 역시 처음부터 정서의 변형의 가능성을 품고 있다. 죄의 영역으로 가면서 두려움이 폐기되는 것이 아니라 그 의미가 바뀐다. '대상'이 바뀜에 따라 '체험'도 바뀐다.

부정타는 데서 오는 두려움은 더 이상 물리적인 무서움이 아니다. 흠이 그냥 때가 아니듯이 말이다. 부정타는 데서 오는 두려움은 무서움이 아니라 무서움 같은 무엇이다. 그것은 이미 고통이나 죽음에 대한 무서움을 넘어, 실존이 왜소하게 되고 인격이 파괴되는 데 대한 두려움이다.

그처럼 두려움이 윤리성을 띠게 되는 것 역시 말을 통해서다. 앞에서 말을 정함과 부정함을 결정하는 도구로 보았다. 그렇듯이 이번에는 말이 흠 있는 자아를 의식화하는 도구처럼 된다. 흠은 금기를 통해 말의 세계에 들어오기도 하지만 고백을 통해 말의 세계에 들어오기도 한다. 금기에 의해 찢겨진 의식, 금기의 무서움에 싸인 자아는 남을 보기도 하지만 자아를 본다. 전달과 대화가 있기도 하지만 자아에 대한 끊임없는 물음이 일어난다. 스스로 묻는다: 내가 무슨 죄를 지었기에 이런 실패와 고난과 죽음을 당하는가? 의문이 생긴다. 겉보기에 그럴듯했던 행실에 의문을 품는다. 진실을 따져 올라간다. 자기 행실에 숨어 있던 의미를 완전히 드러내는 총체적 고백이 아주 겸손한 '죄의 고백'으로 나타난다.

물론 그런 고백의 언어가 아직 주술적 제거 행위 형태를 벗어나지 못했음을 부인할 수 없다.[13] 주술적으로 이루어진다. 다시 말하면 어떤 의미를 남이나 자기에게 전달하기보다는 씻어내고 뱉아내고, 묻어버리고, 쫓아버리는 짓과 비슷하다. 부인할 수 없는 사실이다. 말이 그처럼 상징 행위의 연장선상에 있다고 볼 수 있다. 그러나 악을 말로 쫓아내는 데서 새로운 요소가 생기고 그 때문에 고백다운 고백이 탄생한다. 바야흐로 두려움을 말로 밝히고 소화하는 작업이 시작된다. 말해진 두려움은 이미 고백이다. 단순한 울부짖음이 아니다. 말에 업혀 비로소 두려움은 물리적이기를 넘어 윤리적 차원의 문을 여는 것이다.

그 윤리적 차원에는 세 단계가 연속하여 있다. 각각 깊이가 다른 세 가

---

13) 프레이저와 똑같이 페타초니도 이렇게 말하고 있다: "원시적 고백은 죄의 고백이되, 화를 면하기 위해 하는 고백이다." *op. cit.*, p. 183.

지 차원의 의도가 세 단계를 이룬다.

첫째, 응보에 대한 무서움은 단순히 수동적인 무서움이 아니다. 거기에는 이미 요청이 들어 있다. 정당한 벌의 요청이다. 그 요청을 처음으로 표현하고 가깝게 실현하는 것이 응보의 법이다. 앞에서 말한 대로 그 법에서 사람은 운명적 파괴력을 느낀다. 그것은 훼손 행위가 몰고 온 기본적인 분노의 폭발이다. 그러나 그 파괴를 감수하는 자세에는 그것이 정의요, 정당한 대가라고 보는 마음이 들어 있다. 죄를 지었기 때문에 벌을 받는다는 것은 죄를 지으면 벌을 받아야 한다는 것이다. 두려움과 떨림 속에 퍼져 있는 이 당위가 모든 벌의 원리다.

그런데 응보의 법을 이해하는 데 만만치 않은 장애물이 있다. 모든 고난이 그러한 응보의 결과라고 하는 믿음이 그것이다. 그러한 믿음에 따르면 지금 당하는 고난은 모두 정당한 벌로 설명된다. 그러나 정당한 벌의 요청을 그처럼 기계적으로 적용하면 응보의 법을 다 이해할 수 없다. 고난을 죄의 결과로 보는 설명 방식을 뒤흔들어놓은 종교 의식이 생겼어도 응보의 법은 살아 남지 않았는가? 살아 남았을 뿐 아니라 오히려 그러한 위기 상황을 거치면서 엄연한 요청으로 자리잡았다. 응보의 법은 설명할 수 없는 어떤 요청이 되었다. 지금의 고난을 꼭 응보의 법이 지켜진 것으로는 보지 않게 된 대신, 다른 방식으로 그 법을 만족시킬 방법을 찾게 되었다. 역사의 끝에 있을 최후의 심판을 생각해내거나, 세상 죄를 지고 갈 속죄양을 생각하거나 또는 죄에 비례하는 고통을 줄 형법을 사회가 제정하거나, 더 나아가 내면의 고통이라는 말도 만들어냈다. 내면의 고통도 하나의 벌로 보게 되었다. 응보의 법의 산물이라고 할 수 있는 이 다양한 생각들――최후의 심판, 속죄양, 법적 제재, 내면의 형벌――이 어떻게 양립 가능한지 또는 그런 것들이 옳은지 하는 따위의 논의는 삼가하겠다. 그런 것들이 있다는 것만 봐도 알 수 있는 것은, 사람이 당하는 악을 모두 저지른 악의 결과로 보는 고대의 관점이 응보의 법에 암시된 어떤 요청을 다 설명할 수 없다는 점이다.

그러나 이 정당한 벌의 요청을 찾아냈다고 해서 문제가 다 해결된 것은 아니다. 아무리 정당하다 해도 벌을 받는 것은 역시 고통이다. 벌은 언제나 고통이다. 고통은 괴로운 것이다. 벌은 사람을 괴롭게 한다. 벌은 슬픈 것이다. 정당한 고난은 당해야 한다고 요청하면서 동시에 우리는 그 고난의 슬픔이 끝나기를 바란다. 앞에서 보았듯이, 원시 종교의 단계에서 성스런 것은 앞에 사람을 두지 못하고 죽인다. 그러나 그것은 폐쇄적인 파괴력이 아니다. 복수에 대한 생각에는 다른 측면이 들어 있다. 복수한다는 것은 단순히 파괴하는 것이 아니라 파괴하면서 회복하는 것이다. 죽으리라는 두려움 속에는 어떤 질서든 질서가 회복되리라는 느낌이 있다. 있다가 파괴된 것이 재건되는 것이다. 파괴를 통해 질서가 선다.

그렇듯 벌의 파괴력을 통해 원래의 온전성이 건재함을 과시할 것이다. 벌을 받으며 사람은 그 점을 예감한다. 따라서 복수를 두려워하는 마음속 깊은 곳을 들여다보면 질서에 대한 존중심이 있다. 그것이 잠정적인 질서든 또는 폐기될 질서든간에 말이다. 그런 질서에 대한 경외심을 터부라고 볼 수는 없을 것이다. 응보의 고난을 두려워하며 감수하는 마음을 낳는 것이 바로 질서에 대한 경외심이다.

플라톤이 그 점을 잘 말하고 있다. 참된 벌은 질서를 회복하여 복되게 만드는 것이다. 참된 벌은 행복에 속한다. 『고르기아스』에 유명한 구절이 있다: "불의한 사람은 행복하지 않다"(p. 471d); "벌을 피하는 것보다 받는 것이 낫다"(p. 474b). 벌을 받아 잘못에 대한 대가를 치르는 것이 행복하게 될 수 있는 유일한 길이라는 얘기다.

그렇게 해서 벌은 더 이상 성스러운 것 앞에서 당하는 죽음이 아니라 질서를 위해 당할 고통이요 행복을 위해 당할 슬픔이 된다.

그것이 두려움에 들어 있는 두번째 요소요 기대다. 그것이 앞서 말한 첫째 요소를 끌어낸다고 봐야 하리라. 아무 쓸모가 없다면, 어떤 목적이 없다면 무엇 때문에 잘못에 상응하는 고통을 요청하겠는가? 고통을 내리는 조치는 어떤 목적 없이는 아무것도 아니다. 복수를 통해 의도된 것은 속죄다. 벌을 통해 흠을 지워버리려는 것이다. 그리고 결국 그 지워버리는 행위를 통해 의도된 것은 질서의 회복이다. 그런데 흠 있는 자 밖에서는 질서 회복이 이루어질 수 없다. 흠 있는 자 안에서 이루어진다. 따라서 복수와 속죄를 통해 의도되는 것은 교정이다. 곧, 정당한 벌을 통해 흠 있는 자의 인격적 가치를 재건하는 것이다.

이 두번째 차원의 의도가 세번째 계기를 이끌어낸다. 정당한 벌의 요청이 벌을 통한 질서 회복의 기대와 맞물리는데, 그 기대에는 승화를 통해 두려움이 아예 없어지기를 바라는 희망이 들어 있다.

스피노자의 철학은 한마디로 이성을 통해 삶에서 부정적인 요소들—— 두려움과 슬픔——을 제거하려는 노력이다. 그에 따르면 슬기로운 사람은 두려움에서 행동하지 않고 슬픔을 되새기지 않는다. 하나님과 자연과 자아에 대한 순수한 긍정, 그것이 지혜다. 스피노자 이전에 성서에 이런 얘기가 있다: "완전한 사랑이 두려움을 몰아낸다."

그러나 부정적인 느낌을 완전히 뛰어넘는 것이 가능한가? 내가 볼 때, 두려움을 완전히 몰아내는 것은 윤리의 먼 목표인 것 같다. 구조의 변화, 곧 복수에 대한 두려움에서 질서에 대한 사랑으로 옮겨가는 변화——그 점에 대해서는 뒤에서 히브리인들의 계약 정신을 살펴보며 고찰할 것이다 ——를 통해 두려움이 폐기된다기보다는 새로운 정서로 재창조된다고 보아야 한다.

두려움을 직접 없애는 것이 아니라, 마침내는 없어지리라 믿고 간접적으로 승화시키는 것이 참된 교육 정신이다. 두려움은 여전히 존재한다. 가정 교육이든지 학교 교육이든지 시민 교육이든지 어떤 교육 형태에도 두려움은 남아 있다. 시민 폭력에 대비하여 사회적 대책을 세우듯이 두려움은 피할 수 없는 계기다. 금지 사항이나 벌칙 없이 교육하려는 계획은 공상적일 뿐 아니라 해롭기까지 하다. 두려움과 복종을 통하여 두려움이 가신 자유를 배우게 된다. 없앴다가는 큰 해를 당한다. 모종의 인간 관계들, 이른바 시민 관계들도 두려움의 단계를 건너뛰지 못할 것이다. 고통을 덜 주며 교정의 효과를 보는 벌은 상상할 수 있을 것이다. 그러나 제재의 위협 없이 법을 지키게 한다거나, 벌로 위협하지 않고 허가와 금지를 가르칠 수 있는 국가는 상상할 수 없을 것이다. 결국 사람이 살아가는 데 공공적인 부분은 벌에 대한 두려움을 극복할 수 없다고 할 수 있으리라. 한편 그 두려움은 새로운 세계, 이른바 초윤리적인 세계를 여는 데 쓰이는 독특한 수단이 될 수도 있다. 초윤리적 세계란 두려움이 완전히 사랑으로 되는 계기를 말한다.

두려움의 완전한 폐지는 윤리의 종말론적 지평이요, 종말론적 장래라고 할 수 있다. 두려움을 내몰기 전에 사랑이 두려움을 바꾸고 변화시킨다.

그것은 일종의 투쟁이다. 투쟁하노라면 끊임없이 새로운 두려움이 엄습한다. 충분히 사랑하지 못한다는 두려움이 가장 순수하고 가장 지독한 두려움이다. 성인들이 느꼈던 두려움이 바로 그것이요, 사랑 그 자체가 만들어내는 두려움이다. 사람은 충분히 사랑하지 못하기 때문에, 거꾸로 충분히 사랑받지 못한다는 두려움도 사라질 수 없다. 완전한 사랑만이 두려움을 몰아낸다.

두려움의 장래가 그렇다. 그 옛날, 금기를 어겼을 때 당할 복수에 대한 두려움의 장래가 그렇다. 그러한 장래가 그 옛날의 두려움 속에 이미 들어 있었다. 그렇기 때문에 부정타는 데서 오는 '원시적인' 두려움이 의식의 역사 속에서 폐기돼버리지 않고 끊임없이 새로운 모습으로 나타나는 것이다.

갖가지 모습으로 흠이 상징화되는데, 그 모든 계기를 꿰뚫는 핵심이 무엇이냐고 묻는다면, 흠을 넘어서기도 하고 다시 취하기도 하는 의식의 역사를 살펴봐야 한다고 대답할 수 있을 것이다. 일차적인 악의 상징들의 전체 궤도를 쭉 살펴나가면서 답을 찾을 것이다. 당분간은 『크라틸로스』(pp. 404e~06a)에 있는 소크라테스의 말에 만족하도록 하자; 아폴론은 '깨끗이 씻는'(아폴루온) 신이다; 그러나 동시에 '단순한' 진리(아플룬)를 말하는 신이기도 하다. 따라서 진지함을 상징적으로 말해 씻음이라 한다면, 악은 상징적으로 때라고 할 수 있다. 때는 악을 표현하는 최초 '도식'이다.

제 2 장
죄

흠과 죄는 의미가 다르다. 그 점을 인정해야 한다. 그 차이는 '역사적'
이라기보다는 '현상학적'이다. 종교사를 보면 어느 사회든 잘못의 형태가
계속 변하는 것을 알 수 있다. 그리스를 보면, 흠의 제거라는 뜻인 카타로
스 καθαρός가 성스러운 정의나 거룩한 엄격성을 뜻하는 일군의 어휘들과
의미 연합을 이루고 있다. 일군의 어휘란 곧 하그노스 άγνός——성스러
운, 순결한, 깨끗한——와 하기오스 άγιος——귀한, 이미 신의 위엄까지
도 뜻한다——와 호시오스 όσιος——신에게 합당한 또는 경건한——따
위다.[1] 정함(깨끗함)에서 경건함이나 거룩함으로 또는 의로움으로 쉽게 옮
겨간다. 플라톤의 『에우티프론』에서 볼 수 있듯이 경건함 하면 꼭 신에 대
한 언급이 있게 마련이다. 결국 신의 문제가 단절 없이 흠의 세계로 침투
해 들어감을 알 수 있다. 서문에서 말한 대로 고대의 심층부까지 깊이 내
려가보면, 흠에서 죄로 넘어가는 데는 다소 인격화된 신적인 존재가 개입
됨을 알 수 있다. 부정탄 행위는 악마 곧 초월적 권능에 대한 공포를 일으
켰다. 사실 어떤 면에서는 부정함과 죄가 혼동된 측면도 있다. 현상학적으
로 볼 때 흠에서 죄로 옮겨가는 가장 대표적인 예는 바빌로니아의 죄의 고
백이다.[2] 거기서 흠의 상징을 지배하는 것은 '매임'의 상징이다. 매임 역

---

1) Moulinier의 색인 "Verborum vel rerum"을 보라. Moulinier, *op. cit.*, pp. 431 이하.
   부정함과 정함에 관련된 그리스 어휘가 풍부하게 들어 있다.

2) Charles Fr. Jean, *Le péché chez les Babyloniens et les Mésopotamiens*, Paris, 1925;
   Ed. Dhorme, *Les religions de Babylonie et d'Assyrie*, Paris, 1945, pp. 229~30,

시 외부적인 것이지만 그것은 전염이나 오염을 뜻하기보다는 점령되거나 속박된 상태를 가리킨다. 시인은 간구한다: "나의 몸, 나의 근육, 나의 다리에 있는 악이 오늘 사라져버렸으면." 거기엔 흠의 도식이 같이 들어가 있기도 하지만 범함과 타락의 개념들도 들어가 있다: "나를 저주에서 풀어주소서. [……] 나쁜 저주와 부정한(더러운) 병과 범함과 타락과 죄가 내 몸에 있으며 나쁜 귀신이 내게 붙어 있나이다." 거기에는 이미 죄와 흠이 구별되는 영적인 공간을 지배하는 신에 대한 인격적인 관계가 있다. 신이 멀어지면 악마가 나온다고 본다: "저주의 힘이 마치 새끼양의 목을 치듯 그자의 목을 쳤다. 그의 신은 그의 몸에서 나오고 그의 여신은 그에게서 멀어졌다." 앞에 있는 신과 대치했을 때, 시인이 느끼는 죄는 더 이상 몸에 붙어 있는 물체가 아니라 그의 실존의 한 차원이다. 여러 가지 검토했을 때 생기는 의문이 여기에 벌써 있다. 그는 자기 행위를 거슬러, 알 수 없는 배후에까지 올라간다: "그가 신을 괴롭히고 여신을 업신여겼는가? 신께 죄를 짓고 여신께 잘못을 범했는가? 제물로 신의 이름을 모욕했는가? 한번 바친 것을 다시 취했는가?" 의문은 고뇌와 절망의 미로 속으로 발걸음을 옮긴다. "하소연해볼까? 그러나 아무도 듣지 않으니 지쳐버릴 지경이다. 부르짖어볼까? 아무도 대답하지 않으니 답답하구나." 버림받았다는 느낌에서 그는 알지 못하는 신과 여신에게 지었을지 모르는 알 수 없는 죄 또는 잊어버렸을지 모르는 죄까지 고백하게 된다: "내가 저지른 잘못을 나는 알지 못합니다. [……] 내가 지은 죄를 나는 알지 못합니다. [……] 내가 알거나 혹 알지 못하는 신이여 내 죄를 사해주소서. 내가 알거나 혹 알지 못하는 여신이여, 내 죄를 사해주소서." 고백은 다시 질문을 던진다: "오 신이시여, 얼마나 나를 이렇게 두시렵니까? 신도 여신도 두려워하지 않는 사람처럼 나를 취급하십니다."

이 고백의 정교함을 과대 평가하지는 말자. 그 고백이 어떤 문화적 상황과 제의적 상황 속에서 이루어졌음도 잊지 말자. 그 고백은 두려움과 관련이 있음도 간과하지 말자. 그러면서 이제 우리는 막 탄생하려고 하는 유

239, 247, 250. 같은 저자의 *La littérature babylonienne et assyrienne*, Paris, 1937, chap. vi: 「서사 문학」, pp. 73~84. 아카드의 수난 문학을 알 수 있는 자료는 S. Langdon, *Babylonian penitential Psalms*, Oxford, Paris, 1927.

대인의 죄경험으로 눈을 돌리자. '알지 못할 신'을 향한 애가[3]에는 이미 그 연도(連禱) 형식과 함께 히브리적 고백의 가장 기본적인 것이 들어 있다.

<blockquote>
주님, 내 죄가 많고 내 잘못이 큽니다,
나의 신이여! 내 죄가 많고 내 잘못이 큽니다,
나의 여신이여, 내 죄가 많고 나의 잘못이 큽니다.
내가 알거나 알지 못하는 신이여,
    내 죄가 많고 내 잘못이 큽니다;
나를 낳은 내 어머니의 마음처럼
    마음을 진정하소서!
나를 낳은 내 어머니의 마음처럼,
나를 낳은 내 아버지의 마음처럼,
    마음을 진정하소서!
</blockquote>

이를 가리켜 니퍼 학파는 '자연적' 죄의 신학 또는 '타고난' 죄의 신학이라고 부르기까지 했다. 랑그돈은 바빌로니아와 아시리아의 고난의 노래나 속죄의 기도 뒤에 그런 신학이 자리잡고 있다고 말한 적이 있다.[4] 죄의 신학은 죄의식의 깊이를 알 수 있게 해주고 모든 고난을 이해할 수 있게 해주었다. 그래서 이스라엘에 앞서 바빌로니아의 '지혜'가 부딪친 위기, 곧 깨끗한 자가 당하는 고난의 문제 때문에 생긴 위기를 모면했다.[5] 물론 그 반대 해석도 가능하다: 죄를 '하나님 앞'과 연관된 종교적 문제로 보는 관점을 상당히 멀리까지——히브리 문화보다 더 멀리까지——발전시킨 문화들도 결코 흠의 표상에서 떠난 적이 없다는 주장이다. 히브리 정경과

---

3) Ed. Dhorme, *op. cit.*, pp. 81~82, *Ancient near eastern texts relating to the Old Testament*, Princeton, 2판, 1955, pp. 391~92.

4) S. Langdon, *Babylonian Wisdom*, Londres, 1923, p. 19. 이러한 고백이 어떤 신화적 상황 속에서 일어난 것인지 나중에 고찰할 것이다: 제 2부 1장.

5) J. J. Stamm, *Das Leiden des Unschuldigen in Babylon und Israel*, Zürich, 1948. 이 점에 대해서는 제 2부 5장, 2:「비극의 재현」을 보라.

그리스도교 성서에도 들어 있는 레위 법령이 그 점을 분명히 보여준다. 그 의도는 다르지만, 흠의 표상과 죄의 표상은 공존하며 발전 과정에서 서로 엉키게 됨이 사실이다. 그 문제는 잘못에 대한 종교 의식을 추적해나가면 밝혀지리라. 그러나 지금 우리는 그 문제에서 출발하지 않겠다. 우리가 앞에서 흠을 일단 악마나 신과 관계없는 것으로 보았듯이, 다시 말해 부정한 것을 부정한 것이 되게 하는 초월적 권세와 무관한 것으로 보았듯이, 죄도 가장 순수한 형태 속에서 살펴볼 것이다. 다시 한번 말하지만 우리의 '되풀이'는 역사적 순서를 따른 것이 아니다. 철학의 특성을 지닌 현상학적인 것으로 여러 '유형'을 가려내려는 것이다.

1. '하나님 앞' : 계약

'죄'의 관념이 생기는 범주는 하나님 '앞'이라는 범주다.[6] 이 범주가 '죄'의 관념 형성에 결정적인 역할을 하지만 처음부터 너무 좁게 생각할 필요는 없다.

하나님 앞이란 전적 타자 앞이 아니다. 헤겔은 불행 의식을 분석하면서 하나님을 전적 타자로 보았지만 그런 분석은 상당히 위험하다. 최초의 계기는 실존이 그 의미를 상실하는 상태가 아니다. 흡혈귀와 같은 절대자 앞에서 사람이 실체를 잃고 그 의식이 공허하고 텅 비는, 그런 상태가 아니다. 하나님의 존재 앞에서 하나님만 다고 사람은 아무것도 아닌, 그런 상태가 아니다. 최초 계기는 '불행 의식'이 아니라 '계약' 곧 유대말로 베리트 *Bérit* 다. 하나님의 부재와 침묵 또는 그와 상응한 인간 실존의 위기와 공허 같은 것이 나타나는 것은 그 이전에 만남과 대화의 차원이 있기 때문이다. 그러므로 죄의식에 결정적인 것은 죄짓기 이전에 계약 관계가 있었다는 점이다. 그 계약 관계의 침해가 곧 죄다.

---

6) 죄의 관념과 계약의 관념 사이의 관계 일반에 대해서는 Eichrodt의 *Theologie des alten Testaments*, vol. 3, Leipzig, 1933~1939를 보라. 특히 t. III, § 23, *Sünde und Vergebung*를 보라. 또 Ed. Jacob, *Les thèmes essentiels d'une théologie de l'Ancien Testament*, Neuchâtel, 1955, pp. 75~82, 91~94, 170~77, 226~40을 보라.

죄는 '유신론'과 같이 가는가? 옳은 얘기다. 그러나 두 가지 전제 조건
이 있다. 먼저, 여기서 유신론이라 함은 단일 신론과 다신론을 도두 포함
하는 개념이라는 점이다. 둘째, 여기서 말하는 유신론은 잘 정립된 신학
이전, 인간의 근본 상황을 가리킨다는 점이다. 근본 상황이란 본질적으로
자기를 향해 있는 누군가의 주도하에 있다고 인간이 느끼는 상황이다. 그
를 가리켜 사람의 형상을 한 신이라고도 할 수 있겠다. 그러나 무엇보다도
사람에 관심을 두고 있는 신이다. 인간의 형상을 한 신이기 이전에 인간을
향한 신이다.

　부르고 선택하고 등장하고 그리고 침묵하는 이 엉뚱한 상황을 철학적으
로 이해하기는 힘들다. 적어도 보편성과 무시간성으로 무장된 이성의 철
학에는 낯설다. 흠과 금기와 복수를 철학적으로 이해하기 힘들었듯이 말
이다. 그러나 말이라는 특성——금기의 말, 제의의 말, 고백의 말——때
문에 흠을 철학적으로 생각해볼 수 있었듯이 계약 역시 말로써 반성의 세
계에 들어온다. 구약성서에서 야훼의 루아흐 *ruah*——더 나은 말이 없어
서 영이라고 번역하는——는 계약의 비합리적 특성을 드러낸다. 그러나
이 루아흐는 다바르 *davar* 곧 말이다.[7) 히브리말의 다바르에 맞는 어휘가
그리스어 로고스밖에 없었다는 것은 우연한 일이 아니다. 비록 비슷한 번
역에 지나지 않았다 할지라도 그러한 번역은 굉장히 중요한 문화적 사건
이다. 그처럼 번역했다는 것은 무엇보다도 모든 언어는 서로서로 번역 가
능하다는 확신을 보여주고 있다. 그것은 모든 문화가 하나의 같은 인간성
에 속해 있다는 확신이기도 하다. 그리고 그 번역은 결국 사람을 찾는 하
나님을 표현하기 위한 번역어로 최대한 적합한 것을 로고스에서 찾을 수
밖에 없다는 확신을 보여주고 있다. 당시 그리스에서 로고스란 이성 *ratio*
과 말 *oratio* 의 통일체였다. 히브리어 다바르를 그리스어 로고스로 푼 것
은 다음과 같은 사실을 인정한 것이다: 하나님에게 붙잡힌 인간의 최초 상
황은 언어의 세계로 들어올 수 있다는 점이다. 왜냐하면 서로 부르고 찾고
하는 가운데 하나님이 하는 말과 사람이 하는 말이 있기 때문이다. 따라서
그 최초 상황은 큰 영 (루아흐)의 권능과 힘의 측면에서 보면 어둠에 싸여

---

7) A. Néher, *L'Essence du prophétisme*, Paris, 1955, pp. 85~116.

있지만 말씀(다바르)의 측면이 있기 때문에 빛으로 나온다.

죄의 경험은 그처럼 하나님과 사람이 부르고 찾는 관계 속에서 이룩된다.

'하나님 앞'이라는 범주를 성급하게 축소하는 또 하나의 방식이 있다. 그것은 신을 무슨 입법자나 재판관 같은 법적인 계기로 보고 그의 말을 도덕적 계율로 보는 관점이다. 그러나 입법자나 재판관이 내리는 율법은 계약을 이루는 말에 훨씬 못 미친다. 윤리적인 명령을 내리는 말은 나중에 추상화된 이후의 얘기다. 서로 부르는 상황에서 멀어졌을 때 곧 대화 관계에서 멀어지는 순간 비로소 법의 관념이 생기는 것이다. 그때에 비로소 아무도 거부할 수 없는 명령 곧 '당위'가 생긴다. 그처럼 절대적 입법자의 표상은 이차적이다. 먼저 계명이 있고 그 다음에 그것을 신에게 연결시키는, 그런 식이 아니다. 계명은 그 자체로 가치 있고 그 자체로 규율하는 무슨 가치 이데아가 아니다. 자기 스스로 의미를 지니는 것이 아니다. 먼저 있는 것은 본질이 아니라 현존이다. 계명은 현존의 한 양태다. 곧 거룩한 뜻이 밖으로 드러난 것이다. 그러므로 죄는 윤리적이기에 앞서 종교적이다. 죄란 어떤 규범이나 가치를 어긴 것이 아니라 인격 관계의 훼손이다. 죄의 의미를 깊이 알려면, 영이요 말인 그 최초 관계의 의미를 깊이 알아야 하는 까닭이 거기에 있다. 그 하나님이 아직 여러 신 가운데 하나의 신에 불과할 때, 그래서 백성과의 관계가 전쟁을 위한 연대성에 지나지 않아 하나님과 백성이 이기면 같이 이기고 지면 같이 지는 수준에 머무를 때, 그 관계의 훼손은 그 관계가 이룩한 것을 훼손하는 것이다. 그렇게 볼 때 처음부터 끝까지 죄는 종교적인 것이지 도덕적인 것이 아니다.

어떤 말이 계명의 말보다 먼저 있고, 그 말이 계명에 질문과 탄원의 특성을 부여한다는 것을 입증하는 종교 문서가 많이 있다. 우리도 그 점을 주목한다. '법령집'은 우리가 연구해야 할 유일한 문서도 아니고 가장 중요한 문서도 아니다. 다른 셈족들처럼 유대인들도 제의와 형벌과 민생과 정치에 관한 법령들을 만들었다. 그러나 히브리적인 죄체험을 알려면 법조문보다는 그들의 삶과 그들의 변화의 방향을 봐야 한다. 그들의 삶은 법문서 말고 다른 문서에서 찾아볼 수 있다. 죄와 죽음의 얘기를 그린 '역대기' 같은 문서가 그 예다. 특히 사울이나 다윗의 '역대기' 같은 것 말이다. 또 슬픔과 맹서와 탄원이 있는 '노래들,' 예언자들의 고발과 경고와 위협이 있는 '신탁,' 그리고 법전의 명령이나 시편의 애가나 예언의 포효가 지혜 속에 어우러져 있는 '잠언' 따위에 그들의 삶의 역동성이 들어 있다. 그런 것들이 죄에 대해 알 수 있도록 하는 자료들이다. 그처럼 방대한 말 속에서 계약이 이루어진다.[8)

계명보다 훨씬 방대한 이 말은 '사변' 보다도 방대하다. 칼뱅이 『기독교 강요』에서 한 말을 빌어 말하자면, 하나님과 인간에 대한 인식은 그리스 철학에서 말하는 '사유' 가 아니다. 라비 신학이나 이슬람 신학이나 그리스도교 신학에서 말하는 사유도 아니다. 그런 신학들은 철학적 사변을 전제로 하고 있기 때문이다. 방법적 연구나 끝을 보려는 탐구로는 안 된다. 말을 전한 예언자(모세나 아브라함까지 포함해서)는 헬레니즘적인 의미의 '사유'를 한 게 아니다. 그는 외치고 경고하고 명하고 울고 황홀해했다. 역대기와 법전과 노래와 잠언의 시발이 되는 그 예언의 '신탁'은 대화의 상황을 이룬 처음 말의 깊이와 풍요로움을 지니고 있다. 바로 그 대화의 상황에서 죄가 나온다.

우리가 철학적 현상학으로 그 '하나님 앞' ——죄에 붙어다니는—— 을 되풀이하려면, 철학을 낳은 그리스 사변의 말과 가장 먼 '말'의 형태, 곧 예언 '신탁'을 되풀이해야 한다. 그 말은 그리스의 로고스와 다르나, 이방인들에게 로고스라고 번역되어 알려진 말이다.

2. 무한한 요청과 유한한 계명

예언자는 죄에 대해 '생각' 하지 않는다. 죄를 거슬러 '예언' 한다.

---

8) A. Lods, *Histoire de la ittérature hébraïque et juive*, Paris, 1950은 아주 상세한 역사 문학적 분석을 하고 있다. G. von Rad, *Theologie des alten Testaments* (t. I, *Theologie der geschichtlichen Ueberlieferungen Israels*, Münich, 1957)은 Wellhausen의 자료 해석을 Lods보다 훨씬 더 많이 비판한다. 벨하우젠 학파는 그 자료들의 편집 시기를 예언 시대 이후로 잡는 반면 폰라트는 문서 원본을 훨씬 앞으로 잡는다. 그는 Eichrodt와 달리 주제별로 연구하기보다는 문서 집단의 각도에서 연구했기 때문에, 그의 기념비적 저서가 더욱 빛난다.

신탁의 말이 히브리에만 있는 것은 아니다. 다른 곳에서도 제의에 무당과 점술가가 참여했다.[9] 히브리 신탁에 새롭고 놀라운 것은 예언 형태가 아니라 신탁의 내용이다. 죄의 발견과 관련된 것으로 다음 두 가지 특징을 들 수 있다.

1) 아모스 선지자 그리고 그 이후 호세아와 이사야는 모두 백성이 야훼에 의해 멸망되리라는 것을 알린다. 총체적인 위기의 징조가 보이고 자기 백성을 향한 하나님의 공격이 있다는 통보다. 언뜻 보기에 이해하기 힘든 그 '통보'를 변질시키지 말고 처음의 격렬함을 있는 그대로 받아들여야 한다: 너희들은 파괴되고 추방되고 약탈당하리라. 그러한 선포가 얼마나 큰 종교적 충격을 몰고 왔을지 알 수 없다. 지금 사람을 파멸하는 것은 멀리 있어 알지 못하는 신이 아니라 백성을 일으키고 낳은 그 하나님이다. 그 하나님이 원수가 되었다. 죄인이 된다는 것은 그러한 노여움과 적대감을 일으키는 것이다: "야훼의 날은 어두울 것이요 빛이 없으리라."

2) 그러나 그처럼 무시무시한 경고는 일종의 분개와 고발의 성격을 띠면서 윤리적 차원이 생긴다:

다메섹이 저지른 세 겹, 네 겹의 죄 때문에……
가자가 저지른 세 겹, 네 겹의 죄 때문에……
디로가 저지른 세 겹, 네 겹의 죄 때문에……

죄의 문제와 관련하여 말하자면 예언은 경고와 분개의 혼합물이요, 즉 각적인 공포와 윤리적인 고발의 혼합이다. 과연 죄에는 노여움에서 오는 파괴와 분개하여 고발하는 행위가 뒤따른다.

흠을 고찰할 때 썼던 방식대로 '객관적'인 데서 '주관적'인 데로 옮겨 갈 것이다. 그러면 부정함의 표상의 뒤를 잇는 죄의 윤리적 국면으로 곧장

---

9) A. Néher, *op. cit.*, pp. 17~85.

가 닿으리라. 그리고 예언의 내용을 통해, 죄의 두려움은 흠의 두려움과 어떻게 다른지 알아보리라. 그리고 나서 마지막으로 잘못의 체험의 한 국면인 죄의 상징성을 검출해볼 것이다.

어떻게 해서 예언에 '윤리적' 국면이 있는가? 악의 문제에 있어서 죄는 두번째 겪는 종교적 인식이다. 그런데 그런 죄의 의미를 단순히 제의법에 대한 도덕법의 우위로 푼다면 너무 성급한 짓이다. 차라리 베르그송의 말대로, 예언의 요청이 훨씬 멀리 나가기 때문에 비로소 도덕법이 지켜진다고 할 수 있으리라. 윤리는 초윤리적인 비약의 효과물이다. 악의 의식에서 예언의 순간은 사람을 향한 하나님의 무한한 요청이 드러나는 순간이다. 바로 그 무한한 요청 때문에 사람과 하나님 사이에 거리가 생기고 비감함이 있게 된다. 그러나 그 무한한 요청은 빈 공간에 선포되는 것이 아니라 구체적인 무엇을 향해, 곧 전부터 있던 셈족의 옛 '법전'을 향해 선포되는 것이다.[10] 바로 거기서 히브리 특유의 윤리적 긴장 곧 무한한 요청과 유한한 계명 사이의 긴장이 시작된다. 두 축을 염두에 두어야 한다. 무한한 분개와 세부적 규정, 이 둘의 변증법을 허물지 말고 그대로 유지해야 한다.

제1아모스——목자 아모스——는 '법과 정의'(5,7; 5,21; 6,12)를 제사

---

10) 성서에는 아직 무한한 요청과 관련없이 제정된 법령들이 들어 있다. 예언자들이 등장하기 이전의 야훼는 전쟁의 신이요, 부족의 신이라 정의를 요청하는 거룩한 하나님이 아직 아니다. 바알신과의 싸움은 자기들 신을 지키기 위한 것이었으며 특별히 도덕성이 들어 있지는 않았다. 거기서 중요한 것은 깨끗한 마음보다는 제사의 비타성이었다. 그래서 A. Lods, *op. cit.* 3절도 죄를 따지는 법과 요청들이 예언자들의 날카로운 요청과 같지 않음을 밝히고 있다. 십계명 이전에 생겼고 가끔 '제2 십계명'이라고도 불리는 출애굽기, 34장 14~26절도 절기나, 제사 의무, 우상 제사 금지 따위를 가장 중요하게 다루고 있다. '계약 문서'(출애굽기, 20,23~24,19)는 더욱 흥미롭다. 예를 들어 거기에 있는 여러 규정들, 제사 규정, 형벌 규정, 민사 규정, 도덕 규율 따위가 고대 근동의 법규와 비슷하다. 그와 같은 유사성(A. Lods, pp.210~11)은 우리에게 상당히 재미있는 관심거리다. 결국 성서의 특징은 법을 정했다는 데 있지 않다. 아주 인도적인 규정들(외국인, 고아, 과에 관한 법규, 담보의 변제에 관한 법규, 그리고 평등 법규)도 성서에만 있는 것은 아니다. 동방의 법제사에서 볼 때 '계약 문서'는 그보다 10세기나 더 먼저 생긴 바빌론 법전보다도 더 낮은 수준이라는 것이 A. Lods의 관측이다. 이 모든 것으로 볼 때, 죄의 문제에 있어서 성서의 특징은 잘못을 법으로 정했다는 데 있지 않음을 알 수 있다. 진보주의 입장이 좀 덜한 G. von Rad, *op. cit.*, p. 192로 A. Lods의 견해를 보완할 수 있으리라.

와 제의보다 위에 두었다.[11] 그러나 그 법과 정의라는 개념——또는 선·악·생명·부패 따위의 유사한 개념——을 소피스트들이나 소크라테스가 교육적 반성을 통해 정립한 개념과 견주려고 해서는 안 된다. 아모스가 '법과 정의'를 선포한 것은 분개와 고발을 통해서다. 그 두 개념은 잘못을 하나하나 나열하는 것보다 더 근본적인 요청을 직시하고 있다. 여러 가지 열거된 사항들——전쟁 지도자들의 잔학함, 상류층의 사치, 노예 매매, 하류층에 대한 가혹한 처사——은 하나의 중심된 악——아모스의 표현으로는 '부패'——의 표시들에 지나지 않는다. 예언자가 겨냥한 것은 모든 죄악의 근원인 악한 마음이었다. '살리라' 또는 '죽으리라'는 표현들도 정의와 부패에 따른 실존의 뿌리를 겨냥하는 말이다. 결국 요청이 무한하다는 것은 인간의 죄악이 그만큼 뿌리깊다는 것을 말해준다. 한편 예언자는 부패한 인간에게 맞상대 또는 짝꿍(하나님)을 제시하는데, 제사법의 제한된 규정과 달리 그 짝꿍과의 관계는 무한하다. 그리하여 여러 가지 각도에서 요청이 무한해진다. 요청은 그 기원의 초월성에서 보거나, 실존의 뿌리와의 관계에서 보거나, 남과의 관계에서 보거나 무한한 요청이 될 수밖에 없다. 다만 그것이 '법과 정의'의 이름으로 세부 사항을 통해 구체화되는 것이다. 그것이 계약에 들어 있는 윤리적 거다. 결국 여러 가지 고발들은, 그것이 실존의 부패를 가리키는 것이기 때문에, 부분적인 교정보다는 총체적인 회심을 촉구한다. "너희는 여호와를 찾으라, 그리하면 살리라." 찾으라, 살리라, 이 두 단어는 회심이 아주 뿌리깊은 것임을 암시한다. 악이 뿌리깊듯이 회심도 뿌리깊게 일어나야 한다.

　호세아는 좀 부드럽다. 그는 부부 관계에 빗대어 죄의식을 말한다. 그는 의례적인 계약 대신 상호성에 의한 사랑의 계약을 제시한다. 그것이 파기되었다고 말한다: "내가 저희를 고치는 줄을 저희가 알지 못하였다. 내가 선함의 줄 곧 사랑의 줄로 저희를 이끌었고 〔……〕" 그러나 그 사랑의 줄은 아모스의 정의 못지않게 가차없는 것이다. 사랑의 하나님은 아내가 정부를 더 좋아하는 것을 질투하는 남편이다. 호세아는 자기의 성생활을 들먹이면서까지 간음에 빗대어 고발한다. 간음은 죄를 가리키는 은유다.

---

11) 성서 예언자들이 죄의 문제에 끼친 공헌은 A. Néher, *op. cit.*, II.

거기서 하나님은 이혼을 선언하는 남편으로 등장한다. 이혼의 상징은 처절하다. 그것은 하나님이 떠나간 후 버림받은 사람의 처지를 암시한다. 호세아가 말하는 하나님의 부재, 그것은 곧 현대인의 절망을 가리키는 것이리라. 그것은 고통보다 더 나쁜 불안과 고뇌를 낳는다. 그처럼 이혼당한 여인의 슬픔에 호소하며 호세아는 백성을 돌이키려고 애쓴다: "때가 되었다. 〔……〕 내게로 돌아오라."

한편 성전에서 환상을 본 이사야(6장 1~13절)는 하나님의 또 다른 측면을 본다. 거기서 죄의 새로운 차원이 열린다. 정의의 하나님, 갈라진 부부 관계의 하나님 이후 이제 주권과 위엄의 하나님 곧 거룩한 하나님이 등장했다. 그 앞에 설 때 사람은 그 "마음과 입술이 부정함"을 느낀다. 이제 죄는 주권 침해의 모습을 띠게 된다. 죄는 교만과 오만이요 잘난 척하는 것이다. 이사야는 거기서 일종의 정치 이론을 편다. 그것은 나중에 예루살렘 포위 당시 생긴 예레미야의 패배주의를 예고하는 것이다. 인간의 힘에 의지하는 것이 죄라면 유다는 자기 힘을 믿거나 동맹국을 믿어서는 안 된다. 자기를 믿지 않고, 동맹국에도 기대지 않고, 무방비 상태로 있으면서 야훼께 복종한다면 유다는 구원받을 것이다. 죄의 반대인 이런 무방비 상태의 복종이 바로 믿음이라고 본 사람은 아마 이사야가 처음인 것 같다. 그처럼 시대의 불안이 커짐에 따라 죄의식은 발전했다. 승리의 징후가 사라지고 멸망의 그림자가 드리움에 따라 죄의식은 무한히 확대되었다. 권세의 좌절은 거룩한 분을 향한 성례전이 되었다. 무한한 불안은 무한한 요청이다.

그러나 그 같은 무한한 조치, 끝없는 완벽함, 그 거대한 윤리성은 인간을 '무능한' 존재로 만드는 것 아닌가? 다다를 수 없는 타자 앞에서 소외를 느끼는 '불행'을 조장하지 않는가? 결국 죄는 하나님을 전적 타자로 만들지 않는가?

그러한 의문을 풀려면 계약 관계를 자세히 살펴봐야 한다. 성서에서 말하는 하나님과 사람의 관계가 곧 그 계약 관계이기 때문이다. 이제 좀 독특한 물음을 물어보자: 성전의 환상을 통해 등장한 거룩한 하나님과 입술과 마음이 부정한 사람 사이에 있는 '윤리적 거리'를 그 계약 관계가 어떻게 수용하고 있는가? 계약 안에 어떻게 그 분개와 그 거리가 들어 있는가?

여기서 우리는 무한한 요청과 유한한 계명의 변증법을 다시 한번 고찰해야 한다.

성서의 죄를 이해하려면 낯선 명령 앞에서 산산조각난 의식을 고려하지 않으면 안 된다. ‘시내산의 윤리’라는 게 바로 그것이다. 또, ‘예언의 윤리’를 닫힌 윤리에 대한 열린 윤리로, 다시 말해서 제사장이나 레위인들의 제의적이고 율법적이고 개별적인 도덕에 반대되는 도덕으로 간단히 치부해버린다면 성서의 죄를 이해할 수 없다. 계약의 윤리 구조는 법전과 무한한 요청의 변증법에 바탕을 두고 있다.

예언 행위가 있기 전에 이스라엘에도 극동의 다른 나라처럼 법전이 있었다. 예언자들은 이룰 수 없는 완벽함과 이룰 수 있는 계율 사이에 긴장을 유발한다. 죄의식이 그러한 긴장을 반영한다. 한편으로 죄의식은 이러저러한 잘못들을 넘어 ‘마음’ 속 뿌리깊은 악을 가리킨다. 다른 한편으로 죄의식은 구체적인 법규를 위반하는 문제로 세분화된다. 거기서 예언자는 끊임없이 법규 위반의 문제에서 죄의 문제로 올라가려 한다. 반면에 죄의 문제에서 법규 위반의 문제로 내려가려는 것이 율법주의다. 그러나 예언 행위와 율법주의는 나눌 수 없다. 출애굽기 20장의 십계명에 그 둘의 변증법적 관계가 아주 잘 드러나 있다. 제사장 세계 속에 예언자들의 선포를 불어넣은 것이 십계명이라는 학설을 이전 세대만큼 믿지는 않지만, 십계명에 성서의 제사장들을 뛰어넘는 무슨 긴장이 들어 있다는 것은 사실이다. 예언 정신과 비슷한 정신이 셈족의 옛 법규를 취해 수정을 가했다. 따라서 십계명의 특수성은 계명의 내용보다 옛 법령의 재평가에 있다. 금지 규정이라는 점, ‘하나님의 뜻’을 조각조각 갈라놓았다는 점, 행위의 동기에 무관심하다는 점 따위 부정적인 측면이 있지만, 십계명에는 예언 정신과 율법주의의 움직임이 보인다. ‘우상’ 금지가 바로 그것이다. 우상 금지는 예언자들이 정의의 하나님, 좋으신 하나님, 신실하신 하나님을 선포할 때 꼭 따라다니던 얘기요, “이집트의 노예살이에서 너를 구원한” 하나님과 뗄 수 없는 관계에 있다. 그렇게 해서 법령은 해방된 백성의 헌장이 된다. 개별적인 위반 행위보다 더 내면적인 ‘탐심’에 대한 제10계명도 마찬가지다. ‘탐심’의 규제 곧 남과 그의 모든 것을 존중하라는 것은 하나님의 거룩성에서 나오는 무한한 요청을 반영하고 있다.

히브리인들의 죄의식을 알려면 그처럼 예언 정신과 율법주의의 움직임을 알아야 하는데, 한동안 성서비평학이 그 점에 대해 무지했다. 율법주의를 너무 싫어했다. 옛날의 금기 같은 것이요, 동기를 전혀 고려하지 않는 것이요, '하나님의 뜻'을 '조각내는' 것이라고 경멸했다. 그러나 형식 없는 절대 요청과 그 요청에 형식을 주는 유한한 율법 사이의 긴장은 죄의식의 바탕을 이루고 있다. 사람이 죄의식을 갖는 것은 일반적인 상쾌에서 대체로 일어나는 일이 아니다. 율법은 죄인임을 확실하게 해주는 '몽학 선생'이다. 우상을 숭배했으니 죄인이요, 부모에 무례했으니 죄인이라는 식이다. 물론 잘못을 열거하는 것 이상으로 죄의 문제를 끌고 올라가지 않을 때, 율법은 도덕주의에 빠진다. 그러나 이미 있던 옛 법규를 취하여 무한한 요청과 세부적인 계율의 변증법을 만들어내지 않으면, 예언은 헛된 것이다. 따라서 옛날의 제사장 종교가 예언 정신을 까먹은 것이 율법이라고 보면 안 된다. 예언은 율법을 전제하고 율법으로 돌아간다. 계약도 예언자들과 레위인들의 그 같은 교류 속에서 이루어진다. 만일 구체적으로 비난할 거리——가난한 사람들의 착취, 적에 대한 잔학상, 오만한 사치——가 없다면, 불의에 대한 예언자들의 분개가 어떻게 가능하겠는가?

물론 옛 법령을 다시 취하는 것이 하나의 함정이 될 수 있었다. 그래서 타협을 통해 긴장이 사라질 수 있었다. 역사가 분명히 그 점을 입증한다. 신명기인 듯한 책의 발견으로 요시야의 개혁이 있었다. 그는 각 지역의 성소를 철폐하고 예배를 예루살렘에 집중시켰으며 우상과 바알신을 없앴다. 그러한 개혁은 어떤 의미에서 십계명의 제1계명을 지킨 것이다. 그러나 동시에 제의적인 차원에서 종교적 타락을 하나하나 다룬 것이다.[12]

다시 율법이 부각된 것은 새로운 전기 형식에서도 엿볼 수 있다. 역대기에 나온 사울과 다윗, 아합, 예후의 얘기에 예언자 정신이 강하게 드러나고, 죄 있는 왕과 예언자가 충돌하는 비극이 있는 반면에, 그보다 후대

---

12) A. Lods, *op. cit.*, pp. 371~74. 저자는 신명기에서 진정한 유대주의 곧 쎄어진 말씀의 권위에 바탕을 둔 유대주의의 탄생을 본다: "신명기는 처음으로 토라가 유대적 의미로 정착된 것이요, 하나님의 뜻을 글로 적은 것이다. 동시에 성서가 하나님기 내린 삶의 규범이라고 할 때, 신명기는 성서의 가장 핵심이다(그래서 더욱 폭넓은 역사적 차원을 지닌다)"(374).

의 열왕기는 주로 요시야가 폭로한 '죄들'을 다룬다. 성전 밖의 성소에서 예배를 드리는 행위, 바알이나 다른 우상과의 종교적 혼합, 그런 것들이, 열왕기에서 '아합의 죄,' '여로보암의 죄'라고 할 때 그 죄들이다.[13]

그러나 제의적이고 율법주의적인 바로 그 신명기[14]의 교훈 부분에 믿음과 사랑의 무한한 요청이 생생하게 담겨 있다. 그리하여 죄가 아주 뿌리깊게 내면화된다. 모세가 이스라엘 백성의 가나안 진입을 위해 필요한 도덕적·제의적 규범을 선포할 때도 그가 호소한 것은 마음의 복종이었다(신명기, 6, 11, 29, 30장). 그처럼 유대주의와 토라의 종교를 선포하는 새로운 단계에서 신명기 기자는 무한한 요청과 유한한 계명의 균형을 세운다. 그러므로 율법을 넘어섬과 동시에 존중하라고 가르친 예수가 예언서가 아닌 신명기에서 율법의 정수를 취한 것은 우연이 아니다: "이스라엘아 들으라. 우리 하나님 여호와는 오직 하나인 여호와이시니 너는 마음을 다하고 성품을 다하고 힘을 다하여 네 하나님 여호와를 사랑하라. 오늘날 내가 네게 명하는 이 말씀을 너는 마음에 새기고"(신명기, 6장 4~6절). 그것이 실존의 정곡이다. 예언자들이 경고와 분개의 칼로 갈아놓은 그 정곡에서 하나님에 대한 '두려움'도 나오고 십계명이 지적한 '탐심'의 문제도 나오는 것이다.

요시야의 개혁이 죄의식에 거짓된 안정을 초래했다는 것을 알 수 있는

---

13) A. Lods, *op. cit.*, pp. 375 이하.

14) G. von Rad는 그의 책 *Deuteronomiumstudien*(1948)과 *Theologie des alten Testaments*, pp. 218~30에서 양식사 학파의 방법을 사용하여 신명기의 구조 문제를 다시 제기하고, 교훈과 계명과 축복과 저주의 형평성을 연구하여 예배 행사의 통일성을 찾는다. 따라서 신명기의 신학적 통일성을 대변할 수 있는 낱말 토라(더 나은 말이 없어 율법이라 번역하자)는 야훼의 개입 활동까지 포괄하고 있으며, 예배적 통일성 안에 있던 것을 '교훈적'인 차원으로 끌어올리는 역할을 한다. 그러한 내적 통일성 때문에 교훈 부분(6~11장)과 율법 부분(12장 이하)이 법전의 분위기보다는 설교의 분위기를 풍긴다. 그리하여 제의적이고 율법주의적인 관점은 새로이 논쟁적이고 투쟁적인 의미를 갖게 되어 가나안의 자연 종교와 싸우게 된다. 또 잊지 말아야 할 것은 이스라엘을 사랑하셔서 거저 선택하신 하나님에 대한 감사에서 그 모든 율법들이 나왔다는 점이다. 그러므로 꼭 모세가 선포했다고 하지 않더라도 신명기는 상징성에 가득차 있다: 애굽과 가나안 사이, '나옴'과 '도착' 사이, 언약과 이룸 사이라는 이 영적인 '계기'가 바로 토라의 계기다.

것은 예레미야나 에스겔의 활동을 통해서다. 신명기적 개혁의 게의적 요청에 만족했던 부류는 유다의 대전환을 멀리하고 합법적인 안정감을 키워나갔다. 그때에 예레미야가 아모스의 포효를 되풀이한다: "너희들은 너희들의 죄 때문에 망할 것이다." 예레미야의 무저항은 율법주의적인 경건이 퍼뜨린 거짓 안정을 고발하였다. 그리하여 그의 고발은 요시야의 개혁 이전에 있던 최초 예언자들의 고발과 어깨를 나란히했다. 이미 선포된 역사의 분노의 지평에 서서, 그는 율법을 지킨 경건한 자들이 지닌 안정감을 철저히 부수었다. 재앙은 철저히 도래할 것이며, 이스라엘은 땅도 성전도 왕도 없을 것이다(분명 두 왕이 있었다. 그러나 예레미야와 에스겔은 왕의 신용도를 철저히 깎아내렸다). 인간적 관점에서 볼 때 이스라엘에는 더 이상 남아 있는 게 없으며, 정치적 희망도 없다. 그때 바야흐로 제2 이사야의 희망의 노래가 울려퍼지는 것이다.

그러한 정치적 '허무주의'가 히브리인들의 죄관념의 바탕에 있다. 역사적 실패를 겪었을 때 그들은 도달 가능한 역사 너머에 있는, 유한한 계명의 준수 너머에 있는, 스스로 자기가 자기를 정당화하는 짓 너머에 있는 윤리적 요청을 발견했던 것이다. 그리하여 신명기 정신은 아모스의 무시무시한 정의 선포와 예레미야, 에스겔의 패배주의 사이에 있는 토막이다. 패배주의 뒤에는 절대 하나님의 무한한 요청이 숨어 있다.

그러므로 아모스에서 에스겔에 이르기까지[15] 단 한 순간도 계약의 바탕이 되는 윤리적 긴장이 파괴된 적이 없다. 이러저러한 방향으로 완화되기는 했을지언정 없어지지는 않았다. 한편에는 형식 없고 무조건적인 요청이 있어 악의 뿌리를 '마음'에서 찾는다. 다른 한편에는 구체적인 '범죄행위'를 들어 죄인임을 규정하고 구체화하는——나중에 결의론으로 되는——유한한 율법이 있다. 그 둘의 변증법이 허물어지면 하나님은 전적 타자가 되어, 하나님의 부재와 거리만 있게 되고 무한한 요청은 멀어져버리고 만다. 그때 율법과 계명은 유한한 도덕심에 지나지 않고, 인간이 스스로 자신을 의롭다고 하는 사태를 부추긴다. 그렇게 될 때, 원래 '하나님

앞'이라는 범주를 구성했던 부재와 현존의 패러독스가 폐기된다. 죄의 문제의 핵심이 멀어지게 된다.

3. '하나님의 노여움'

이제 죄의 '객관적' 측면에서 '주관적' 측면으로 눈을 돌려보자. 예언자의 분개의 윤리적 의미를 밝히기 위해, 다시 말해 무한한 요청과 유한한 계명의 균형을 살펴보기 위해 뒤로 미루었던 두려움의 문제를 다루자는 말이다. 이미 말한 대로, 히브리 예언에서 하나님의 분노는 고발의 무서움과 떨어질 수 없다.

따라서 이 수수께끼 같은 사실을 직시해야 한다. 흠의 의식에서 죄의 의식으로 발전하면서 두려움은 사라지지 않았다. 그 질이 바뀐 것뿐이다. 바로 그 새로운 두려움이 죄의식의 '주관적' 측면이다. 그 새로운 모양의 두려움을 이해하려면, 앞서 말한 죄의 두 가지 성질, 곧 '하나님 앞'과 '무한한 요청'과 관련시켜봐야 하리라. 다시 말해서 그 문제를 계약의 내면으로 끌고 들어가, 계약을 이루는 대화 관계를 살펴봐야 하리라.

그 새로운 형태의 두려움은 어떤 모습으로 표현되는가?

거기에는 사람과 하나님의 관계가 모두 새겨져 있다. 이스라엘 종교를 꿰뚫는 확신은, 하나님을 보는 자는 죽는다는 것이다. 호렙산의 모세, 성전의 이사야, 하나님의 영광 앞에 선 에스겔, 그 모두 두려움에 사로잡혔다. 그것은 하나님과 사람이 마주할 수 없다는 신념을 말해준다.[16] 그 두려움은 하나님 앞에 선 죄인의 상황을 말하고 있다. 진실하지 않은 관계의 현실이다. 거기에 상응하는 하나님의 표상은 '노여움'이다. 하나님이 악독한 게 아니다. 노여움이란 죄인에게 비쳐진 거룩한 분의 모습이다.

하나님의 분노 또는 야훼의 날이라고 하는 상징은 이스라엘 공동체의 정치적 운명과 직접 관련이 있다. 굉장히 중요한 얘기다. 나중에 이야기하겠지만, 죄와 허물이 구분되는 것도 그 점과 상당한 관련이 있다. 허물

---

16) A.-M. Dubarle, *Le péché originel dans l'Écriture*, Paris, 1950, chap. 1.

은 죄의식이 내면화되고 개인화된 것이다. 그러한 내면화와 개인화를 막는 것이 역사적이고 공동체적인 죄관념이다. 공동체적 죄관념을 담고 있는 가장 뚜렷한 상징이 하나님의 분노와 야훼의 날이라는 상징이다. 이제 예언자들의 입술은 이스라엘 백성을 위협한다. 역사의 신학, 그리고 공동체의 장래에 관한 예언은 이스라엘 백성이 저주받은 것이라고 말한다. 그렇게 해서 민족의 패배와 실패가 저주라는 상징을 통해 해석된다.

> 다메섹의 서너 가지 죄로 인하여
> 내가 그 벌을 돌이키지 않으리니 〔……〕
> 내가 하사엘의 집에 불을 보내리니 〔……〕 (아모스, 1장 3,4절)

> 가자의 서너 가지 죄로 인하여
> 내가 그 벌을 돌이키지 않으리니 〔……〕
> 내가 가자성에 불을 보내리니 〔……〕 (1장 6,7절)

> 이스라엘의 서너 가지 죄로 인하여
> 내가 그 벌을 돌이키지 않으리니 〔……〕
> 보아라, 내가 〔……〕 너희 자리에 너희를 누르리라. (2장 6,13절)

> 야훼께서 말씀하신다.
> 암몬 자손의 서너 가지 죄로 인하여
> 내가 그 벌을 돌이키지 않으리니
> 이는 저희가 자기 지경을 넓히고자 하여,
> 길르앗의 아이 밴 여인의 배를 갈랐음이니라.
> 내가 랍바성에 불을 놓아 그 궁궐들을 사르되,
> 전쟁의 날에 외침과 회오리바람 날에 폭풍으로 할 것이며
> 저희의 왕은 그 방백들과 함께 사로잡혀 가리라.
> 주께서 말씀하신다. (아모스, 1장 13~16)

그리고 다시,

화 있을진저, 야훼의 날을 사모하는 자여
너희가 어찌하여 야훼의 날을 사모하느뇨.
그날은 어두움이요 빛이 아니라,
마치 사람이 사자를 피하다가 곰을 만나거나
혹 집에 들어가서 손을 벽에 대었다가
뱀에게 물림 같도다.
야훼의 날이 어찌 어두워서 빛이 없음이 아니며
캄캄하여 빛남이 없음이 아니냐. (아모스, 5장 18~20절)

호세아, 그 부드럽고도 무서운 호세아가 아모스처럼 거칠게 내리친다.

내가 에브라임에게는 사자 같고
유다 족속에게는 젊은 사자 같으니
나, 곧 내가 움켜갈지라
내가 탈취하여 갈지라도 건져낼 자가 없으리라. (호세아, 5장 14절)

한편, 하나님의 위엄과 거룩함을 말한 예언자 이사야, 그리스 사람들 말로는 휘부리스라고 하는 교만이 바로 죄라고 고발한 이사야는 모든 교만이 으스러지는 날이 바로 야훼의 날이라고 선포한다.

그날에 눈이 높은 자가 낮아지며
교만한 자가 굴복되고
야훼께서 홀로 높임을 받으시리라.
대저 만군의 야훼의 한 날이
모든 교만한 자와 거만한 자와, 지고한 자에게 임하여
그들로 낮아지게 하고
또 레바논의 높고높은 모든 백양목과
바산의 모든 상수리나무와 모든 높은 산과
모든 솟아오른 작은 산과
모든 높은 망대와 견고한 성벽과

다시스의 모든 배와
모든 아름다운 조각물에 임하리니
그날에
자고한 자는 굴복되며
교만한 자는 낮아지고
야훼께서 홀로 높임을 받으실 것이요
우상들은 온전히 없어질 것이며
사람들이 암혈과 토굴로 들어가서
야훼께서 일어나사
땅을 진동시키는 그 위엄과
그 광대하심의 영광을
피할 것이라. (이사야, 2장 11~19절)

예레미야는 참된 예언자는 불행의 예언자임을 믿어 의심치 않았다. 하나냐가 고난이 끝났음을 예언하고 그 상징으로 예레미야 목에 걸린 멍에를 꺾자, 예레미야는 이렇게 공격한다: "하나냐여, 들으라. 야훼께서 너를 보내지 아니하셨거늘 네가 이 백성으로 거짓을 믿게 하는도다. 그러므로 야훼께서 말씀하시되 내가 너를 지면에서 제하리니 네가 야훼께 패역하는 말을 했음이라. 금년에 죽으리라 하셨느니라"(예레미야, 28장 15~16절).

에스겔과 예레미야는 정치적 패배주의를 통하여 재앙에 적극적으로 대처했다. 패배 곧 외국의 침입은 종교적으로 깊은 의미를 지닌다. 곧, 역사 속에서 하나님이 그 노여움을 드러내는 것이다. 자기 백성을 향한 하나님의 반목이 거기서 극명하게 드러난다. 인간의 안정을 위협하는 그 거친 적대감은 어떤 말로도 표현하기 힘들다. 어떤 백성도 그만큼 잔혹한 일에 부딪힌 적이 없다.

그것은 종교 의식이 겪은 하나의 거대한 충격이다. 그런데 그 점을 이해하려면 계약의 지평을 보아야 한다.

계약 관계가 파기된 것이 아니라 확장되고 그래서 깊어졌다.

먼저 생각해야 할 것은 그 보편성이다. 멸망을 예고하면서 예언자는 역사 전체의 운동을 지적한다. 거기서 부족신은 사라진다. 야훼는 더 이상 자기 백성만의 성공을 보장하는 신이 아니다. 죄의식은 야훼의 날과 적대적 역사라는 상징을 거쳐 그 이면을 드러낸다. '역사의 주'가 그것이다. 이스라엘의 하나님이 역사의 주님이 되었다. 더 초월적이고 폭넓은 존재가 되었다. 그러한 진전은 무한한 요청에 따른 윤리적 거룩성과 상관 관계에 있다. 예언자의 경고와 위협에서 역사의 주는 멀어지고 선택된 백성과 역사적 관계를 청산한다. 마치 무한한 요청이 하나님과 사람 사이에 윤리적 거리를 만들 듯이 말이다.

동시에 그 노여움은 더 이상 터부의 저주라든가, 원초적 혼돈의 재현이 아니다. 거룩성의 노여움 바로 그것이다. 그 점을 알아야 하나님의 노여움이 사랑의 슬픔임을 알 수 있게 된다. 그 노여움은 방향을 바꾸어 '야훼의 종'의 고난이 되고 '인자'의 낮아짐이 될 것이다.

여하튼 '하나님의 노여움'이라는 상징은 거룩성의 상징과 몇 가지 공통점이 있기 때문에 나중에 사랑의 신학의 상징들에 흡수된다.

우선 대단히 주목할 만한 것은 '야훼의 날'의 위협이 아주 무시무시한 것이지만 끝까지 역사 안에서의 위협이라는 점이다. 역사 밖에서 또는 지리학적 공간 밖에서 있을 '영원한 고통'이나 '지옥'에 대한 얘기가 전혀 없다는 점이다. 끝장난 '시간'도 없고 다시 못 볼 '장소'도 없다. 오리라고 선포된 파국에 대한 자세한 묘사도 없다.[17] 예언자들은 실제 역사를 얘기한 것이다. 실제 역사를 벌받는 것으로 본 것이다(유배를 비롯해 그들이 예언한 재앙들은 모두 현실화되었음을 잊지 말아야 한다). 그러므로 그들이 앞일을 푸는 작업은 민족의 윤리 생활과 관련하여 무슨 의미를 주고자 하는 의도와 맞물려 있다. 이제 좀더 나가보자. 야훼의 날에 있을 불행은 꼭 패배와 파괴의 사건은 아니다. 그 사건이 꼭 올 것이라면 어떻게 해볼 여지가 없는 것일 텐데, 예언자들은 그 사건이 이미 왔다고 보고 따라서 돌이킬 수 없는 것으로 보았다. 불행은 사건 자체보다 그 사건의 의미에 있었다. 그 사건을 벌로 보는 해석에 있었다. 바로 그 때문에 야훼의 날은

---

17) 지옥은 묵시 사상의 산물인 것 같다. 다니엘서·에녹서 그리고 복음서에서 인자는 "하늘의 구름을 타고" 온다. 심판의 '사건'은 우리 역사 밖에서 일어나고 영원한 형벌의 '장소'도 우리의 주거 공간 밖이다. 한편, 쉐올 곧 음부는 히브리 사상에서 더 오래된 개념인데, 그것은 재앙의 장소는 아니며 '지옥'과는 전혀 다르다.

단순히 역사 속에 존재한다기보다는 역사에 대한 해석 속에 존재한다.

그처럼 역사가 벌이 되는 것이 역사를 벌로 해석하는 예언자의 사역을 통해서라면, 사건 그 자체는 돌이킬 수 없는 것이라도 그 의미는 바뀔 수 있을 것이다.

실제로 그랬다. 같은 예언자가 즉각적인 재앙을 경고하면서 동시에 약속을 전한다.[18] 그러므로 예언의 핵심은 파산 선고가 아니라 재앙과 구원의 이중 현상이다. 그 이중의 신탁이 긴장을 유지한다. 그것이 계약의 특성이다. 물론 그러한 '변증법'은 '생각' 되지 않는다. '사변'이나 '존재의 논리'로까지 가지 않는다. 그냥, 체험이요 삶이다. 계약의 상징을 타고 전개되는 그 변증법은 모든 예언자들에게서 발견된다. 아모스에게서 구원은 '개연성'을 띤 사건으로 암흑 속에 일말의 희망을 준다: "당신들이 정의를 행하면 혹시 〔……〕 하나님께서 〔……〕 긍휼히 여기시리라"(5장 15절). 호세아에게서 무(無)의 정이 죽음과 삶을 나눈다. 이사야에게서 '남은 자'의 구원은 성전의 파괴와 동시에 이루어진다. 마치 수목이 벌채됨과 동시에 그루터기가 남듯이 말이다. 제2 이사야에서는 고통 속에 새로운 내일이 잉태한다.

그러한 파멸과 구원의 변증법 속에서 일종의 집행 유예가 생기기도 한다. 파멸 여부가 인간의 선택에 달린다: "너희가 공의를 행하면 〔……〕 혹시 하나님께서 긍휼히 여기시리라." 야훼의 날을 선포한 예언자 역시 강한 어조로 이렇게 말한다: "나는 생명과 사망을 네 앞에 놓았다. 생명을 택하라. 그러면 살리라."

그러한 호소를 따로 떼어놓고 생각하면 역사의 모호성을 드러내는 것 같다. 사람이 어떻게 하느냐에 따라 이랬다 저랬다 하기 때문이다. 한편 야훼의 날을 따로 떼어놓고 보면 역사는 운명에 불과하게 된다. 패러독스다. 올바른 선택을 촉구하는 한, 불가피한 파멸 경고가 퇴색된다. 그러나 그 선택과 그로 인한 하나님의 용서가 사람 마음대로 되는 것도 아니다.

여하튼 파멸 경고는 화해의 약속과 뗄 수 없다. 질투는 사랑 내면에 새겨져 있다. 끊기지만 언제나 끊기지 않는 것이 그 사랑이다. 불안과 고뇌

---

18) 그 이중성에 대해서는 Néher, *L'Essence du prophétisme*, pp. 213~47 참조.

로 하나님과 거리가 생기지만 하나님이 전적 타자가 되지는 않는다. 절대
적 타자성이 관계의 부재로 되는 그런 단절의 순간 없이 불안은 계약을 활
성화한다. 질투가 사랑의 슬픔이듯이 불안은 대화를 유도한다. 대화를 단
절하지 않는다.

그와 같은 부재와 현존의 운율은 '야훼의 날' 선포에 깔려 있는데 시편의
시적 구조 속에 아주 분명히 드러나고 있다. 시편에서 죄인은 하나님과 멀어
진 '파멸의 의식' 속에서도 아직 하나님과 관계하고 있음을 발견한다.[19] 이
른바 회개의 시로 유명한 시편 51편이' 있다. 전통적으로 그 시는 다윗이
지었다고 본다. 가장 오래 된 역대 기록에 나오는 나단의 고발 앞에 선 다
윗 말이다. 여하튼 그 시에서 기자는 자기가 하나님을 거슬러 죄를 지었다
고 한다. 그러나 하나님을 '거슬렀다' 는 고백은 "오 하나님, 내가 당신을
거슬러 범죄하였나이다" 하는 탄원 속에 들어 있다. 대화의 관계 속에 들
어 있다는 말이다. 시편 130편은 "주여 내가 깊은 곳에서 당신에게 부르짖
나이다"로 시작된다. "주여, 돌아와 내 영혼을 건지소서"라고 시편 100편
은 부르짖는다. 오 하나님이여 하고 부르는 외침이 단절을 넘어 참여의 관
계로 가는 것이다. 만일 하나님이 전적 타자라면 부를 수도 없으리라. 만
일 죄인이 예언자들의 고발 대상에 지나지 않는다면 그들이 부르짖지도
않았을 것이다. 그처럼 탄원의 부르짖음 속에서 죄인은 분명히 죄의 주체
가 되고, 재앙의 하나님은 당신이 된다.

그와 같이 시편을 통해 우리는 예언자들의 고발 속에 감추어진 애정을
볼 수 있다. 거룩성의 노여움이라고 했던 그 노여움은 말하자면 사랑의 노
여움이다.

---

19) 회개의 시에 대한 연구로는 Sven Herner, *Sühne und Vergebung in Israel*,
   pp. 92~109(특히 시편, 51편, 130편, 32편, 6편의 연구를 보라) 참조. 3장에서 다시 그
   문제를 다룰 것이다.

4. 죄의 상징: 1) '무'로서의 죄

우리는 잘못에 대한 새로운 경험을 가능한 한 가까이 포착하고자 했다. 그런데 계약의 드라마 속에서 펼쳐진 그 경험은 벙어리가 아니다. 예언자의 선포나 죄인의 고백은 언어로 이루어진다. 앞에서 여러 가지 예언 형태를 살펴보았을 때, 죄의 체험이 언어 행위에 새로운 충격을 주었음을 알 수 있었다: 아모스가 말하는 불의, 호세아가 말하는 간음, 이사야가 말하는 교만, 예레미야가 말하는 믿음의 결여 따위가 그것이다.

그 새로운 경험의 단계에 상응하는 언어 창조 현상을 좀더 체계적으로 고찰할 때가 왔다. 잘못에 대한 의식에 있어서 죄의 전단계인 흠의 상징을 참고로 해보자. 흠의 상징은 접촉을 통해 오염시키는 어떤 객관적인 힘이며, 무슨 사물이었다. 그러한 표상들이 문자적이지 않고 상징적인 것이었지만, 때의 문자적 의미를 가로지르는 2차적 의도는 순결이 사라져 흠이라고 하는 무엇이 생긴다는 것이다. 바로 그 때문에 흠의 상징은 새로운 경험의 압력에 밀려 차차 새로운 상징에 자리를 내주게 된다. 죄란 무엇보다도 우선 관계의 단절이라면 흠의 구조로 그것을 표현하기가 어려워진다. 죄의 용어에서 우리는 뭔가 있는 것(때)에서 뭔가 없는 것(관계 결여)으로 변화되는 흔적을 찾을 수 있다.

그런 관점에서 볼 때 죄의 상징은 흠의 상징과 단절된다. 그러나 죄는 관계의 단절만이 아니다. 거기에는 사람을 사로잡는 힘에 대한 체험도 있다. 그러므로 죄의 상징에는 흠의 상징에 들어 있는 중요한 의도가 다시 발견된다. 죄 역시 '뭔가 있는' 것이며 하나의 '현실'이다. 따라서 우리는 새로운 상징의 탄생도 알아야 하지만 옛 상징의 재등장도 살펴보아야 한다.

구속(救贖)의 상징과 연계시켜볼 때, 죄의 상징은 흠의 상징과 분명히 다르고 새로운 차원임을 알 수 있다. 죄의 상징과 구속의 상징은 서로 뗄 수 없는 관계에 있다. 하나를 모르면 다른 하나도 알 수 없다. 앞에서 우리는 정화를 말하지 않고는 흠을 말할 수 없음을 보았다. 계약과 계약의 파기와 재계약은 서로 하나의 상징군을 이룬다. 우리가 악의 상징을 탐구하는 것이므로 주로 죄의 상징에 관심을 가질 수밖에 없지만, 구속의 상징으로부터 거슬러 올라가야 죄의 상징이 제대로 드러난다. 따라서 앞으로 죄의 상징을 단계적으로 살필 때, 거기에 맞먹는 구속의 상징도 언급할 것이다.

우선, 죄와 구속의 결합 속에서 흠의 상징과 가장 반대되는 것부터 살펴보도록 하자. 계약이 거의 인격적인 관계의 상징이라면 죄의 상징은 기본적으로 관계의 상실, 뿌리 또는 존재론적 기반의 상실을 가리킨다. 구속의 측면에서 거기에 맞먹는 기본 상징은 '돌아옴' 이라는 상징이다.

히브리어에 죄를 표현할 수 있는 추상적인 낱말이 없다는 것은 주목할 만하다. 그 대신 구체적인 표현들이 있어 각각 그 나름대로 무슨 해석의 틀을 이루고 있으며 '신론' 이라고 부를 만한 것들을 담고 있다.[20] 그런데 그리스말 가운데 어원과 내용이 그런 히브리말들과 대응되는 낱말들이 있다는 것 역시 흥미로운 일이다. 그런 말들을 통해 히브리어 성서의 그리스어 번역이 이루어졌다. 그 번역은 주목할 만한 문화 사건이다. 그것을 통해 두 언어의 운명이 결정되었으며, 다시는 벗을 수 없는 헬라-히브리적인 도식과 개념의 틀이 형성되었다.

첫번째 어원으로 목표가 없다는 뜻의 'chattat' 를 들 수 있다. 또 비뚤어진 길'awon 이라는 상징도 그와 비슷한 말로 볼 수 있다. 그 두 어원은 서로 결합되어 변형된 것을 가리킨다. 그것은 순전히 형식적인 개념으로 질서에서 벗어났거나 똑바른 길을 돌아가는 것을 가리킨다. 행위의 동기나 행위자의 내면과는 관계없는 말이다. 죄를 가리키는 추상적 개념인 라틴어 peccatum은 그리스어 ἁμάρτημα에서 나왔는데, 이 말은 조금 전에 말한 첫번째 히브리어와 맞먹는 말이다. 한편 '길' 이라는 상징은 그리스에서도 피타고라스 때부터 널리 쓰였다. 거의 보편적으로 쓰였던 것 같다. 여행(길을 감)이라는 상징도 길의 상징에 속한 것으로 파르메니데스가 지은 『시 Poème』의 서막의 중심을 이루고 있다: "말이 내 열정에 대답하듯 나를 잡아끌고 유혹한다. 그리고 나를 유명한 길로 데려다놓았다. 지혜의

---

20) *Theologisches Wörterbuch zum N. T.* (Kittel), 항목 'ἁμάρτάνω, ἁμάρτημα, ἁμαρτία,' I, 267. Ludwig Köhler, *Theologie des alten Testaments,* Tubingen, 1936; Ed. Jacob, *op. cit.,* p. 226; Eichrodt, *op. cit.,* t. III, § 23.

빛을 지닌 전국의 현인들을 인도하는 데에세의 길이다." 물론 그리스에서 '길'의 상징이 히브리에서만큼 꼭 왜곡되고 비뚤어진 길을 가리키지는 않았던 게 사실이다. 윤리적인 복종의 문제보다는 진리의 문제에 더 가까운 실수나 방황 따위의 상징이 쓰였다. 뒤에 그런 방황의 상징과 비슷한 것을 히브리에서도 다시 보게 된다.

세번째 어원으로는 거역 *pesha'*이 있다. 반항, 목이 뻣뻣함을 가리킨다. 이는 하나님의 뜻에서 벗어나 있는 객관적인 상태보다는 나쁜 의도 바로 그것을 가리킨다. 인간 주도하에 벌어지는 단절의 측면이 보인다. 이 낱말에는 사람의 의지가 하나님의 의지와 반대되는 그림이 담겨 있다. 흔히 그렇듯이 하나님과 사람의 관계를 인격 관계로 보고 있다. 여기서, 실존은 하나님 '앞'에 있는 것이고, 죄는 하나님에 '맞서는' 것이다. 거역의 상징은 그처럼 주체 상호간의 관계를 그린 사회적 상징이기 때문에 죄의 상징 가운데 가장 덜 형식적이고 가장 실존적인 상징이다. 배신·간음, 들으려 하지 않는 고집, 교만, 목이 뻣뻣함 따위의 말들이 다 거기에 속한다. 사람과 신들 사이를 인격 관계로 보게 된 그리스 사람들 역시 교만과 오만의 문제를 알아차리고 사람의 악을 거기서 찾았다. 그러나 조금 다르다. 휘브리스 ὕβρις가 이사야가 신명기에서 말하는 교만과 아주 가까워 보이지만, 사실 그것은 파기된 계약이나 대화의 단절을 가리키기보다는 자기 한계를 넘어서려는 인간에 대한 신들의 '질투'를 가리킨다. 물론 '하나님의 노여움'이나 거짓 신들에 대한 야훼의 '질투' 같은 상징들로 말미암아 성서의 교만과 그리스의 휘브리스를 유사하게 볼 수 있는 여지가 있으니, 그 유사성을 너무 과대 평가하면 안 된다.

끝으로 샤가*shagah*라는 상징이 있다. 감정의 요소가 별로 없는 것처럼 보이는 이 말은 죄인이 처해 있는 상황 곧 벗어나 떨어져 있는 상황을 가리킨다. 거역이란 말이 상당히 힘의 인상을 풍긴다면, 벗어나 있다는 말은 좀더 뿌리깊은 인상을 준다. 왜냐하면 그것은 인간의 총체적 상태 곧 혼자 떨어져 유실된 상태를 가리키고 있기 때문이다. 거기서 오늘날 소외나 고독이라는 상징이 나왔다. 대화의 단절로 말미암아 사람은 자기의 존재론적 기반에 대해 낯설게 되었다. 어떻게 보면, 하나님의 부재나 하나님의 침묵 같은 것들은 벗어나 유실된 사람과 상응하는 상징이다. 잃어버린 존재는 하나님으로부터 '버림받은' 존재이기 때문이다. 한편, 파르메니데스의 『시』에 나오는 '방황'도 비슷한 분위기를 주기는 한다: "나는 네가 다른 길로 들어서지 않도록 보호해야겠다. 그 길에는 진리를 벗어난 죽음의 사자들, 머리가 둘인 괴물들이 방황하고 있다. 무기력함이 그들의 허약한 영을 가슴속으로 끌어들이고 있다. 그들은 여기저기서 밀린다. 귀먹고 눈멀고 무지한 그들은 판단이 없는 무리라, 각자 자기들이 가는 길이 모든 것을 이루는 길이라고 생각한다." 그러나 파르메니데스의 문제는 진리와 억견의 문제이기 때문에, 그가 말하는 '방황'과 이사야 선지자가 말하는 "벗어나 떨어져 있음"은 서로 다르다. 아까 말한 대로 그리스의 휘브리스는 신들의 '질투'와 관련있기 때문에 히브리의 교만과 다르듯이 말이다. 그럼에도 불구하고 그 구조의 유사성 때문에 두 상징 사이에는 서로 의미 교환이 일어난다. 사실 그리스말의 방황도 지적인 방황 이상이요 이미 도덕적인 잘못을 가리킨다는 점, 그리고 그 도덕적 잘못은 '억견'이 바뀌고 겉으로 보이는 선의 표상이 바뀌면서 발생된다는 점을 고려할 때, '떨어져 있음'의 상징과 '방황'의 상징은 악에 대한 사변의 차원에서 서로 교차되고 교환될 수 있었으리라. 그러나 그러한 사건은 훨씬 후에 발생한다.

이렇게 해서 여러 가지 방법으로 우리는 상징의 차원에서 죄가 어떻게 개념화되는지 그 첫번째 형태를 살펴보았다. 그것은 흠의 개념화와 아주 달랐다. 없음, 돌아감, 거역, 벗어나 떨어져 있음 따위는 해로운 무슨 실체라기보다는 훼손된 관계를 가리킨다. 악에 대한 새로운 체험 때문에 상징이 바뀌었다. 바탕이 되는 밑그림이 바뀌었다. 흠의 상징들이 어떤 공간 안에서 발생한 접촉 관계를 바탕으로 하고 있다면 죄의 상징은 방향 관계를 바탕으로 하고 있다. 예를 들어 길, 곧은 선, 벗어나 떨어져 있음, 이 같은 것들은 여행의 은유처럼 실존의 총체적인 움직임을 가리킨다. 동시에 상징이 공간에서 시간으로 움직인다. 다시 말해 '길'은 어떤 목표를 향한 운동이 남긴 공간적인 흔적이다. 이처럼 모습이 크게 바뀌면서 의미도 바뀌게 된다.

여하튼 죄의 상징을 이루고 있는 것은 끊어진 관계라는 개념이다. 그러나 죄의 소극적 측면이 거기에 함축되어 있다. 조금 후에 그 중요한 모습들을 죄의 '권세'의 측면에서 다시 거론해보기로 하자. 거기에서 인간 악의 적극적인 측면도 엿보일 것이다. 또 위에 열거한 상징들의 소극적 측면을 드러내는 다른 표현들을 살펴보는 것도 흥미로우리라. 그 표현들은 죄인을 '무'로 보는 새로운 관념을 형성할 것이다. 물론 존재의 관념이 없는 문화가 무의 관념을 가졌을 리 없다. 그러나 뭔가 빠진 것임을 나타내는 상징을 가질 수는 있다. 없음·빗나감·거역, 벗어나 떨어져 있음 따위의 상징이 그것이다. 죄인은 하나님에게서 '멀어졌다.' 그는 하나님을 '잊었다.' 그는 '미련하고' '무지하다.' 죄가 뭔가 빠지고 없는 것임을 드러내는 상징들이다. 그런데 여기 좀더 매혹적인 표현이 있다. '바람'과 '우상'이다. 사라져버리고 마는 '바람'과 참하나님이 아니기 때문에 가짜인 '우상'은 짝을 이루어 죄가 뭔가 없는 것임을 표현한다.[21] 표현이 아주 구체적이고 아직 완전한 개념화가 이루어지기 전이다. 그러나 그것은 상당히 강력하게 무를 그리고 있다. 김·바람·먼지 같은 물질 영상은 가벼움, 텅 비어 있음, 불안정함, 쓸모없음 따위의 분위기를 풍겨 '버림받은' 인간의 모습을 단번에 적나라하게 드러낸다. "사람은 바람과 같고, 그의 날은 지나가는 그림자와 같다"(시편, 114편 4절). "아담의 자녀들은 헛되고 사람의 자녀들은 거짓되니 저울에 달면 모두 해야 바람보다 가볍다"(시편, 62편 9절). 그 바람은 사막이나 황폐한 공허를 연상케 한다: "주의 존전에서는 모든 열방은 아무것도 아니라. 그는 그들을 없는 것같이 빈 것같이 여기시느니라"(이사야, 40장 17절). 거의 추상적인 무에 가까운 이 '헛것' 또는 '헛됨'의 영상이 전도서에서 차지하는 비중은 잘 알려져 있다. 그런데 전도서에서 말하는 '헛됨'이 그 구체성을 잃고 그리스에서 말하는 실수나 방황의 비존재성을 가리키는 경향이 있고, 그래서 파르메니데스의 『시』에 나오는 '죽을 자의 억견'과 동의어라는 얘기가 있다. 그렇다 하더라도 '김'이나 '숨'의 영상과 완전히 단절된 것은 아니다. 이런 구절이 있다: "다 헛되어 바람을 잡으려는 것이다"(전도서, 1장 14절).

실존적인 이 '헛됨'의 영상이 '우상'의 영상과 겹치게 된다. '우상'의 개념은 거짓 하나님에 대한 좀더 정교한 신학적 반성에서 나온 것이다. 그

---

21) *Theologisches Wörterbuch zum N. T.*(Kittel), art. 'μάταιος'(무). Köhler, *op. cit.*, art. Elil(신들＝무), Hebel(김·먼지＝허무＝아무것도 아닌 우상), Aven(공허·무·허무).

개념의 꼴을 이루는 것은 허깨비 같은 사물들——김·바람·먼지——이 아니라 거짓 하나님이다. 이제 헛됨은 초월적인 의미를 얻는다: "만방의 모든 신은 우상이요, 주께서는 하늘을 지으셨음이로다"(시편, 96편 5절, 예루살렘 성서는 "만방의 신들은 헛것이다"라고 번역하고 있다). 거짓 하나님에 대하여 야훼께서 제2 이사야의 입을 통해 선언한다: "너희는 아무것도 아니며 너희 일은 허망하며 너희를 택한 자는 가증하니라"(이사야, 41장 24절). 그리하여 거짓 신을 섬기는 제사장들과 신탁들도 모두 헛것이 된다: "그들은 모두 사람을 미혹시키는 자들이고 그들의 행사는 공허하며 허무하며 그들이 부어 만든 우상은 바람이어 허탄한 것뿐이니라"(29절). 여기서 야훼의 '질투'의 의미가 분명해진다. '무'가 아무것도 아닌 이 우상의 상징이요, 그런데도 야훼는 그 우상을 질투한다. 야훼가 볼 때 아무것도 아닌 우상은 사람에게 정말 헛것이다. 그런데도 사람에게 뭐가 되는 것처럼 행세하기 때문에 야훼는 아무것도 아닌 그 우상을 질투한다. 이미 아모스는 '선'이냐 '악'이냐 하는 문제를 '하나님'과 '무' 가운데 하나를 선택하는 문제로 보았다.[22] 예언자들에게 있어서 우상은 '만들어진' 상 이상의 무엇이다. 우상은 대표적인 '무' 곧 헛것이다. 우상을 기뻐하는 사람도 무가 된다. 주님이 보내지 않은 환상과 예언도 헛것이다. 죄 그 자체도 우상 숭배이기 때문에 무다. 결국 바람과 우상의 영상은 서로 합작하여 그 의미가 융합된다. 바람의 헛됨은 우상 숭배의 헛됨이 된다: "그들이 헛된 것을

---

22) Néher는 아모스 5장 14~16절의 윤리적 선택("선을 구하라, 악을 구하지 말라. 〔……〕 악을 미워하고 선을 사랑하라")을 5장 5절에 있는 존재론적 선택과 같이 보고 있다: "벧엘을 찾지 말며 길갈로 들어가지 말며, 브엘세바로도 나아가지 말라(이것들은 성소 높은 곳이다. 벧엘은 특히 신의 높은 집을 뜻한다). 길갈은 반드시 체포돼가고 벧엘은 Aven(= 헛것·무)으로 되리라." Néher는 말한다(*Amos*, p.112): 선, 그것은 하나님이다. 그리고 악은 하나님 아닌 우상 또는 아모스 용어로 말하자면 헛것·무다. '하나님'의 반대는 Aven 곧 '무·헛것'이다. 신명기에도 같은 도식이 있다. 한편에서는 윤리적 선택을 말한다: "보라, 내가 오늘날 생명과 선, 사망과 악을 네 앞에 놓았다. 너는 생명을 택하지 않으면 안 된다"(30장 15절, 19절). 다른 한편에는 존재론적인 선택이 있다: "그들은 신도 아닌 것들을 가지고 내게 질투를 일으키게 하고 공허한 것들을 가지고 나를 노엽게 한다. 그렇기 때문에 나는 백성이라고 할 수 없는 것을 가지고 그들에게 질투를 일으키게 하고 우매한 백성을 가지고 그들을 노엽게 할 것이다"(32장 21절).

따라 헛되이 되었다"(예레미야, 2장 5절). 사람은 자기가 바라는 것이 되기 때문이다: "우상을 만드는 자와 그것을 의지하는 자가 다 그와 같으리로다"(시편, 115편 8절).

우상과 우상 숭배를 무로 보는 관점은 우리가 앞에서 야훼의 날의 신탁에서 본 '하나님의 노여움'과 상응하는 것이다. 버림받은 사람은 버린 하나님을 드러낸다. 사람이 하나님을 잊은 것은 하나님이 사람을 잊는 것과 함께 간다. 따라서 하나님은 '무엇을 생기게 하는' 말씀일 뿐 아니라 악인과 우상과 모든 헛것을 없애버리는 부정의 말씀이기도 하다:

> 우리는 주의 노여움에 소멸되며
> 주의 분내심에 두려워 떨리나이다.
> 주께서 우리의 불의를 주의 앞에 놓으시며
> 우리의 숨은 죄를 주의 얼굴 빛 가운데 두셨사오니
> 우리의 모든 날이 주의 분노중에 지나가며
> 우리의 평생이 한숨에 다하였나이다. (시편, 90편 7~10절)

아마 타락의 신화에 나오는 금지의 말씀[23]도 바로 이 죄에서 나온 부정성을 가리키는 것일 게다. 창조 질서는 그 안에 부조화와 대립과 원초적 불균형이 들어 있지만 완전히 긍정의 말로 이루어졌다고 본다. "무엇이 있으라"는 말씀으로 이루어졌다. 그 질서가 사람에게 어떤 제약이 되어도, 어쨌든 그 제약도 사람을 이루는 요소다. 그 제약은 자유를 지니고 그래서 순수한 인간 실존의 모습을 이룬다. 그런데 죄의 헛됨 때문에 그 최초의 창조적 제약이 금지의 올무를 쓰게 된 것 같다. 그렇게 해서 무 또는 헛됨은 모든 영역으로 자리를 넓혀가며 하나님마저 부정적인 모습으로 만든다. 금지하고 파괴하는 하나님, 죄인의 죽음을 바라는 하나님으로 만든다. 그리하여 노여움과 죽음의 하나님 앞에 선 사람이 그 무서운 가능성을 끝까지 밀고 나가게 되면 나락의 밑바닥에 도달하여 마침내 울부짖지 않을 수 없게 된다: "나의 하나님이여, 나의 하나님이여, 어찌하여 나를 버리셨

---

23) II부 3장: '아담 신화' 참조.

나이까"(시편, 22편 1절). 인자의 고뇌는 바로 이 울부짖음에서 절정에 달한다.

죄의 상징은 죄를 넘어서는 것 곧 용서의 각도에서 고찰할 때 새로운 모습으로 부각된다. 1부의 끝부분에서 말하겠지만 용서로부터 봐야 죄의 의미가 완벽하고 구체적으로 드러난다.

그러나 '속죄' 개념은 복잡하니까 당분간 건드리지 말자. 죄의 상징에 흠의 상징이 다시 들어가 있음을 봐야만 속죄 문제를 이해하게 될 것이다. 당분간 해석하기 수월한 두 관념 곧 '용서—돌아옴'을 살펴보자. 신학적인 정립이나 개념의 변증법이나 조화시키려는 노력이나, 하나님과 사람의 협동 문제 같은 것들은 모두 접어두자. 상징력을 지닌 영상들 속에서 생기는 개념들 가운데 그 의미가 충만하고 '계약'의 회복을 뜻하는 개념짝이 바로 '용서—돌아옴'이다.

하나님 쪽의 문제 곧 '용서'부터 살펴보자. 다른 한쪽 곧 사람의 '돌아옴'의 문제도 곧 살피리라.[24]

'용서'라는 주제는 하나님의 노여움만큼이나 풍부한 상징성을 지니고 있다. 또 그 의미도 하나님의 노여움과 연관되어 있다. 용서란 노여움을 버리거나 잊는 것이다. "하나님이 뜻을 돌이킨다"(출애굽기, 32장 14절)는 표현으로 용서를 나타내기도 하는데 이는 하나님이 사람을 향한 원래 계획을 바꾼다는 얘기다. 이와 같은 하나님 쪽의 변화는 상당히 많은 의미를 함축하고 있다. 새롭게 전개될 사람과 하나님 관계의 출처가 하나님이라는 얘기며, 그 주도권이 하나님에게 있다는 얘기다. 그것은 하나님 쪽에서 일어나는 사건이다. 하나님은 사람을 저주하는 대신 다시 일으킨다. 종종 노여움과 용서가 같이 나오는 때가 있다. 하나님의 이름을 말한 후(출애굽기,

---

24) 가장 중요한 연구로는 E. K. Dietrich, *Die Umkehr im A. T. und in Judentum*, 1936. '용서'와 '속죄'에 대하여 성서 각권을 하나하나 살펴본 연구 서적으로는 Sven Herner, *Sühne und Vergebund im Israel*, Lund, 1942. Ed. Jacob은 *Les thèmes essentiels d'une théologie de l'Ancien Testament*, pp. 233 이하에서 훌륭한 종합을 해내고 있다. H. W. Wolff는 *Das Thema 'Umkehr in der alttestamentlichen Prophetie,'* in *Ztft f. Theol. u. Kirche*, 1951에서 신학적 고찰을 하고 있으며 J.-J. Stamm은 *Erlösen und Vergebung im A. T.*, Berne, 1940에서 주석적 관점과 신학적 관점을 결합하고 있다.

34장) 이렇게 말한다: "자비롭고 은혜롭고 노하기를 더디하고 인자와 진실이 많은 하나님이로라. 인자를 천대까지 베풀며 악과 과실과 죄를 용서하나 형벌받을 자는 결단코 면죄하지 않고 아비의 악을 자여손 삼사대까지 보응하리라"(출애굽기, 34장 6~7절). 더욱 놀라운 얘기가 호세아에 있다.

> 내가 나의 맹렬한 진노를 발하지 아니하며
> 내가 다시는 에브라임을 멸하지 아니하리니
> 이는 내가 사람이 아니요 하나님이라
> 나는 네 가운데 거하는 거룩한 자니
> 진노함으로 네게 임하지 아니하리라 (호세아, 11장 9절)

성서 기자들은 그러한 하나님의 돌이킴이 역사 한복판에서 여러 가지 사건으로 나타난다고 보았다. 재앙이 연기되거나 가뭄이 그친 것 또는 병 나음 따위가 곧 '용서'로 이해되었다. 그리하여 다른 것처럼 용서의 도식도 히브리의 역사신학 속에 들어왔다. 때로는 현실적인 구원이 아닌 벌 속에서도 용서를 보았다. 그 벌이 아무리 고통스럽고 지독해도 돌이킬 수 없는 저주로 보지는 않았다(사무엘하, 12장 13~14절에 나오는 다윗의 벌). 용서가 고통을 아주 없애는 것은 아니지만 고통이 다가오는 시간이 늦춰진다. 그것은 하나님이 참아서 되는 일로 생각했다. 이제 용서와 고통과의 관계에서 새로운 관념이 생긴다. 용서는 고통을 약하게 하지만 무엇보다도, 용서를 통해 고난이 시험으로 바뀐다. 고통은 의식화하는 도구요 하나님을 고백하게 하는 길이 된다. 하나님과 계약 상황 속에 있음을 다시 깨닫게 된 것이 이미 완벽한 용서의 결과라고 보았다. 그러므로 고통은 벌에 속하면서 용서에 속했다. 동시에 '돌아옴'이 곧 '용서'가 된다. 돌아옴으로 죄가 사라지고(물론 하나님이 하는 일이지만) 죄인의 멍에가 제거된다: "내가 이르기를 내 허물을 여호와께 자복하리라 하고 주께 내 죄를 아뢰고 내 죄악을 숨기지 아니하였더니 곧 주께서 내 죄의 악을 사하셨나이다"(시편, 32편 5절).

모든 회개 관념의 밑바닥에 그러한 '돌아옴'(어원은 shub)의 도식이 자리잡고 있다(나중에 회개라는 뜻의 낱말 teshubah를 분석함으로써, 회개 개념 형성에 있어서 제2성전의 유대교의 역할을 보게 될 것이다).[25] '돌아옴'의 상징과 맞물리는 것이 많다. 우선 '길'의 영상이 있다. 죄가 '굽은 길'이라면 돌아옴은 악한 길에서 돌이키는 것이다: "너희는 각기 악한 길에서 돌이키며"라고 예레미야는 말한다. 한편 돌아옴은 처음 관계를 되풀이하는 것 곧 회복이기도 하다. 바로 그 때문에 돌아옴은 때로 생명 반석 위에서 조용히 거하는 안식과 연관되기도 한다: "너희가 돌이켜 안연히 처하여야 구원을 얻을 것이다"(예레미야, 30장 15절). 그리하여 돌아옴은 견실함으로 복귀하는 것과 같다. 카인의 방랑이 끝나고 "이 땅에 거할"(예레미야, 7장 3~7절, 25장 5절) 가능성이 생긴다. 돌아옴의 도식은 혼인의 은유와도 통한다. 호세아식으로 말하자면 간음과 매음이 끝난 것이다. 예레미야는 주체할 수 없는 격정 속에서 이 사랑의 테마를 다시 끌어들인다: "돌아오라, 배역한 이스라엘아! 야훼께서 말씀하신다"(예레미야, 3장 22절). 제2 이사야에게 있어서 '돌아옴'은 곧 "하나님을 찾는 것"이다. 돌아오는 것은 영생하는 물을 찾는 것이다. 요한복음에서 보는 바와 같다.

　용서와 돌아옴이라는 낱말짝의 상징성이 그처럼 풍요롭다. 그것을 어떤 영상의 차원에서 잡으려고 하면 우리는 곧 굉장한 패러독스에 빠지게 되리라. 어떤 신학도 그것을 조직적으로 파헤칠 수 없으며 오히려 망가뜨릴 뿐이다. 예언자는 돌아옴이 완전히 사람에게 달린 것처럼 권면하고 다른 한편으로는 완전히 하나님에게 달린 것처럼 탄원한다: "나를 돌이키소서 그리하면 내가 돌이키겠나이다"라고 예레미야는 울부짖는다. 하나님 쪽만 강조되는 경우도 있다: 그때에 '돌아옴'은 숨어계신 주권자의 자유로운 선택의 결과요, 이성을 넘어 있는 헤세드 *hésèd* 와 사랑의 열매다(신명기, 7장 5절 이하). 예레미야 같은 예언자는 이 헤세드를 우주적 화해의 차원으로 확대한다(우주적 화해에는 자연도 배제되지 않는다). 그때에 '돌아옴'과 '용서'는 '돌의 마음' 대신에 '육의 마음'을 준 은혜 안에서 일치한다(예레미야와 에스겔의 공통 주제). 그러나 아무것도 아닌 피조물에게 거저 주어지는 은혜를 가장 날카롭게 헤아린 사람은 제2 이사야다(예를 들어 이사야,

---

25) Erik Sjöberg, *Gott und die Sünder im palestinischen Judentum*, Stuttgart, 1939, pp. 125~84.

40장 1절 이하). 그러나 은혜만 강조하지 않고 균형을 잡으려는 노력은 계속된다. 예레미야가 다시 이런 말을 전한다: "만일 내가 말한 그 민족이 그 악에서 돌이키면 내가 그에게 내리기로 생각하였던 재앙에 더하여 뜻을 돌이키겠다"(예레미야, 18장 8절). 용서의 조건처럼 된 이 인간의 선택은 신명기를 생각나게 한다[26]: "보라, 내가 오늘날 복과 저주를 너희 앞에 둔다"(11장 26절). "보라, 내가 오늘날 생명과 복과 사망과 화를 네 앞에 두었다"(30장 15절). 그리하여 '돌아옴'과 '용서'의 상징은 은혜와 의지, 예정과 자유에 대한 신학적 논의를 뒤로 미룬다. 그것은 사변을 통해서는 분리되고 대립될 수밖에 없는 요소들을 초논리적으로 화해시킨다.

구속의 상징은 당분간 다루지 말기로 하자. 새로운 단계의 죄의 상징을 고찰할 때 같이 다루기로 하자.

5. 죄의 상징: 2) '실체'로서의 죄

우리는 죄의 상징의 부정성을 끝까지 밀고 나가보았다. 파기된 계약으로 말미암아 하나님은 전적 타자가 되고 인간은 주님 앞에서 아무것도 아닌 존재가 된다. 거기서 '불행 의식'이 싹튼다.

죄는 헛된 '무'다. 반면에 흠은 그 '뭔가 있는' 것이었다. '무'와 '뭔가 있는' 것은 반대다. 그러면 죄의 상징은 흠과 반대되는가? 그렇지 않다. 죄에는 또 다른 특징이 있다. 실재론적으로 볼 때, 키에르케고르가 말한 것처럼 죄 역시 무슨 실체다. 바로 여기서 죄와 흠이라고 하는 두 상징 체계 사이에 연속성이 있게 되고, 죄라고 하는 새로운 상징이 흠의 상징을 다시 취하게 된다.

---

26) André Néher, *Amos*, p. 108. 신명기에 들어 있는 권고들은 모두 다음과 같은 도식 위에 서 있다: 만일 네가 계명을 지키면 복을 받으리라; 행복하게 되기를 원하면 계명을 지키라. 그런데 똑같은 권고의 말 속에 이런 얘기도 있다: 네가 이집트에서 거저 해방된 것을 기억하라; 주께서 너를 택한 것은 네가 위대해서가 아니라 너를 사랑해서다. 패러독스다. 그런데 그 모순은 사변적으로 형성된 것이 아니다. 종교적 실천의 차원에서 형성된 것이며 권고는 긴장을 유지하고 있다.

이 죄의 '실재성'은 우리가 '허물'이라고 부르는 새로운 의식의 계기에서 분석해 들어가야 제대로 이해될 수 있다. 허물이라는 새로운 계기와 함께 고찰해야 죄의식이 잘못에 대한 의식의 한 단계를 차지하게 된다. 허물이란 죄인이 자기 자신에 대해 느끼는 의식이요 따라서 거기서는 한 개인이 잘못의 '대자(對者)'가 된다.

죄의 '고백'은 그렇지 않다. 그 '고백'은 예언자들이 폭로하고 드러낸 악의 실재를 바깥에서 본 것이다. 죄인이 그 악을 의식해서 나온 것이 아니다. 그 때문에 허물 의식의 '주관성'과 죄의 '실재성'이 대조된다. 그리고 죄의 존재론적 측면을 말하게 된다. 죄를 말할 때, 악한 것은 사람의 '마음'이요 그의 실존 자체다. 그가 실제로 어떻게 느끼는가는 문제가 되지 않는다.

잊혀진 죄, 자기도 모르게 저지른 죄를 회개하라고 권면하는 것도 그와 같은 죄의 실재성 때문이다. 죄는 뭔가 있는 것이다. 바로 그러한 죄의 현실 속에서 하나님과 계약을 맺는 것이다. 이 첫째 특징에서 흠의 체계와 죄의 체계 사이의 연속성이 가장 명백히 드러난다. 그러나 두 구조가 비슷하다고 해서, 흠의 상징 속에 있던 객관적인 신성 모독의 측면이 되살아났다고 생각하면 너무 피상적이다. 물론 많은 범죄들——허물 없는 범죄——이 그렇게 설명된다.[27] 다음 계명도 그렇다: "만일 누구든지 여호와의 금

---

27) 범인을 알 수 없는 살인이 재앙을 불러오기 때문에 제사장들은 "피흘림이 몰고 올 보복을 면하기 위하여" 특별한 속죄 의식을 치러야 했다(신명기, 21장 1~9절). 여리고 성에 내리도록 되어 있는 재앙이 어긋난 것은 누군가가 신성 모독의 죄를 범했기 때문이다. 신성 모독은 복수를 부른다. 그래서 신성한 제비를 뽑아 범인을 가려내고 그뿐 아니라 그 가족과 재산까지 돌로 치고 불에 넣는다(여호수아, 7장). 거기서 볼 때 죄의 '행동'과 죄를 낳은 '마음' 뿐 아니라 죄의 '결과'까지 죄에 속한다. 의미론적으로 애매한 몇 가지 표현을 보자: "너희가 만일 그같이 아니 하면 여호와께 범죄함이니 너희 죄가 정녕 너희를 찾아낼 줄 알라"(민수기, 32장 23절); 또 "죄를 짊어진다"(민수기, 12장 11절 개역에는 "죄를 얻는다")는 표현이 있는데 이는 "벌을 짊어진다"(창세기, 4장 13절 개역에는 "벌이 중하다")는 표현과 아무런 차이가 없다. 의도·행위·결과·벌, 이 모든 과정이 죄다(G. von Rad, *op. cit.*, pp. 262~67). 그러므로 죄는 용서 받지 않는 한 '짊어지는' 무엇이다. 그렇기 때문에 속죄란 죄를 '내려놓는' 것이요, "모든 불의를 지고 가는" 속죄양이 짐을 '옮겨지는' 것으로 보았다(레위기, 16장 22절). 이처럼 죄의 신학 한가운데에 제거하는 제의가 등장한 것은 죄의 '실재성' 때문이요, 또 정화하는 제의 상징이 죄를 없애는 제의 상징으로 탈바꿈했기 때문이다.

령 중 하나를 부지중에 범하여도 벌을 당할 것이다"(레위기, 5장 17절). 이 말 속에 금기나 신성 모독 또는 속죄 제의의 체계가 다시 살아난 것으로 볼 수 있다. 그러나 그 점을 인정한다 해도, 그것들이 다시 살아날 수 있게 된 배경을 지나쳐서는 안 된다. 그것은 죄의 핵심인 율법(계약의 윤리적—규범적 표현) 속으로 익명의 금기의 세력과 그 복수의 구조가 파고들어가 초주관적(초주체적) 차원을 이루고 있다는 사실이다. 그러한 주체성 너머의 차원이 계약을 맺는 인간의 '실재' 상황이요, 죄의식의 차원이다. 그 때문에 죄는 허물을 초월한다.

다음 두번째 특징을 보면 죄의 실재성이 더 분명해진다. 죄가 주관적인 것으로 환원되지 않기 때문에 개인적인 차원으로도 환원되지 않는다. 죄는 처음부터 개인적이면서 공동체적이다.[28] 앞으로 기원 신화에서 보겠지만 그런 집단성에 기초해서 응보의 이론을 세우는 것은 잘못이 많다. 민족의 죄의 고백을 어설프게 합리적으로 설명하려 한 것인데, 여하튼 그 문제는 2차적인 것이요, 그리 중요하지 않다. 죄의 고백을 그 생생한 체험에서 볼 때, 그리고 그것을 표현하는 원초적 상징에서 볼 때, 참 심오하고도 중요하다. 한 사람에게서 죄가 나와 전해졌다는 얘기는 나중에 합리화한 결과다. 윤리의 영역과 생물학적 영역을 섞어넣은 사변이다. 죄의 본래 의미 곧 개인적이면서 공동체적인 의미를 상실했기 때문에 죄에서 개인적인 허물은 빠지고 유전을 따른 생물학적 연관만 남게 된 것이다. 그것은 그릇된 관념이지만 여하튼 그처럼 유전적인 죄관념이 생긴 것은 공동체 관계 때문이다. 곧, 예배에서 죄를 고백했다는 사실이다. 따라서 사변 이전을 봐야 한다. 한사람 한사람에게 죄가 유전됐다는 얘기 이전에 숨어 있는 우리 곧 "우리 불쌍한 죄인들"의 고백을 보아야 한다. 거기서 '백성' 또는 '인

---

28) A.-M. Dubarle, *Le péché originel dans l'Écriture*, pp. 25~38. 저자는 가족이나 민족 대대로 이어지는 공범 관계 또는 동시대 사람들의 공범 관계, 예를 들어 왕과 백성의 공범 행위를 밝히고 있으며, 바벨탑의 건축이나 민족이 우상화되는 것 같은 집단 범죄를 연구하고 있다. 개인적인 허물에 대해 전혀 언급이 없다. 언어가 갈라지고, 집단이 서로 대립하고 제사 형식이 달라지는 것 같은 언어학적이고 제도적인 현상은 익명의 현상으로 인간 악의 공동체적 특성을 드러낸다. 의사 소통이 안 되고 우상의 유혹을 받는 것은 분명히 문화적인 소외요 타락이다. 그 문제에 대해서는 『의지의 철학』 제 삼권에서 다시 다루리라.

류'라고 하는 초생물학적이고 초역사적인 통일체를 발견하게 된다. 아담 신화는 죄의 고백 속에서 그러한 보편적인 것을 표현하고 있다. 신화는 그것을 표현하고 있을 뿐이지 만들어내는 것이 아니다. 그것을 가지고 어떤 얘기 방식으로 설명하여 드러내는 것뿐이다.

잘못한 사람을 처벌하는 것은 집단으로 책임을 지우는 것에 비해 한 단계 발전한 것이다. 그 점을 부인할 생각은 없다. 그러나 인류라고 하는 통일체가 상실되면서 그런 진보가 이루어졌음을 알아야 한다. '하나님 앞'에 선 인류라는, 생물학적이고 역사적인 것 이상의 관계가 상실된 것이다. 원죄 교리는 3차적인 작업의 결과다. 먼저 죄의 고백이 있었고, 그 안에 들어 있는 '우리' 곧 이해되었다기보다는 고백된 수수께끼 같은 그 관계를 설명해본 2차적인 산물이 신화이고, 신화를 거쳐 다시 합리적으로 설명한 것이 원죄 교리다.

죄의 초주관성을 나타내는 세번째 특징을 보자. 내 죄는 하나님의 절대적인 관찰하에 있다. 죄의 대자(對者)는 내 의식이 아니라 하나님이다. 보이기가 부끄러운 죄인이 하나님의 눈초리에 위축되어 주체성을 박탈당하고 객체가 된다는 얘기인가? 하나님의 눈초리 앞에서 털어놓는 고백의 주조음은 그게 아니다. "행실과 마음을 꿰뚫어보는" 하나님의 눈길을 사모하니 거룩하고 숭고한 주님을 '두려워' 하지 않을 수 없다는 얘기다(시편, 139편 1~6절). 하나님의 눈길 아래 있다는 의식을 둘러싼 모든 감정을 조율하는 것은 또다시 계약 관계 곧 대화의 관계다. "하나님 당신이 나를 보고 계십니다"라는 외침, 바로 그 외침이 의식이 객체로 떨어지는 것을 막는다. 부르짖는 1인칭의 사람이 하나님의 눈길 앞에서 2인칭의 사람이 된다. 끝으로, 하나님의 눈길은 사람을 위축시키는 데 그 주된 의미가 있지 않다. 나의 상황의 진실을 밝히고 내 실존에 내려질 윤리적 심판과 정의를 드러내는 데 그 첫째 의미가 있다. 따라서 그 눈길은 자아 성립을 방해하지 않고 오히려 의식화를 낳는다. 나를 더 잘 알게 되는 그런 주체성 안으로 들어가는 것이다. 하나님의 눈길이 있다. 그 눈길이 당위를 낳는다. 그렇게 해서 자기 검토라는 게 이루어진다. 내가 나를 보는 것은 그 눈길에 부합되기 위해서다: 당신이 나를 알 듯 내가 나를 알고 싶습니다(시편, 139편 23~24절). 그러한 의식화는 행위의 의미와 동기를 의문에 부치는 형태로 나타난다.[29] 절대적인 눈길은 의심의 날로 현실의 겉모습을 파헤친다. 따라서 자신에 대한 의문은 절대적인 눈길을 내 속에 다시 취하는 것이다. 그렇게 해서 의문시하는 사고 형태가 발전했다. 질문하는 형태의 사고 방식은 천체 기상의 신비에서 비롯되었다기보다 악의 문제에서 비롯된 것이다.

절대적인 눈길에서 비롯된 의식화가 한 단계 발전된 것이 '지혜'다. 사람이 '허무함'을 아는 지혜다: "여호와께서 사람의 생각을 아시고 그것이 허무함을 아시느니라"(시편, 94편 11절). '허무함'을 아는 것은 객체가 되는 것이 아니라 진리의 좁은 문을 통해 구원의 방주로 들어가는 것이다.

그 눈길이 공의롭고 진실됨을 믿는 믿음이 없어질 때 사람은 객체가 된다. 절대적인 눈길과 자아의 원초적 관계가 무너질 때 객체로 조락한다. 그러한 위기를 증언하는 책이 욥기다. 욥은 그 절대적 눈길이 자기를 따라다니며 마침내 죽여버릴 것처럼 느낀다. 그 눈길에서 적대감을 느낀다. 우리는 고난의 문제가 죄의 문제를 크게 비약시킨다는 것을 뒤에 보게 되리라. 또 고대의 응보 이론이 무력하게 되면서 상당한 문제가 발생했다는 것도 뒤에 자세히 살필 것이다. 그러나 잠깐 말하자면, 고대의 응보 개념이 무너지고, 사람을 부당한 고통에 내버려두는 숨어계신 하나님의 눈길에 대한 관념이 싹트게 되었다. 그때의 하나님의 절대적 눈길은 사람으로 하여금 스스로 자기 의식을 찾도록 하는 눈길이 아니라 화살을 쏘는 사냥꾼의 눈길이다. 그러나 그처럼 거의 관계 단절에까지 이르는 극한 상황 속에서도 하나님에 대한 원망은 어느덧 기원으로 바뀌고 무엇을 원망하는지 그 대상이 사라져버린다. 적대적인 눈길은 이미 진실의 기초가 되는 절대적 눈길의 관계 내부에 들어 있다는 것이다.

나를 알게 해주는 진실이기 때문에 그 눈길은 내가 나에 대해 알고 있는 것을 뛰어넘은 내 실존의 현실을 보여준다. 그 현실이란 허물의 감정 너머에 있는 죄의 현실이다.

이상의 분석을 통하여 볼 때, 죄는 실존의 '내면'에 있는 것으로 '밖'에서 오염시키는 흠과 다르다. 그리고 허물과도 다르다: 죄는 내면적이지만 동시에 객관적이기도 하기 때문이다. 이상 살펴본 특징들에서 흠과 죄의

---

29) 고대 근동에서 그처럼 자기 의식이 질문의 형태로 나타나는 것은 참 놀라운 일이다. Ch. F. Jean, *Le péché chez les Babyloniens et les Mésopotamiens*, pp. 99~104 참조.

현상학적 연속성이 분명해졌다.

이제 또 다른 특징을 살피면 그 구조적 연속성이 더 분명해지리라. 앞에서 우리는 흠이 '뭔가 있는' 것인 데 반해 죄는 헛된 바람이나 우상처럼 '뭐가 없는' 것이라고 강조했다. 그러나 거기서 그치면 문제를 너무 단순화시키는 것이다. 실존을 꽉 잡고 있는 그 '헛됨' 역시 하나의 힘이요 권세다.

여기서 우리는 다시 한번 흠의 구조와 거기에 속한 '사로잡힘'의 주제가 이어지고 있음을 본다. 상황은 훨씬 복잡하다.

흠에서 죄로 옮겨가면서 그 두 유형에 일관되게 흐르는 것은 변질 의식과 소외 의식이다. 그러한 의식은 어떤 저주스런 실체를 그리고 있다. 꼭 마귀나 악신 따위의 모습으로 극화되지는 않지만 말이다. 반면에 고대 근동의 문서들 속에는 악마처럼 거의 인격적인 어떤 힘이 하나님의 자리를 차지하고 앉아 인간을 그야말로 내리누르는 그림이 들어 있고, 그 그림을 통해 인간의 소외 의식이 드러나고 있다. 그러한 그림 외에도, 죄와 병을 동일한 것으로 보는 데서도 그와 같은 인격화된 힘을 느낀다. 잘못과 병이 구분되기 이전의 시점이다. 그 둘이 구분되기 시작한 것은 허물 의식이 생긴 다음이다. 그러한 구분은 이원론을 낳는데, 그것은 영과 육의 이원론이라고 할 것까지는 없지만 도덕 주체 곧 악을 저지른 주체와 고통(병·죽음)을 낳는 일련의 과정 사이의 이원론이다. 여하튼 죄와 병을 같이 보는데 따라 용서란 치유와 해방으로 이해되었다. "오늘 내 육체와 내 근육과 내 다리에 있는 악이 나가도록 하소서"라고 간구한다. "나를 저주로부터 풀어주소서. 나쁜 저주와 부정탄 병과 위반과 부정과 악이 내 몸 속에 있고 악한 마귀가 내게 붙어 있습니다." "하나님의 노여움이 있는 곳에 악령들은 달려가 큰 소리로 부르짖는다. 악령들은 하나님에게서 떨어져나간 사람들을 타고 앉아 마치 옷자락처럼 온몸을 뒤덮는다."

그러한 문서 속에 뭔가 있는 것과 뭔가 없는 것이 섞여 있음을 보게 된다. 곧, 하나님 또는 수호신은 빠져나가 없고 더러운 악마가 침입해 있다: "더러운 저주가 새끼 양의 목을 치듯 그의 목을 쳤다. 그의 신은 그에게서 나왔고 그의 여신은 멀리 사라져버렸다"고 되어 있다. 그리고는 악마적인 분위기가 철철 넘치는 속에서 여러 가지 마귀들의 이름을 열거

하고 있다.[30]

　한편 주목할 만한 것은 예언자들의 설교 속에도 그처럼 죄인을 사로잡고 있는 죄의 권세에 대한 체험이 들어 있다는 사실이다. 물론 신들이나 악마들이나 수호신의 표상이 고대 근동 문서에 비해 상당히 간소화되어, 말하자면 비신화화되어 있지만 말이다. 그런데 또 하나 주목할 것은 예언자들의 경우, 악마의 자세한 표상이 사라질수록 죄의 권세를 가장 처절하게 느낀다는 점이다.[31] 성서 기자들은 반역하고 거스르는 악한 마음, 바로 거기서 죄의 권세를 보았던 것이다. 무언가 모르게, 사람은 힘의 원천을 왜곡하는 악의 경향성에 완전히 사로잡혀 있다: "음행의 영[32]이 저희를 미혹시켜, 저희가 저희 하나님을 버리고 음행을 하느니라"(호세아, 4장 12절). "참으로 악이 불처럼 타올라서 찔레나무와 가시나무를 삼켜버리고 우거진 숲을 사르니 이것이 연기 기둥이 되어 휘돌며 올라간다"(이사야, 9장 18절). 예레미야는 두려운 마음으로 누구 못지않게 악의 경향을 느낀 사람이다(3장 17절, 9장 14절, 16장 12절). 그는 그것을 거친 본능과 짐승의 발정에 빗대었다(예레미야, 2장 23~25절)[33] (8장 6절도 마찬가지다). 악의 경향은 너무나 뿌리깊어 이디오피아인의 검은 피부나 표범의 반점처럼 지워지지 않는다(13장 23절). 예레미야는 악의 뿌리에 대해 이렇게 선포하고 있다: "만물보다 더 거짓되고 썩은 것은 인간의 마음이니 누가 그 속을 알 수 있습니까? 각 사람의 마음을 살피고 심장을 감찰하는 〔……〕 이는 나 주다"(17장 9절). 하나님의 부르심에 끄떡도 하지 않는 인간 존재의 완고함을 가리켜 에스겔은 '돌의 마음'이라 한다. 야훼 자료에 따르면 창세기 앞부분의 비관주의적인 장면들이 요약되어 악의 신학을 선언한다(창세기, 6장 5절, 8장 31절)[34] :

---

30) Ch. F. Jean, *op. cit.*에 인용되어 있음.

31) 다음 장에서 우리는 타락의 신화 속에 들어 있는 마귀 신화(뱀)를 살필 것이다.

32) 호세아는 간음을 빌어 모든 죄를 말하고 있다.

33) 에스겔도 비슷한 표현을 쓰고 있다: "예루살렘은 그 정부들(바빌론의 자손들)에 반했다. 그 사람의 물건은 나귀의 물건 같고 그 음분함은 종마의 음분함과 같았다. 〔……〕 네가 이방인을 사모하여 간음을 행하고 그들의 우상을 가지고 몸을 더럽혔기 때문에 이렇게 혹독한 일이 네게 미친 것이다"(에스겔서, 23장 20, 30절).

34) 창세기 8장 21절은 이렇게 말하고 있다: "다시는 사람으로 인하여 땅을 저주하지 아니

주께서는, 사람의 죄악이 세상에 가득차고, 마음에 생각하는 모든 계획이 언제나 악한 것뿐임을 보시고서 땅 위에 사람 지으셨음을 후회하시며 마음 아파하셨다.

여기에 나타난 인간론은 단순히 비관적일 뿐 아니라 '비극적'(2부에서 자세히 살피리라)이라 할 만한다. 단지 최악의 사태를 염려하는 정도가 아니라 최악의 사태를 피할 수 없게 되어 있다. 신과 인간이 공모하여 악을 낳기 때문이다. 구약성서에 나오는 '완고함'과 호머나 그리스 비극에 나오는 '눈멂'(아테) 사이에 별 차이가 없다. 거기서 '완고함'은 죄인의 실존의 상태 그 자체로 그려지며 어떻게 보면 그에게 책임이 없는 것처럼 보인다. 죄인을 사로잡고 있는 완고함은 신의 노여움의 결과이기도 하기 때문이다: "내가 바로의 마음을 강퍅하게 할 것이다"(출애굽기, 7장 3절). 이 '타락시키는 신'에 대해서는 기원 신화나 종말 신화에서 다시 논의할 기회가 있을 것이다. 지금 우리가 주목할 것은 그러한 신이 히브리 성서에는 희미한 흔적만 남아 있다는 점이다. 그리스의 비극이 온통 그러한 신으로 이루어져 있는 것과 대조된다. 히브리 성서에서는 그처럼 타락시키는 신에 대한 얘기가 거룩함과 자비의 신에 대한 얘기 뒤로 밀려나 있다. 그럼에도 불구하고 그러한 신 인식이 히브리인들의 죄의 체험 속에도 희미하게나마 남아 있음이 사실이다. 그것은 죄를 생각할 때, 사람이 적극적으로 죄를 지었다는 느낌과 함께, 자기도 모르게 변질되고 소외되었다는 수동성도 동시에 느끼기 때문이다.

그러한 소외 체험이 나중에 원죄 교리를 구성하는 요소 가운데 하나다.[35]

하리니, 이는 사람의 마음의 계획하는 바가 어려서부터 악함이라." 이 '계획'이라는 말——여기서는 생각과 경향이라는 이중 의미로 쓰였다——을 가지고 바리새파나 서기관들(라비 문서)이 아담 신화와는 다른 방향으로 악의 문제를 끌고 간다. P문서 기자는 죄의 심리적인 관점에는 별로 관심이 없었다. 그래서 악을 이 '땅'에 가득찬 '부패'와 '폭력'으로 보았다(창세기, 6장 11, 13절). 그렇게 되면 악이 우주적인 차원을 띠게 되며 거기에 대응하여 '살과 피를 가진' 모든 것을 '땅'에서 쓸어버릴 홍수 얘기가 나오고 또 노아와도 우주적인 계약을 맺게 되는 것이다(창세기, 9장).

35) A.-M. Dubarle, *op. cit.*, pp. 14~18.

우리는 이미 죄의 보편성에 대해 말한 적이 있다. 사실 그 보편성——우리라고 하는 공동체성——은 생물학적이거나 역사적이기보다 관계의 보편성인데, 그것을 합리적으로 설명하려다보니까 생물학적으로 유전되는 것처럼 말을 만든 것이다. 여하튼 그런 작업의 중심에는 소외 체험이 자리 잡고 있다.

여하튼 수동성의 체험에서 나온 보편성의 관계를 어떻게 '설명'할 것인가 하는 문제가 남는다. 그 완고함을 죄인의 '본성' 곧 '타고난' 것으로 보아야 되지 않을까? 시편 51편은 그러한 관점의 탄생을 보여주고 있다: "내가 죄악중에 출생하였음이여 모친이 죄중에 나를 잉태하였나이다."[36] 그러나 거기서 끝나지 않는다. 죄의 보편성이나 소외를 고백한다고 해서 그러한 관점에 깔린 동기의 복잡성이 충분히 드러나지는 않는다. 따라서 흠의 정서를 죄의 체계 속에 '재현'할 필요가 생겼다. 그것은 그리 어려운 일이 아니다. 죄의 실재성과 힘(권세)이라는 두 가지 특성은 흠에도 있는 것이기 때문에 죄의 구조에 흠의 구조를 집어넣는 것이 가능하다. 그 재현의 결과를 역사적으로 보면 이스라엘의 문화 종교가 예언자들의 윤리 종교 속을 파들어가는 것으로 나타났다. 그리하여 폭력이나 부정(不正)한 죄악을 생각할 때, 늘 제의적인 부정(不淨)과 연관해서 생각했다. 결국 죄와 흠, 두 구조는 혼동되었다. 원래 죄란 하나님에 대한 죄였는데, 흠의 구조가 전염된 결과 흠처럼 부정한 접촉 때문에 생긴 것으로 보았다. 시편 51편도 사실 개인적인 죄와 허물 체험을 말하고 있음에도 불구하고 흠의 언어를 취하고 있다: "나의 죄악을 말끔히 씻어주시고, 내 죄를 깨끗이 없애주십시오. 우슬초로 내 죄를 정결케 해주십시오. 내가 깨끗하게 될 것입니다. 나를 씻어주십시오. 내가 눈보다 더 희게 될 것입니다." 그런데 이처

---

36) A. Feuillet, *Verset 7 du Miserere et le péché originel in Recherches de Science Religieuse*, 1944, pp. 5~26. 이 구절이 성행위 그 자체를 죄악시하는 것은 아니다. 기자는 여기서 제의적인 흠을 나타내는 당시의 표현을 빌어 그보다 더 심오한 사상을 말한 것이다. 그것은 인간은 이미, 어떤 행위를 해서가 아니라, 그전부터 하나님과 떨어져 있다는 사상이다. 출생을 통한 세대간의 연결은 그러한 악의 선재성의 표징이 된다는 얘기다. 그렇다고 해서, 우리가 처한 그러한 상황이 악의 경향을 만든다거나, 그런 상황이 앞선 범죄에서 나온다는 얘기는 아니라는 점이다. Dubarle, *op. cit*, p. 21.

럼 죄와 흠이 겹치는 데에는 위험이 없지 않다. 죄의 체험이 흠의 체험 뒤로 밀려나기 때문이다. 그런 반동의 예로 대표적인 것이 흠과 관련된 성 문제가 다시 등장하는 점이다. 옛부터 흠은 성과 연관되었고 그 성은 상당히 복잡한 구조를 가지고 있음을 앞에서 보았다. 여하튼 성행위는 부정한 접촉을 상징하였다. 그런 성행위가 죄의 고백 속에 다시 등장할 때——시편 51편도 다윗왕이 우리야의 아내 밧세바를 취한 데 대한 참회다——죄의 보편성과 소외감 그리고 흠의 부정성(不淨性)이 완벽하게 연결되었던 것이다. 원죄의 신화——처음 사람이 저지른 처음 죄가 대대로 유전된다고 보는——도 그러한 두 체제의 결합을 '설명'하고 있다. 여하튼 그런 일들은 죄의 상징 안에 흠의 상징을 끌어들임에 따라 일어났다.

그처럼 죄의 상징 속에 흠의 상징이 재등장하는 것이 죄의 상징의 두번째 차원이다. 그 차원이 속죄의 상징까지 미친다. 다시 말해서 '용서'의 상징 속에 '깨끗이 씻는' 상징이 다시 등장한다.

'돌아옴'의 상징에 '대속(代贖)' 또는 '구속(救贖)'이라는 새로운 상징이 보태진다. '돌아옴'의 상징이 계약 파기의 죄에서 비롯된 것이라면 '구속'의 상징은 사람을 사로잡고 있는 권세에서 비롯된 것이다. 그 권세에게 몸값을 치르고 사람과 교환하는 것이 구속이다.

해방을 나타내는 말뿌리 셋[37]이 모두 그러한 교환의 관점을 반영하고 있는데 그것은 『파이돈』에 나오는 정념과 미덕의 '교환'을 상기시킨다. 가알 *gaal* 이라는 말뿌리는 고엘 *goel* 의 의미를 어느 정도 보존하고 있는데, 고엘이란 근친자의 과부와 결혼할 수 있거나 결혼해야 하는 보호자 혹은 복수자다. 그 말뿌리에서 일련의 상징들이 나온다: 보호하다, 덮어주다, 도로 사다, 해방하다 따위의 상징들이다. 모든 상징이 그렇듯이 이 상징들도 일차적 지시물이 있으나 곧 그것을 넘어 실존 상황을 가리킨다.

가알과 가까운 또 하나의 상징——파다 *padah* 라는 말뿌리——은 헌물로 드린 맏배나 노예를 값을 치르고 되사는 행위에서 나왔다. 그처럼 몸값을 치른다거나 도로 산다(救贖)는 것이 속죄(되산다는 뜻) 개념 형성에 강력한 역할을 했다.

---

37) Ed. Jacob, *Les thèmes essentiels d'une théologie de l'Ancien Testament*, pp. 235~36.

카파르 *kapar*라는 말뿌리는 아랍어의 '덮다' 또는 아카드어의 '지우다'
는 말과 가까운 것으로 앞의 것들과 비슷한 상징을 제공한다. 곧, 코페르
*kopher*라는 말이 있는데 그것은 값을 치러 중벌을 면하거나 목숨을 구하
는 행위를 가리킨다. 물론 값을 치르는 것은 사람이다. 그러나 그러한 상
징은 '속죄 제의'의 밑바탕을 형성하기까지 하는데 그 문제는 접어두고 당
분간 도로 사는 '구속' 상징에 머물러 있도록 하자.

이 '구속' 상징이 위력을 갖는 것은 이집트에서 나오는 출애굽 사건과
어느 정도 연관되어 있기 때문이다. 출애굽 사건은 이스라엘의 원고백(原
告白) *Urbekenntnis*의 중심을 이룬다.[38] 성서 기자들이 역사신학적으로 재
해석한 결과 출애굽 사건은 '모든 해방 사건'에 관여하게 되었다. 그런데
출애굽 사건이 그 윤리적 상징력을 드러내는 것은 '구속' 상징을 통해서
다. 출애굽은 구속 사건이다. 구속 상징과 탈출하는 상징 그 둘은 상호 작
용을 통해 출애굽 사건을 이스라엘 민족의 장래와 관련된 결정적인 것으
로 만든다: "그러므로 너희는 이스라엘 자손에게 말하여라. '나는 주다.
나는 이집트 사람들이 너희를 강제로 부리지 못하게 거기에서 너희를 이
끌어내고, 그 종살이에서 너희를 건지고, 나의 팔을 펴서 큰 심판을 내리
면서, 너희를 구하여내겠다"(출애굽기, 6장 6절).

그러나 시편에서 여러 번 보듯이 그 상징은 계속 자리바꿈을 한다. 그
리하여 자기 백성을 '구속하는' '해방자'라는 주제가 마침내 그 원뜻에서
완전히 멀어져 내면의 해방을 가리키게 된다. 그렇기는 하지만 그 원래의
의미층은 출애굽을 역사적 사건으로 기념하는 가운데 버릴 수 없는 것으
로 남아 있다. 여하튼 끝까지 가면 결국 '구속'과 '용서'와 '돌아옴'의 상
징이 서로 만난다: "나에게 돌아오라, 내가 너를 구속하였음이라"고 제2

---

38) G. von Rad, *op. cit.*, pp. 177~81은 그 역사적 고백에 담겨 있는 다양한 의미를 양식
    사적 관점에서 연구하고 있다. 그 고백은 단순한 전쟁기적 이야기(출애굽기, 14장)에
    서 출발하는데, 그 기적은 이미 '해방'과 '구속' 의미를 지니고 있다(30절) (신명기 고
    백, 26장 5절 참조). 바다의 위협에 관한 얘기(시편, 106편 9절, 114편 3절)는 역사적
    사건을 우주적 차원으로 끌어올리고 있다. 한편 신명기, 7장 6~8절에 강하게 표현된
    선택의 신학은 그 사건을 '되사기'와 '구속'의 징표요 언약으로 본다(제2 이사야, 43
    장, 44장 이하) 그래서 어떻게 보면 출애굽의 상징은 '돌아옴'의 상징과 별 차이가 없
    다(이사야, 51장 9~10절).

이사야가 말한다(44장 22절). "주님, 주께서 속량하여주신 주의 백성 이스라엘을 용서하소서"(신명기, 21장 8절).

그와 동시에 죄의 문제가 풍부해진다. 이집트는 포로 상태의 대명사가 되었고 악의 지배 아래 있는 인간 세계를 나타내는 상징물이 되었다. 십계명의 장중한 서문은 이렇게 말하고 있다:

나는 너희를 이집트 땅, 종살이하던 집에서 이끌어낸
주 너희의 하나님이다. (출애굽기, 20장 2절)

포로 상태(종살이)란 문자대로 볼 때 주체 상호간의 사회적 상황이다. 죄의 상징이 됨으로써 그것은 죄의 소외를 나타내는 것이 되었다. 히브리인들이 종살이 '안'에 있듯이 죄인은 죄 '안'에 있다. 그러므로 죄는 사람이 '그 안에' 처해 있는 악이다. 그래서 죄는 개인적이면서도 공동체적이다. 양심을 초월한 것이며 하나님의 현실과 진실 편에서 인식되는 것이다. 그렇기 때문에 죄는 사람을 묶어두고 종살이시키는 권세다. 그처럼 종살이하는 무력감을 체험했기 때문에 흠의 구조가 '재등장'하는 것이다. 그러한 종살이의 원인이 사람 '내면'의 마음에 있다고 하지만 사실 그것은 어떤 포괄적인 상황을 이루어 사람이 빠져들어가는 함정 같은 것이다. 그와 같은 죄의 '포로됨'의 경험 속에 부정한 접촉(흠)의 구조가 스며들어 가는 것이다.

이제, 실존의 기본적인 문제는 자유──무한한 가능성 가운데 선택한다는 뜻의──보다는 해방의 문제가 된다. 죄의 노예가 된 인간은 해방되어야 한다. 구원이나 구속의 관념은 바로 거기서 나온 것이다.

이상에서 우리는 죄와 구원 상징의 두번째 차원에 대해 생각해보았다. 그 결과 흠과 정화의 상징이 어떻게 재등장하는지 보았다. 죄가 어떤 권세로 이해되고 용서는 구속과 해방으로 이해되는 데 따라 흠과 정화의 상징이 다시 출현할 뿐 아니라 강화되기까지 하는 것을 알았다. 그러한 지적 노력은 레위 문서나 P문서(제사장 법규 또는 사제 문서) 같은 까다로운 문서에 부딪힐 때 더욱 필요하다. 그 문서들은 제의 차원의 속죄를 제시하고 있는데 더군다나 문서 편집 시기가 출애굽 이후라는 점에서 복잡한 문제를 제기한다(물론 편집 시기가 출애굽 이후라고 해서 그 내용이 그 이전 것일 가능성이 완전히 부인되는 것은 아니다[39]).

이해할 수 있는 한 이해해야 한다. 그러나 이해(반성)할 수 없는 것도 있다. 솔직해야 한다. 사실 속죄 제의에는 반성의 영역에 들어오지 않는 것, '용서'의 상징으로 환원되지 않는 것이 있다. 환원적인 반성에 거역하는 것, 그것은 제의 행위 그 자체다. 그러한 프락시스는 원래 반성의 대상이 되지 않는다. 그냥 그렇게 제사가 드려진다. 제의 행위는 일련의 다른 문화 행위에서 전해 내려오는데, 신도들이나 사제들마저 그러한 행위의 의미를 알지 못하고 기억조차 하지 못하는 경우가 많다. 현대 비평가들은 제의의 기원에 항상 다른 제의가 있음을 발견한다. 그러나 그 바탕되는 제의까지 내려가지는 못한다. 레위기의 제사 목록에도 아무 말 없이 그저 제사의 종류만 나열된 까닭이 거기에 있다: 번제(동물을 불에 태운다), 수은제(동물 기름의 번제와 성찬), 소제(밀가루·기름·향을 봉헌), '죄'를 속하기 위한 속죄제 *hattat* (레위기, 4장 1~5절, 13절 그리고 6장 7~13절) 그리고 '가벼운 죄'를 속하기 위한 건제(5장 14~19절)가 있다. 어떤 경우에는 어떠어떠한 제물을 바쳐야 한다고 명시된 경우는 별로 없다. "사람이 잘못하여 야훼의 금령 중 하나를 범하였거나"(4장 1절), 성소에 바쳐야 할 제물을 잘못하여 바치지 않았을 경우, 혹은 거짓 맹세로 사람이 맡았던 물건이나 잡힌 물건이나 줍거나 훔쳤거나 부단하게 돌려주지 않았던 물건을 착복했을 경우가 언급되어 있을 뿐이다. 사실 어떤 경우에는 어떤 것을 바쳐야 한다고 열거하자면 한이 없을 것이다.[40] 제의에서 강조하는 것은 그런 것보다 제의 행위 그 자체다. 폰라트가 말하는 대로 '성사의 과정'과 그 '기본 이념'은 결코 드러나지 않는다. 또 똑같은 제사가 다른 동기에 의해 드려질 수 있다. 제의란 그냥 그렇게 있는 일종의 문화 용기다. 반성을 통해서는 그냥 그런 게 있다는 것을 알 뿐이며, 서로 연관된 몇 가지 상대적 의미를 발견할 뿐이다. 제의는 주관성을 무시하며 제의 행위의 정확성에

---

39) R. Dussaud, *Les origines cananéennes du sacrifice israëlite*, Paris, 1921.

40) *Supplément au Dictionnaire de la Bible*, III권, 'Expiation,' col. 55~58; Ed. Jacob, *op. cit.*, pp. 236~38; Von Rad, *op. cit.*, pp. 249~74; Sven Herrer, *Sühne und Vergebung in Israel*, Lund, 1942, pp. 77~92.

만 관심을 둔다는 말이다.[41]

속죄 제의 역시 주관적이고 내면적인 과정으로 다 풀 수 없다. 그러나 그렇다고 하나님과 이스라엘 사이의 총체적인 관계성과 무관한 것은 아니다. 제의가 예언자들이나 모세나 심지어 이스라엘 백성보다도 먼저 있었던 것이지만, 이스라엘은 그들의 신앙으로 제의의 모습을 내면화했고 그러한 제의에 의지하여 자기들 신앙을 표현했기 때문이다.

우선, 포로기 이후에 발전된 속죄 개념은 그때까지 죄의 '실재론적' 측면, 곧 죄를 '위험스러운 무엇'으로 보는 측면이 강조된 데서 나온 것이다. 앞에서 살펴보았듯이 죄는 항상 흠의 상징으로 표현될 수 있었다. 물론 그 흠의 상징은 철저한 변화를 겪는다. 여하튼 이미 에스겔서에 죄의 '짐을 진다'는 표현이 있는데, 바울은 그 말을 자주 이용하여 죄의 주관적인 무게와 객관적인 저주를 표현했다. 그것은 좀더 크게 보면 일반적인 두려움이나 죽음의 위협, 그리고 사제 문서(예를 들어 레위기, 10장 6절, 민수기, 1장 53절, 17장 11절, 18장 3절) 속에 들어 있는 '재앙'의 경고로 확대될 것이다. 그처럼 하나님의 벌을 항상 두려워했기 때문에 이스라엘의 제사에 속죄 제사가 항상 빠지지 않았던 것이다. 죄에서 죽음의 위협을 느낄 때 전에 있던 흠의 표상이 생생하게 되살아나는 것은 그리 놀라운 일이 아니리라. 또 예언자들에 이르면 옛날의 흠의 관념이 죄의 경험으로 그 차원을 달리한다.[42]

한편 제물을 보면, 제물의 객관적 효력이 제물 없는 '용서'와 무슨 미묘한 관계를 맺고 있다. '속죄 *kipper*'[43]라는 말 자체가 그 윤리적 성격을 통해 구속 상징이나 도로 산다는 상징과 통한다. 다시 말해서 속죄 제사의 '덮는' 동작이나 또는 '지워버리는' 동작은 상당히 상징적인 것으로 바로 용서를 뜻한다(한편 용서라는 낱말인 salach 역시 피를 뿌리는 제사 행위와 관

---

41) 제사 의식은 "사람이나 사람의 내면성 너머의 영역에서 치러진다. 〔……〕 아무리 깊게 이해해보려고 해도 옛날 제사 의식에 대해서는 이해할 수 없는 한계가 있다. 제사의 핵심은 바로 그 한계 너머에 있음을 주석가들은 고백해야 하리라," Von Rad, *op. cit.*, pp. 252, 259.

42) Von Rad, *op. cit.*, pp. 267~68.

43) *Supplément au Dictionnaire de la Bible*, art. 'Expiation,' col. 48~55.

련이 있다).[44] 흔히 용서와 속죄를 반대되는 것으로 보고 하나는 하나님의 행위이고 하나는 사람(제사장)의 행위라고 보기 쉽다. 그러나 '속죄한다'는 동사만 가지고 성급히 판단해서는 안 된다. 속죄한다는 말은 어떤 제사를 통해 속죄에 해당하는 행위를 한다는 말에 불과하다. 계속 돼풀이되는 말, "제사장이 이렇게 회중의 죄를 속하여주면 그들은 용서를 받는다"(레위기, 4장 20, 26, 31, 35절 그리고 5장 9, 13절)는 말이 구체적으로 무얼 뜻하지는지 분명치 않다. 제사장과 그의 행위가 어떤 신기한 주술의 힘을 가졌다는 얘기로 해석하면 안 된다. 오히려, 레위기에서 펼치는 제사의 신학에 따르면——그것은 잘 눈에 띄지 않지만 그렇기 때문에 더 귀한 관점이다——속죄 제사라는 행위의 상징이 용서라는 영적인 상징에 흡수될 가능성이 보인다. 그 구절을 보자:

> 이스라엘 집안에 속한 사람이나 또는 그들과 함께 사는 외국 사람이, 어떤 피든지 피를 먹으면, 나 주는 그 피를 먹은 사람을 그대로 두지 않겠다. 나는 그를 백성에게서 끊어버리고야 말겠다. 생물의 생명이 바로 그 피 속에 있기 때문이다. 피는 너희 자신의 죄를 속하는 제물로 삼아 제단에 바치라고, 너희에게 준 것이다. 피가 바로 생명을 지니고 있기 때문에, 죄를 속하는 것이다. (레위기, 17장 10절~11절)

이 본문에서 보면 피의 상징성이 속죄 제사와 용서의 신앙(용서라는 것 자체가 죄의 고백과 회개와 연관된다)을 연결하고 있다. 그러므로 단지 피가 생명이기 때문에("육의 영혼은 피 속에 있다" 또는 "피는 곧 생명이다." 신명기, 12장 23절) 피를 먹어서는 안 되는 게(창세기, 9장 4절) 아니다. 피는 "너희 영혼을 위하여" 속죄물로 남겨두어야 한다. 어떻게 속죄물이 되는가? 70인 역 성서를 보면 된다. 70인 역은 히브리어의 구격소사(具格小辭: 피가 사람을 매개로 곧 그 바쳐진 동물의 생명을 매개로 속죄한다)를 그리스어의 대격(代格)전치사와 같이 보아 이렇게 번역했다: "피가 사람을 대신하여 속죄한다 τὸ γὰρ αἷμα αὐτοῦ ἀντὶ τῆς ψυχῆς ἐξιλάσεται." 여기서 번

---

44) Jacob, *op. cit.*, p. 235.

역자는 하나의 선택을 한 셈이다. 피의 상징은 선물 곧 은혜의 상징이라는 것이다. 신도는 바쳐진 동물의 형상을 빌어 자신을 바치고 하나님과 연합하고자 하는 소망을 표시한다. 그때 피는 제물의 상징성을 풍부하게 한다. 거기다가 제물과 그것을 바치는 사람의 관계, 또 그것을 바치는 사람과 하나님의 관계를 더 생생하게 해준다. 그렇게 볼 때, 속죄 행위는 사람이 하지만 속죄 그 자체는 은혜다. 그리고 그 은혜에는 처벌의 의미가 전혀 들어 있지 않다. 제물 없이 피만 뿌리는 제사도 있음을 고려할 때 더욱 그렇다. 피의 표상 속에서는 고통의 관념을 찾아볼 수 없다. 피가 아닌 희생 제물이 사람 대신 고통을 당한다. 희생 제물이 사람 대신 죽는 것이다.

그와 같이 70인 역 성서는 유대의 제사를 그리스도론적으로 해석하기 좋게 되어 있다. 그러나 70인 역을 거부하고 다른 해석 곧 "사람을 통해서 피가 속죄한다"고 해석한다 하자. 이 표현은 어떻게 속죄가 일어나는지 그 비밀을 밝히지 않고 있는데, 여기서도 강조점은 은혜에 두어지고 있다. 다만 이번에는 속죄물을 하나님이 거저 주심을 강조하고 있다: "~을 위해 나는 제단 위에 그것을 주었다." 그것은 70인 역에 들어 있는 대속 *satisfactio vicaria* 의 신학보다 더 중요한 의미를 지닌다. 이때 '속죄 행위'를 하는 제사장은 제사에 들어가는 피와 생명의 상징을 통해 신비를 집행하는 자가 되며 그 신비의 의미는 하나님이 '주는' 것이다. 이처럼 속죄물을 준다는 것이 바로 용서에 가까운 것이다. [45]

따라서 속죄 제의는 '돌아옴'이나 '용서' 같은 중심 주제와 동떨어져 있지 않다. 그 중심 주제가 속죄 제의라는 무언극을 통해 객관화되는 것이다. 제의의 세계와 회개의 세계가 따로 떨어져 있지 않다. 회개의 세계가 수수께끼 같은 제의 행위를 통해 표현되는 것이다. '속죄의 날'(레위기, 16장) 행사를 보면 그 두 상징 세계가 종합되는 것을 알 수 있다. 그날에는

---

45) Ed. Jacob은 희생 제사의 의미를 '구속'과 '대속'에서 찾으며 그 핵심은 대신하는 데 있다고 본다. 그는 죄인의 죽음이라는 상징을 통해 하나님의 생명이 죄인에게 전달되는 것을 본다: "희생 제사의 본질은 제물의 죽음에 있지 않고 그 생명이 바쳐지는 데 있다." *op. cit.*, p. 237. Von Rad도 비슷한 뜻에서 Ohler, *Theologie des alten Testaments*를 인용하고 있다: "제물은 처벌받는 것이 아니며 제단은 무슨 법정이 아니다." 그리고 이렇게 덧붙인다: "따라서 속죄란 처벌 행위가 아니라 구원의 과정이다." *op. cit.*, p. 270.

반드시 죄를 고백해야 하지만 여러 가지 피를 뿌리는 속죄 행위가 중심을 이룬다. 또 양을 광야에 내보내는 의식은 누가 보아도 이스라엘의 죄를 완전히 없애려는 것임을 알 수 있다. 그러므로 추방 제의는 갱신 제의가 의도하는 것, 곧 용서를 통한 화해를 더 완벽하게 표현하고 있다.[46] 결국 속죄 제의라는 기묘한 식물이 '회개'와 '용서'라는 나무를 자꾸 밀어올린 셈이다. 그런 식으로 속죄의 상징이 '용서'의 상징을 풍요롭게 했다. 그래서 시편에 보면 하나님이 속죄의 주체로 그려지고 있다(78장 38절, 65장 4절, 79장 9절).[47] 하나님이 '속죄한다'는 것은 '용서한다'는 말이다. 속죄의 상징이 용서의 상징에게서 받았던 것을 되돌려주는 셈이다.

---

46) 미쉬나에는 그 경우 대제사장이 선포하는 말이 들어 있다: "오, 야훼여, 당신 백성, 이스라엘의 집이 당신 앞에서 악행으로 범죄하였나이다. 오, 야훼여, 당신의 종 모세의 율법에 적힌 대로 당신 백성 이스라엘의 집이 범한 죄를 용서하소서." Yoma, 6, 2, *Supplément au Dictionnaire de la Bible*, art. 'Expiation,' col. 78에서 재인용.

47) Sven Herner, *op. cit.*, pp. 92 이하.

제 3 장
허 물

허물은 잘못과 동의어가 아니다. 둘을 똑같이 보면, 잘못했다는 의식 속에 들어 있는 긴장이 허물어지고 만다.

잘못을 모두 허물로 일축해버릴 수 없는 이유가 둘 있다. 먼저, 허물을 들여다보면 거기에 몇 갈래 방향이 있음을 보게 된다. 첫째, 책임과 벌의 관계에 대한 반성에서 나오는 윤리적이고 법적인 방향이다. 둘째, 예민하고 세심한 의식에 대한 반성에서 나오는 윤리적이고 종교적인 방향이다. 셋째, 저주받고 심판받았다는 의식에 대한 반성에서 나오는 심리학적이고 신학적인 방향이 있다. 그 셋은 각각 형벌 문제를 그리스 방식으로 합리화한 것이고, 윤리 의식을 유다의 방식으로 내면화하고 첨예화한 것이며, 율법하에 있는 인간의 고통을 바울 방식으로 의식화한 것이다. 허물이라는 관념을 낳는 데 그처럼 세 가지 가능성이 있다. 그런데 그 세 가지 관점의 관계를 바로 파악하기는 힘들다. 그것은 둘씩 둘씩 대립하고 있기 때문이다. 그리스의 합리성이 유다와 그리스도교의 종교성에 대립하고 있으며, '경건'의 내면성이 도시국가의 외면성과 은총으로 인한 구원의 외면성에 대립하고 있으며, 바울의 반율법주의가 법정의 법률과 모세의 율법에 대립하고 있다. 우리는 이 장 전반에 걸쳐 어떻게 허물 관념이 탄생했는지 살필 것이다. 그러나 허물 관념 안에 있는 변증법을 알기 위해서는 좀더 큰 변증법 속에서 살펴보아야 한다. 다시 말해서 흠·죄 그리고 허물이라는 잘못의 세 계기 속에서 살펴보아야 한다.

잘못의 다른 두 계기가 일으키는 이중 운동을 통해 허물을 이해해야 한다. 이중 운동이란 단절과 재현의 운동이다. 단절을 통해 허물이라는 새로운 계기가 출현하지만 재현을 통해 옛 죄의 상징과 흠의 상징이 다시 끼여든다. 그것은 하나의 패러독스를 표현하기 위해 어쩔 수 없는 일이다. 곧, 책임적이면서 노예 상태에 처한 인간이라는 개념 또는 노예 상태가 된 데 대한 책임이 있는 인간이라는 개념, 간단히 말해 노예 의지의 개념을 표현하기 위해 어쩔 수 없는 일이다.

1. 새로운 계기의 출현

조금 전에 말한 이중 운동 다시 말해서 허물이 흠과 죄를 벗어나고 다시 그것들을 취하는 과정을 생각해보자.

아주 일반적으로 말해서 허물이란 잘못의 주관적인 계기를 가리킨다고 할 수 있다. 그 점에서, 죄가 잘못의 존재론적 계기인 점과 다르다. 죄란 하나님 앞에 있는 인간의 실제적 상황에 대한 어떤 의식을 가리킨다. 그런 상황은 반드시 인식되어야 한다. 그래서 예언자들은 모든 권세가 헛된 것임을 왕을 향해 선포했다. 허물은 그러한 실제 상황 말하자면 '즉자(卽自)'의 상황을 '대자(對自)'로 의식화하는 것이다.

허물의 계기는 눌려 있고 감추어져 있다. 그러나 우리는 이미 흠의 문제에서 허물의 계기를 희미하게나마 예상할 수 있었다. 흠에 수반되는 두려움은 벌에 대한 두려움이었다. 벌받으리라는 느낌이 의식을 내리누른다. 허물의 본질은 그러한 '부담감' 속에 이미 들어 있다. 허물도 바로 그와 같은 벌의 가능성이 내면화되어 의식을 내리누르는 것이다. 그리고 원래 상당히 외적인 악인 흠이 두려움 때문에 내면화되면서, 결국 허물의 계기는 흠과 동시에 생긴다고도 할 수 있으리라. 그러나 그 단계에서는 허물의 계기가 아직 감추어져 있다. 그 단계에서 잘못에 대한 '부담'을 갖는 것은 제의적으로 부정했기 때문이지 악을 만든 자라는 의식이 있어서가 아니다. 거기서 허물을 느낀다는 것은 단지 벌받을 준비를 한다는 것이며 벌을 염두에 둔다는 것이다. 흠 속에 이미 허물이 들어 있다는 것은 바로 그런 뜻에서다. 바로 그런 뜻에서만 그렇게 말할 수 있다. 물론 책임적이라는 것이 자기 행위의 결과에 반응을 보일 수 있음을 가리킨다면, 그때의 허물도 이미 책임성이 아니냐고 할 사람도 있으리라. 그러나 거기서의 책임성은 벌받으리라는 부담 의식의 부산물로 생기는 것에 지나지 않는다. ~의 주체라고 하는 의식에서 나오는 게 아니다. 여기서 책임의 사회학에서 주장하는 명제를 되새기자: 인간은 자기가 원인이요, 행위자요 주체라는 의식이 생기기 전부터 책임 의식을 가졌다. 그 당시 인간을 책임적이게 한 것은 금기와의 관계다.

그렇기 때문에 참된 허물 의식은 악의 체험에 일대 혁명을 초래했다. 이 새로운 의식이 중요하게 보는 것은 홈의 실제나 금기의 객관적 침해나 그 침해가 가져올 복수가 아니라 자유의 남용이다. 그로 인한 자아 가치의 하락이다. 이러한 혁명은 정말 주목할 만한 것이다. 벌과 허물의 관계가 뒤바뀌었다. 이제 금기 침해에 대한 보복이 벌이 아니라 실존의 가치 하락 그 자체가 벌이 되고, 그 벌을 교정이라고 부르게까지 된다. 벌에 대한 의식이 바뀌고 그 의미가 완전히 뒤바뀐다. 허물 의식은 벌이 보복적인 것에서 교육적인 것으로 곧 교정의 과정으로 탈바꿈하기를 요청한다.

벌의 의미가 얼마나 바뀌었나 하는 것은 죄를 뛰어넘어 허물과 부정을 직접 대조해보면 분명히 드러난다. 오히려 죄에서 허물로 넘어가는 점을 찾기가 힘들다.

잘못의 의식 가운데 두번째와 세번째 계기의 관계가 몹시 복잡하다. 그 둘이 연속성을 띠고 있음은 의심할 수 없다. 반면에 어떤 새로운 것이 출현하는 것도 사실이다. 그것은 죄의 감정을 뒤바꾸는 것은 아니지만 적어도 위기를 초래한다고 말할 수 있다. 물론 그 새로움과 위기는 죄의식이 심화된 데서 나온 것이다. 어떤 면에서 죄의 느낌은 곧 허물 느낌이라고 할 수 있다. '허물'은 곧 죄의 열매다. 어떤 기원과의 관계가 끊긴 것이다. 그런 뜻에서 허물은 죄가 내면화된 것이라 할 수 있다. 그러한 내면화는 사람에 대한 요청이 심화된 결과다. 그 심화 작용은 이중적으로 일어난다. 먼저, 금기에서 하나의 책임 주체가 발생하는데, 그 주체는 벌을 받는 자라는 뜻의 책임자가 아니라, 결단의 중심 곧 행위 주체로서의 책임자다. 거기서 금기는 단지 제의적인 것이 아니라 윤리적인 것으로 된다. 그뿐 아니다. 금기가 제의적인 것에서 윤리적인 것으로 갈 뿐 아니라, 모든 덕과 의무를 넘어서는 완전성의 요청으로 확장된다. '완전'을 향한 요청은 실존의 가능성의 깊이를 더해간다. 개별적인 여러 가지 의무들을 넘어선 어떤 완전성의 요청에 직면한 인간은 이제 스스로 자기 행위의 주인일 뿐 아니라 그 행위의 동기까지도 책임지는 주인임을 느낀다. 그리고 더 나아가 "하나님이냐 아니면 무냐" 하는 아주 단순하고도 분명한 선택 앞에 선다. 우리는 앞에서 '신명기적 선택'에 대해 말했다: "나는 생명과 사망을 네 앞에 놓았다. 선을 택하라. 그리하면 살리라." 이런 날카로운 선택의 요청은 주체적인 응답자를 설정한다. 벌을 감당한다는 뜻의 주체가 다니라 삶 전체를 끌어안고 자기의 선택에 따라 삶을 이끌어갈 수 있다는 뜻으로 주체다. 그런 식으로 예언자들은 야훼와 그 백성간의 법적인 계약을 개인적인 것으로 바꾼다. 이제 '내'가 있다. 하나님 편에 선 예언자들이 '내게' 말하기 때문이다.

끝으로, 죄의 고백이 변화의 마무리를 짓는다. 죄를 고백하면서 죄가 내면화되고 그것이 개인적인 허물로 바뀐다: 예언자가 부르는 '너'는 스스로 자기를 비판하는 '나'다. 강조점이 바뀌면서 죄의 의미가 허물 감정으로 바뀐다. '하나님 앞'과 '주님께만, 주님께만'을 강조하는 대신에 '~한 것은 바로 나다'는 것이 강조된다. 히브리 문학의 참회시는 그와 같은 두 겹의 강조점을 보여주고 있다.

> 내 반역죄를 내가 잘 알고 있으며
> 내가 지은 죄가 언제나 내 앞에 있습니다.
> 주님께만, 오직 주님께만,
> 나는 죄를 지었습니다.
> 주의 눈앞에서
> 내가 악한 짓을 저질렀습니다. (시편, 51편 3,4절)

'당신 앞에서'보다 '내'가 더 강조되었든 아니면 '당신 앞에서'가 아예 잊혀졌든 이제 잘못의 의식은 죄가 아닌 허물이다. 이제 악을 측정하는 것은 '양심'이다. 여러 나라 언어에서 똑같은 말이 도덕적 '양심'도 되고 심리학적이고 반성적인 '의식'도 되는 것은 우연한 일이 아니다. 허물과 함께 '의식'이 최고의 계기로 등장한다.

우리가 인용하는 종교 문서들 가운데 허물이 완벽하게 죄를 대치하는 경우는 없다. 조금 전에 인용한 시편 기자의 고백에는 그 두 계기가 모두 들어가 있다. 들어 있는 죄를 바라보는 하나님의 절대적인 눈도 있고 허물을 보는 양심의 주체적 관점도 있다. 그러나 분명한 것은 어떤 변화의 과정이 진행중이라는 점이다. 그 과정의 끝에는 죄의 고백이 그려내는 죄의 '실재론'이 허물의 '현상론'에 의해 완전히 대치될 것이다. 그때에 죄의 종교적 의미는 완전히 사라질 것이다. 그렇게 되면 사람은 자기가 허물을 느낄 때만 허물이 있다. 그리하여 아주 순수한 상태의 허물 의식에서 사람은 모든 것의 척도로 등장한다. 우리가 앞으로 세 가지 유형을 통해 살펴볼 것도 그러한 죄와 허물의 완전한 분리 가능성이다. 세 가지 유형이란 앞에서도 말했듯이, 형벌과 관련된 범죄의 개인화, 세심한 의식 그리고 저주의 심판이다.

인간의 잘못에 대해 허물이라는 새로운 '척도'가 생긴 것은 잘못의 역사에서 획기적인 사건이다. 그리고 그 사건은 두 가지 결과를 낳았는데 이제 인간은 그 이전으로 돌아갈 수 없다.

첫째, 이제 악을 개인적인 잘못으로 판단한다. 그 개인화로 말미암아 허물은 죄 고백의 '우리'와 단절된다. 포로기의 예언자들이 그 과정을 보여주고 있다. 공동체적인 죄가 개인적인 허물로 바뀌는 것을 보여준다. 그러한 변화는 역사적 상황과 일치한다. 예언자들은 죄의 선포를 통해서 민족 전체에게 출애굽이라는 집단 해방을 상기시키며 또 야훼의 날이라고 하는 집단적인 심판을 두려워하도록 했었다. 그러나 이제 불행은 닥치고 국가는 파괴되고 민족은 강제 이주된 지금, 집단에 호소했던 선포가 별 소망이 없어 보였다. 그들은 나무랄 기력도 없이 허무주의 상태에 빠졌다. 공동체적 죄에 대한 선포가 어떤 선택의 여지를 주지 못하고 민족에 내린 운명을 바라볼 수밖에 없는 지경에 이르렀을 때, 희망을 줄 수 있는 것은 개인의 죄 곧 허물의 선포이다. 왜냐하면 만일 죄가 개인적이라면 구원도 개인적일 것이기 때문이다. 출애굽 사건이 다시 바빌론에서 일어날 수 없고, 귀환의 때가 자꾸 멀어져도 각 개인에게는 희망이 주어질 것이다.

사실 개인 구별 없이 민족 전체가 처벌된다면 세대간에도 잘못이 전달되고 자식들이 부모의 죄 때문에 벌을 받게 된다. 그리하여 바빌론에 포로된 이들은 자기들이 짓지 않은 죄의 대가를 치러야 한다. 에스겔의 말은 그 점을 겨냥한 것이다: "너희가 어찌하여 이스라엘 땅에서 아직도 '아버지가 신 포도를 먹으면, 아들의 이가 시다' 하는 속담을 입에 담고 있느냐? 나 주 하나님의 말씀이다. 내가 나의 삶을 두고 맹세한다. 너희 가운데서 어느 누구도 다시는 이스라엘에서 이런 속담을 입에 담지 못할 것이다. 모든 영혼은 나의 것이다. 아버지의 영혼이나 아들의 영혼이 똑같이 나의 것이니, 범죄하는 그 영혼이 죽을 것이다"(에스겔, 18장 1~4절). 이제 문제는 개인이다: '왜곡되거나' '회심하는' 것은 각 개인의 결단에 따른 것이요 각자의 결단에 따라 '의인'도 되고 '악인'도 된다. 물론 최종적인 강조점은 자비에 두어진다: "그러나 내가 악인에게 말하기를 '너는 반드시 죽을 것이다' 하였어도, 그가 자기의 죄에서 떠나 돌이켜서, 법과 의를 행하여, 전당물을 돌려주고, 탈취한 물건을 보상하여주며, 생명으로 인도하는 규정들을 따라 살아, 악한 일을 하지 않으면, 그는 죽지 않고 반드시 살 것이다"(에스겔, 33장 14~15절). 예레미야는 좀더 강하게 개인의 책임을 선언한다: "그때가 오면, 사람들이 더 이상 '아버지가 신포도를 먹었기 때문에, 자식들의 이가 시게 되었다'는 말을 하지 않을 것이다. 오직 각자가 자기의 죄악 때문에 죽을 것이다. 신 포도를 먹는 그 사람의 이만 실 것이다"(31장 29~30절). 그 선언은 새로운 계약 선포로 이어진다. "율법을 그들의 가슴속에 넣어주며, 그들의 마음판에 새겨 기록할" 새로운 언약의 선포와 뗄 수 없는 관계에 있다: "이것은 작은 사람으로부터 큰 사람에 이르기까지, 그들이 모두 나를 알 것이기 때문이다. 내가 그들의 허물을 용서하고, 그들의 죄를 다시는 기억하지 않겠다. 나 주의 말이다"(31장 31~34절). 이제, 아버지의 죄를 아들에게 묻는 집단 응보가 의문시되고 흠의 체제와 죄의 체제를 지배했던 옛 응징이 힘을 잃게 된다. 세대와 세대를 묶어놓은 쇠사슬을 끊을 수 있듯이, 행위들을 서로 묶어놓은 쇠사슬도 끊을 수 있게 되었다. 초역사적인 운명 대신에 돌이킬 수 있는 시간이 자리를 차지했다.

5세기 그리스에서도 흠에 대한 비판적 견해가 출현했다. 대물림하는 저주가 물러가고 새 시간, 새 신들이 들어앉았다. 세상에 지운 빚이 개인적인 책임으로 바뀌면서 에리니에스는 유메니데스로 바뀌었다. 시간은 저주의 때도 될 수 있고 연민의 때도 될 수 있다. 이제 새로운 원리가 정립되었다. 이 세상에 짐을 지우는 법은 사라졌다. 각자 자기가 저지른 잘못에 대해 책임진다. 각자 매순간 다시 시작한다. 매순간 "주님께 돌아간다." 나중에 보겠지만 그러한 새로운 생각은 응보의 원리에 내재된 위기를 해결하기보다는 악화시켰다. 사람은 누구나 자기 허물 때문에 죽는다는 생각에 욥은 반기를 들 것이다. 그러므로 그러한 새로운 생각에서 새로운 비극이 생길 것이다(2부 V장 참조.).

여하튼 죄의 '실재론'과 허물의 '현상론' 사이에 생기는 첫 긴장이 지금까지 말한 대로 개인화 문제다. 그리하여 잘못의 의식 속에 새로운 대립 구조가 생긴다. 죄의 구도에 따르면 악이란 인류 전체가 그 '안에 들어 있는' 상황이다. 허물의 구도에 따르면 악이란 개개인이 '일으키는' 행위다. 잘못을 이처럼 가지가지의 주관적인 허물로 잘게 부수어놓음으로써 '우리'라는 죄의 차원이 뒤로 밀려나고 허물 의식이 독자성을 확보한다.

둘째, 허물에는 등급이 있다. 죄는 있으면 있고 없으면 없는 것인데, 허물은 많고 적음이 있다. 죄란 전부 아니면 전무(全無)임을 바울은 시편을 빌어 말하고 있다: "의인은 없다. 한 사람도 없다. 하나님을 찾는 사람도 없다. 모두가 곁길로 빠져서, 쓸모가 없게 되었다. 선한 일을 하는 사람은 없다. 한 사람도 없다"(로마서, 3장 10절 이하). 반면에 허물 의식은 잘못이 많고 적음을 말하며 무게의 경중을 말한다. 따라서 거기에는 '의인'과 '악인'이라는 경중이 있게 된다. 여기서 정의는 상대적 정의가 된다. 그것은 닿을 수 없는 무한한 완전과 관련된 정의가 아니라 '적합하다'는 말로 표현할 수 있는 적절한 정의다. 그런데 그 상대적 정의는 절대적 정의의 문제를 떨쳐버리지 못한다. 그래서 창세기에도 두 가지 얘기가 같이 나온다. 이런 구절이 있다: "주께서는 사람의 죄악이 세상에 가득차고 마음에 생각하는 모든 계획이 언제나 악한 것뿐임을 보시고서 땅 위에 사람 지으셨음을 후회하시며 마음 아파하셨다"(6장 5절). 반면에 이런 구절도 있다: "노아는 그 당대에 의롭고 흠이 없는 사람이었다"(6장 9절). 하나는 야훼 전승에서 나온 것이고 다른 하나는 제사장 전승에서 나온 것이지만 편집자가 그 둘을 그대로 존중했다는 사실이 중요하다. "이 세상에 의로운 사람이라고는" 노아밖에 없다는 구절도 있지만(7장 1절), 왜 노아는 악한 인간에서 예외로 남았을까 하는 의문이 남는다. 그런데 노아만 예외인 것은 아니다. 에녹 역시 "하나님과 동행했다"(5장 24절). 그리고 욥도 역시 "흠이 없고 정직하였으며 하나님을 경외하며 악을 멀리하는 사람이었다"(욥기, 1장 1절). 31장에 놀랍게도 욥의 '변명'이 나오는데 그러한 상대적이고 유한한 정의를 늘어놓고 있다. 그것은 완전성과는 다른 적당한 정의이며 따라서 충족될 수 있는 것이다. 또 '경건한' 자의 깨끗한 양심을 이루는 상대적 (비교적) 정의다.

우리는 나중에 그 의인과 악인의 윤리가 얼마나 넓게 퍼져 있나 볼 것이며 그 오류도 같이 볼 것이다. 그러나 이제 죄라고 하는 어떤 동등한 경험에 대립되는 허물이라고 하는 차별 경험은 지울 수 없는 의식으로 자리 잡는다. 도덕뿐 아니라 재판이나 형벌이 모두 허물의 정도에 따라 이루어진다. 사람은 누구나 철저하게 죄인이지만 허물에 있어서는 사람에 따라 차이가 있다. 허물의 정도에 따라 고통의 정도도 정해진다. 경건한 자의 깨끗한 양심 그리고 자기 의에 빠진 자의 고통하는 양심, 또한 재판관의 양심이 모두 그런 의식으로 이루어져 있다.

이제 허물 계기로 말미암아 '척도가 된 사람'이 '하나님의 조치'보다 우위에 설 가능성이 생긴다. 개인의 잘못과 백성의 죄가 구분되고 정도에 따른 비난과 총체적인 고발이 나누어지면서 그런 사태가 벌어진다. 이 새로운 경험은 세 갈래 길을 통해 발생했다.

2. 허물과 벌

허물 의식이 싹트는 첫번째 방향은 윤리적이고 법적인 방향이다. 뒤에 보겠지만 허물 얘기가 나오면 으레 법정이 등장한다. 그런데 그 법정은 단순히 도덕 양심을 가리키는 비유가 아니다. 실제로 마을 안에 있는 관청이다. 바로 그 관청을 통해 종교적인 죄의식이 수정되었다. 어떻게 그런가?

지금 우리는 가장 원초적인 상징들을 통해 잘못의 개념이 탄생하는 것을 고찰하고 있기 때문에 현대 형법을 분석하거나 법과 범죄학의 만남에 대해 말하지는 않겠다. 그 문제는 뒤에 다시 볼 기회가 있다. 또 로마 형법의 도움을 얻지도 않겠다. 로마 형법에 들어 있는 개념들은 우리가 생생하게 포착하려는 부정(不淨), 불의 같은 주제보다 훨씬 뒤에 형성된 것이다. 양심의 탄생을 훨씬 잘 보여주는 것은 그리스인들의 형벌 체험이다.[1] 그리스의 형벌 체험은 로마만큼 체계화되지 못했기 때문에 막 생기기 시작하는 형벌 개념을 보여준다. 게다가 그것은 소피스트, 소크라테스, 아리스토텔레스와 동시대다. 그들의 철학적 반성은 체험을 반성하면서 왜곡시키기도 했지만 말이다. 그 밖에도 그리스의 형벌 체험은 비극과 친했기 때문에 철학뿐 아니라 반철학과도 가까운 거리를 유지했다. 끝으로 그리스어의 허물이라는 개념이 형벌을 통해 정립되는 것도 주목할 만하다. 그것은 거대한 문화적 사건이었다. ὕβρις, ἁμάρτημα, ἀδικία 같은 개념 형성은 서양인들의 자기 의식을 향한 대모험이었다. 성서도 그리스말로 번역되어 서양 문화에 영향을 주었다. 사실 성서의 죄나 히브리의 윤리—종교 개념에다 어떤 그리스 단어를 짝지었다는 것 자체가 서양의 상징 체계를 정하는 하나의 결단이었다. 그런 각도에서 서양인은 그리스인이자 유대인이다. 둘을 뗄 수 없다. 그처럼 그리스인들의 법적이고 형벌적인 경험을 거쳐 형성된 허물 개념은 고대 그리스의 형벌 제도의 역사를 넘어 대표적인 윤리 역사, 종교 역사를 이룬다. 그 주된 동기를 살펴보기로 하자.

그리스인들의 허물 의식은 유대인들과 매우 다른 각도에서 시작되었다. 도시의 법제와 형벌에 대한 관심이 큰 역할을 했다. 유대인들에게는 계약, 윤리적 단일신론, 하나님과 사람 사이의 인격 관계에서 그 반대되는 개인의 허물이라는 축이 비롯되었다. 그러나 그리스의 허물 의식은 도시민의 윤리에서 비롯되어 일리있는 혐의라는 관념을 이루었다. 그러한 과정은 분명 종교 의식과 연관되어 진행되었다. 도시는 '거룩한' 공간이었다. 그러므로 고대 그리스에서 불의한 자란 곧 불경건한 자와 동의어였다.[2] 거

---

1) Gernet, *Recherches sur le développement de la pensée juridique et morale en Grèce*, Paris, 1917. Moulinier, *Le pur et l'impur dans la pensée des Grecs d'Homère à Aristote*, Paris, 1952; Kurt Latte, *Schuld und Sünde in der griechischen Religion*, Arch. f. Rel. (20), 1920~1921.

2) 불경하게 행하다 ἀσεβεῖν 가 불의하게 행하다 ἀδικεῖν 와 같이 쓰인다. 불의란 도시의

꾸로, 그리스에서 불경이나 부정을 말할 때는 꼭 불의를 같이 말했다. 어떻든 고대 그리스에서 깨끗함과 거룩함과 의로움은 서로 얽혀 있었다. 하나에서 다른 하나로 넘어갈 때 별로 큰 위기가 없었다. 히브리 예언자들이 일으킨 그런 충격이 헬라 세계에는 별로 없었다. 시인들이나 작가들을 볼 때, 그들의 문학과 희곡에 흠과 정화의 옛 신화들이 다시 등장하는 것을 보면 여러 개념이 서로 얽혀 있었음이 더욱 분명해진다. 만일 우리가 그리스 쪽만 본다면 흠과 죄와 허물이라는 세 계기를 찾을 수 없으리라.

어쨌든 종종 불의한 짓이나 불의한 상태를 가리키는 ἀδιχεῖν이란 낱말은 악이 순수하게 도덕적으로 인식되기 시작했음을 암시한다. 그러나 불의는 정의와 마찬가지로 부정(不淨)과 정결이라는 옛 의식에 뿌리를 내리고 있다. ἀδίχημα의 합리성을 구축하는 것은 δίχη이다. 그 합리성은 우주와 도시를 분리하는 합리성이다. 아낙시만더의 작품에 보면 '시간 질서'로 이루어진 자연에 속하는 것으로 되어 있던 정의와 불의와 속죄가 시민적이고 법적인 계기가 되면서 순전히 인간적인 개념으로 되었다. 도시가 형성되면서 그런 일이 발생했다. 데모스테네스는 다음과 같이 '고의적' 살인과 '고의성이 없는' 살인을 구분했다: "같이 놀다가 사람을 죽였을 경우, 불의ἀδιχεῖν를 저지른 것이 아니다." 헤라크리투스는 도시의 소송 사건을 염두에 두고 이렇게 말한다: "신에게는 모두가 좋고 아름답고 의롭다. 그러나 사람은 어떤 것은 의롭게 보고 어떤 것은 불의하게 본다." 게르네Gernet에 따르면, 그처럼 구분하는 행위는 법 중에서도 도시의 거룩함이 별로 개입되지 않은 분야에서 발전했을 것이라고 한다. 도시의 재산을 훼손하거나 성소를 범하는 공적인 범죄 행위는 신성 모독으로 간주되어 여전히 성스런 공포심이 유발된 반면에, 개인의 권리를 침해하는 사적인 범죄 행위는 적절한 응보에 의해 갚아진다고 봄으로써 좀더 객관적인 관념이 형성되었다.[3] 이 응보 행위는 형벌로 나타났고 형벌의 정도는 곧 허물의 정도를 가리켰다. 따라서 허물의 정도라는 관념이 유대인들에게서

거룩성을 해치는 것이었음을 알 수 있다. ἀδιχεῖν τὴν πόλιν은 ἱερὰ χαὶ ὅσια를 해하는 것이었다(Gernet, *op. cit.*, I, 1, ἀδιχεῖν).

3) "잘못에 대한 사회적 관념이 좀더 객관적이 된 것은 재판을 통해서이고, 재판을 낳은 것은 사적인 범죄다." Gernet, p. 94.

는 공동체의 고백에 대한 개인적인 측면이 부각되면서 생긴 것인 반면에
그리스인들에게서는 형벌의 발전과 같이 생겼다.

게르네는 그리스 어휘 연구를 통해 그러한 점을 확인했다. 사회의 분노
에서 비롯된 억압을 가리키는 낱말 κολάζειν은 고대 그리스에서 교정을
위한 벌의 뜻으로 쓰였다. 벌의 성질(모독한 자에게 태형을 가하는 등)과 벌
의 의도가 모두 내포된 낱말이다. 복수보다 교정을 택하는 정신이 들어 있
었다. 플라톤 역시 『프로타고라스』와 『고르기아스』에서 같은 얘기를 했다.[4]
그러나 그처럼 형벌의 정도를 따져 법의식에 커다란 변화를 초래한 낱말
은 사회의 분노보다 희생자를 위한 응보를 가리키는 낱말 τιμωρία이다
(οὐ δεῖ τὰς τιμωρίας ἀπεράντους εἶναι라고 데모스테네스가 말했다). 모든 고
통에 정도 측정이 따라붙어 경미한 범죄자도 "고통을 얻었다τυγχάνειν
τιμωρίας." 희생자에 맞추어 경미한 범죄자에게 고통을 '부여하는' 법이
도시의 디케δίκη이다. 이제 디케는 더 이상 우주 질서를 가리키지 않고
법정의 심판 절차를 가리키는 낱말이 되었다.

그런데 형벌이 합리화되면서 허물 그 자체의 변화를 일으켰다. 형벌에
서 허물로 거꾸로 올라가는 이 역작용에 대해 논의해보자. 드라곤법에서
시작된 '고의 범죄' '고의가 없는 범죄'에 대한 구분은 자기 성찰의 문제
가 아니었다. "네 자신을 알라"는 식의 심리학적인 형태가 아니었다. 그것
은 전에 있었던 폭력이나 자만을 바탕으로 판단하는 사전 감식이었으며
거기에 따라 법정이 재구성되었다. '고의' 살인범은 아레오바고로 보내졌
는데 그럼으로써 그에 대한 응보를 가족에게 맡기지 않고 도시가 맡았다.
논란이 많거나 때로는 무고한 '비고의범'은 팔라디온으로 보내거나 추방
의 벌을 내렸다. 전쟁이나 무슨 일에서 '고의 없이' 남을 사살한 자들은
델피니온으로 보내졌다. 법정이 앞서고 심리학적인 것은 그 뒤에 왔다. 그
리고 심리학은 직접적인 경우가 거의 없었다. 그것은 여러 가지 시의 형태
곧 격언이나 애가나 비극적인 시를 거쳐 표현되었다. 그러한 시는 γνώμη
다시 말해 자신에 대한 성찰과 정교한 행동 분석을 발전시켰다. 특히 비극

---

4) 『프로타고라스』, 324ab; 『고르기아스』, 418a, 505b, 480ed 그리고 『법』, Ⅵ, 762c, 777c;
   Ⅹ, 854d, 867c; Ⅻ, 944d, 964bc.

서사시에 등장하는 가공의 범죄들은 그 상상력을 통해 '고의'와 '비고의'에 대한 성찰을 낳았고 흠의 문제나 신적 무지의 문제를 가로지르는 길을 텄다. 늙은 외디푸스가 불행을 가져온 간음과 범죄 문제 혹은 자기 몸에 손을 대고 마는 분노에 대해 때로는 스스로 자백하고 때로는 부인하는 것도 결국 고의 없는 범죄에 대한 성찰을 보여주고 있다.[5] 한편 그처럼 훌륭한 상상력에 꼽히는 것으로 델피의 '주석가들'을 뺄 수 없다. 그들의 작업은 신을 믿는 자들이 마땅히 해야 할 회개에 대한 것이었다.

플라톤이 『법률』에서 또 아리스토텔레스가 『니코마코스 윤리학』에서 정예화하는 개념들도 그와 같은 형벌과 가공의 범죄에 대한 고찰에서 비롯되었다. 플라톤과 아리스토텔레스가 정돈한 개념들은 다음과 같다: a) 철저하게 의도적이고 고의가 있는 것($\dot{\epsilon}$χούσιον), 고의가 없되 압력에 의해 한 것(βία)과 모르고 한 것($\ddot{\alpha}$γνοια); b) 여러 가지 선택 가운데 어떤 것이 더 좋아 한 선택(προαίρεσις)과 심사숙고(βούλη, βούλευσις)해서 행한 선택(βουλευτικὴ ὄρεξις); c) 어떤 목적을 향한 바람(βούλησις). 이처럼 정예화되기 이전에는 순전히 형벌의 측면에서 대개 고의적인 것과 비고의적인 것으로 나누었다. 사전에 생각했거나 또는 단순히 의도가 있으면 고의적인 것으로 보았다. 잘못이 없거나 몰랐거나 경솔했거나 단순한 사고일 경우는 '비고의적'인 것으로 보았다.

이른바 허물의 심리학이라고 할 만한 것을 연구하는 데는 아주 미묘한 경우들, 예를 들면 놀다가 또는 전쟁중에 경솔하거나 몰라서 저지른 잘못 같은 경우들이 중요하다. 사전에 생각 없이 저지른 잘못에 대해 책임을 지는 경우는 고의범의 경계를 이룬다. 격렬한 토론중에 일어난 구타, 술 취한 상태의 폭력, 간음 현장에서 저지른 보복 행위 따위가 그것이다. 그 경

---

5) 고의 없다는 뜻의 낱말 $\dot{\alpha}$έχων가 『콜론의 외디푸스 *OEdipe à Colone*』에 여러 번 나오는 것도 우연이 아니다: 안티고네 1세는 늙은 아버지의 '의도 없는 행동'을 상기시킨다(pp. 239~40); 그는 자기가 행동을 '저지르지' 않았고 다만 '따라갔을' 뿐이라고 강조한다(pp. 256~57): "나는 뜻밖의 불행을 당한 거야. 나와는 관계없이($\dot{\alpha}$έχων) 당했어; 신이 아시지; 그 어떤 것도 내가 의도한 게 아니야(αὐθαίρετον)"(pp. 522~23); 테제에서 그는 이렇게 청원한다: "당신은 내가 살인자라고 간음한 자라고 저주했지만 그것들은 내 의지와는 상관없이 생긴 것입니다($\ddot{\alpha}$χων)"(p. 964). 아버지를 죽인 것도 고의가 없었고($\ddot{\alpha}$χων), 자기 어머니와의 관계도 고의가 아니었다(p. 987).

우 대개 제정신이 돌아오면 후회한다고 리시아스는 강조한다(Moulinier, p. 190). 그런 행위들은 잘못이지만 προνοία가 없고 어떻게 보면 합법적이기도 하다. 더 큰 문제는 놀다가 일어난 사고나 전쟁중에 발생한 사고 같은 경우다. 그 두 경우에, 놀이와 전쟁으로 이끈 사회 관계는 시민 관계로서 살인으로 발생한 원고와 피고의 가족을 넘어서서 포괄하는 관계다. 그러므로 사회에는 살인자에 대한 동정과 관용이 자리잡는다. 피해 가족의 분노를 초월하여 포괄하는 그 동정심이 적절한 형벌을 설정함으로써 법적인 표현의 길을 튼다.

그 모든 경우에 개념 분석은 이차적이다. 개념의 구별을 주도하는 것은 공공의 분노와 비난이다. 그리고 그것은 재판 절차와 변론을 거쳐 이루어진다. 개념 분석은 그러한 논쟁과 심판이라는 법률 과정을 거쳐 형성된다.

그러나 그러한 분석은 허물이라는 집합 내부에서 이것저것을 구별하는 작업에 그치지 않는다. 흠이나 신성 모독처럼 종교적 빛깔을 띠는 기본 관념들을 개조하는 데까지 나아간다.

게르네와 물리니에가 연구한 두 개념은 그런 각도에서 볼 때 시사하는 점이 많다. 두 개념이란 비극적 실존의 운명적 잘못을 가리키는 하마르티아와 용사의 정도가 넘쳐 교만을 가리키는 휘부리스다.

하마르티아 ἁμαρτία 가 용서의 여지가 있는 잘못이라는 뜻을 가지게 되는 것은 참 놀라운 일이다. 형벌 곧 책임의 윤리와 관련되는 게 참 놀라운 일이라는 말이다.[6] 말하자면 신학적인 개념이 심리학적인 것으로 바뀐 것인데, 매우 주목할 만한 일이다. 원래 하마르티아는 신이 눈을 멀게 했다는 뜻이다. 그것이 이제 마음에 수동적으로 새겨진 잘못을 가리킨다. 아가멤논의 코러스장은 이렇게 외친다: "만일 도시 문제를 두고 다른 소리를 낸다면 마음의 죄의 열매를 받으리라 φρενῶν … ἁμαρτίαν"(『아가멤논』, p. 502). 다른 사람 때문에 얻은 불행(ἀλλοτρίαν ἄτην)과 자기 잘못(αὐτὸς ἁμαρτών)을 구분하는 자기 마음에 대고 크레온은 "경솔한 지혜의 잘못" ἰὼ φρενῶν δυσφρόνων ἁμαρτήματα을 외친다(『안티고네』, pp. 1259~61). 한

---

6) Moulinier 역시 ἁμαρτημα 에 주목한다: "참 이해하기 어려운 낱말이다. 그 말 안에 우연과 허물, 결백과 책임이 섞여 있기 때문이다"(p. 188).

편 그 이후 그 낱말의 변천 과정을 보면 의도적인 불의의 순간을 가리키기도 한다. 아리스토텔레스의 구분에 따라 좀더 자세히 말하자면 고의가 있되, 아주 고의적인 불의와 전혀 고의가 없는 사고의 중간을 가리킨다. 그리하여 『수사학』 1, 12~13에 이런 말이 있다: "ἁμαρτήματα 는 계산된 잘못이나 악의는 없는 그런 것이다. 악의에 차 계산된 잘못인 ἀδικήματα 나 악의도 없고 계산되지도 않은 잘못을 가리키는 ἀτυχήματα 와는 다르다" (Moulinier, 188).

그와 같은 의미의 역전을 어떻게 설명할 것인가? 아마 무책임성의 도식을 제공한 것은 비극 신화라고 해야 될지 모르겠다. 만일 신이 용사의 눈을 멀게 했다면 용사는 잘못에 대해 허물이 없다. 앞에서 말한 『콜론의 외디푸스』에는 하마르티아가 서로 상반되고 애매한 뜻으로 쓰이고 있다. 자기 뜻을 거슬러 ἄκων 저지른 행위가 계속 '잘못'이라고 불려진다(τῶν πρὶν ἡμαρτημένων)(439). 외디푸스는 이렇게 말할 수 있으리라: "나를 보고 잘못했다고 비난할 수 없을 것입니다(ἁμαρτίας). 내가 저지른 이 일은 나와 상관없이 내 뜻을 거슬러 저지른 것이기 때문입니다(τάδ᾽εἰς ἐμαυτὸν τοὺς ἐμούς θ᾽ ἡμάρτανον)"(967~68). 외디푸스는 정말 괴상한 범죄와 용서의 여지가 있는 잘못의 상징이요, 인간의 혼미 ἄτη 와 불행 συμφορά의 상징이다(1014).

그처럼 하마르티아가 용서의 여지가 있는 잘못을 가리키는 방향으로 발전되기도 하지만 그와 정반대 방향의 의미로 발전되기도 한다. 그러나 그것 역시 범죄가 일으킨 원초적 분노에서 나온 것이다. 우리는 이미 소포클레스의 『안티고네』에서 참 놀랍게도 '자기 잘못 ἀλλοτρίαν ἄτην'과 '남이 입힌 불행 αὐτὸς ἁμαρτών'이 대비된 것을 보았다(1260). 따라서 하마르티아는 형벌을 받을 잘못이 아닌 도덕적 잘못을 가리킬 수도 있다. 그리스 성서의 하마르테마도 바로 그런 뜻으로 쓰여 윤리적이고 종교적인 차원의 잘못을 가리킨다. 그것은 알고 보면 소포클레스의 『안티고네』에 들어 있는 의미다.

하마르테마라는 말의 뜻이 그처럼 폭넓은데 그 끝에 가면 ἀτύχημα 라는 말이 있다.[7) 거기서도 이 하마르테마라는 낱말이 얼마나 다양한 의미를 지니는지 알 수 있다. 위에서 우리는 아리스토텔레스의 시도에 대해 언급했다. 그는 '불의'와 "용서의 여지가 있는 잘못"과 '우연한 사고'를 구분했다. 그러나 고의가 없어 형벌이 면제되는 τυχή는 μοῖρα에서 나온 것임을 잊으면 안 된다. 비극시의 관점에서 볼 때 그것은 범죄의 반대가 아니라 범죄는 범죄인데 어떤 운명적인 범죄를 가리킨다. 큰 범죄들 가운데 어떤 운명적인 불행 ξυμφορά이 있다는 것이다. 한편 데모스테네스는 추방의 대상이 되는 살인자를 말하는데 그들을 ἀτυχοῦντες 라고 불렀으며 고의성 때문에 처벌되었다(물리니에, p. 189). 그러므로 한 낱말이 몇 개의 개념군을 이루고 있음을 알 수 있다. '흠'과도 관련되고 '불의'를 가리키기도 하고 '불행'을 가리키기도 하며 '고의'를 뜻하기도 한다.

이처럼 종교와 시와 비극의 어휘를 법과 벌의 관점에서 재해석하는 작업은 훨씬 멀리 나갈 수 있다. 왜냐하면 게르네가 지적했듯이 휘브리스라는 말이 어떤 욕망이나 분노에 끌리지 않은 숙고된 의지 다시 말해 악을 향한 지성적 악의 의지를 가리킬 수 있기 때문이다. 그리하여 형벌의 문제에 있어서 개인적인 과오를 대표하는 말로 쓰일 수 있기 때문이다.

그런데 그 낱말이 동시에 비극적인 세계관을 떠받치고 법률적인 과오를 가리키는 핵심 단어라는 점에 놀랄 것이다. 하마르티아의 경우에 비극적으로 눈이 먼 상태가 용서의 여지를 허락했음을 기억해볼 때 더욱 놀라운 일이다. 휘브리스가 그와 다른 길로 갔다는 것은 처음부터 하마르티아보다 더 역설적이었음을 말해준다. 휘브리스는 어떤 착오가 아니라 적극적인 범함이요 교만이다. 그러므로 어떤 신에 의해 눈먼 상태의 행위가 아니다. 하마르티아는 자연히 용서의 여지가 있는 잘못으로 대중화된 반면에 휘브리스는 그 역설적 성격이 스스로 분화하여 심리학적 구성 요소를 독립시켜버렸다. 그리하여 신학적으로 해석되지 않는 어떤 파멸의 영 곧 악한 의지의 근원을 가리키게 되었다. 게르네는 그것을 가리켜 "악한 의지의

---

7) 놀다가 일어난 사고에 대해서는 ἁμαρτία라는 단어로 『안티포네의 2부』에서 다루어지고 있다. 물리니에는 그 토론을 요약하면서(*op. cit.*, pp. 188~89) 다음과 같이 밝히고 있다: 피고나 원고나 모두 일치하는 점은 무지와 경솔이 ἁμαρτία를 형성한다는 것이다. 그러나 피고의 주장은, 그것이 살인이 아니며(비고의적인 살인도 아니다) 잘못과 흠이 없는 불상사 ξυμφορά라고 한다. 그러나 원고측은 문제가 있는 경솔이나 부주의(지휘자가 창을 모으라고 했는데 피고는 자기 창을 던졌다)도 잘못이요 살인이요 흠이며 따라서 정화되어야 한다고 주장한다.

결정체"(394)라고 불렀다. 칸트 이전에 이미 근원악 다시 말해 악한 준칙들의 일반 원리가 드러난 셈이다. 그런데 그러한 심리학적 요소는 처음부터 있었다. 교만의 심리학이라고 할 만한 것이 호메로스의 휘브리스에서이미 탄생하고 있었다. 그것은 능욕과 약탈의 뜻을 지녔다. 또 헤시오도스의 휘브리스에서도 발견되는데 거기서는 옳지 않은 판단을 고집하는 것이다. 또 솔론의 휘브리스는 무례를 뜻하는 χόρος와 연결되며(τίχτει γάρ χορὸς ὕβριν), 부에 대한 욕심이나(ὕβριν τε τιχτει πλοῦτος) 지배욕을 가리키기도 한다: "교만은 독재를 낳는다."

이처럼 비극시의 휘브리스와 형벌의 휘브리스가 유사한 데에는 더 깊은 이유가 있을 게다. 당국의 결정에 따라 불의에 대해 벌을 내리지만, 늘 신비한 것이 남아 있었다. 불의는 신비였다. 재판관의 호통에도 그 신비가 따라다녔다. 그 신비가 재판관과 재판을 정당화했다. 범죄자의 악한 의지가 재판소를 좋은 양심으로 확인시켜주었다. 그런 식으로 해서 거룩한 도시는 범죄자 속에 악의 의지를 주입한다. 비극시에 따르면 그 악의 의지는 원하는 데로 부는 파멸의 영이다. 그 의지는 도시의 거룩성을 뒤흔들 위험이 있다. 그래서 도시는 교만한 자들에 대해 신들의 '질투'를 발동시킨 것이다. 도시와 범죄자의 관계는 시인들이 말하는 신적 정의와 '고만'의 관계와 같다.

그러한 우회를 통해 그리스인들의 형벌 사상은 유대인들의 허물 개념과 비슷한 개념들을 만들어내었던 것이다. 그리스의 형벌 사상을 출애굽 이후 유대인들이 정립한 관념들과 비교할 수 있도록 중요한 역할을 하는 것이 바로 도시의 거룩성이다.

3. 꼼꼼함(조목조목 지킴)

허물 의식이 발전되어나오는 두번째 방향은 꼼꼼함의 의식이다. 우리는 지금까지 어떤 경험의 가장 기본적인 모습을 대표적 예를 통하 살펴보았다. 그런 방식을 따라서, 꼼꼼함의 의식이 탄생하고 완성되는 장소로 우리는 주저하지 않고 바리새파를 들 수 있다.

에스라(유배에서 돌아온 시기)에서 탈무드 편집 시기(서기 6세기까지)까지 사상 운동을 주도한 것은 바리새파였다. 오늘날과 같은 유대교를 가르친 것도 그들이다. 그리고 그들 덕택에 그리스도교와 이슬람교가 존재할 수 있었다(유대교가 완벽하게 정립되어 있었기 때문에 바울은 거기에 강력히 반대할 수 있었다).

거기에서 허물의 역사를 찾아내보도록 하자. 바리새파의 사상이 유대적이라고 해서 망설일 필요는 없다. 바리새인들이 자기 백성을 "제사장 백성이요, 거룩한 백성"이라고 본 것은 모든 '민족' 곧 만민을 염두에 둔 생각이었다. 경험의 보편성은 그 개별성 속에서 찾아야 한다. 만민을 위한 것이 무엇인가?

그 경험의 핵심에 도달하기 위해 우리는 익히 알려진 성서 종교의 몇 가지 특징으로부터 출발할 수 있겠다. 먼저, 아모스에서 예레미야에 이르기까지 예언자 시대의 히브리 사상과 비교하여 제2 성전 시대의 유대교의 새로운 점을 과소평가해서는 안 된다. 그리고 '서기관과 바리새인'의 유대교가 예언자 사상에 깊이 뿌리내리고 있음을 인정해야 한다. 또한 유배 전과 유배 후의 이스라엘 종교 경험에 대한 모세적 관점에 뿌리내리고 있음을 알아야 한다.[8] 입법자요 백성의 지도자인 그들이 어떠했든지, 처음부터 혹은 적어도 모세 때부터 이스라엘의 독특한 여정은 어떤 윤리와 연관이 있었다. 또 거꾸로, 잠재적 보편성을 지닌 그 윤리는 이스라엘의 여정과 관련이 있었다. 우리는 이미 두 개의 특징을 강조했다. 첫째, 이스라엘의 유일신론은 윤리적 유일신론이라는 점이다. 율법이 출애굽을 주도했으며, 사막의 여정과 가나안 정착을 주도했다. 한편 예언자들은 앞으로 닥칠 재앙에 윤리적 의미를 부여했다. 그리하여 이스라엘의 경험은 한결같이 윤리적으로 해석되었다. 둘째, 이스라엘의 유일신론은 역사적 유일신론이다. 율법은 추상적이거나 무시간적으로 주어지지 않았다. 그것은 '노예의 집'을 벗어나는 출애굽이라는 '사건'과 관련이 있었다. 더 나아가 윤리 그 자체가 역사적이다. 윤리는 선택된 백성의 윤리다. 그래서 죄와 회개의 상

---

8) S. W. Baron, *A Social and Religious History of the Jews*, 2판, New York, 1952. 전체 8권으로 된 이 기념비적인 작품의 첫 두 권은 유대교 초기부터 『탈무드』 시대까지를 다루고 있다.

징이 모두 어떤 중요한 사건(포로―해방)의 모양을 본뜬 '역사적' 상징인
것도 그 때문이다.

'윤리'와 '역사'가 그처럼 밀접히 결합되어 있기 때문에, 유대인에게 있
어서 율법은 결코 완전하게 합리화되거나 보편화될 수 없었다. 말하자면
무시간적인 도덕적 자연신론과 거리가 멀었다. 사건과 결합되어 있었기
때문에 율법은 그 자체로 일종의 의식의 사건이었다. 여러 민족들 가운데
이스라엘 민족이 다른 것은 율법을 갖고 있다는 것이다. 신명기 기자가 차
신있게 말한다: "오늘 내가 너희에게 주는 이 모든 율법과 같은 바른 규례
와 법도를 가진 위대한 민족이 어디에 또 있겠느냐?"(신명기, 4장 8절). 그
율법은 보편 의식이라고 하는 어떤 형식적인 구조로 바꿀 수 없다. 성서
기자들이 역사의 신학을 따라 해석한 대로 그것은 역사 형태와 문화 주체
와의 관련하에 발전했다. 또 그 율법은 상당히 우발적인 구조를 지니고 있
다. 유대교 윤리의 특징도 바로 그러하다. 유대교 역사의 대가가 지적하듯
이 "유대인의 행동을 규제하는 613개 율법과 모든 노아의 후손들에게 새겨
진 6~7개의 기본 의무 사이의 차이"는 처음의 역사적 유일신론에서 비롯
된다(S. W. Baron, 1권, p. 12). 바리새인들의 특징도 유일신론의 '역사적'
특성에서 나온다. 후대의 입법자들은 그것을 모세의 권위 아래 두었으며
실제로 모세가 기초한 것이 사실이다.

예언자들은 이 윤리적이고 역사적인 유일신론을 전제로 하고 있다. 그
들이 호되게 비난한 것은 유일신론에 반대해서가 아니라 이스라엘이 역사
적인 번영기에 유일신론을 잊었기 때문이다. 또는 사회적 불의나 주변 세
계에 빠진 종교적 혼합주의 때문이었다. 유배와 귀환 문서의 특징을 이루
는 '결의론'의 대작업은 아마 유배 이전에 시작되었을 것이다. 로마법이
개념화되고 조직화된 것과 달리 유대인들은 "재판관들이나 학생들이 원용
할 수 있도록 비슷비슷한 경우들을 모았다"(S. W. Baron, *ibid.*, p. 80). 흔히
유대 율법주의라고 하는 것 또는 차라리 법의 정신이라고 할 만한 것이 유
배 전에 이미 그 모습을 형성하고 있었다는 얘기다. 또, 유배 전에 요시야
의 개혁이 일어났다. 신명기 법을 정비한 그 개혁은, 바리새인들이 백성을
개인적으로나 집단적으로나 율법하에 두고 율법에 따라 살도록 한 첫번째
시도였다. 그러나 신명기 법은 일상 생활의 현실과는 거리가 있는 일종의

유토피아였다. 바리새인과 거기에 속한 율법 학자들은 그러한 율법을 현실 생활 속에 뿌리내리려 노력했다.

이스라엘이 거기에 복종하며 실천했던 것은 유배 생활 속에서였다. 에스겔이나 예레미야 같은 사람들을 통해 마지막 예언의 불길이 활활 타오르던 때가 바로 그때다. 유배는 이집트 포로 생활과 광야 생활, 말하자면 모세적 상황을 불러왔다. 그리고 이스라엘이 정치적인 또는 역사적인 측면에서 보면 약하고 보잘것없는 민족인 반면 율법으로 보면 위대하고 축복받은 민족이라는 의식이 생긴 것도 유배 시절이다. 그때부터 율법은 이스라엘 민족과 개인에게 결정적인 것이 되었다.

모든 것이 옛 모세 정신에 이미 준비되어 있었다.[9] 그 정신하에서 느헤미야가 한 무리의 포로들을 이끌고 예루살렘으로 돌아와 이스라엘의 흔적을 되살리고 성전을 재건할 수 있었던 것이다. 그리고 어느 날 율법 학자 에스라를 시켜 "주께서 이스라엘에게 명하신 모세의 율법책"(느헤미야, 8장 1절)을 읽혔던 것이다. 물론 그 율법책이 무엇인지 의문이 생길 수 있다. "새벽부터 정오까지" 읽었으며 백성들에게 내용을 "이해하도록" 설명까지 해준(느헤미야, 8장) 그 책이 오직 레위기였는지 아니면 모세 5경 전체(또는 적어도 대부분)였는지 의문이 생길 수 있다. 분명한 것은 에스라가 "모세 5경만큼은 안 돼도 적어도 예언 정신이 탄생하는 만큼 중요한"[10] 의식의 새시대를 열었다는 점이다. 새시대는 토라 종교의 시대다(토라를 그리스 말로 법 곧 율법이라고 번역한 데 대해서는 나중에 다시 논의하자). 이제 어떤 영감을 받아 광야에서 외치는 시대는 지나고 학교에서 공부하고 율법을 해석하는 시대가 되었다. 생성의 시대가 아니라 해석의 시대가 되었다. 반대하는 시대는 지나고 삶을 재건하고 방향을 설정하는 시대가 되었다. 무한한 요청의 시대는 지나고 경우에 따라 조목조목 세심하게 실천하는 시

---

9) 예언자들과 바리새인들 사이의 중요한 연결점은 하시딤이라 불리던 경건과 철야승 집단이다. 레위인과도 가깝고 예언자들과도 가까웠던 그들은 종교적이면서도 도덕적인 회개를 가르쳤고 밤기도를 하도록 훈련시켰다. 그들은 이미 구분된 사람들이었으며 나중에 바리새인(바리새라는 말은 구분되었다는 뜻이다)이 그렇게 된다. A. Néher, *Essence du prophétisme*, pp. 264~76, 294~95.

10) R. Travers Herford, *The Pharisees*, New York, 1924, p. 18.

대가 되었다.[11] 페르시아와 세라코우스 왕조와 로마 제국 속에서 점차 강화된 그 비타협성의 쐐기야말로 유대 백성의 존속을 보장하고 그 의미를 십분 발휘하였다. 그러나 그렇게 되기 위해서 유대인은 내면적으로 율법에 복종할 뿐 아니라 외부적으로 다른 민족과 구분되고 분리되어야 했다.[12]

바리새인들을 보건대, 만일 그들의 역할을 사두개파와 대립된 시각(기원전 2세기까지 그런 징조는 보이지 않는다)이나 예수의 재판에 가담한 시각에서만 보면 큰 오산이다. 그들은 에스라에서 『탈무드』의 편집자들에 이르기까지 정신사의 핵심이었으며 오늘날까지 유대인의 교사들이다. 그러므로 꼼꼼한 의식을 탐구하는 데 있어서 그들을 들먹이지 않을 수 없다.

바리새인은 우선 그리고 본질적으로 토라의 사람들이다.[13] 토라의 사람들이라고 할 때 즉각 우리들 머릿속에 떠오르는 것이 있다. 율법주의, 도덕의 노예, 굳은 마음, 문자주의 따위다. 그러나 만일 그렇다면 우리에게 바리새인은 아무런 도움이 안 된다. 그들을 표본으로 해 어떤 경험과 상징과 개념 형성을 살펴볼 까닭이 없어진다. 도덕기형학 정도에나 필요할지 모른다. 하지만 앞으로 우리는 그들의 경험을 그리스의 윤리적이고 법적인 관념과 같은 차원으로 놓고 또 바울의 윤리 신학과 같은 차원으로 놓고 볼 것이다. 그것은 그들 속에 굳어버리지 않은 순수한 윤리 경험의 유형이 있기 때문이다. 그리고 거기서 사람됨의 가장 근본적인 가능성을 찾을 수 있기 때문이다.

그러나 그 유형을 만나려면 편견의 숲을 뚫고 지나가야 한다.

먼저 율법주의 문제를 보자. 먼저 토라 *tôrâ*라는 말을 알아야 한다. 70인 역은 그것을 노모스 νόμος라고 번역했다. 노모스는 모든 현대어에 렉

---

11) "그리하여 영감에 찬 거부 대신에 율법적 고발이 자리잡았다"(S. W. Baron, *op. cit.*, I, p. 226).

12) S. W. Baron은 책 전체에 걸쳐 이 점을 '자연'에 대한 '인위성'의 선택으로 해석한다. 예를 들어 I, p. 164.

13) George Foot Moore, *Judaism in the First Centuries of the Christian Era, the Age of the Tannaim*, vol. 3, Cambridge(U. S. A.), 1927. 토라에 대해서는 1권 pp. 235~80. 또 J. Bonsirven, *Le Judaïsme palestinien au temps de Jésus-Christ*, vol. 2, Paris, 1934, 1권, pp. 247~307. M. J. Lagrange, *Le Judaïsme avant Jésus-Christ*, Paris, 1931.

스 *lex* 곧 '법'(율법)을 주었다. 그러나 우리는 로마법 이후에 산다. 다시 말하면 라틴 정신이 구축한 거대한 법 체계 이후에 산다. 그래서 우리에게 법은 추상적이고 보편적이고 씌어진 법이다. 거기서 생기는 꼼꼼한 의식은 전체 체계 속에 들어 있는 조항 하나하나를 따르면서 발생한다. 바리새인의 토라는 물론 하나의 책이다. 모세 율법이요 모세 오경이다. 그러나 그 율법서 안의 법들은 주의 가르침이다. 토라란 가르침이란 뜻이며 법이 아니다. 그러므로 토라의 법은 종교적 측면과 윤리적 측면을 아울러 가지고 있다. 그 둘을 구분할 수 없다. 요청하고 명령한다는 점에서 윤리다. 그러나 사람에 대한 하나님의 뜻을 보인다는 점에서 종교다. 바리새인들의 문제는 한마디로 이것이다: 이 세상에서 어떻게 하나님을 섬길 것인가?

종래 그랬듯이 바리새인에게 도덕적 가혹함의 누명을 씌워서는 안 된다. 바리새인들의 도덕이 타율이었다는 점은 의심의 여지가 없다. 그러나 그것은 결과적으로 그렇게 된 것이다. 어떻게 하나님의 뜻을 실현할 것인가? 하는 물음을 제기하면서 바리새인들은 대예언자들과 다른 길을 택했다. 대예언자들은 백성을 변화시키는 데 무능했다. 그래서 결국 백성이 포로되는 것을 막지 못하지 않았는가? 포로 생활과 유배 생활은 이스라엘에 대한 징계였다. 그런데 대예언자들은 그것을 막지 못했다. 그래서 바리새인들은 예언자들의 윤리를 꼼꼼한 윤리를 통해 실현하려고 했다. 토라를 실생활 분야에서 하나하나 실천하는 것이 중요해졌다. 예배와 윤리, 가족 생활과 공동 생활, 형벌과 경제 생활뿐 아니라 아주 세밀한 상황에 이르기까지 토라를 적용했다. 그처럼 타율이 극단화되는 한이 있더라도 일상 생활을 철저하게 '하나님의 규범' 밑에 두려고 했던 것이 바리새주의다. 그 같은 극단주의는 타율을 바꾸어 총체적이고 자발적인 복종이 되게 한다. 자유 선택을 포기하는 것이 최고의 자발성을 입증한다고 보았다. 자기 의지를 포기하고 율법의 방향에 복종하는 그런 태도가 시편 19편과 119편에 아주 훌륭하게 표현되어 있다.

주의 교훈을 따르는 이 기쁨은,
큰 재산을 가지는 것보다 더 큽니다. (119편 14절)

주의 계명을 내가 사랑하기에
그것이 나의 기쁨이 됩니다. (119편 47절)

주의 말씀은 내 발의 등불이요,
내 길의 빛입니다. (119편 105절)

주의 교훈은 완전하여서
　　　사람에게 생기를 북돋우어주고,
주의 증거는 참되어서
　　　어리석은 자를 깨우쳐준다.
주의 교훈은 정직하여서
　　　마음에 기쁨을 안겨주고,
주의 계명은 순수하여서
　　　사람의 눈을 밝혀준다.
주의 말씀은 티없이 맑아서
　　　영원토록 흔들리지 아니하고,
주의 법령은 참되어서
　　　한결같이 바르다.
주의 교훈은
　　　금보다, 순금보다 더 사랑스럽고,
　　　꿀보다, 송이꿀보다 더 달다. (19편 7~10절)

　이와 같은 헌신적 태도는 이웃 사랑과 상부상조의 정신과 관련이 없지
않다. 실제로 바리새인들은 그런 정신이 충만하였다. 그것을 가리켜 가장
뛰어난 바리새 연구가 가운데 한 사람은 바리새인들의 '도시성'이라고 했
다.[14] 그런 바리새 운동은 무식하면서도 오만한 제사장들과 세상 권세가

---

14) Louis Finkelstein, *The Pharisees, the Sociological Background of their Faith*, vol. 2,
　　Philadelphia, 1940: "바리새인들 속에는 종교적 정열과 지적 객관성이 묘하게 결합을
　　이루고 있었다. 사두개인들과 달리 바리새인들에게 관용이 있었던 것도 그 때문이다"

들의 교리에 대한 평신도 지성의 승리를 대변하는 것이다. 그러저러한 몇 가지 특징들은 그리스의 현인들, 피타고라스 학파, 궤변론자들과 유사하다.

흔히 바리새인들을 가리켜, 문자로 정신을 죽이는 사람들이라고 한다. 그러나 이제 우리는 그 비난에 대해서도 다시 생각해봐야 한다. 그들이 원래 그러려고 했던 것은 아니다. 원래 그들이 하려고 했던 것은 화석처럼 된 문자주의와 정반대다. 어떻게든지 율법과 예언을 '완성'하려 했던 것이기 때문에 성서 곧 토라를 과거의 유물로 받아들일 수 없었다. 그들이 사두개인들과 다른 점도 거기에 있다. 사두개인들과 달리 그들은 구전을 토라로 세워——씌어지지 않은 토라라고 불렀다——생생한 하나님의 교훈으로 삼고 또 모세 오경 본문의 해석의 길잡이로 삼았다. 그것은 바리새인 나름의 중요한 결단이었다. 만일 토라가 지금 여기서 하나님이 유대인에게 내리는 교훈이요 추상적인 도덕 체계가 아니라면, 그리고 종교란 지금 여기서 하나님의 뜻을 행하는 데 있다면 토라가 생생하고 현실적이어야 한다는 것이다. 그런데 삶은 여러 가지 상황을 만들어내고, 거기에 대해

(I, p. 10). 저자는 그러한 도시성을 사회학적으로 설명한다: 바리새파는 당시 사두개파가 다수인 귀족들에 대한 도시 평민들의 반감을 대표하고 있었다고 한다(사두개파의 영향권은 성전이었고 바리새인의 영향권은 시장이었다. p. 81). 바리새인들이 그 뿌리를 예언자들에게 두고 있는 것도 그 때문이다. 예언자들도 바리새인들과 같은 사회 계층에서 나왔기 때문이다(이러한 분석에서 나오는 결론은 이것이다. 곧, 예언자나 바리새나 라비 전통은 팔레스타인에서 15세기 동안 계속된 문화 전쟁의 산물이라는 점이다. 다시 말해서 하층민, 소작 계층과 억압자, 지주 계층 사이의 문화 전쟁의 산물이라는 점이다. p. 2). 바리새인들의 협동 정신, 그 인내심, 형벌에 대한 관대함 그리고 무엇보다 탐구심도 그런 각도에서 보아야 한다(그 같은 탐구 열정은 도시성에서 나온다. 〔……〕 사두개인의 특징이 학문의 경시에 있었던 반면에 바리새인의 특징은 연구였다. I, p. 97). 한편 저자는 섭리와 자유 선택과 부활에 대한 바리새인들의 견해를 설명하고 있지만 그리 썩 잘된 설명은 아닌 것 같다. 그러나 저자의 설명은 바리새인들의 양면 투쟁을 이해하는 데 도움을 준다. 한편으로 그들은 "토라에 대한 평민의 해석"(I, p. 74)이 들어 있는 구전(口傳)을 지키기 위해 제사장과 귀족들의 보수주의에 맞서 싸웠고, 다른 한편으로 그들은 모든 백성이 레위 법규를 철저하게 지키도록 하였는데 그 때문에 '지방민' 곧 암 하아렛츠들과 충돌하였다. 바리새인들은 그들을 '천민'으로 보았을 뿐 아니라 '이교도'로 보았다. 사회학적 설명이 모두 그렇듯이 저자의 설명도 어떤 현상의 사회적 요소를 가려내지만 그 뿌리를 찾지는 못한다.

문서화된 토라는 묵묵부답인 경우가 많다. 그러므로 모세의 토라를 밝히는 해석이 필요하다. 바로 거기에 율법 학자와 바리새인의 윤티 종교적 교육학이 있다. 그들은 토라를 '연구하고' '가르친다.' 생활 속에서 하나님의 뜻을 따라야 할 의무를 비껴갈 경우란 하나도 없다는 신념에서 출발하여(미스바 *mitzuah*), 그들은 각 경우에 옳은 길을 문서화되지 않은 토라에서 찾았다. 그 길을 만들어내는 게 아니다. 발견할 뿐이다. 그리고 학자들의 심의를 거쳐 다수결로 비준할 때에만 공식적 결정—— 할라카 *halachah*[15]——을 내렸다. 할라카가 그런 식으로 '결정되었다.' 그리고 할라카는 다른 할라카에 의해 수정되거나 폐기될 수 있었다. 토라를 따라 살려고 하는 이들은 결정된 할라카들을 모두 지키는 것이다. 그러므로 토라는 그 규모가 제한된 것이 아니고 굳어 정체된 것도 아니다. 주석과 결의론적 방법에 의해 해석된 토라는 개인과 공동체를 위해 살아 있는 교훈이었다. 하나의 신앙에 두 가지 점이 분명했다. 모든 경우에 하나의 할라카가 있다는 점 그리고 문서화된 토라를 설명하는 구전도 토라라고 하는 점이다. 그렇게 되면 토라의 해석이 고정되지 않는다. 후대의 한 라비는 이렇게 말한다: "어떤 뛰어난 제자가 자기 선생 앞에서 무엇을 새롭게 가르친다 해도, 그것은 이미 시내산의 모세에게 애기되어진 것이다"(Travers Herford, p. 85).

이제 바리새주의(또는 유대주의)의 '유형'을 살펴보고 그 허물 경험의 유형에 들어 있는 독특한 차원을 찾아내보자.

우리가 찾는 모형을 꼼꼼함이라 불렀다. 바리새주의의 경험에 들어 있는 허물 의식도 그 꼼꼼함이다. 그것을 가리켜 일반적인 합의를 거친 타율 체제라고 부를 수 있겠다. 유대주의에서 토라가 계시라고 하거나 계시가 토라라고 할 때 그 타율을 가리킨다. 토라는 계시다. 유대주의의 표현을

---

15) Bonsirven은 할라카를 다음과 같이 정의한다: "성서를 직접 언급하지 않고 내린 결정 또는 규칙으로서 법의 효력을 갖는다. 〔……〕 재판에 적용되면 엄연한 법이다"(293). 저자는 라비나 율법 학자들의 해석 규칙을 예를 들어 설명하고 있다(pp. 295~303). Travers Herford는 halachah와 haggadah를 대비하고 있다. 할라카는 "구체적인 어떤 경우에 적용되는 하나님의 의지의 선언"(p. 73)이고 하가다는 토라에 들어 있지 않은 계율로 자유분방하다.

빌자면 모세에게서 율법은 이미 완전하게 전달되었다. "입에서 입으로"(민수기, 12장 6~8절), "얼굴과 얼굴을 마주대고"(신명기, 34장 10절) 전달되었다. 그러므로 그 가르침은 역사가 없으며 있다고 해야 "율법을 선물한" 절대적인 사건의 역사밖에 없다. 율법의 해석이란 그처럼 역사 없는 가르침을 역사의 정황에 따라 설명하는 데 지나지 않는다. 그 가르침은 이미 완전하게 결정되어 존재해온 것이다. 그리고 그것이 지혜서에서 말하는 '지혜'라면 세상보다 더 오래 된 것이다. 그 가르침을 드러내는 구전 율법도, 거룩해진 관습이든 성서 주석에서 나온 것이든, 결의론적인 규정이든 원초적인 지혜와 같이 취급되었다. 그런데 토라가 계시요, 계시는 토라라고 하는 얘기는 계시의 핵심이 행함과 관련된 가르침이라는 말이다. 그렇기 때문에 그 가르침이 율법 이상이라 할지라도 어떤 의지적인 상황 속에서 발생하게 마련이다. 결국 하나님은 윤리요, 하나님에 대한 사람의 관계는 가르침에 복종하는 관계다.

토라는 계시요 계시는 토라라는 이 도식에서 꼼꼼함과 거기에 상응하는 허물 의식의 특징이 모두 나온다. 꼼꼼한 의식이 볼 때 계명은 "거룩하고 옳고 좋다." 그 계명은 꼼꼼한 의식이 과거화된 것이요, 이를테면 지나간 계시다. 지나간 계시에 접근하려면 관습이나, 주석이나, 결의론을 통하는 수밖에 없으며 그런 것들이 현존하는 꼼꼼한 의식이다. 그러므로 꼼꼼한 의식이 처한 상황은 모험적인 실존과는 완전히 다르다. 바울이 말한 "하나님 자녀의 영광스런 자유"나 어거스틴이 말한, "사랑하라 그리고 행하라"와는 정반대다. 그러나 끝까지 타율이라는 점, 어떤 상황에도 세밀한 경우에 이르기까지 철저하게 신의 가르침에 복종한다는 점에 그 위대함이 있다. 예외를 만들지 않고 철저하게 복종한다. 왕이 금해도, 이방 도덕이나 관습이 방해를 해도 또 박해를 당해도 복종한다. 큰 사건뿐 아니라 조그마한 일에 이르기까지 복종한다. 그 꼼꼼한 의식은 완전한 타율 속에서 행복을 발견한다. 지금 여기서 하나님의 가르침이라고 보이는 것을 총체적으로 행하며 행복해한다. 그것은 의존적이지만 소외되지는 않았다. 그 타율이 결과적인 것이요 또 합의된 것이므로 꼼꼼한 의식으로서는 '자기 바깥에' 있지 않고 '자기에' 있기 때문이다.

그러면 꼼꼼함이 잘못의 의식에 새롭게 가져온 것은 무엇인가?

꼼꼼한 의식은 '범함'의 차원에 서 있다.[16] 꼼꼼한 의식의 폭이 좁은 것도 그 때문이다. 그러나 그 폭을 말하기에 앞서 깊이를 말하자. 폭은 깊이에 달려 있기 때문이다.

꼼꼼함은 꽤 앞서나간 허물 의식이다. 이 장(章) 처음에 분석한 두 가지 특징을 끝까지 밀고 나간 것이 꼼꼼함이기 때문이다. 두 가지 특징이란 악의 개인화와 의인과 악인의 양극화다. 허물을 개인에게 돌리게 된 것은 주지하다시피 예레미야와 에스겔의 가르침 때문이다. 바리새주의는 이 후기 대예언자들의 선포의 연장선상에 있다. 바리새파는 동시에 시편에 들어 있는 회개의 시를 이용해 죄를 회개했는데, 시편은 회당에서 세밀한 의식의 예전으로 쓰이고 있었다. 그렇게 해서 꼼꼼한 의식은 자기를 표현할 언어를 얻었던 것이다. 의인과 악인의 대립도 바리새파의 창작물이 아니라 허물 속에 들어 있는 정도의 관념이 극단화된 것이다. '범함'에 정도가 있다면 의인과 악인은 그 정도의 사다리 양끝이며 바리새인들은 그 양끝을 강조한 것이다. 율법의 준수를 이상으로 보지 않고 실제적인 생활 규범으로 보다보니 그렇게 되었다. 극대화된 완벽함은 불가능하지만 거기에 기초해서 가능한 정의의 수준이 결정된다고 보았다. 명령된 것치고 할 수 없는 것은 없다고 보았다.

허물의 언어 속에는 공적 *zàchùth* 이라는 관념 속에 들어 있는 윤리적ー종교적 체험의 흔적이 들어 있다. 그 공적이라는 개념은 "구약성서에는 없지만 라비 문학에는 계속 등장하는 말이다"(Travers Herford, p. 125). 헤어포드는 공적이란 개념이 바리새주의와 밀접한 연관이 있음을 잘 파헤치고 있다. 그에 따르면 유대주의의 하나님은 선악을 넘어서 있는 분이 아니다. 그분은 종교와 도덕을 연관짓는 바탕이다. 하나님이 의롭다는 말도 바로 그 점을 밝혀준다. 한편 그런 말은 그냥 생각되는 것이 아니라 "사람이 실현할" 것이다. 그것은 '실천적'이며 사변적이지 않다: 너희의 하나님인 나 주가 거룩하니 너희도 거룩해야 한다"(레위기, 19장 2절) 따라서 선을 행하는 것과 악을 행하는 것 사이에는 본질적인 차이가 있다. 하나는 하나

---

16) G. F. Moore, *Judaism*, I, pp. 443~552: *man, sin, atonement.* 고의범과 과실 범죄 그리고 속죄 유형에 대해 필요한 분석이 많이 들어 있다.

님을 기쁘게 하고 다른 하나는 그렇지 못하다. 그런데 하나님을 기쁘게 하는 것이 실천을 통한다고 해서 사람 밖에 있는 것은 아니다. 그 실천은 사람의 내면에 무언가를 보탠다. 그 무엇이 '공적'이다. 공적이란 정의로운 행위의 자국이다. 그것은 선한 의지의 결과다. 그 선한 행위의 가치 때문에 이제 사람의 가치가 올라간다. 그처럼 한 사람의 가치가 올라가는 것 이외에도 공적의 관념에는 또 다른 개념이 덧붙여진다. 그것은 '보상'의 관념이다. 오랜 역사를 지나 이 '보상' 개념은 구약성서 어디에나 있고 신약성서에도 나온다(마태, 6장 4, 12절, 10장 43절). 구약성서에서 이 개념은 세상에서의 성공, 지금 여기서 누리는 하나님의 현존 그리고 종말 완성의 대망을 넘나든다. 그 어떤 것도 꼭 바리새적인 것은 아니다. 특별히 바리새적인 것은 '공적' 관념에 집착하는 태도라고 볼 수 있다. 공적이란 무엇을 받을 만한 일을 가리킨다. 보상받을 만한 공적이다. 또 거꾸로 보상이란 공적에 대한 보상이다. 하나님의 뜻을 행하는 것을 무엇보다 중요하게 보는 바리새인들처럼 윤리적인 세계관에서 볼 때 율법을 갖는다는 것, 거기에 복종할 기회를 갖는다는 것, 그래서 공적을 쌓을 기회를 갖는 것은 축복이다. 다음 말도 그런 관점을 반영한다: "내 말을 듣는 사람은 복이 있다. 나를 얻는 사람은 생명을 얻고, 주께로부터 은총을 받을 것이다"(잠언, 8장 34~35절).

그처럼 '공적'은 악의 개인화와 죄인과 악인의 양극화에 따라 바리새인들이 새로 개발한 개념이다. 허물은 바리새인들이 볼 때 공적과 반대되는 것이다. 죄란 객관적인 범함인 반면, 허물은 주관적인 가치 상실이다. 그것은 상실 그 자체다. '보상'의 언어로 말한다면 유대주의의 '지혜'를 따라 이렇게 말할 수 있다: "미스바의 보상은 미스바요 죄의 보상은 죄다" (T. Herford, p. 128). 공적이 생명의 넘침이듯이 상실은 실존의 상실이다. 이미 잠언이 말하고 있다: "나를 얻는 사람은 생명을 얻고, 주께로부터 은총을 받을 것이다. 그러나 나를 놓치는 사람은 자기 생명을 해치는 사람이며, 나를 미워하는 사람은 죽음을 사랑하는 사람이다"(8장 35~36절).

바리새주의(대개 서기관이나 지혜자 또는 라비들의 정신)는 사변으로 흐르지 않았다. 그러므로 위에 말한 여러 관념들을 이론적으로 정리하지도 않았다. 그러나 그들의 윤리적 세계관 밑에 흐르는 것은 철저하게 책임적으로 획득할 수 있는 자유라는 개념이다. 이 관념은 그 자체로 정립되지는 않았지만 거의 모든 라비 문학 속에 들어 있으며 사변적이기보다는 실천적인 여러 가지 주제들 속에 함축되어 있다. 우선 두 가지 '경향성'(혹은 yetzer)이라는 주제를 보자.[17] 사람은 늘 두 가지 경향 또는 두 가지 충동을 지니고 있는데 하나는 좋은 경향이요 또 하나는 나쁜 경향이다. 이 나쁜 경향성——yetser ha-ra——은 조물주가 사람 안에 심어놓은 것이다. 그것 역시 하나님이 한 일이며 하나님은 그걸 두고도 '좋다'고 했다. 그러므로 악한 경향도 사람이 극복할 수 없는 철저한 악은 아니다. 그것은 영원한 유혹이지만 그렇기 때문에 자유로운 선택이 있으며, 장애물이지만 그렇기 때문에 성공이 있다. 결국 '나쁜 경향성'은 죄를 돌이킬 수 없는 것으로 만들지 못한다고 보았다.

그러한 해석은 '회개'를 주제로 한 유대 문학 속에도 들어 있다. 우리는 앞에서 구약성서에는 회개를 표현하는 추상 언어가 없으며 '돌이킴'이라는 상징이 있을 뿐임을 보았다. 그것을 번듯한 개념으로 끌어올린 것은 유대주의다. 유대주의는 돌이킴을 유대적 경건성의 요체로 삼았다.[18] 그런데 회개는 범함이나 공적과 같은 차원의 문제요 따라서 유대주의가 그 개념을 강조한 것도 우연이 아니다. '회개'가 강조된 뜻은, 하나님께 '돌아오

---

17) 두 개의 '경향성' 또는 두 개의 '상상력'에 대해서는 이미 언급한 저자들(Moore, 479~93, Herford, Bonsirven, Lagrange……) 말고도 Norman Powell Williams, *Ideas of the Fall and of Original Sin*, New York, Toronto, 1927, 2장: 「아담의 이야기와 악의 상상력」을 참조하라. 그것은 창세기, 6장 5절과 8장 21절부터 전도서 15장 11~17절과 27장 5~6절을 거쳐 라비 문학에 이르기까지 검토하고 있다. 이 개념은 처음부터 의지적인 것과 비의지적인 것, 책임과 무책임, 잘못과 연약함, 사람의 일과 하나님의 일을 넘나든다. 그것은 각자의 마음속에 새겨진 것으로서 그렇다고 유전이라고 할 수는 없다. 그것은 악을 향하기 때문에 나쁘다. 그러나 좋게 쓰일 수도 있다. N. P. Williams는 아담 타락 이야기 속의 선택에 주목한다. 그에 따르면 악한 마음에 대한 예수의 가르침은 yester ha-ra 이론과 양립 가능하며, 아담 이론의 발걸음을 내디딘 것은 바울이다.

18) G. F. Moore, *Judaism*, I, pp. 507 이하. 회개한다는 것은 '돌이킴'이요, '슬퍼함'이다. 또 그것은 마음을 고쳐먹고 새로운 복종을 다짐하는 것이요 종종 속죄하기 위해 고통을 당하는 것을 뜻하기도 한다. 그런데 레위인들이 주관하는 속죄 제사를 치렀다고 회개가 끝난 것은 아니다. 성전이 파괴되고 희생 제사가 중단되었어도 유대주의가 살아 남은 것은 그 때문이다. G. F. Moore, *ibid.*, I, pp. 497~506.

는' 것은 사람에게 달렸다는 점이다. 하나님에 대한 불경이 얘깃거리가 되는 이유는 "길을 바꿀 수 있었다"는 데 있다. 그처럼 회개에 대한 강조는, '나쁜 경향성'이 죄의 기회가 되지만 돌이킬 수 없는 악은 아니라는 해석과 맞아떨어진다. 바리새주의의 윤리 세계는 이미 펠라기우스의 세계다. 바울이나 어거스틴이나 루터와 달리 악과 구원을 대치시키지 않고 점진적인 구원의 과정이 있을 뿐이다. '용서'가 있어도 '회개'는 여전히 필요하고 은총이 있어도 선한 의지는 여전히 필요하다고 보았다.

꼼꼼함의 범위가 그러하다. 그리고 그것이 품고 있는 허물과 책임성의 범위가 그러하다. 꼼꼼한 의식의 경계를 찾자면 그 범위를 결정짓는 원리 곧 결과적이고 합의된 타율에서 찾아야 할 것이다. 그리고 성바울이 로마서와 갈라디아서에서 조명한 새로운 형태의 죄의식이 돌출되는 것도 그 경계선상에서다. 그 경계가 그 자체로는 아직 허물 의식이라 할 수 없고 다만 경건함을 교육시키는 것으로 보아야 하리라. 다시 말해서 꼼꼼한 의식의 특징인 결백을 추구하는 것으로 보아야 한다.

꼼꼼한 의식이 왜곡되게 된 지점을 찾아내려면 바리새주의를 이루는 본질을 봐야 한다. 곧, 정비된 구전을 보아야 한다. 바리새인들은 구전이 씌어진 토라를 생생하게 한다고 생각했고 더 나아가 한번 모세에게 주어진 영원한 토라의 하나로 여겼다. 씌어진 토라의 해석자로서 구전 토라는 씌어진 토라의 성스러움을 똑같이 지닐 뿐 아니라 어떤 전통이 형성되는 방식까지도 제시한다. 그런데 수세기 동안 어떤 모양의 해석 작업을 거쳐 지혜자들은 할라카*halachah*를 '제정'해서 확립하게 되었는가? 우선 심판을 통한 해석을 생각해볼 수 있다. 토라를 살아 있는 가르침으로 만들고 명실상부한 유대인을 만든 것은 오랫동안 내려온 심판하고 재판하는 훈련 곧 도덕적 정의를 가려내는 문화였음이 사실이다. 한편, 토라가 그처럼 법이라기보다는 가르침이라 해도 역시 그것은 무엇을 결정하고 제정하는 작업과 결탁해 있었다. 바로 그런 작업을 통해 구전은 씌어지지 않은 토라라는 이름으로 신격화되었다. 그런 식으로 해서 씌어지지 않은 토라는 사람과 하나님 관계를 하나의 유형으로 확립했다. 그것은 공정한 심판과 구분, 곧 결의론의 정신이었다. 그처럼 구분하고 심판하는 작업이 바리새파의 지혜자들에 의해 주도되었는데, 그것이 복종심 곧 어떤 경우에도 하나님의 뜻에 따르겠다는 열심에서 나온 것임은 의심할 나위가 없다. 그런데 지혜자들은 그러한 결의론적인 구분 행위를 신격화해서 예언자들의 무한한 요청 곧 완전과 거룩의 요청과 같은 차원으로 보았다.

물론 할라카에 토라의 해석이 모두 들어 있지는 않고 토라 가운데 명령 부분만 포함하고 있으며 다른 부분은 하가다 *haggadah*에 들어 있다. 거기서 자유로운 명상과 상상력이 가능하고 실제로 지혜자들은 이야기나 비유를 자유롭게 사용했다. 유대 정신의 형성을 말할 수 있으려면 그와 같은 이중의 운동 곧 할라카와 하가다의 이중 운동을 알아야 한다. 열렬한 바리새인들도 인정하는 점이 바로 그것이다. 곧, 할라카는 제약하고 하가다는 자유로우며, 할라카는 일관된 반면 하가다는 즉흥적이고 전자는 학자적인 구분에 따르고 후자는 여러 가지 견해와 상상에 맡겨져 있다는 점이다. 바리새인들은 평신도 선포자이며 신학자가 아니다. 그래서 사변적인 신학을 수립하지도 않았다. 뿐만 아니라 그들은 실천가였다. 그렇기 때문에 바리새주의의 최종 운명은 할라카에 달려 있었다.[19]

바로 이 점이 중요하다. 만일 바리새인들이 인류의 교육자라면 그들의 교육은 꼼꼼한 의식 좀더 정확히 말해 꼼꼼한 종교의 위대성과 한계를 분명히 보여준다. 그 근본적인 한계는 하나님과 사람의 관계를 지시의 관계로 묶어둔다는 것이다. 지시의 관계는 명령하는 의지와 복종하는 의지의 관계다. 그것은 '실천하는' 종교의 핵심이다. 그런데 완전하고 철저한 복종 의지가, 아무리 마음에서 우러나왔다 해도, 예언자들이 결혼 상징으로 표현한 대화의 상황을 없애버릴 수 있는가? 하나님에 대한 사람의 관계가 오로지 그리고 본질적으로 행위의 '실천'이라 할 수 있는가?

유대교 그 자체는 종교적 실천 너머에 있는 것을 먹고 살았다. 지혜자와 라비들의 온유와 자비를 기리는 문학이 많다. 그 문학들은 정의와 우정의 실행이 모두 저절로 이루어졌음을 말하고 있다. 뿐만 아니라 시편이 있었다. 그리스도교의 양식이 되기 이전에 회당의 예배를 주관한 그 시편은

---

19) "haggadah가 언제나 따라다녔지만 주도적인 것은 hallachach였다. 〔……〕 그 둘을 같이 발전시키면서도 hallachach에 주안점을 둔 것은 바리새파의 강점이다"(Travers Herford, p. 185).

행위의 '실천' 이상의 무엇 다시 말하면 토라의 지시와 무관한 대화 세계를 드러내고 있다.

만일 우리가 물려받은 관습을 의문시하고(마가, 7장 1~13절), 그것이 사람과 하나님의 관계를 실천적으로 보아 항상 판단하려 드는 점을 문제시한다면 그 왜곡의 원인을 어디까지 추적해 올라가야 하는가? 구전까지 거슬러 올라가면 될까? 그러나 씌어진 율법도 비슷한 과정에서 나온 것 아닌가? 대화 관계를 보는 모세적 관점이 이스라엘 역사에서 아주 일찍부터 확립되지 않았을까? 결국 내 생각으로는, 꼼꼼한 의식의 한계가 이른바 모세 환상의 확립에서 비롯된 것으로 보인다. 모세는 다른 모든 예언자들 위에 있다. 유대인들은 생각하기를 모세는 모든 시대 모든 사람들을 위한 율법을 모두 알고 있었고 예언자들은 그것을 반복한 데 지나지 않는다고 보았다. 그래서 그들은 십계명이나 신명기 그리고 레위기를 비롯한 모든 후대 율법을 그에게로 돌린다. 그리고 구전 율법도 모세의 계시 속에 들어 있었다고 본다. 그리하여 모든 단계 모든 유형의 종교 체험이 율법이 주어진 단 한번의 사건과 단 한 사람의 인물 속으로 빨려들어갔다. 그처럼 모든 예언 활동을 모세라는 인물로 끌어들인 데에 꼼꼼한 의식 생성의 열쇠가 있다. 모든 체험이 하나의 절대적 '사건'으로 빨려들어가는 움직임을 곳곳에서 관찰할 수 있다. 그 사건을 통해 꼼꼼한 의식은 과거의 의식으로 돌아간다. 그와 같은 과거 회귀가 토라의 역할을 하고 신적인 지시의 역할을 한다. 최초의 사건이 압축되어 있는 것으로 여겨지는 그 지시에 뜻을 다하고 열심을 다하고 겸손하고 즐겁게 복종할 것을 꼼꼼한 의식이 서약한다. 그러한 총체적인 복종이 꼼꼼한 의식의 위대성이요 모세의 환상이 그것의 한계다. 그러나 그 한계를 잘못으로 여기지 않았다. 그 한계를 통해 결백을 추구할 수 있었고, 정의의 문화를 이룩할 수 있었기 때문이다. 그래서 허물을 경감할 수 있었기 때문이다.

꼼꼼한 의식에 들어 있는 다른 몇 가지 특징들도 결국 내가 모세 환상이라고 부른 것을 통해 유대주의에 들어 있는 이 판단의 도식과 관련이 있다. 다른 몇 가지 특징 가운데 우선 꼼꼼한 의식 안에서 예배와 도덕이 일치하는 측면을 살펴보자.[20]

---

20) 유대교 안에서 종교 수칙(할례 · 안식일 · 명절 · 십일조, 금지된 음식물, 정화 의식)과

꼼꼼함은 도덕 생활의 예배 의식(儀式)화 또는 예배 의식의 도덕화라고 정의할 수도 있다. 물론 이 말이 즉시 이해되지는 않으리라. 그러나 꼼꼼한 의식을 들여다보면 도덕 의무들이 예배의 신비를 띠고 있으며 거꾸로 예배 의식은 도덕 의무와 연관된 기운으로 가득차 있다. 역사주의적이고 진보주의적인 해석에 따르면 제2 성전 이후의 유대교는 도덕 의식을 초월했다고도 하고 또는 고대의 순결과 불순의 차원으로 되돌아갔다고도 한다. 그러나 그러한 해석으로는 불충분하다. 그것은 기껏해야 예배 의식의 기원을 밝혀주지만 예언자들이 낳은 윤리적 단계 이후에도 어떻게 고대의 행태가 재현될 수 있었는지를 설명하지 못한다. 그처럼 초윤리적인 예배 의식이 다시 등장한 까닭은 합의의 결과인 타율의 정립 그 자체에서 찾아야 한다. 그 신비성 때문에 예배 의식은 원래 율법과 다름을 증거한다. 예배 속에서 율법은 투명하게 드러나지 않기 때문이다. 그러나 예배를 드리면서 율법을 준수하고자 하는 의지가 분명해진다. 그것은 예배 안에 이래라저래라 하는 명령이 있어서가 아니라 예배가 하나님의 뜻을 분명하게 해주기 때문이다. 그러므로 윤리의 예배 의식화는 윤리적 타율성의 귀결이다. 꼼꼼한 의식은 어디에 기대어 정확해지고자 하는 욕구가 있다. 예배 의식이 바로 그 정확성의 수단이다. 그것은 말하자면 윤리적으로 변형된 과학적 정확성과 같은 것이다.

따라서 순결에 대한 레위인들의 관심은 유대교의 핵심인 실천적 거룩에 대한 관심의 하나로 여길 수 있을 것 같다. 바로 여기서 꼼꼼한 의식에 있어서 유대교의 특징이 드러난다. 곧, 꼼꼼한 의삭은 하나같이 철저한 준수와 연관되어 있다. 이제 윤리적으로 꼼꼼하다는 말을 들으려면 대중적이거나 가정적이거나 개인적인 어떤 의식(儀式)을 치르지 않고는 불가능하게 되었다. 다시 말해서 그런 것들을 준수하지 않고는 윤리적으로 철저한 사람이 될 수 없게 되었다. 동시에 위에 말한 정확의 정신은 꼼꼼한 의식에 어떤 위험성을 초래하기도 한다. 모든 것을 판단하는 위험에 모든 것을 형식화하는 위험이 덧붙여졌다. 명령이 있게 된 의도를 생각지 않고 그 명령

______

도덕 명령이 상호 공존하고 있음을 G. F. Moore가 명쾌하게 밝히고 있다(*op. cit.*, II, pp.3 이하와 79 이하).

의 문자에 매달리면 그런 위험이 발생하게 되어 있다. 그리하여 꼼꼼한 의식은 복종의 의도를 생각지 않고 그 형식에만 집착하기 쉽게 되었다. 그러나 그러한 위험성은 꼼꼼한 의식의 위대성에 필연적으로 따라다니는 것이었다. 그래서 그것을 잘못으로 여기지 않았다.

꼼꼼한 의식은 그처럼 심판 행위로 되고 형식화되는 이중의 과정을 거쳤다. 이제 세번째 특징을 보자. 합의의 결과인 타율의 체제 밑에서 의무는, 하나님을 사랑하고 사람을 사랑하라는 계명의 단순성을 벗어나 복잡성을 띠게 되었다. 여러 가지 의무가 열거되고 쌓이게 되었다. 라비 문학을 읽다가 깜짝 놀라는 것은 엄청나게 많은 해석 조항들이 붙어 있다는 점이다. 할라코트가 모여 미쉬나를 이루고 토라에 맞선 미쉬나는 좀더 해석되어 게마라를 이루고 게마라와 미쉬나가 모여 바빌론과 팔레스타인의 『탈무드』를 이룬다. 그러한 운동을 거쳐 계명은 끊임없이 확장되었다. 꼼꼼한 의식의 본질이 그렇다. 그것은 항상 더 자세하게 정립되고, 과거의 것은 아무것도 잃지 않은 채 새로운 의무를 끊임없이 덧붙여나간다. 사방으로 뻗쳐 계속 움직여야 구원을 확신한다. 그리고 그뒤에는 엄청난 과거가 축적되어 전통을 이룬다. 새롭고 어려운 상황에 부딪힐 때 꼼꼼한 의식은 전통의 끄트머리에 서서 오직 그 관점에서 '해석해낸다.' 시작하고 다시 시작하는 것이 아니라 이어지고 덧붙여지는 것이다. 그리하여 미미한 혁신이나마 어려워지고 전통이라는 함정에 빠지게 된다.

마지막 특징도 바로 그런 데서 생긴다. 이제 꼼꼼한 의식은 '구별된' 사람을 만든다. 바리새라는 말은 구분되었다는 뜻임을 앞에서 보았다. 그 구별은 도덕이 예식화되면서 생긴 것으로 결국 정함과 부정함의 분리가 인간 관계에 적용된 것이다. 예식은 여러 가지 상징을 통하여 거기에 참여하는 이들의 상호 연대감을 형성한다. 그처럼 예식을 준수하는 사람들 사이에 형성된 내적 관계는 준수하지 않는 사람들과 구분되게 된다. 마치 정함과 부정함이 구분되듯이 말이다. 여러 민족들 사이에 유대인의 위치가 그러하다. '변방 사람들' 곧 천민·이방인·암 하아렛츠 *am ba-aretz* 사이에 바리새인들의 위치가 그러하다. 그렇기 때문에 그들은 준수하는 자와 준수하지 않는 자들의 거리를 좁히고 적어도 자기 백성을 "거룩한 민족이요 거룩한 나라"로 만들기 위해 선교적 열정을 가지고 자기들의 '도시성'

을 지켜나갔다.[21] 그러나 철저한 준수는 후퇴할 수밖에 없었다. 그것은 아주 먼 일이 되어갔다. 그때 꼼꼼한 의식의 사람은 광신이나 자폐, 둘 가운데 하나를 택하게 된다. 첫번째 태도를 택하기도 한다(바리새인들이 암 하아렛츠를 놀랄 만큼 저주했음을 Louis Finkelstein의 책이 보여주고 있다. I, pp. 24~37).[22] 그러나 대개 두번째 태도를 취한다. 그들의 준칙을 보편화하기를 거부함으로 자기들끼리는 똘똘 뭉치고 다른 사람에게는 걸림돌이 된다. 그들은 그것을 잘못이라고 보지 않았다. 복종의 열매였다. 그러므로 운명이었다.

예식화와 침전과 분리, 이 특징들로 말미암아 꼼꼼한 의식의 사람이 괴물이 되는 것은 아니다. 그렇게 폭이 좁아지는 것은 깊이의 반영이다. 꼼꼼함은 잘못의 경험 중 앞서나간 경험이다. 그것은 흠과 죄와 허물이 세심한 의식 안에서 재현된 것이다. 그러나 바로 그 지점에서 모든 잘못의 경험이 뒤집혀지게 된다.

우리는 지금까지 바리새의 태도를 이해하려 했다. 그러나 이제 꼼꼼한 의식은 중대한 문제를 낳는다. 그것은 '위선'이라는 문제다. 위선은 꼼꼼함에 잡힌 주름이다. 공관복음 특히 마태복음에는 예수가 바리새인들에게 퍼부은 저주가 나와 있다(23장): "율법 학자들과 바리새파 사람들아, 위선자들아, 너희에게 화가 있다."[23] 그런 저주로부터 시작하면 바리새파를 이해할 수 없다. 그러나 우리가 한 대로 바리새의 위대성부터 시작하면 예수의 저주를 이해할 수 있다. '꼼꼼함'에서 시작해서 '위선'을 볼 수 있다. 꼼꼼한 의식이 움직이지 않고 정체되면 위선에 빠지게 된다.

---

21) Louis Finkelstein은 다음 두 가지를 지적한다: "아마 그들은 평민과 귀족이 같이 앉아 식사한 최초의 조직이었을 것이다. 그리고 최초의 선전가들이었을 게다"(p. 15).

22) 저자가 사회학적 방법을 이용해 밝히는 것은, 레위의 정결 예법은 예루살렘과 그 주변에서나 지킬 수 있다는 점이다: "결국 예루살렘과 그 근방에 살지 않는 사람은 부정했다"(p. 26). 게다가 그들은 십일조법을 어기고 성서를 이용할 줄 모른다는 의심을 받았다: "사회 조직이 3세기 반이 흐르면서 미쉬나가 축적되자 바리새라는 이름은 하아렛츠의 반대말로 쓰였다"(p. 76). 예수와 바리새인이 충돌한 까닭이 거기에 있었을까? L. Finkelstein은 그렇게 본다. T. Herford도 마찬가지다: "바리새인 축에 끼지 못했다는 점에서 예수는 암 하아렛츠였다"(p. 206).

23) 힐렐Hillel과 삼마이Shammaï 학파간에도 비슷한 공방이 있었다(L. Finkelstein, I, p. 98).

끝까지 충실하다는 조건하에서만 타율이 수용되는 것이다. 결의론이 새로운 차원으로 뻗어간다는 조건하에서만 바리새의 판단은 수용될 수 있는 것이다. 총체적인 정확성의 조건하에서만 그 예식이 수용되는 것이다. 생생한 해석이 있는 조건하에 정립되는 작업이 있어야 하는 것이다. 분리는 선교적 열정에서만 정당화된다. 꼼꼼한 의식은 그것이 과거에 속한 것이요, 그 계시는 이미 지나가버린 것이기 때문에 끊임없이 움직이지 않으면 안 된다. 그러므로 실천하고 덧붙이고 탐구하기를 멈출 때 위선의 모습을 하나씩 드러내게 된다. 그 타율은 말만 하고 행함이 없게 된다: "그들은 말만 하고 실천이 없다." 해석되지 않는 율법은 기쁨이 아니라 멍에가 된다: "그들은 지기 힘든 무거운 짐을 묶어서 남의 어깨에 지우지만, 자기들은 그 짐을 나르는 데, 손가락도 꼼짝하려고 하지 않는다"(마태복음, 23장 4절). 선생의 권위는 하나님과 사람과의 생생한 관계를 끊는다. 엄밀한 준수로 말미암아 삶의 생생한 "정의와 자비 그리고 신뢰"가 사라진다. 규범의 원래 목적 곧 자유와 행복이 사라진다. 공적은 소유가 되어 자아 도취에 빠진다. 내면과 실천이 따로 돌아가 "그 안에는 죽은 사람의 뼈와 온갖 더러운 것이 가득하다"(23장 27절). 그리하여 합의의 결과인 타율은 소외가 된다.

결국 다음과 같은 문제가 생긴다: 그와 같은 '위선'은 '꼼꼼함'의 본질과 아무런 관련이 없는가? 거짓 바리새인이 있지만 참된 바리새인도 있다고 보아야 할까? 그렇지 않으면 꼼꼼한 의식의 실패가 보여주듯이 율법이란 처음부터 문제가 있는 것이요, '정의'(의로움)의 관점에서 율법을 비판할 때 참된 바리새인과 거짓 바리새인의 구별은 의미가 없다고 봐야 할까?

첫번째가 힐렐의 관점이요, 두번째는 바울의 관점이다.

4. 허물의 위기

위에서 바리새를 비교적 긍정적으로 본 것은 성바울의 체험의 의미를 뚜렷하게 하기 위해서다. 어거스틴과 루터에서 재현되는 바울의 체험은 잘못의 의식에 엄청난 변화를 가져왔다.

판단과 심판을 심판하는 지경에 도달했다. 이제 지금껏 위에서 말한 것을 바울의 주제인 "율법의 저주"(갈라디아서, 3장 13절)의 각도에서 다시 읽어야 하리라.

갈라디아서 3장과 4장, 그리고 로마서 7장 1~13절에 들어 있는 바울 사상은 다음과 같이 크게 나누어볼 수 있다.[24] 우선, 사람은 율법의 요구를 온전히 만족시킬 수 없다는 것이 출발점이다. 율법은 모두 지키지 않으면 아무것도 아니다. 우리는 깨끗하지 않은 반면에 무한한 완전이 요구되어지고 거기에 따라 계명이 끝이 없다. 그러므로 사람은 율법으로 의롭게 될 수 없다. 율법을 모두 지켜야 의롭게 된다: "율법의 행위에 의지하는 사람은 누구나 다 저주 아래 있습니다. 기록된 바 '율법책에 기록된 모든 것을 지키지 않는 사람은 다 저주 아래 있다' 하였습니다"(갈라디아서, 3장 10절).

난관은 여기서 시작된다. 의로움에 도달하기가 너무 멀 뿐 아니라 율법 자체가 거리를 멀게 한다. 바울의 위대한 발견은 율법 자체가 죄에서 나온 것이라는 점이다. 율법은 "죄를 밝히려고 덧붙여진" 것이다(갈라디아서, 3장 19절). 율법은 "사람을 살릴 수 있는 것"이 아니라(3장 21절) "죄를 인식시킬 뿐"(로마서, 3장 20절)이다. 게다가 율법은 죄를 잉태한다. 왜 그런가? 니체에 앞서——그는 최초의 신학자 바울을 무찔렀다고 믿었지만——성 바울은 지옥의 도구를 분쇄하고 있었다. 그는 율법과 죄를 같이 등장시켰다. 그 둘이 묘하게 얽혀 있으며 서로 죽음의 순환 궤도를 그리고 있음을 드러냈다. 율법을 통해 그 순환 궤도로 들어가며 그는 이렇게 말한다: "율법은 범죄를 증가시키려고 들어왔습니다"(로마서, 5장 20절). 율법이 들어오니까 "죄는 살아나고 나는 죽었습니다"(7장 10절). 뿐만 아니다. 정말 중요한 것은 이 점이다: 호시탐탐 율법을 이용하여 번창하고 우리를 탐욕스럽게 하는 것이 바로 죄다; "죄가 그 계명을 틈을 타서 나를 속이고, 또 그 계명으로 나를 죽였습니다"(7장 12절). 그러므로 율법은 죄를 드러내고 명백히해주는 것이다: "죄가 죄로 드러나게 하려고, 죄가 선한 것을 방편

---

24) R. Bultmann, *Theologie des N. T.*, Tübingen, I, 1948, II부: 성 바울의 신학. Karl Barth, *der Römerbrief*, Berne, 1919; Lagrange, *Saint Paul, Épître aux Romains*, Paris, 3판, 1922; Prat, *La Théologie de saint Paul*, Paris, 1943.

으로 하여 죽음을 나에게 가져왔습니다. 그것은 죄가 계명을 방편으로 하여 더욱더 죄되게 하려고 한 것입니다"(7장 13절).

이와 같은 죄와 율법 사이의 순환 관계를 기초로 바울은 단호하게 계명 ἐντολή 과 율법 νόμος 의 정체를 따졌다. 율법과 죄의 변증법적 관계를 따진 결과 윤리적 행동과 제의적인 행동 사이의 대립이 무너지고 유대인의 율법과 마음속에 새겨진 이방 율법이 별 차이가 없어지고, 유대인의 선한 의지와 그리스인의 '지혜'와 '지식'의 대립이 없어졌다. 계명이 일으키는 문제는 그런 이분법 너머의 것이다. 그 문제란 이렇다: 그 자체로는 선한 율법, '속사람'이 그 지성으로 보아 '기뻐하고' 선하게 받아들이는 그 율법이 어떻게 '저주의 사자'가 될 수 있단 말인가?; 원래 생명을 주도록 되어 있는 율법이 어떻게 '죽음의 사자'가 된단 말인가? 거기에 대한 답을 구하면서 바울은 새로운 차원의 악을 발견했다. 그것은 어떤 계명을 어기는 문제가 아니라 율법에 안주하려고 하는 의지의 문제다. 바울이 '율법의 의' 또는 '율법으로 되는 의'라고 부르는 것이다. 이제까지 탐욕과 율법을 지키려는 열정은 반대되는 것으로 여겨졌으나 이제 죄는 그 너머에 있게 되었다. "율법을 자랑하는"(로마서, 2장 23절) 의지, 그것은 자기 의를 만들려는 의지다. 흔히 있는 자만을 가리키는 것이 아니다. 죽음을 가져오도록 된 것에 바탕을 두고 살려는 의지를 가리킨다. 그렇게 볼 때, 도덕성이나 비도덕성이나 같은 범주에 속한다. '육'(이 말에 대해서는 나중에 다시 보자), '육적인 욕망' '근심' '두려움' '세상 슬픔' 따위가 모두 그 범주를 가리키는 말이다. 그것은 자유의 반대요, 노예 상태요, "무력하고 유치한 것"에 목을 매는 것이다.

끝으로, 그처럼 율법과 육이 새롭게 조명되면서 죽음의 의미도 새로워졌다. 성바울은 죄로 사망에 이른다는 히브리 사상의 유산을 이어받았다. 그러나 그처럼 죽음을 외부적으로 죄에 대한 벌로 보는 관점을 뛰어넘어 율법에 들어 있는 죽음의 역사를 보았다. 생명을 구하나 얻지 못하는 존재가 율법으로 말미암아 얻게 되는 것, 그것이 죽음이다. 죽음은 우리가 죄·영광·율법으로 말미암은 의·육으로 부른 존재 체제의 '열매'요, 그 '수확물'이다. "육을 따라 사는 것," 그것이 죽음이다. "몸의 행실을 죽이는 것," 그것이 '생명'이다(로마서, 8장 13절). 그러므로 사람은 율법하에 있을 때 전적으로 '죽음의 몸'이 된다(7장 24절): "이전에 우리가 육신을 따라 살 때에는, 율법에 따른 죄의 정욕이 우리 몸의 지체 안에서 작용해서, 죽음에 이르는 열매를 맺었습니다"(7장 5절). 그러므로 이제 죽음은 죄에 대한 심판이 아니다. 죽음은 인간을 둘러싼 율법을 통해 죄가 뿜어내는 것이다.

이 죽음에 대해 우리는 무엇을 아는가? 우선 그것은 알 수 없는 죽음이다.[25] 살아 있다고 생각하는 사람들의 죽음이기 때문이다. 그러나 분명히 겪는 죽음이다: "계명이 들어오니까 죄는 살아나고 나는 죽었습니다"(로마서, 7장 9~10절). 무슨 말인가? 그 죽음은 로마서(7장 14~19절)에 있는 대로 분열과 투쟁의 체험을 가리키는 것으로 볼 수 있으리라. 죄와 율법의 변증법을 그리는 로마서에 따르면 죽음은 성령과 육신의 분열이다.

성령과 육신의 이분법이 원래의 존재론적 구조는 아니다.[26] 그것은 율법을 따라 살려고 하는 의지 곧 율법으로 말미암아 의롭게 되려는 의지에서 나온 존재 구조다. 그 존재는 율법을 진리라고 보고 선하다고 보지만 그것을 완수하기엔 너무 약하다: "나는 내 속에, 곧 내 육신 속에 선한 것이 깃들여 있지 않다는 것을 압니다. 선을 행하려는 의지는 나에게 있으나, 그것을 실행하지 않으니 말입니다"(로마서, 7장 19절). 그렇기 때문에 내가 원치 않으나 행하는 그것은 나와 동떨어져 있는 무엇이다. 바울은 자기임을 인정한다: "그러나 나는 육정에 매인 존재로서, 죄 아래에 팔린 몸입니다"(14절). 그러나 이내 자기임을 부정한다: "그것을 하는 것은 내가 아닙니다"(20절). 자기임을 부인하는 것은 내면을 보았기 때문이다: "나는 속사람으로는 하나님의 법을 즐거워합니다"(23절). 그리하여 착오에 빠지기 쉽지만 여하튼 내게 이성의 나와 육의 내가 있음을 인정한다: "내가 마음으로는 하나님의 법에 복종하고, 육신으로는 죄의 법에 복종하고 있습니다"(25절). 이 같은 나의 분열에 바울의 육 개념의 핵심이 있다. 육이란 처음부터 저주된 것이 아니다. 육신적인 것 예를 들어 섹스 같은 것이 아

---

25) 아마 육체의 죽음도 죄의 '열매'라고 해야 할 것이다. 그때도 무슨 생물학적 의미보다는 사람이면 누구나 겪는 인간적인 죽음이다. 그 문제에 대해서는 뒤에서 아담 신화를 고찰하며 더 자세히 보리라.

26) 참조 제2부 5장 「아담 신화와 출애굽 신화의 대립」.

니다. 육은 소외된 나요, 나와 대립된 나요, 나 바깥에 있는 나다: "내가 해서는 안 되는 것을 하면, 그것을 하는 것은 내가 아니라, 내 속에 자리를 잡고 있는 죄입니다"(20절). "내 지체 속에 있는 죄의 권세"에 비할 때 무력하기만 한 나, 그것이 육이요, 그 육이 원하는 것은 언제나 영이 원하는 것과 반대다. 그처럼 육은 악의 뿌리가 아니라 악의 꽃이다. 그러므로 문제의 시작을 육으로 보면 안 되고 문제의 결과 육에 도달하는 것이다.

이상이 바울 신학의 개요다. 바울 사상과 함께 우리는 허물 체험의 한계에 다다랐다. 그 한계 체험에 대해 분명한 것이 둘 있다. 우선 그것은 이전 것을 모두 포괄하며 잘못의 역사를 넘어선다. 둘째, 그것은 스스로 인식되지 않고, 그것을 넘어서는 무엇을 통해 인식된다.

이 두 측면을 차례차례 살펴보자.

'율법의 저주'는 그보다 앞단계의 잘못에 대한 의식이 무슨 의미를 지녔는지 모두 드러낸다. 그 점을 이해하려면 앞의 것들로 다시 돌아가 바리새파뿐 아니라 허물 개념의 핵심까지 다시 보아야 한다. 우리는 앞에서 죄의 내면화가 허물이라고 하였다. 허물과 함께 '양심'이 생긴다. 물론 이미 예언자들의 호소와 거룩함의 요청에서 책임적 대면이 있다. 그러나 '양심'과 함께 사람은 정도를 재게 된다. 하나님의 눈으로 보는 죄의 실재론이 자기가 자기를 재는 허물 의식의 현상론으로 흡수된다. 만일 율법을 행하여 의롭게 되는 것을 비판하는 바울이 볼 때 허물 의식의 탄생은 자기 의와 저주의 도래가 된다. 동시에 꼼꼼한 의식도 새롭게 재해석된다. 잘못이라고 생각되지 않았던 꼼꼼한 의식이 잘못이 되고, 규범을 준수하여 죄를 없애려 한 시도 자체가 죄다. 율법의 저주란 바로 거기에 있다.

그 저주는 이중적이다. 남을 판단하는 구조에도 저주가 드리워 있고 남에게 판단받는 것에도 저주가 드리워 있다.

죄에서 허물로 가면서 고발의 양태가 다양해졌다. 우선 수많은 계명으로 이루어진 율법이 그 일을 담당했다. 물론 이미 예언자의 고발에도 그처럼 조목조목 따지는 게 있었다. 예언자들은 총체적인 완전을 요구하며, 남과 자기에 대한 인간의 여러 가지 죄악 그리고 예배·정치·결혼·거래 따위의 갖가지 분야에 걸친 죄악을 열거했다. 그러나 예언자들에게 있어서는 실존의 뿌리와 갖가지 계명 사이에 긴장이 유지되었고 어디까지나 실존의 뿌리를 이루는 죄에 강조점이 있었다. 그러던 것이 허물 의식과 함께 갖가지 계명이 득세하게 된 것이다. 무한한 실존의 깊이 대신에 수많은 계율이 들어섰다. 계율이 많아지면서 악의 혐의도 다양해졌다. 수많은 계율과 율법을 저주로 만드는 그 다양한 혐의를 가리켜 이를테면 '무한한 범죄'라 할 수 있으리라.

세분화되어가면서 율법은 완전히 심판자가 되어간다. 허물이 심판의 상징성을 갖게 되는 그 본질적 측면을 앞에서 살펴보았다. 율법이나 심판·판단·금지·인준 따위의 개념들이 공적인 형벌 정의의 차원과 사적인 도덕 의식의 차원을 아울러 뜻하게 된 것이 우연이 아니다. 그러나 우리가 앞에서 고찰한 그 과정이 '율법의 저주'에 속하고 있음을 알아야 한다. 판단과 심판이 들어오면서, 호세아가 혼인으로까지 표현한 대화의 관계가 깨지게 된다. 하나님 앞에서 생기는 죄의 의미가 폐지되면서 허물 의식이 번창하게 된다. 그렇게 되면 결국 고발자 없는 고발이요, 재판관 없는 법정이요, 주인 없는 명령이 된다. 누가 저주하는지 모르는 저주, 그것이 카프카가 말하는 대로 저주의 최종 단계다. 철저한 익명의 저주를 꾸며내는 마음, 그것은 계율을 운명적인 것으로 바꾸어버리고 만다. 유대인들은 그것을 '신의 돌이킴'이라고 부르는데, 그리스 비극에 나오는 에리니에스와 요메니데스의 회심과는 전혀 다른 것이다. 그리스 비극에서 가리키는 것은 분노의 신에서 자비의 신으로 옮겨가는 인간의 신 체험에 대한 해석이기 때문이다. 여하튼 이제 자기가 자기의 심판자가 되었다. 그것은 소외다. 행함으로 의롭게 되는 것은 결국 자기 소외다. 마르크스와 헤겔과 니체와 프로이트의 생각도 그런 관점에서 이해될 수 있다. 바울의 사상은 그 모든 윤리 사상보다 심오하다. 윤리적 소외를 다르게 해석한 사람들이 많지만 그들은 이미 가장 중요한 점을 놓치고 있다고 봐야 한다. 합리성에 입각해 범법을 따지는 허물 의식은 관계 단절의 죄의식에 대한 하나의 진보이면서 동시에 망각이기 때문이다.

한편 그처럼 갖가지 고발로 말미암아 자기가 고발당한다. 이 두번째 관점에서도 죄에서 허물로 옮겨가는 이동을 보게 된다. 인격 전체를 대상으로 하는 죄의 고백 대신에 의도의 순수성을 하나하나 검토하는 작업이 들어선다. 율법의 저주라는 각도에서 볼 때 꼼꼼한 의식도 재해석된다. 수많은 계율이 '무한한 범죄'를 가리킨다면 꼼꼼함 역시 '무한한 범죄 의식'이다. 결국 겸손한 죄의 고백 대신에 경멸과 의심과 자기 학대가 들어선다.

이 이중의 저주는 서로 연결되어 있다. 열심히 반성하는 자는 계명을 잘 지켜야 된다는 의무감을 갖는다. 그러나 그렇게 되지 않자 허물 의식을 갖는다. 비난을 면해보려고 할수록 범죄 혐의는 커간다. 율법이 세분화되면서 하나하나의 계명을 지켜야 도덕적이 되기 때문에 그 도덕법 하나하나에 매달리게 된다.

이처럼 털끝만큼의 잘못도 범하지 않으려고 할 때, 흠의 제의에서 유래된 모종의 제의 행위가 일정한 역할을 하게 되리라. 의례 또는 제의는 위에서 본 대로 복종의 의미를 지닌다. 제의적인 금기는 지킬 만한 것이다. 그러므로 수많은 계명을 다 지킬 수 없어 허물에서 도저히 벗어나지 못하는 인간은 제의 행위로 도망가려고 한다. 그러나 이 '정결'의 금기가 윤리의 역할을 수행하려면 그 금기 규정이 너무 많아질 수밖에 없다. 우리가 제2 성전 시대의 이스라엘에서 보는 바와 같다. 제의 행위가 적은 노력으로 그 수많은 윤리적 요청을 대체하려면 자꾸 새로운 규정을 만들어나갈 수밖에 없다. 그렇게 해서 윤리적이고 제의적인 것이 복잡하게 얽힌 광상곡이 형성된다. 거기서 제의적인 꼼꼼함은 세밀한 윤리와 만나 도덕으로 바뀌고 윤리는 자디잔 제의 계율로 문자화된다. 그런 식으로 해서 제의적인 꼼꼼함은 율법과 허물을 잘게 흩어놓는다.

그리하여 허물 의식은 닫힌 의식이다. 아무리 되풀이 노력해도 출구를 찾지 못하는 얘기가 들어 있는 신화가 많다. 시시포스와 다니이데스의 허망한 노력은 잘 알려진 대로다. 이미 플라톤은 그것을 출구 없는 영겁의 저주를 상징하는 것으로 해석했다. 성바울도 "율법 아래 갇혀 있는" 실존에 대해 말한다. 과연 허물 의식은 막힌 의식이다. 그것은 무엇보다도 죄인의 교제를 끊는 고립된 의식이기 때문이다. 허물 의식은 행동으로만 말하려고 하고 자기 혼자 모든 악의 멍에를 진다. 그래서 닫혀 있다. 그뿐만 아니다. 좀더 자세히 들여다보면 허물 의식은 자기의 악을 은밀히 즐기고 있다. 그래서 자기가 자기를 죽인다. 그 점에서도 허물 의식은 막혀 있다. 그리고 바로 그 점에서 허물 의식은 노예다. 단순히 노예 같은 것이 아니라 노예다. 거기엔 미래에 대한 '약속'이 없다. 키에르케고르가 절망이라는 죄라고 부른 것이 바로 그것이다. 잃어버린 것을 후회하고 미래를 내다보는 그런 절망이 아니라 구원받을 수 없다는 절망이다. 죄의 죄다. 무슨 규범을 어기는 문제가 아니라 금지와 욕망의 악순환에서 벗어나지 않는 절망의 의지다. 스스로를 절망시키면서 절망하는 의지다. 그런 면에서 그것은 죽음에로의 본능이다.[27] 선한 의지 속에 바로 죽음에의 욕구가 들어 있다는 것, 그것은 참 놀라운 일이다. 흠에서 죄로, 죄에서 다시 허물로 차례차례 따라가서는 그 점을 발견할 수 없다. "믿음으로 의롭게 됨"에서 시작하여 율법의 저주를 알아내야 그 점을 깨닫게 된다. 뒤에서 보겠지만 심리학에서 말하는 자기 고발, 나르시시즘 그리고 마조히즘 따위가 바로 그러한 과정을 밝혀주고 있다. 물론 심리학은 중요한 핵심을 간과하고 있지만 말이다.

그런데 한 가지 짚고 넘어가자. 그러한 율법의 저주, 분열되어 죽음으로 치닫는 인간 상황은 항상 지나간 일로만 얘기되어진다는 사실이다. 바울이 죄에 대해 말할 때도 언제나 과거형이다: "전에 여러분은 죄 안에서 죽었으나 지금은 〔……〕" 그 점은 그리 놀라운 일이 아니다. 흔히 죽음은 앞으로 닥칠 일로 여기지만 여기서는 지나간 죽음이다. 그 점을 이해하려면 또 하나의 새로운 상징 곧 '의롭게 여김 *justification*' 이라는 상징을 이해해야 한다.

그리스의 교육을 받은 사람들에게는 이 의롭게 여김의 상징이 상당히 충격적이리라. 의로움 또는 옳음이란 어떤 사람의 도덕적 자질 또는 덕망을 말하는 게 아니다. 플라톤의 『공화국』 제6권에 나오는 어떤 구성하는 덕을 가리키지도 않는다. 바울이 말하는 '의로움' 곧 정의 (옳음)는 저쪽에서 사람에게 오는 그 무엇이다. 미래에서 현재로, 바깥에서 안으로, 초월에서 내재로 오는 것이다. 그것은 사람의 지식과 의지와 능력과 관계없으며, 인간 이상의 것에 바탕을 두고서만 인간적인 것이 된다. '정의롭게' 되려면 누가 정당화해주어야 한다. 다시 말해서 옳다고 '판결되고,' 의롭

---

27) 율법의 저주가 낳은 이 허물 의식의 폐쇄성에서 우리는 가장 거대한 사탄의 상징을 본다. 성서에서 마귀는 단지 시험하는 자일 뿐 아니라 우주의 흐름 속에서 인간을 고발하는 자다(그리스도는 인간을 변호하는 분이다). 그러므로 율법을 어기는 것이 악마의 짓일 뿐 아니라 죽음의 법인 율법 그 자체가 악마의 짓이다.

게 '여김받아야' 한다는 말이다. 앞에서 보았듯이 그런 판단 행위는 종말론적 최후 심판의 상징과 연결되어 있다. 결국 정의란 무죄 판결을 받아 재판 법정이 마감되는 것이다. 그와 같은 '의롭게 여김'의 초월적이고 법적이고 종말론적인 차원을 이해해야 그것의 내재적이고 주관적이고 현재적인 의미도 이해할 수 있다. 사실 성바울에게 있어서 종말 사건은 이미 여기서 벌어지기 때문에 원래 인간에게는 낯선 정의가 인간에게 가까이 활동한다. 미래의 정의가 지금 믿는 사람에게 임한다. 그리고 의롭게 '여김받은' 사람은 실제로 의롭게 '된다.' 정의의 초월적이고 종말론적인 의미와 내재적이고 현재적인 의미가 상충되지 않는다. 바울에게 있어서 전자는 후자의 원인이요 후자는 전자의 표현이다. 신비한 것은 외면의 절정과 내면의 절정이 일치한다는 점이다. 그 내면의 절정을 가리켜 바울은 새로운 피조물 또는 자유라고 불렀다. 궁극적인 것의 관점에서 볼 때 자유는 여러 가지 가운데 마음대로 선택할 수 있음이 아니다. 어떤 노력, 선한 의지나 책임성도 아니다. 헤겔처럼 바울에게도 자유는 자기 안에 있는 것이다. 그리스도를 되새기며 온전하게 자기 안에 있는 것이다.

정의(옳음)의 상징이 그렇기 때문에 잘못에 대한 최후의 경험(허물)은 지나간 과거로 받아들여진다. 지금 '의롭게 되고' 나서야 죄를 돌아다보고, 스스로 의롭게 되려고 하는 것이 얼마나 헛되고 큰 죄인지를 알게 된다. 바로 이 점에서 유대교와 다르다: 사람이 의롭게 되는 것은 "율법을 지킴으로서가 아니다" "그러나 이제는 율법과는 상관없이 하나님의 의가 나타났습니다. 〔……〕 사람은 율법의 행위와는 상관없이 믿음으로 의롭게 하여주심을 받는다고 우리는 생각합니다"(로마서, 3장 21~28절). 그러므로 믿음으로 의롭게 되고 나서야 율법으로 의롭게 되려는 것이 헛됨을 안다. 행함으로 의롭게 되려는 노력이 실패하고 나서야 죄의 총체가 드러난다. 되돌이켜볼 때야 비로소 윤리와 제의 행위가 똑같으며, 도덕과 비도덕이 다르지 않음을 알게 되는 것이다.

그러므로 궁극적인 잘못의 의미를 알려면 최초의 그리스도교 사상가를 거치지 않고는 불가능하다. 그가 대비시킨 것들, 다시 말해서 율법을 행함으로 의롭게 되는 것과 믿음으로 의롭게 되는 것, 스스로 영광받는 것과 믿는 것, 공적과 은총에 대해 깊이 숙고해야 한다. 그 점을 고려하지 않고서는 인간의 '잘못'에 대해 제대로 알 수 없다.

결국, 극복된 후에야 지나간 체험으로 드러나는 죄는 그렇기 때문에 분수령이 된다. 한편으로 죄는 즉자적으로나 대자적으로나 허물 의식이 부딪치는 질곡이다. 저주다. 그러나 다른 한편으로 '의롭게 여김'의 각도에서 볼 때 율법의 저주는 큰 몽학 선생이 된다. 물론 그 점을 나중에 알게 되지만 말이다.

바울의 유명한 말이 있다: "믿음이 오기 전에는, 우리가 율법의 감시를 받으면서, 장차 올 믿음이 나타날 때까지 갇혀 있었습니다. 그래서 율법은 그리스도께서 오실 때까지 우리에게 개인 교사 역할을 하였습니다. 그것은 우리로 하여금 믿음으로 의롭게 하여주심을 받게 하시려고 한 것입니다. 그런데 믿음이 이미 왔으므로, 우리는 이제 개인 교사 밑에 있지 않습니다"(갈라디아서, 3장 23~24절). 이 개인 교사가 아이를 어른으로 길러내는 줄 생각하면 바울의 패러독스를 크게 오해하는 것이다. 여기서 개인 교사 밑에 있는 우리는 율법의 노예를 가리킨다: "유업을 이을 사람은 모든 것의 주인이지만, 어릴 때는 종과 다름이 없습니다"(4장 1절). 여기서 개인 교사는 죽음의 율법이다. 그러므로 율법의 체제에서 신앙의 체제로 가는 것은 점진적 발전이 아니다. 넘쳐올라 뒤집혀지는 것이다: "율법은 범죄를 증가시키려고 들어왔습니다. 그러나 죄가 많은 곳에 은혜가 더욱 넘치게 되었습니다"(로마서, 5장 20절). 자유를 향한 길이 하나님에게 있음을 더욱 분명히 밝히는 아름다운 문장이 있다: "하나님께서 모든 사람을 순종하지 않는 상태에 가두신 것은 그들에게 자비를 베푸시려는 것입니다"(로마서, 11장 32절). 이처럼 죄의 넘침에서 은혜의 넘침을 찾는 넘침의 교육학[28]은 사람 마음대로 되는 것이 아니다. 어떤 기교를 터득해서, 은혜가 넘치게 하려고 죄를 많이 지을 수는 없다. 윤리라고 하는 노예 상태에 지나지 않는 단계를 통해서는 자유를 얻을 수 없음을 아는 것은 구원받은 후의 일이다. 그처럼 위에서 밑을 읽을 수는 있어도 밑에서 위를 읽을 수는 없기 때문에 죄의 문화를 이용해 은총을 잡을 수는 없다. 그것은 사탄의 짓이요,

---

28) 아담 상징을 고찰하면서 이 문제를 다시 한번 다루게 된다. 제1 아담에서 제2 아담으로 옮겨갈 때에도 이 '넘침'이 작용한다.

가장 궤변에 가까운 윤리적 노력의 행태다. 그것은 제의나 율법을 통해 스스로 영광을 받으려 한 것처럼 자기가 자기를 영화롭게 하는 것이다.

이상의 이야기를 정리하면 이렇다: 허물 의식이 커가면서 인간은 저주의 순환 궤도에 들어간다. 그리고 나중에 '의롭게 된' 후에나 그것이 저주였음을 안다. 그때 그 지나간 저주를 교사로 생각하게 된다. 그러나 아직 율법 아래 있을 때에는 그러한 사실들을 모른다.

결 론
노예 의지란 개념 속의 악의 상징

    연구를 끝내면서 우리는 지금껏 살펴본 일련의 상징들이 어디를 향하고 있는지 알 수 있게 되었다. 또 가장 오래 된 상징이 나중 상징들 속에 어떻게 다시 등장하고 있는지도 알 수 있게 되었다.

    우리가 살펴본 일차적인 악의 상징들이 집약되는 개념이 있는데 그것을 우리는 노예 의지라고 부를 수 있으리라. 그러나 직접 이 개념에 접근할 수는 없다. 그 개념에 어떤 대상을 갖다 맞출 수 없다. 왜냐하면 의지라는 말은 항상 젊어 자기 마음대로 할 수 있음을 전제로 하는 반면에 노예라는 말은 어디에 예속되어 있음을 가리키기 때문이다. 한 사람 안에 자유 의지와 노예 상태가 같이 들어 있다. 그렇기 때문에 노예 의지라는 개념은 간접적인 것으로 남아 있으며, 우리가 앞에서 살펴본 상징들을 사변의 차원으로 끌어올린다. 그러므로 이 개념은 모든 악의 상징이 지향하는 목표요 이념일 수밖에 없다. 그것은 악의 신화가 형성하는 이차적인 상징들을 통해서 좀더 가까이 접근할 수 있는 그런 개념이다.

    지금부터 우리가 우선 말할 수 있는 것은 이것이다. 앞에서 본 대로 가장 다양하고 세밀하고 내면화된 악의 경험은 허물 의식이다. 그 허물 의식이 노예 의지에 가깝다. 그러나 노예 의지라는 개념은 이미 가장 오래 된 개념 곧 흠의 개념 속에 그 싹이 들어 있었다. 맨 뒤의 상징은 그 앞에 나온 상징들의 내용을 모두 취한다. 그러므로 상징들 사이에 순환 관계가 있다. 나중에 생긴 상징들은 그 앞의 상징들로부터 의미를 취하고 앞의 것들은 뒷것에 그 상징력을 전달한다.

거꾸로 더듬어 올라가면서 그 점을 증명할 수 있다. 실제로, 허물은 흠과 죄 체험을 구성하는 상징 언어들을 자기식으로 다시 취한다.

사실 허물을 말하려면 그 앞의 두 계기에서 물려받은 언어인 '포로됨'이나 '오염' 같은 말을 빌어 간접적으로 말할 수밖에 없다. 그 두 상징이 '내면화' 되어 어떤 자유, 곧 자기 마음대로 하여 스스로 높이고 감동하고 오염되는 그런 자유를 표현한다. 거꾸로, 죄를 표현하는 말인 포로됨과 흠을 표현하는 말인 오염이 자유의 차원을 가리킴으로써 그 말들이 문자적으로 이해되어서는 안 되는 상징임이 분명해진다. 이제 비로소 우리는 이 상징들이 자기 대 자기의 관계를 나타내는 것임을 알게 된다. 그런데 왜 앞단계의 상징에 의존할까? 그것은 포로된 자유 의지 다시 말해 노예 의지의 패러독스는 생각으로 파악할 수 없기 때문이다. 자유가 구원되어야 한다는 것 그리고 그 구원은 노예 상태로부터의 구원이라는 것, 그것을 직접적인 방식으로 말할 수 없다. '구원론'의 중심 과제가 거기 있다.

포로됨이라고 하는 암호는 잘 아는 대로 역사 신학에서 빌린 것이다. 그것은 죄 때문에 갇힌 어떤 백성 공동체의 상황을 가리킨다. 그 공동체 상황은 어떤 역사적 사건을 가리키며 출애굽이 그들을 구원했다. 예배가 그러한 역사를 되풀이하여 기린다. 그러다가 개인적인 허물을 가리키는 것이 되면서 포로됨은 그 역사적 기억과 멀어지고 정말 상징이 되었다. 그리하여 자유의 사건을 가리키게 된다.

이 상징은 유대인들에게 핵심적인 것이다. 그러나 모든 문화에 다 들어 있기 때문에 누구나 이해할 수 있다. 그 상징을 통해 느끼는 경험과 신앙은 다양하겠지만 중심 내용은 동일하다. 예를 들어 어디 묶여 있는 상태를 마귀 짓으로 보는 바빌론의 관습은 속박의 현실을 잘 보여준다. 그 속박은 육적인 것에서 발전되어 자유 의지의 예속을 가리키게 된다. 그 속박은 여러 가지 단계의 상징을 통해 표현된다. 가장 낮은 단계에서는 몸이 묶여 있는 것으로 표현된다. 바빌론의 한 시인이 이렇게 탄식한다: "내 몸과 근육과 다리에 있는 더러운 것을 오늘 사라지게 하소서." 또 이렇게 말한다: "나를 구원하소서. 나쁜 저주와 부정한 병과 더러운 죄악이 내 속에 있나이다." 마귀 때문에 온몸이 꼼짝못하게 된 상태에서 부르짖는 이 탄원에는 병과 죄와 허물이 혼동되어 있는 것처럼 보인다. 허물이 육적인 것과 혼동된 것처럼 보인다. 그러나 그것은 이미 상징적 표현이다. 바빌론의 탄원자는 부르짖음을 통해 스스로 '고백'하고 '돌이킨다.' 그는 희미하게나마 모든 결과가 자기 때문이라고 생각한다. 그래서 이렇게 외친다: "내가 젊었을 때부터 저지른 갖가지 죄를 풀어주십시오. 나는 신을 두려워하며, 결코 무례히 행치 않겠습니다." 그는 속박이 자기 때문에 생긴 것이라고 믿기 때문에 자기가 저지른 그 모든 것에서 풀어달라고 부르짖는 것이다.

바빌론의 탄원자가 마귀를 들먹이지만 그것이 이미 노예 의지의 상징이라고 볼 수 있는 것은, 그처럼 묶인 몸의 표현을 분명히 상징으로 쓰고 있는 사람들의 글에도 같은 표현이 나오기 때문이다. 성바울이 좋은 예다. 그는 이렇게 말한다: "죄가 죽을 몸을 지배하여"(로마서, 6장 12절) 몸 자체가 '죄의 몸'이어 '죄의 노예'(6장 6절)가 되었다. 성바울이 죄의 몸이라는 표현을 노예 의지를 나타내는 상징으로 썼음을 다음 말에서 알 수 있다: "여러분이 전에는 자기 지체를 더러움과 불법의 종으로 내맡겨서 불법에 빠져 있었지만, 이제는 여러분의 지체를 의의 종으로 바쳐서 거룩함에 이르도록 하십시오"(로마서, 6장 19절). 노예가 된 몸이라는 상징은 죄인의 상징이다. 죄인은 행위이면서 상태다. 자기를 노예로 만드는 '행위'를 통하여 죄인이 되고 죄인인 '상태'에 빠진다. 몸(육)은 그처럼 꺼져버린 자유의 상징이요, 알맹이가 빠진 구성물의 상징이다. 바울이 말하는 그 행위란 내 몸을 예속 상태로 '바치는 것'(여러분이 전에는 자기 지체를 종으로 바쳤다면)이요, 상태란 지배다(죄가 여러분의 몸을 지배하지 못하게 하여, 6장 12절). 내 자신을 바치는 것이 곧 내 자신을 지배하고 군림하는 것이다. 노예 의지 곧 노예가 되는 자유의 수수께끼가 거기에 있다.

끝으로 플라톤을 보자. 오르페우스 신화에는 영혼이 육에 유배되어 있다는 얘기가 나오고 그래서 포로된 몸이라는 상징을 그노시스 속에 가두는 경향이 있다. 그러나 플라톤은 포로된 몸의 얘기를 문자적으로 보면 안 되고 노예 의지를 가리키는 것으로 봐야 한다는 것을 잘 알고 있었다. 몸이 묶인 것은 '욕망' 때문이고 "자기를 묶고 있는 쇠사슬을 가장 세게 조이는 자는 바로 자기다"(『파이돈』, p. 82)라고 말한다. 결국 플라톤에게 있어서도 몸과 영혼의 얽매임은 영혼이 자초하는 악의 상징이 도며 마음대로 하고 싶은 자유의 상징이 된다. 얽매인 사슬이 끊어지기 바라지만 그 사슬 자체가 반능동적이고 반수동적인 자기 행위에서 비롯되었음을 암시한다. "길을 잃었다"는 표현도 바로 그 점을 뜻한다.

조금 전에 쓴 표현 곧 자기 마음대로 하고 싶은 자유라는 표현에 주목하자. 거기서 우리는 가장 내면화된 허물이 어떻게 그 이전의 상징들을 모두 포함하고 있는지 알아낼 수 있다. 그것은 포로됨(사로잡힘)이라는 상징을 통해서다. 거꾸로 만일 흠이 실제로 때나 얼룩을 가리키지 않고 노예 의지를 가리킨다면 흠이라는 말에는 순수하게 상징 효과만 있으리라. 그때 가서 흠의 상징성은 완전히 성취되리라. 흠의 상징 속에는 노예 의지의 세 가지 축을 이루는 세 가지 뜻이 있다.

1) 흠의 상징에 비추어볼 때 노예 의지를 구성하는 첫번째 축은 '뭔가 있는 것'이다. 악은 무가 아니다. 단순히 무엇이 빠지거나 질서의 결여가 아니다. 악은 어둠의 권세다. 돌출된 것이다. 그러므로 '제거해야 할' 무엇이다: "나는 세상의 죄를 씻어버릴 하나님의 어린 양이다"라고 내면의 주님이 말한다. 그러므로 악을 단순히 존재의 결핍으로 보는 것은 흠의 상징과는 무관한 주장이다.

2) 노예 의지의 두번째 축은 '외부성'이다. 허물은 내면적이지만 외부성의 상징 속에서만 허물에 대한 생각이 가능하다. 악은 자유의 '바깥' 측면으로 사람에게 다가온다: "사람이 시험을 당하는 것은 각각 자기의 욕심에 이끌려서 꾐에 빠지기 때문입니다"(야고보서, 1장 13절). 시험 또는 유혹의 구조다. 악은 사람 밖에서 사람을 유혹하는 것이다. 칸트는 그러한 악의 외부성을 악의 중요한 본질로 보았기 때문에 절대적인 죄인을 인정하지 않았다. 악은 2차적인 것이요, 악인은 시험에 걸려 악인이 되는 것이다. 한편 시험은 늘 있던 것이다. 지금 돌출되는 악은 이미 있던 것이다. 그러므로 악의 시작은 알고 보면 악의 계속이다. 앞에서 보았듯이 흠은 부정한 것의 접촉에서 생긴다. 그러한 흠의 외부성은 악이란 유혹에 의한 것이라는 점을 상징하고 있다. 그러므로 악이란 어떤 면에서는 어쩔 수 없는 것이 된다. 인간의 악을 파토스 곧 '감정'과 동일시하는 이유도 거기에 있다. 결국 흠의 상징을 제거하려면 인간의 악의 체험에서 이 외부성의 축을 없애면 되리라. 그러면 어느 정도 전염이나 오염 같은 주술적 개념이 비신

비화되리라. 그러나 그런 것들이 비신비화되어도 내면 속 가장 깊은 곳에서 노예 의지에 속한 이 유혹의 '바깥' 구조는 끈질기게 살아 남으리라.

3) 노예 의지의 세번째 축은 '오염'이다. 언뜻 보아도 그것은 참 어떻게 할 수 없는 것 같아 보인다. 분명히 어떤 주술적인 접촉을 가리키는 것으로 보이기 때문이다. 그러나 그것은 노예 의지의 상징이며 스스로 속박되어 있는 그릇된 선택을 상징한다. 우선 이 오염의 구조는 위에 말한 것과 연속선상에서 이해된다. 밖에서 오는 시험은 결국 자기에 의한 자기 시험, 자기 오염이 됨을 뜻한다. 그렇기 때문에 속박하는 행위가 드러나지 않은 채 속박된 상태 속에 산다. 노예 의지 체험에 흠의 상징이 재현되는 데는 그와 같은 포로됨의 상징을 거친다. 여하튼 자기를 종으로 바치는 것과 자기에 대한 악의 지배를 같은 것으로 볼 때 자유에 드리운 먹구름의 의미를 잘 파악할 수 있을 것이다. 그러나 오염의 구조는 자기에 의한 자기의 속박 이상을 뜻하고 있다. 오염은 파괴가 아니며, 퇴색시키는 것이지 완전히 없애는 것은 아니다. 여기서 오염의 상징은 뿌리깊은 악과 사람의 관계를 가리키며 인간의 귀착점을 암시한다. 다시 말해서 오염의 상징이 뜻하는 것은 악이 아무리 적극적이고 강한 시험이라 해도 사람을 사람 이외의 다른 것으로 만들지는 못한다는 것이다. 오염은, 사람됨을 이루었던 여러 가지 기능과 기질을 파괴하고 인간 현실과 다른 현실을 만들어내는 것은 아니다. 여기서 우리가 흠의 상징 속에 들어 있는 궁극적인 의미를 알아내려면 2차적인 상징들 무엇보다도 타락의 신화를 살펴보지 않을 수 없다. 그 때에 우리는 악이란 선의 대칭물이 아니고, 악함이란 선함의 대체물이 아니며 다만 인간 안에 있는 순결과 빛과 아름다움이 퇴색되고 희미해지고 추해진 것임을 알게 된다. 악이 아무리 뿌리깊다 해도 선만큼 근원적이지는 않다. 흠의 상징은 노예 의지를 통해 이미 그 점을 말하고 있다. 또 포로됨의 상징을 통해서도 그 점을 말하고 있다. 한 나라가 적의 손에 들어가면 계속 일하고 생산하고 창조하고 존속하지만 오직 적을 위해서 그리한다. 그가 자유한 듯해도 이미 그의 일은 소외되어 있다. 그처럼 포로 상태에 빠진 한 나라의 얘기는 뿌리깊은 악과 근본선의 문제를 암시한다. 흠의 상징의 궁극적 의미를 찾을 수 있는 오염의 구조에 함축되어 있는 것이 바로 그 점이다. 그러나 그러한 의미가 겉으로 드러나려면 흠의 상징을 낳

은 주술적 세계가 무너지고 죄의 경험이 노예 의지의 경험으로 내면화되어야 한다. 그때에야 흠은 노예 의지의 언어가 되어 그 궁극적인 의미를 드러낸다. 또 흠이 오염의 구조가 함축하고 있는 것을 모두 드러내려면 신화적 상징들과 사변적 상징들을 모두 거쳐야 한다.

제 Ⅱ 부

처음과 끝의 신화

신화의 상징 기능

1. 일차 상징에서 신화로

우리가 지금까지 한 작업은 공감과 상상력을 통해 잘못의 경험을 '되풀이'해보는 것이었다. 그런데 우리는 그 경험에 직접 도달했는가? 그렇지 못하다. 흠·죄 그리고 허물의 체험은 특별한 상징 언어를 매개로 이루어진다. 이 언어의 도움 없이 경험은 벙어리이며 그 안의 갖가지 모순들 속에 갇혀 있게 된다(흠이 바깥에서 주어지는 오염이라든가, 죄가 깨어진 관계 또는 권세라든가 하는 것도 모두 언어를 매개로 하는 말이다). 그 점은 이미 I부 여기저기에서 밝혔다. 그런데 여기 또 하나 생각할 것이 있다. 그 기본 상징들에 도달하기 위해 우리는 그 동안 풍부한 신화의 세계를 빼놓고 생각했다는 점이다. 잘못의 경험을 가장 잘 드러내는 표현(때·흠·돌아감·거역·범함·소외 따위)을 의미론적으로 살피기 위해, 앞에서 우리는 생생한 흠의 체험, 죄체험, 허물 체험을 매개하는 원초 상징(1차 상징)들에만 관심을 두었고 그것들을 매개하는 2차 상징들을 괄호 속에 넣었던 것이다.

이 새로운 표현의 망 때문에 현대인이 혼란에 빠지지는 않을 것이다. 오히려 현대인만이 신화를 신화로 볼 수 있다. 현대인만이 역사와 신화를 분리해서 보기 때문이다. 언뜻 보면 역사와 신화가 분리되는 바로 그 '위기'의 점에서 신화적 차원이 사라진다. 신화의 시간은 더 이상 역사 비평이나 역사 방법론에서 말하는 '역사적' 사건의 시간이 아니고, 신화의 장소는 우리의 지리적 위치와 무관하기 때문에 현대인은 비신화화를 심각하게 겪었다. 그러나 다른 가능성도 있다. 우리가 신화와 역사가 분리된 이후에 살고 생각하기 때문에 신화를 신화로 보고, 우리 문화사에서 처음으로 신화적 차원을 밝혀낼 수도 있게 되었다. 따라서 우리는 비신화화란 말은 쓰지 않을 것이며 다만 비신화론화라는 말을 쓰겠다. 사라질 것은 신화가 아니라 신화에 대한 잘못된 지식 곧 잘못된 신화론이기 때문이다. 그래서 우리는 신화를 중시하되 신화를 직접적인 로고스로 보지 않는다. 신화를 신화 곧 미토스로 보겠다는 것이다. 주석과 철학적인 이해를 거쳐서만 미토스는 새로운 로고스의 차원을 얻는다.

신화를 신화로 본다는 것은 신화의 상징 기능, 다시 말해 무엇을 드러내는 기능을 인정하는 것이다. 신화를 신화로 이해한다는 것은 앞서 말한 원초 상징들의 드러내는 기능에 신화가 보탠 그 무엇을 이해하는 것이다. 신화는 거기에 나오는 시간과 장소·인물·사건·줄거리 따위를 통해 어떤 상징 기능을 덧붙인다.

여기서 상징과 신화에 대한 일반론을 펼 수는 없고 다만 인간의 악과 관련된 신화적 상징들을 고찰하는 데 그치도록 하자. 앞으로 우리가 밝혀낼 명제들을 다음과 같이 열거해볼 수 있겠다.

1) 악의 신화의 첫번째 기능은 사람의 모습을 어떤 하나의 얘기 속에 통째로 담는 것이다. 모든 시간을 대표하는 시간을 통해 어떤 한 '사람'이 보편인이 된다. 아담이 사람을 뜻하는 식이다. 바울은 말하기를, 아담 안에서 우리는 모두 죄를 지었다고 한다. 그래서 신화 속의 어떤 경험은 어떤 경험으로 끝나지 않고 경험의 '원형archétype'이 된다. 영웅과 조상과 거인과 원초인 또 반신반인의 형상 속에 이미 실존의 구조가 들어 있다. 신화 속에는 대표인이 들어 있어 사람과 실존에 대해 말하고 있다.

2) 신화에 나오는 보편인은 어떤 방향을 향한 움직임을 지닌다. 신화로 말미암아 인간의 경험 속에 어떤 운동이 생긴다. 잘못의 처음과 나중을 말함으로써 신화는 인간 경험에 어떤 방향과 긴장을 준다. 체험은 단순히 지금만의 체험이 아니게 된다. 지금의 경험은 처음과 나중 사이, '창세'와 '종말' 사이에서 일어나는 어떤 움직임의 한 순간이다. 신화를 통해 인간

의 상실과 구원이라고 하는 기본 역사가 인간 경험을 관통하는 것이다.

3) 좀더 근본적인 문제가 있다. 신화는 인간 실존의 수수께끼에 도달하려고 한다. 흠과 죄와 허물로 얼룩진 현실과 순결한 피조물인 본래적 현실 사이의 불일치라는 수수께끼에 도달하려고 한다. 신화는 이야기를 통해 이 과정을 더듬는다. 그러나 그것은 역시 이야기다. 왜냐하면 원래 선한 피조물이며 선으로 가게 되어 있다는 본래적인 현실과 소외 아래 있는 인간의 역사적이고 실존적인 현실 사이를 무슨 논리적인 설명으로 엮지 않기 때문이다. 그러나 여하튼 신화는 존재론적 측면을 지닌다. 인간의 본질과 실존이 단절되었으면서 연결된 그 관계를 다룬다.

그렇게 해서 신화는 잘못의 경험을 세상의 중심에 둔다. 잘못의 세상이다.

이러한 우리의 신화론은 신화를 우의적으로(알레고리) 해석하는 것하고는 거리가 멀다. 알레고리는 항상 어떤 본문으로 번역되어 쉽게 풀린다. 한번 본문이 풀리면 알레고리는 필요없는 옷으로 전락한다. 거기서는 한 낱말이 직접 다른 낱말로 대체되어 본문의 뜻이 드러난다. 세 가지 기능 곧 보편성과 방향성과 존재론적 탐구라고 하는 세 기능을 통해 신화도 무엇을 드러내기는 한다. 그러나 하나의 언어를 다른 하나의 언어로 바꾸는 번역을 통해 신화의 뜻을 찾을 수는 없다. 셸링이 『신화론의 철학』에서 말한 대로 신화는 자율적이다. 신화의 뜻은 신화가 말한다.[1]

따라서 알레고리로 환원되지 않는 신화 비평을 찾아야 한다.

2. 신화와 그노시스: '이야기'의 상징 기능

신화를 올바로 보려면 그것을 어떤 '원인 설명'으로 보아서는 안 된다. 신화를 철학적으로 다시 취급하는 데 꼭 염두에 두어야 할 점이다. 흔히

---

1) 이 책 제3권에서 밝히듯이, 신화가 알레고리가 아니라고 해서 신화의 해석을 거부하는 것은 아니다. '번역'이 아닌 '해석'을 말하려는 것뿐이다. 간단히 말해서 신화가 여는 경험의 세계를 발견하는 작업은 오성 범주의 선험적 영역과 견줄 만한 실존적 증명을 구성한다. 이 책 끝부분인 「상징은 생각을 불러일으킨다」를 참고하시오.

철학자들이 신화를 거부하는 까닭은 신화의 설명이 소크라테스 이전의 합리성과 맞아떨어지지 않는다는 데 있다. 그렇게 되면 신화는 합리성을 흉내낸 것에 지나지 않게 된다.

그들은 신화를 합리성의 흉내로 보고 합리성에 어긋나는 것으로 본다. 마치 역사와 신화를 반대로 보듯이 말이다. 그건 잘못이다. 물론 역사와 신화의 구분은 신화 분석의 기초가 된다. 여기서 한 가지 생각해보자. 역사가 역사일 수 있는 것은 '인과 관계'의 탐구가 지리학이나 물리학의 지식에 의존하기 때문이다. 그러므로 그러한 역사와 신화의 분리 또는 설명과 신화의 분리에서 살아 남으려면 신화는 어떤 특정한 시간과 장소에서 발생한 역사도 아니고 설명도 아니어야 한다.

나의 생각은 이렇다. 거짓 합리성이라는 말은 신화에 맞는 말이 아니라 그노시스 곧 영지에 맞는 말이다. 합리성을 흉내낸 것은 영지주의다. 영지주의는 신화의 원인론적 계기를 주워모아 발전시킨 것이다. 악에 대한 영지가 특별히 그렇다. 영지란 말 그대로 '지식'을 가리킨다. 영지와 합리성 사이는 양자택일의 관계다. 그러나 신화는 신화다. 신화는 영지와 차원이 다르다. 신화는 설명이 아니고 하나의 개방이며 발견이다. 그러므로 신화와 영지는 갈라놓아야 한다.

플라톤의 예를 보면 큰 도움이 되리라. 플라톤은 자기 철학 속에 신화를 집어넣었다. 그는 신화를 신화로 보았고 어떤 설명으로 보지를 않았다. 거기서 신화는 수수께끼로 가득차 있다. 신화는 지식과 혼동되지 않은 채 신화로 남아 있다.

물론 신화에는 영지로 인도하는 측면이 있다. 더구나 악의 문제는 그런 경우의 대표적인 예다. 우리는 고통과 죄에서 의문이 터져나옴을 앞에서 보았다: "언제까집니까, 주님?" "내가 당신께 어떤 죄를 졌습니까?" "내 행위는 괜찮습니까?" 악의 문제가 많은 생각을 불러일으키며 머리를 어지럽게 한다고들 한다. 사실 악은 합리성으로 해결할 수 없는, 풀리지 않는 문제로 보인다. 본성 때문에 이성이 헷갈리고 초월적인 환상에 빠지기 전에 실존 한가운데에 '왜?'라는 물음이 거대하게 자리잡는다. 본래적인 순결과 궁극적인 완전이라는 상상력에서 그리고 인간의 본래적 현실과 사람의 실제적 현실 사이의 모순에서 비롯된 물음이다. 영지주의 문학이 구성하는 거짓 설명도 바로 그런 물음 때문에 비롯된 것이다.

신화가 어떤 원인의 설명이 아니라면 무엇인가? 신화가 영지가 아니라면 무엇인가? 그 문제에 답하기 위해 다시 한번 상징의 기능으로 되돌아가야 한다. 상징은 어떤 경험의 차원을 여는 것이요 상징 없이 그 경험은 갇혀 있고 감추어져 있는 것이라 했다. 그러므로 문제의 핵심은 신화가 어떤 면에서 상징이냐 하는 것을 밝히는 것이다.

그 점을 알아내려면 신화의 개방과 발견의 기능——영지의 설명적 기능과 반대되는——을 아주 세밀한 부분까지 가려내야 한다. 그러므로 신화와 일차 상징을 구분해야 한다. 그 구분의 열쇠는 이야기에 있다. 원초 상징에 새로운 의미의 차원을 여는 것이 이야기다.

이야기가 어떻게 상징이 될까?

우리는 여기서 반 데어 레우Van der Leeuw, 렌하르트Leenhardt, 엘리아데의 종교현상학이 신화 의식에 대해 해석한 것을 참고로 하자. 그들의 해석에 따르면 우선 신화—이야기는 어떤 가상의 애기나 우화를 만들어내는 것이라기보다는 현실 전체와 실제적으로 관계하는 의식에서 나오는 것이라는 점이다. 여기서 우리에게 중요한 것은 모든 이야기나 우화나 전설 밑에 깔린 이 의식이 왜 하필이면 이야기라는 형식을 통해 말로 되었는가 하는 점이다. 종교현상학이 이야기에서 출발하여 그 이전의 뿌리까지 거슬러 올라가는 작업을 한 것이라면, 우리는 거꾸로 이야기되기 이전의 의식에서 출발하여 신화 이야기로 가보려 한다. 신화의 상징 기능을 둘러싼 수수께끼들이 모두 그 과정에 몰려 있다.

결국 우리는 신화의 두 가지 특징을 고려해야 한다. 하나는 말이라는 점이고 또 하나는 말 중에서도 이야기라는 점이다.

먼저, 이야기 너머에는 무엇이 있을까? 종교현상학에 따르면 신화라는 이야기는 체험되고 느낀 어떤 삶을 말에 담은 것으로 아직 정형화되지 않은 것이다. 처음에 그 삶은 세계 전체와 관련된 포괄적인 행위를 통해 표현된다. 그 포괄적인 행위는 신화보다는 제의를 통해 더 완벽하게 드러난다. 신화란 결국 그 포괄적인 행위 가운데 언어로 된 부분이다.[2] 좀더 자

2) 엘리아데는 이렇게 말한다: "신화와 말과 우화를 구분해야 한다. 그래야 여러 가지 성

세히 말하면 제의 행위와 신화는 협력하여 그것들 너머의 무엇 곧 어떤 원형을 가리킨다. 그 원형을 모방하고 재현한다. 그러므로 제의와 신화의 공동 기반은 어떤 원초 행위이다. 몸짓이나 말을 통해 흉내내고 재현함으로써 그 원초 행위에 참여하는 것인데 결국 완전한 참여는 되지 못한다.

그렇게 해서 종교현상학은 신화의 문제를 새롭게 제기하는 데 공헌했다. 이러저러한 신화들 속에 들어 있는 이야기와 인물들의 모태가 되는 구조를 밝혀내고 그 구조에서 신화의 기본 범주를 찾아냈다. 그것은 성스런 것과의 관계 또는 참여다.

그러한 기본 구조에서 신화의 다양성이 나온다. 그 기본 구조 곧 성스런 것과의 관계가 뜻하는 것은 결국 무엇인가? 흔히 말하는 대로, 인간이 존재 전체와 하나가 됨을 뜻한다. 또는 초자연적인 것과 자연적인 것과 심리적인 것이 나눌 수 없는 충만을 이룸을 가리킨다. 그러나 문제는 어떻게 신화가 충만을 가리키는가? 하는 점이다. 분명한 것은, 사람이 전우주와 하나가 되고, 자연과 초자연과 인간이 분리될 수 없는 충만을 이룬다는 것은 목표지 현실은 아니라는 점이다. 신화가 구성하는 총체성에는 의도가 담겨 있는 것이다. 인간이 제의와 신화를 통해 그 총체성을 흉내내고 재현하는 것은 그것을 잃어버렸기 때문이다. 인간은 이미 처음부터 분열되어 있다. 그러므로 신화는 의도적인 재구성이요 회복을 위한 의도적인 노력이다. 그런 점에서 이미 신화는 상징이다.

두려움에 대한 보호라는 생물학적 기능을 신화에 부여하려고 하는 사람들도 이 현실과 목표의 분리를 인정한다. 패배감에 대항하기 위해 가공의 이야기가 생긴 것이라면 신화는 이미 불행 의식의 열매다.[3] 통일과 일치

스런 행위나 몸짓을 신화에 포함시키게 된다. 태초의 시간에 일어난 사건이나 인물에 대한 이야기뿐 아니라 그것들과 직접·간접으로 관련이 있는 모든 것이 신화다"(*Traité d'Histoire des Religions*, p. 335).

3) 물론 구스도르프의 견해를 따르는 것은 아니다. 그에 따르면 신화는 생물학적인 방어에서 나오는 것이며 "세상 안에 있는 존재의 자연스런 귀결"이라고 한다(G. Gusdorf, *Mythe et Métaphysique*, Paris, 1953). 신화에 대한 오해는 모두, 현실적으로 이루고 있는 동거와 목표로 삼고 있는 화해 사이의 거리를 잊고 있는 데서 비롯된다. 정말 "처음의 인간이 동거뿐 아니라 조화와 충만까지도 이루고 있다"면, 그리고 "신화 속에 들어 있는 것이 원시인들이 지녔던 현실과 가치의 일치"의 흔적이라

와 화해가 현실적으로 주어지지 않았다. 그 통일과 일치와 화해를 말해야 하고 몸짓으로 표현해야 하는 까닭이 거기 있다. 그 세계에 참여하고 있기보다는 그 세계를 뜻하고 있기 때문에 어느 정도 가공의 이야기는 처음부터 필요하다. 신화의 핵심인 성스런 것에로의 참여는 곧 가공의 이야기를 이룬다.

그런데, 신화가 그처럼 잃어버린 총체성과 사람의 관계를 상징적으로 보여주기 때문에, 신화는 처음부터 여러 갈래로 갈라진다. 무엇을 뜻하는 어떤 것은 그 무엇과 동일하지 않다. 잘못의 일차 상징들에 대한 연구에서 보았듯이 상징이 상징일 수 있는 것은 유비의 역할을 하는 어떤 것 때문이다. 유비 역할을 하는 것이 다양할 수 있기 때문에 상징은 다양해진다. 설사 상징이 제한되어 있다 해도 그 하나하나를 이해하는 것 역시 처음부터 한계를 지닌다.

신화가 뜻하는 총체성과 우리의 실제 경험 사이에 처음부터 거리가 있음을 레비-스트로스Lévi-Strauss 는 이렇게 지적한다[4] : "우주는 우리가 그것의 의미를 알려고 하기 전에 이미 무엇을 뜻하고 있다; 우주는 인간이 알려고 하는 총체적인 그 무엇을 처음부터 뜻했다"; "인간은 처음부터 자기를 둘러싸고 있는 총체적인 뜻함(시니피앙, 기표)을 통해 뜻(시니피에, 기의)에 접근한다. 그러나 그 뜻은 결코 알 수 없다." 뜻하여지지만 결코 도달할 수 없는 그러한 총체성은 결국 그 총체적 시니피앙의 기호 역할을 하는 성스런 사물들을 통해서만 접하게 된다. 여기서 상징이 다변화된다. 그러므로 지구상의 문화치고 신화나 제의를 통하지 않고 그 의미의 잉여분을 노리는 문화는 없다. 성스런 그 무엇은 불확실하기 때문에 우연한 형식(여러 가지 성스런 사물들)을 취한다. 그래서 성스런 그 무엇 역시 수많은 신화나 제의들을 통해 자기를 드러낸다. 그처럼 총체적 충만은 오직 상징적일 뿐이며 인간의 경험은 그 뜻(시니피에)에 대한 유비에 만족해야 하기 때문에 신화 세계가 혼란스럽게 느껴지는 것이다. 그렇기 때문에 성스런 것의 기호들을 수용하는 데 이야기와 제의가 필요하다. 성스런 것을 표시

면, 왜 이야기 형식을 빌어 신화가 생겼는지, 왜 무엇을 뜻하는 말을 빌었는지 이해할 수 없다.

4) G. Gusdorf, *op. cit.*, p. 45에서 재인용.

하는 기호란 성소·성물, 성스런 때와 축제 같은 것들이다. 충만함이 실제로 체험되는 것이라면 특별히 무슨 장소와 때를 가리지 않으리라. 그러나 상징적으로 겨냥되는 것이기 때문에 특별한 기호가 필요하고 그 기호에 대한 말이 필요하다. 그 기호들은 다른 것과 구별됨을 통해서 총체적 시니피앙에 관계된다. 따라서 신화의 기능은 충만함을 겨냥하는 그 기호들의 윤곽을 보존하는 데 있다. 원시 문화가 어느 것이나 동일한 신화 구조를 지니고 있음에도 불구하고 내용은 각각 다른 이유가 거기 있다. 그처럼 하나의 신화 구조 밑에서 문화에 따라 다양한 신화가 생기는 것은 신화와 제의가 재현하려는 총체성과 충만성의 상징적 특성 때문이다. 오직 상징될 뿐이기 때문에, 성스런 그 무엇은 다양한 신화로 갈라진다.

그런데 갈라지면서 왜 신화는 이야기 형식을 취할까? 먼저 알아야 할 것은 왜 신화나 제의가 드라마의 양식을 지니는가 하는 점이다. 그것은 신화가 궁극적으로 뜻하는 것(시니피에)이 드라마의 형식을 띠기 때문이다. 그래서 신화를 이루는 이야기들이 '사건들'과 '인물들'에서 나온다. 그 구조가 드라마이기 때문에 신화 자체가 사건으로 이루어지고 그렇기 때문에 이야기라고 하는 유연한 방식이 필요하다. 그러면 왜 신화—이야기가 궁극적으로 뜻하는 것이 드라마의 형식을 띨까? 그것은 신화를 만드는 인간 의식이 노리는 것이 원역사의 처음이나 끝의 시점에 있는 충만이기 때문이다. 그런데 그처럼 신화를 통해 상징적으로 노리는 충만은 재현과 상실의 과정을 반복한다. 그냥 주어진 것이 아니다. 그것은 실제로 체험되기보다는 뜻하여지는 것이며 그것도 투쟁을 통해 뜻하여진다. 여하튼 신화는 그 원초의 드라마에서 이런저런 얘깃거리를 얻는다. 결국 신화가 유연하고 상상력을 발동하고 사건들로 이루어진 이야기인 것은 첫째, 성스런 무엇을 상징적으로 표현할 기호들이 필요하기 때문이며 둘째, 원초 시간이 드라마의 성격을 띠고 있기 때문이다. 그러므로 신화의 시간은 처음부터 원초 드라마에 의해 모양이 갖춰진다.

우리가 앞으로 공부할 악의 처음과 나중에 관한 신화들은 그런 여러 신화들 가운데 한 부분에 불과하며, 이 서론에서 제시한 작업 가설을 지극히 부분적으로 입증하게 될 것이다. 그리고 신화 세계의 원초적 구조에 직접 접근하게 될 것이다. 앞에서 말했듯이 모든 악의 신화들에 들어 있는 기본 특성이 세 가지 있다. 하나는 어떤 대표적 인물을 통해 보편적인 인간 경험을 드러내며, 또 하나는 처음에서 끝으로 향하는 기본 역사의 긴장이 있으며, 끝으로 어떤 원래 상태에서 소외의 역사로 옮겨가는 사건이 있다. 이것이 악의 신화의 세 가지 기능이며 동일한 구조의 세 가지 측면이다. 그러므로 이야기의 형태는 2차적이거나 우연한 것이 아니라 1차적이고 본질적인 것이다. 신화는 이야기를 통해 상징 기능을 수행한다. 거기서 상징되는 것은 무슨 드라마다. 바로 그 드라마가 인간의 경험 속에 숨겨져 있는 의미를 열고 발견한다. 그리하여 그것을 말하는 신화는 이야기의 독보적인 기능을 수행한다.

우리가 위에서 강조한 신화의 두 가지 특성은 잘못의 세계를 탐구하는 데 아주 중요하다. 우선 의미의 잉여 곧 '넘치는 뜻'이 주는 가르침이다. 우리는 성스런 무엇의 넘치는 뜻 곧 '떠도는 시니피앙'에 대해 말했다. 거기서 알 수 있는 것은, 제1부에서 말한 잘못의 체험이 처음부터 의미의 총체 또는 우주의 전체 의미와 긴장 관계 속에서 생겼다는 점이다. 그러한 긴장 관계가 잘못의 경험에 결정적인 역할을 한다. 좀더 분명히 말하자면, 그 경험은 어떤 상징들과 관계하에서만 생기는데 그 상징이란 잘못을 어떤 전체성 속에 자리매기는 그런 상징들이다. 물론 그 전체성이란 우리 손에 잡을 수 없고 실제로 현실화할 수 없으며 다만 뜻하고 겨냥하는 것이다. 그러므로 죄를 고백하는 말은 잘못의 처음과 나중 그리고 그 뒤에 있는 전체성을 신화적으로 가리키는 좀더 폭넓은 언어의 일부분에 지나지 않는다. 여하튼 잘못의 체험에서 상징을 제거하는 것은 그 체험의 의미를 제거하는 것이 되고 만다는 점에 유의해야 한다. 그런데 지금 겪는 잘못의 경험을 총체적 의미와 연관시키는 것이 바로 이야기로서의 신화다.

그 다음, 잘못의 경험의 바탕이 되는 그 총체적 의미라는 것이 신화 의식을 매개로 원초 드라마에 연결된다는 점이다. 잘못의 경험을 만들어내는 기본 상징들은 비탄과 싸움과 승리의 상징들 곧 천지 창조의 상징들이다. 총체적 의미와 우주적 드라마 이 둘은 앞으로 우리가 처음과 끝의 신화를 탐구하는 데 이바지할 두 개의 열쇠다.

3. 악의 처음과 끝에 관한 신화의 유형

어느 원시 문화나 비슷비슷한 의식 속에서 신화가 생겨나는데, 그 신화가 문화마다 다르니 어떻게 하면 좋을까? 한편으로는 신화 의식의 현상학을 통하여 모든 신화에 공통된 '마나'를 발견하고 성스런 것의 재현과 동참을 발견하지만 다른 한편으로는 다양한 비교 신화론이 있으니 그 양자 사이에서 길을 잃지 않으려면 어떻게 해야 하나? 우리는 플라톤의 권면을 받아들이려 한다. 그는 『필레보스』에서 말하기를, "너무 빨리 단일성을 찾거나 너무 빨리 다양성을 찾는 논쟁"을 피하고 "다양성이 무한성과 단일성 사이에서 구현하는" 중간 숫자를 찾으라고 권면한다. 그 중간점을 존중하는 것이 "논쟁과 대화를 구분하는 핵심"이라고 한다.

우리가 '유형'을 찾는 것도 그러한 중간점을 찾으려는 것이요, 하나의 신화 의식과 너무 많은 신화론 사이에서 길을 찾으려는 것이다. 여기서 제시하는 유형은 신화에 대한 동일한 해석의 답답함과 너무나 다양한 악의 신화의 복잡함에 빠지지 않게 하는 아 프리오리이면서 경험에 비추어 끊임없이 수정되는 아 포스테리오리다. 나도 『슬픈 열대 *Tristes Tropiques*』를 지은 레비-스트로스와 같은 생각이다. 다시 말해서, 인간의 상상력과 실천적인 제도 행위를 구체화하는 '모양'은 무한하지 않으며 그 몇 가지 중요한 모양의 형태론을 짤 수 있다는 것이다. 이제 우리는 악의 기원과 종말에 대한 신화를 4가지 '유형'으로 나누어보려 한다.

1)첫째는 창조의 드라마다. 악의 기원은 사물의 기원과 같이 간다. 악의 기원은 카오스요, 하나님이 그것과 싸워 창조한다. 그러한 세계관에서 나온 생각이, 구원은 창조와 동일하다는 생각이다. 세상의 기초를 세우는 행위는 자유를 주는 행위다. 앞으로 이 유형에 해당하는 예배 구조를 통해 그 점을 확인할 것이다. 예배란 세상의 처음에 있었던 투쟁을 제의로 되풀이하는 것이다. 악과 '혼돈'을 같이 보고 구원과 '창조'를 같이 보는 것이 첫째 유형의 기본 특징이다. 다른 특징들은 이 기본 특성의 부산물이다.

2) 생각이 인간의 '타락'에 미치면서 새로운 유형으로 접어든다. 창조가 완전하게 이루어진 마당에 발생한 인간의 타락은 불합리한 사건이었기 때문이다. 원래 창조의 드라마에는 인간의 타락은 들어 있지 않다고 봐야 한다. 전체적으로 보아 창조의 드라마에 '타락'의 교리가 들어가는 것은 해석하기 어려운 일이며 따라서 새로운 '유형'이 요청된다. 결국 인간의 타락의 교리는 창조의 드라마가 완전히 배제된 우주론 속에서만 완전히 이해된다. 그 결과 구원은 창조의 되풀이가 아닌, 전혀 새로운 사건이 된다. 구원은 독자적인 역사를 이룬다.

두번째 유형과 함께 타락이라는 불합리한 사건과 옛 창조 드라마 사이에 균열이 생긴다. 창조의 드라마는 세상 현실에서 벌어지는 드라마에 비추어 어떤 배경을 이루는 '우주론'으로 뒷걸음질치고 이제 구원은 '역사적'인 것이 되어 둘 사이가 벌어진다. 구원은 하나님이 주도하시고 또 악을 없애려는 인간의 노력으로 얻을 수 있는데, 그 구원은 이제 창조의 끝과 구별되는 특별한 끝을 겨냥한다. 그 특별한 끝을 중심으로 '종말론적' 표상이 전개되는데 그 끝은 더 이상 창조의 끝과 같지 않다. 그래서 두 가지 표상 사이에 이상한 긴장이 생긴다. 그것은 '제7일의 안식'이 있는 일단 완성된 창조와 '마지막 날'을 기다리는 구원 기대 사이의 긴장이다. 악의 문제는 완전한 창조에 '갑자기 발생한' 타락 사건에서 비롯된다. 두번째 유형의 무게중심은 타락 사건이다.

3) 창조 드라마의 혼돈의 신화와 타락의 신화 사이에 우리는 중간 유형을 끼워넣자. 그리고 그것을 '비극 유형'이라 부르자. 처음으로 그리스 비극에서 완벽하게 자기 모습을 드러냈기 때문이다. 그 비극적인 인간관 뒤에는 어떤 신학이 자리잡고 있다. 그 신학은 겉으로 드러내놓고 말할 수 없지만 내면에 흐르고 있다. 그것은 하나님이 우리를 시험하고, 눈멀게 하고, 소외시키는 이로 보는 비극 신학이다. 그 경우에 잘못은 비극적인 영웅의 존재와 구분되지 않는다. 사람은 잘못을 저지르지 않지만 잘못이 있다. 그 경우에 구원은 무엇인가? '죄의 용서'가 아니다. 불가피한 잘못은 용서하고 뭐하고 할 것이 없다. 다만 비극적인 구원이 있다. 그것은 비극에서 나온 일종의 심미적인 해방으로, 실존의 깊이에 내면화되고 자기 자

신을 가엾게 보아 돌이키는 것이다. 그러한 구원에서 자유는 어떤 필연성과 일치한다.

창조 드라마의 혼돈과 비극적 영웅의 불가피한 잘못과 최초 인간의 타락 사이에는 서로 배척하고 연관짓는 복잡한 관계가 있다. 그러나 서로 배척하는 관계도 크게 보면 공통된 마당 안에서 일어나는 것이다. 이 세 신화는 서로 밀접한 연대를 이룬다.

4) 이 세 신화가 이루는 삼각 관계 바깥에 또 하나의 신화가 있는데 특별히 서양 문화와 관련이 있는 것이다. 그리스 철학의 탄생까지는 아니더라도 적어도 그 성장을 주도한 이 신화를 가리켜 "유배된 영혼의 신화"라고 부르자. 이 신화가 다른 신화와 다른 점은 사람을 영과 육으로 나누고 영의 문제에 집중적인 관심을 두고 있는 점이다. 영은 다른 곳에서 왔으며 이 세상에서 소외되고 있다고 본다. 그러한 견해는 다른 신화의 우주 발생론이나 신 발생론에는 없는 독특한 것이다. 이 유형에 대한 연구가 중요한 것은 어떤 혼동을 막기 위해서다. 흔히 유배된 영혼의 신화와 최초 인간의 잘못의 신화를 혼동하며 그것을 타락의 신화와 구분하지 않는다. 그러나 이 두 신화는 아주 다르며 성서의 타락 신화는 유배된 영혼의 신화보다는 혼돈의 신화 그리고 비극의 신화와 가깝다.

결국 우리의 '유형론'은 나누는 데 중점을 두려는 것이 아니다. 이러한 분류를 통해 신화 속에 들어 있는 생명력을 찾아내고 서로 다른 유형의 신화가 이루는 역동적인 관계를 찾아내려는 것이다. 그러할 때 비로소 우리는 철학에서 신화를 다시 취할 수 있게 된다.

제 1 장
창조 드라마와 '제의적' 세계관

1. 처음의 혼돈

악의 처음과 끝에 관해 첫번째 유형의 신화로는 수메르—아카드의 신 발생*théogonie* 신화가 눈에 띈다. 지금 우리에게 전해진 수메르—아카드 신화는 아마 기원전 2천년대초에 작성된 것 같다. 이 신화들 속에는 혼돈에 대한 질서의 최후 승리가 들어 있다. 호머나 헤시오도스의 신 발생 신화도 같은 유형이지만 조금 다르다. 더구나 그것들은 바빌로니아의 서사시만큼 총괄적인 세계관을 보여주지 못하고 있다.

이 유형을 살펴보고 그 생성 동기를 밝히려면 에뉴마 엘리쉬(시 첫머리에 나오는 두 낱말을 따서 지은 이름으로 그 뜻은 "위에서 〔……〕 할 때"다)라고 부르는 거대한 창조 드라마를 보아야 한다. [1] 이 창조 신화는 주목할 만한 특징이 있다. 그것은 세상의 탄생을 말하기에 앞서 신의 탄생을 말한다는 점

1) P. Dhorme, *Choix de textes religieux assyro-babyloniens*, Paris, 1907, pp. 3~81; R. Labat, *Poème babylonien de la création*, Paris, 1935; Heidel, *The Babylonian Genesis and old Testament Parallels*, Chicago, 1942, 여기서 사용하는 분문은 James B. Pritchard, *Ancient Near Eastern Texts relating to the Old Testament*, Princeton, 1950, 2ᵉ éd. 1955, pp. 60~72 (이것은 *Anthology of Texts and Pictures*, 1958, pp. 31~39에 부분적으로 다시 나오고 Isaac Mendelsohn, *Religions of the Ancient near East, Sumero-akkadian religions texts and Ugaritic Epics*, Library of Religion, New York, 1955, pp. 17~47에 전문이 나와 있다). Theodor H. Gaster는 *The Oldest Stories in the World*, Boston, 1952, pp. 52~70에서 본문을 번역하고 이 이야기를 새롭게 이야기한다.

이다. 지금과 같은 세상과 인간의 출현은 신들의 탄생 드라마 끝에 나온다. 이 신의 생성은 유형 분류의 차원에서 중요한 의미를 지닌다.[2] 생산과 연관되어 있기 때문에 '이야기' 형식에 가장 의존적인 이 신화는 현대 철학 특히 독일 관념론의 발생을 예고한다. 그렇기 때문에 유형론적인 이해를 버리고 사회학적인 방법만 택하면 안 된다. 물론 바빌로니아는 마르둑

---

2) 여러 학자들에 따르면(Kramer, *Sumerian Mythology*, Philadelphie, 1944. Thorkild Jacobsen은 Frankfort, Wilson, Irwin과 협력하여 *The Intellectual Adventure of Ancient Man*, Chicago, 1947을 펴냈다) 우리가 여기서 연구할 아카드의 창조 신화는 수메르적인 배경을 지니고 있다고 한다. 그들은 그러한 수메르적인 배경을 재건했다. 그러한 과정에서 그들이 새롭게 깨달은 것은 질서의 기원에 관한 물음은 비교적 나중에 제기되었고 우선 질서를 찬양했다는 점이다. 그 질서는 어떤 우주적인 나라로 묘사되고 그 나라 안에서 여러 가지 기본 세력들이 서열을 이루고 있다고 여겨졌다. 맨 위에는 군림하는 통치자(Anu 하늘)가 있다. 그 다음에는 양면성을 지닌 권세(Enlil 폭풍의 주)가 있어 재앙을 주기도 하고 도움을 주기도 한다(아카드의 창조시에 보면 Tiamat라고 하는 괴물을 쳐부수는 것도 그다). 그 다음에 대지—어머니의 수동적인 풍요가 있다. 그 다음에 적극적이고 천재적인 창조가 있다(Enki, 대지의 신, 샘이 깊은 물). 후대의 신화들을 읽을 때 이러한 세계관은 정신적으로 받아들여야 할 것이다. 후대의 신화란 마르둑이라는 신이 영웅으로 등장하고 거기서 질서에 대한 물음이 제기된다. 그러나 신 발생론적이고 우주 발생론적인 미래 신화는 이미 가장 오래 된 신화들 속에서 싹트고 있었다. 우선 우주의 서열 질서에 대한 묘사에는 드라마가 들어 있음을 알 수 있다. 여러 세력들이 서로 만나며 조금씩 움직인다. 그리고 나서 기원 신화가 생기는데, 그것은 이차적인 신들에 대한 기원의 신화다. 신들간의 싸움과 판결은 우주의 서열을 유동적으로 만든다. 무엇보다도 최고신의 권세를 지니는 통치자의 자리가 신들의 우열에 의해 이 신 저 신에게로 옮겨진다. 그렇게 해서 체제 안에 움직임이 들어온다. 이처럼 신들의 위계 질서가 바뀜에 따라 메소포타미아 도시들의 지위도 바뀌었다. 우리가 제1유형의 예로 꼽는 신화의 중심부에 마르둑의 즉위가 나오는데 그것도 그 같은 메소포타미아 만신들의 자리 움직임 속에서 있는 일이다. 그러므로 처음부터 질서가 있다고 보는 세계관과 신들의 싸움에 의해 질서가 잡혔다는 세계관은 서로 모순되는 것이 아니라 계속성이 있다. Dhorme 역시 *Les Religions de Babylonie et d' Assyrie*, Paris, 1945에서 4구역으로 나누어져 있는 '세상 신들' 곧 땅과 하늘과 물과 지옥에 대해 말하고 있다(pp. 20~52). 그리고 책 끝에서 우주 발생론적이고 신 발생론적인 신화들을 연구하고 있다(pp. 299~330). 그와는 반대로 *La littérature babylonienne et assyrienne*, Paris, 1937에서는 '우주 발생론적 문학'이 먼저 나오고 그 다음에 '신화적 문학' '서사시' '서정시' '도덕 문학' 등이 나온다. 한편 G. Contenau, *La Civilisation d' Assyrie, et de Babylone*, Paris, 1937은 Enuma Elish에 대해 좀더 고고학적이고 사회학적인 관점을 보여준다(pp. 77 이하).

172

을 우주적인 전쟁의 영웅으로 만들어 정치적인 권세를 표방한 것이 사실이지만 말이다. 사회학적인 설명으로는 시의 의미를 다 파악할 수 없다. 서사시의 구조 그 자체를 이해해야 하며 그 구조를 통해 펼쳐진 세계관을 이해해야 한다. 간단히 말해, 해석해야 할 것은 '서사시' 양태 곧 질서를 어떤 결과로 보는 사고 방식이다. 신 발생론의 끝이 우주론이라는 점 다시 말해 세상에 대한 진술은 신의 발생의 결과라는 점, 신화 '안에서' 신화를 '넘어' 이해해야 할 것이 바로 그 점이다.

그러한 첫번째 특징에서 두번째 특징이 나온다. 신이 탄생되었다면 혼돈이 질서보다 앞서고, 악의 원리는 처음부터 있었으며, 신의 탄생과 함께 간다. 질서는 신 속에 도래하되, 옛 신의 권세에 대해 지금 신의 권세가 이겨 도래한 것이다. 전에 있던 무질서는 여러 가지 모양과 이야기로 소개된다. 우선 "모두의 첫 어머니"(I, 4)가 나오는데 그는 첫 아버지 압수와 함께 엄청난 양의 더러운 물과 깨끗한 물이 처음부터 섞여 있음을 보여준다. 그러나 그러한 물의 혼돈의 의미는 단순하지 않고 복잡하며 악의 기원 신화도 그러한 의미의 복합성 속에서 형성된다. 티아마트는 거대한 물 이상이며 생산의 힘을 가지고 있다. 그 밖에, 다른 신들처럼 계획을 짤 수도 있다. 이야기에 따르면 젊은 신들은 늙은 부부의 평화를 깬다——"그들은 하늘에 있는 집에서 소란을 피워 티아마트의 신경을 건드린다"(I, 23~24). 그래서 압수가 그들을 없애려 하는데 그의 아들 뭄무와 대신이 하나의 계획을 제시한다——"그 계획을 들은 압수는 그가 신들에 대해 저지를 악에 대한 생각으로 얼굴이 빛났다"(I, 52). 그러나 그 계획이 실현되기 전에 그는 살해되었다. 그리고 마르둑이 생겼을 때——"가장 강력하고 가장 지혜로운 신이 생겼다"——분노에 찬 티아마트는 괴물들을 낳는다. 살무사·용·스핑크스, 큰 사자, 미친 개, 전갈 인간 따위를 낳는다(139~41)——"일을 마친 티아마트는 신들과 싸우기 위해 무장했다. 거칠게 행동하여 압수의 원수를 갚으려고 했다"(II, 1~3).

이러한 소박한 얘기 속에 여러 가지가 들어 있다. 우선 알 수 있는 것은, 세상의 처음은 선과 악 너머이며 나중에 질서의 원리——마르둑——와 함께 괴물들을 낳는다는 점이다. 그리고 그 처음은 눈먼 기원이기 때문에 파괴되고 극복되어야 한다는 점이다. 그처럼 원초적인 잔인성을 없애면서 신이 탄생하는 것이 그리스 신화에서도 발견된다. 나중에 그리스 비극과 철학은 위에 말한 몇 가지 점들과 씨름하게 된다.

위의 몇 가지 점이 뜻하는 것이 무엇인가? 소극적으로는, 인간은 악의 기원이 아니라는 것이다. 인간은 악을 발견할 뿐이고 이미 있던 악을 계속할 뿐이다. 물론 인간에게는 나쁜 의지가 있고 인간 스스로도 그것을 자기 책임으로 돌린다. 문제는, 인간이 자기의 죄를 고백한다고 해서 악의 기원을 자기의 나쁜 의지에 두느냐? 하는 점이다. 그 다음, 적극적인 의미는 이것이다. 곧, 악은 가장 오래 된 존재만큼이나 오래 됐다는 점이다. 악은 존재의 과거라는 얘기다. 악은 세상이 세워지면서 파괴되었다. 그리고 하나님은 존재의 미래다. 그런 의미들이 들어 있는데, 문제는 하나님을 거룩한 분으로 고백하는 것이 악의 기원을 신의 영역과 완전히 무관한 것으로 보는 것이냐? 는 점이다.

전혀 그렇지 않다. 우리가 물은 두 물음에 대한 답은 모두 부정적이다. 왜 그런지 앞으로 보게 될 것이다. 사람은 그 이중의 고백 곧 죄의 고백과 거룩한 하나님의 고백을 끝까지 밀고 나갈 수 없다. 뿐만 아니라 그 이중의 고백이 율법적이고 도덕적인 것으로 환원되지 않고 본래의 뜻을 지니려면 굉장한 존재의 서사시에 의지해야 한다.[3]

그러나 아직 우리는 원초적인 악의 문제를 끝까지 밀고 가지 못했다. 위의 신화에 보면 아직 무질서가 무질서에 의해 극복된다. 젊은 신이 질서를 세우는 것은 폭력을 통해서다. 여기서 악의 원리는 이중으로 암시되고 있다. 하나는 질서보다 앞선 혼돈이요, 또 하나는 혼돈을 극복하는 싸움이다. 신 발생 신화가 '서사시'가 되는 이유도 거기에 있다. 원초적인 적이 극복되는 것은 전쟁과 살인을 통해서이기 때문이다.

바빌로니아의 시에서 첫번째 살인은 잠자던 압수가 살해되는 것인데, 그의 죽음을 서막으로 해서 마르둑이 티아마트를 쳐부수는 더 큰 싸움이 일어난다. 마르둑이 신들의 왕으로 즉위하면서 시작되는 이 싸움은 시의

---

3) A. Heidel, *op. cit.*, p. 127은 창조의 역사가 마르둑의 역사에 의존하고 있음을 보여준다. 티아마트의 거친 폭력과 달리 마르둑은 우리가 사는 세상의 기원이고, 천체와 일력이 있는 우주의 기원이며 인간의 주장자이기도 하다. 같은 뜻에서 Dhorme, *Les Religions de Babylonie et d'Assyrie*, Paris, 1945, p. 308.

핵심 부분이다.[4] 마르둑은 신들보다 앞선 원초적인 무질서에 의해 위협받던 신들의 구원과 세상의 창조를 연계시켰다——"우리를 낳은 우리의 어머니 티아마트는 우리를 증오했다. 그는 군대를 만들어 거칠게 으르렁거렸다"(III, 15). 신들은 주의 승리를 통해 그 존재의 안정——구원——을 찾아야 했다.

시가 장엄하게 암송되면서 새해 축제의 제 4일이 등장한다. 그날에 질서가 이룩되고 유명한 신들의 존재가 확인된다. 모든 신들이 마르둑을 자기들의 주님으로 받들고 신자들은 이렇게 외친다: "가라, 티아마트의 목숨을 끊어라. 바람이 불어 그의 피를 사방에 뿌릴지어다"(IV, 31~32). "그때 주님은 강력한 무기 시클론을 일으켜 무시무시하고 엄청난 폭풍의 마차에 올라탔다"(49~50).[5] 바람이라는 폭력을 동원해 마르둑은 티아마트를 잠재웠다.

그리하여 코스모스 곧 우주가 생겼다. 티아마트는 잘게 부서지고 그 조각들이 우주의 여러 부분을 이루었다(IV 끝부분과 V). 그리하여 구분하고 분리하고 질서를 지어 세상을 만든 창조 행위는 가장 오래 된 신들의 목숨을 앗아간 범죄 행위 곧 신의 살해와 연관된다. 그리고 사람[6]도 새로운 범죄와 함께 생긴다. 반역한 신들 가운데 우두머리는 재판을 받고 죽임을 당한다. 마르둑의 지시를 받은 에아가 그 죽은 신의 피로 사람을 만든다. 이제 인간은 승리한 신들을 먹이고 그들을 먹여 살려야 한다. 여하튼 사람은 살해당한 신의 피로 지음받았다. 다시 말해 신의 생명으로 이루어졌으나 살해된 생명으로 이루어졌다: "그의 피로 (에아가) 인간이라는 존재를 만들고 신들을 섬기게 하였다"(VI, 33~34).[7]

---

4) Heidel, *op. cit.*, pp. 102~14.

5) 4장 3절 참조. 마르둑은 티아마트에게 이렇게 외친다: "너는 나쁜 음모를 꾸며 신들의 왕인 안샤르에 대항했고, 나의 아버지들인 신들에게 횡포를 부렸다"(IV, 83~84). 운율을 살려 번역한 Th. H. Gaster, *op. cit.*, pp. 62~63을 보라.

6) 나는 피를 만들고 **뼈**를 세우리라,
　 그래서 인간을 짓고 그 이름을 사람이라 하리라
　 나는 인간 존재 곧 사람을 만들리라
　 그에게 신들을 섬기게 하여 신들을 달래리라 (VI, 59)

7) Gaster는 이 이야기를 오르페우스 이야기와 비슷하게 본다. 거기서도 인간은 번개 맞아

신들에게 처음부터 있던 이 폭력, 그리고 세상과 사람의 기원에 자리잡은 이 폭력은 의미심장하다. 수메르의 도움의 신이기도 하면서 폭풍의 신인 엔릴과 마르둑이 친자 관계라는 사실에 주목해보자. 윗물과 아랫물을 나누고 강한 바람으로 질서 있는 공간을 이루고 단단한 하늘과 살 만한 땅을 만들어 창조가 이루어진다. 그러나 그 창조 행위는 동시에 삼켜버리는 폭풍의 행위이기도 하다. 그 얘기는 역사적인 재앙에 많이 등장한다. 우르를 파괴한 야만인은 폭풍이었고 그 폭풍이 바로 엔릴이다.

> 엔릴이 폭풍우를 부르니
> 백성들은 신음한다……
>
> 그가 악한 바람을 부르니
> 백성들이 신음한다……
>
> 증오에 찬 엔릴이 부른 폭풍우는
> 나라를 쓸어버리고
> 옷으로 덮듯 Ur를 덮고, 셔츠로 감듯 Ur를 감는다.[8]

마르둑이 티아마트의 권세를 잠재운 것도 그의 몸에 싣고 있던 폭풍이라는 폭력을 통해서다. 아마 거대한 파도를 일으키는 방식으로 바람을 사용했을 것이다.

그런데 수메르인들은 이 위대한 신에게 양면성이 있음을 보았다. 엔릴은 공포심을 일으켰다. "그의 거룩한 마음속에는 나를 두렵게 하는 것이 있다. 그가 놓은 덫은 나를 대적하는 덫이다." 한편 그는 신뢰감도 주었다──그는 "슬기로운 백성의 선생이요, 땅 위에 있는 신들의 선생이요, 재판의 왕이다." 또 다른 바빌로니아의 신화 곧 엔릴의 신화와 닌힐의 신화를 보면 엔릴은 강간자로 나와 있다. 바빌로니아 도덕에서는 강간이 여자

___

죽은 티탄들의 유해로 만들어졌다고 본다. 나중에 다시 검토하리라.

8) Kramer 역, Thorkild Jacobsen, *op. cit.*, pp. 141~42에서 인용.

를 해치는 것은 아니지만, 그것은 분명 엔릴의 모순된 본성을 보여준다.

티아마트로 대표되는 혼돈의 권세, 신들간의 싸움 그리고 신의 살해와 마르둑의 승리로 연결되는 그 혼돈을 바빌로니아인들은 악과 동일시하지 않았다고 말할 수 있을까? 이 기원 신화들을 악의 기원의 각도에서 볼 수 없을까?

물론 수메르인들은 말할 것도 없고 바빌로니아인들에게도 신의 허물이라는 관념은 없었다. 그러나 신들과 그들의 음모와 폭력을 가리켜 '악'이라고 불렀다: "압수가 그 애기(자녀들을 죽이라는 대신의 조언)를 들었을 때 그의 얼굴은 자식되는 신들에게 저지를 악으로 빛났다"(I, 51~52).

> 압수의 원수를 갚기 위해 티아마트는 이 악을 행했다. (Ⅱ, 3)
> 악을 품고 그의 생명을 끊으시오! (Ⅳ, 18)

라고 신들이 말하며 마르둑에게 권세를 주어 자기들의 원수를 갚게 했다.

신화에 나오는 신들의 의도와 행위는 나중에 사람이 자신의 악이라고 생각하고 회개하는 그런 것이다. 마르둑과 티아마트의 싸움에서 마르둑은 아주 잔인한 권세자로 등장하며 그의 폭력은 티아마트의 분노 못지않게 비윤리적이다. 마르둑은 창조와 파괴의 동일성을 보여준다. 티아마트와의 일전을 앞두고 마르둑이 왕으로 즉위할 때 모든 신들이 외친다:

> 주님, 당신의 운명이 신들의 운명과 같이 되기를 빕니다.
> 당신의 명령에 따라 모든 것이 없어지기도 하고 생기기도 할지어다!
> (Ⅳ, 22~23)

그처럼 처음부터 폭력이 있었기 때문에 인간의 폭력도 정당화될 것이다. 창조는 창조자보다 더 오래 된 대적에 대한 승리로 이루어진다. 후에 신을 섬기는 자가 되는 왕들은 자기들의 대적들을 처음에 있던 그 신의 대적자로 취급한다. 여하튼 만물의 기원 속에, 파괴하면서 건설하는 원리 속에 폭력이 자리잡는다.

바빌로니아의 창조 신화 '유형'에 대한 우리의 해석이 정확하다면, 수메르와 아카드 신화에 들어 있는 타락 신화는 창조 신화와는 전혀 다른 내용이다. 결국 원초적인 폭력의 '유형'에는 타락의 '유형'이 들어 있지 않다. 다시 말해 창조 '이후'의 사건이요, 질서의 훼손인 타락 이야기의 여지가 없다.

그런데 바빌로니아 문학에는 성서에 나오는 낙원과 타락의 이야기와 같은 표현이 들어 있다고들 믿어왔다.[9] 오늘날 재해석되고 조각조각 분석되어 "엔키와 니누르삭의 순환 궤도" 속에서 연구되는 오래 된 수메르 신화에 보면 죽음과 질병이 없고 짐승간의 싸움과 살해가 없는 그런 '순수하고' '적합하고' '명쾌한' 풍요의 땅이 사라지는 얘기가 있다. 물의 신은 대지의 신인 아내와의 사이에서 신들을 낳고 이어서 자기 딸뿐 아니라 자기 손녀딸과도 관계하여 신들을 낳는다. 마침내 그가 증손녀와 관계할 때, 그의 아내는 그의 정자를 훔쳐 여덟 그루의 식물을 낸다. 그러나 여신이 그것들의 이름을 붙이기 전에 엔키가 뿌리를 뽑아 먹는다. 그때 여신이 이렇게 저주한다: "그가 죽을 때까지 다시는 생명의 눈으로 그를 보지 않으리라"(219행). 그 저주로 신은 쇠약해지고 병에 걸린다. 마침내 여우가 나서서 신들을 화해시키고 여신은 엔키의 병든 부위에 맞는 신을 각각 만들어 그의 여덟 가지 악을 치유한다. 그런데 지금까지 이 시의 1~30행에 '낙원 신화'라는 이름을 붙인 것은 잘못이다. 이 시에 성서에 나오는 낙원과 같은 분위기가 있다 해도 여덟 그루의 식물을 먹는 엔키의 이야기를 타락의 도식에서 볼 수는 없다. 그가 그것들을 먹은 것은 그것들의 중심을 알고 그것들의 본성에 따라 이름을 붙이려고 했던 것이다: "그것들을 먹어 엔키는 그 내용과 중심을 알아냈다"(217행). 그리고 그 결과 이 세상에 악이 들어온 것이 아니라, 물의 권세가 어둠 속으로 추방되었다. 그러므로 이 얘기는 땅과 물이라는 우주의 권세를 중심으로 한 신 발생 신화의 일부분이지, 인간의 악의 출현과 관련있는 사건이 아니다.[10]

---

9) Langdon, *Le Poème sumérien du Paradis, du Déluge et de la Chute*, 1915(불역 Ch.Virolleaud, Paris, 1919). 비판으로는 P. Dhorme, *Revue Biblique*, 1921, pp. 309~12; Kramer, *Sumerian Mythology*, pp. 54~59; Contenau, *Le Déluge babylonien*, 1951, pp. 50~54.

10) Kramer는 식물의 기원에 대한 설명으로 본다. G. Contenau는 이 땅의 삶을 가능케

홍수 이야기도 마찬가지다. 우리에게 남아 있는 바빌로니아나 수메르의 홍수 이야기[11] 속에서 인간의 죄악에 대한 벌로 내려진 우주 파괴를 볼 수는 없다. 바로 여기서 우리는 겉보기에 비슷비슷한 얘기가 실은 얼마나 다른 유형에 속하는지를 알 수 있다. 성서의 신화가 바빌로니아 자료——이 자료는 우리에게 알려진 여러 가지 이야기 가운데 하나에 불과하다. 가장 오래 된 것이리라[12]——에서 무얼 취하는 것같이 보여도, 거기엔 전혀 새로운 관점이 개입된다. 타락의 유형이 개입되는 것이다. 대홍수 이야기는 점점 커가는 인간의 죄악을 말하는 긴 이야기(아벨과 카인, 바벨탑 따위)를 마감하는 이야기다. 바빌로니아 자료에는 그런 것이 전혀 없다. 같은 재료로 된 이야기라도 전혀 다른 관점을 반영한다. 바빌로니아의 홍수는 여전히 신 발생론과 원초적인 폭력 속에 들어 있는 얘기다.

바빌로니아의 홍수 이야기[13]는 길가메시의 서사시 속에 들어 있다(나중에 바빌로니아의 『오디세이』를 연구할 텐데, 그때 이 서사시가 나중에 유입된 홍수 설화와 얼마나 잘 맞아떨어지는지 알게 될 것이다). 거기서 홍수의 동기가 모호하다: "그들은 크신 신들이요, 홍수를 일으키기로 마음먹었다"(G.

하는 '거룩한 혼인'이 이 이야기의 주제라고 본다.

11) P. Dhorme, *Choix de textes religieux assyro-babyloniens*, Paris, 1907, pp. 100~20; R. Campbell Thompson, *The Epic of Gilgamesh*, Oxford, 1938; G. Contenau, *Le Déluge babylonien, Ishtar aux enfers, La Tour de Babel*, Paris, 1952, pp. 90~121. Pritchard의 비판도 참고하라: 수메르 신화에 대해서는 pp. 42~52(Kramer 역)를 보라. Gilgamesh의 서사시 속에 들어 있는 아카드 신화에 대해서는 pp. 72~99를 보라(E. A. Speiser 역). A. Heidel, *The Gilgamesh Epic and Old Testament Parallels*, Chicago, 1945, pp. 80~93과 *The Atrahasis Epic*, pp. 106~16을 보라.

12) G. Contenau, *op. cit.*, 110~12.

13) 우리가 알고 있는 것보다 더 오래 된 수메르 설화(Pritchard, *op. cit.*, Kramer 역, G.Contenau, *op. cit.*, pp. 100~01)는 너무 훼손이 심해 정확한 해석이 어렵다. 주목할 것은 거기에 신들이 인간을 멸망시키기로 결정하는 이야기가 있다는 점이다. 출산의 여신인 닌루와 지혜의 신이며 인간의 친구인 엔키가 모의하여 수메르판 노아인 진수드라를 구원하려고 한다. 물론 진수드라는 하나님을 믿는 경건한 왕으로 나온다. 그러나 그가 구원받는 것은 신의 자의 이외의 다른 이유가 없다. 홍수 후에 그는 '신과 같은 생명'을 얻고 '영원한 호흡'을 얻는다. 그리고 그는 '해가 뜨는 곳' 딜문으로 옮겨진다.

Contenau가 취한 P. Dhorme의 번역) ; "그때 그들의 마음이 신들을 움직여 큰 홍수를 일으키게 한다"(Pritchard가 인용한 E. Speiser의 번역). 신의 변덕인가? 그런 것 같다. 재앙이 절정에 달하자 신들은 안절부절못했다: "하늘의 신들은 홍수를 두려워하였다. 그들은 도망하여 아누신의 하늘로 올라갔다. 그들은 강아지처럼 쪼그리고 잠을 잤다. 〔……〕 여신 이슈타르는 작업중의 여인처럼 소리를 지르고, 아름다운 목소리를 지닌 신들의 통치자는 외쳤다: '내가 오늘 신들이 모인 자리에서 저주를 하니 모든 것이 엉망이 되는구나. 내가 왜 그런 말을 했을까? 내가 왜 그런 불행을 끌어들여 나의 인간들을 잃게 되었을까? 작은 생선들이 바다를 채우듯이 그들이 세상을 채우도록 내가 정말 인간을 낳았는가?'"

명확히 말하자면 홍수를 일으킨 신은 엔릴이다. 앞서 우리는 그에게서 원초적 폭력을 보았다. 홍수는 폭풍이다. 다만 물을 나누어 창조하는 것이 아니라 모든 것을 처음의 혼돈으로 몰고 가는 폭풍이다. 바빌로니아판의 노아 운나피쉬티(혹은 우트나피쉬팀. '생명의 날'이라는 뜻)나 수메르의 진수두 또는 진수드라('생명이 건짐받은 날'이라는 뜻[14])의 뒤를 이은 아카드의 영웅은 물에서 구원된 후 신들에게 향기로운 제사를 드린다: "신들이 향기를 맡았다. 신들이 좋은 냄새를 맡고 마치 파리처럼 제물 위에 모여들었다." 그러나 이슈타르는 거기서 엔릴을 빼려고 한다: "왜냐하면 엔릴은 경솔하게 홍수를 일으키어 나의 인간들을 멸망으로 몰아넣었기 때문이다." 엔릴은 산 사람이 있는 데 대해 격노했다: "산 사람이 있다고? 단한 사람도 이 멸망에서 살아 남으면 안 된다." 이슈타르는 엔릴을 심하게비난한다: "어떻게, 어떻게 너는 생각도 안 해보고 홍수를 일으켰는가? 죄인은 죄의 열매가 있고 범죄자에게는 범죄의 열매가 있다. 그러나 그가 아주 없어져버리기 전에 그를 건져라. 그가 없어지기 전에 그의 손을 잡아라." 여기에 인간의 죄에 대한 암시가 있다. 그러나 홍수는 인간의 잘못 때문에 내린 것이 아니라 신의 분노가 지나쳐 내린 것이다. 그는 홍수를 내리는 대신 인간들에게 잘못을 알도록 하여 경고해야 했다. 그래서 엔릴도 돌이켜 운나피쉬티(우트나피쉬팀)를 축복하고 그에게 영생을 준다.

---

14) G. Contenau, p. 71.

홍수는 죄의 삯이 죽음임을 드러내는 사건이 아니었다. 그리고 운나피쉬티 (우트나피쉬팀)가 '은총으로 구원' 받은 것도 아니다.

물론 『아트라하시스의 시 *Poème d'Atrahasis*』에 홍수의 동기가 더 분명하게 나와 있다: "나라가 커지고 사람들이 불어났다. 나라는 짐승들이 불어나듯 불어났다. 그래서 엔릴이 못마땅하게 생각했다. 그는 사람들이 내는 시끄러운 소리를 듣고 큰 신들에게 말했다. 인간들이 너무 소음을 많이 내고 그들이 법석대는 소리에 잠을 잘 수가 없다고 말했다." 여기서는 인간의 책임이 거론되기는 하지만 여전히 윤리적인 동기는 없다. 훼손된 것은 신의 거룩함이 아니다!

결국 홍수 이야기는 신적인 혼돈과 관련이 있다. 창세기의 하나님은 유일하고 거룩한 반면에 여기서의 신들은 좌충우돌하여 서로 책임을 전가하며 개처럼 떨고 파리처럼 제물에 몰려든다. 인간의 잘못이란 주제는 제대로 찾아볼 수 없다. 아트라하시스 서사시와 아카드 서사시가 끝부분에서 에아를 비난하며 그 문제를 막 제기하려고 하지만 신화의 지배적인 구조는 다른 데 있다. 같은 민중 설화라도 거기에 들어 있는 신학이 서로 다름을 인정해야 하리라.[15]

홍수 신화가 유명한 『길가메시 서사시』 속에 들어 있다는 사실에서도 이 신화의 의도가 인간의 악을 드러내는 데 있지 않음을 알 수 있다.[16] 『길가메시』 전체의 의도는 죄하고는 전혀 관계없고 오직 죽음이나 영생과

---

15) Heidel, *op. cit.* 는 바빌로니아의 홍수와 성서의 홍수를 다르게 본다. 그는 바빌로니아 신들의 '변덕'과 성서 하나님의 '거룩함'을 서로 반대되는 것으로 보고 전자의 '후회'와 후자의 '돌이킴'을 반대되는 것으로 본다. G. Contenau는 유형적인 차이에는 별관심을 나타내지 않으며 이렇게 말한다: "홍수의 기억을 지닌 문화들은 한결같이 홍수를 인간의 범죄에 대해 신이 내린 벌로 이해한다. 바빌로니아 홍수도 마찬가지다. 그러나 인간의 잘못이라는 게 무언지 명확하지 않다. 신들이 인간에 대해 불만을 가졌지만 그 이유는 알 수 없다. 그러나 20여 년 전에 우리는 그 해답을 찾았다." *op. cit.*, p. 50.

16) P. Dhorme, *Choix de textes religieux assyro-babyloniens*, pp. 182~325. G. Contenau, *L'Épopée de Gilgamesh, poème babylonien*, Paris, 1939; Alexander Heidel, *The Gilgamesh Epic and Old Testament Parallels*, Chicago, 1945; H. Gaster는 이 점을 *The Oldest Stories in the World*, pp. 21~51에서 다시 말하고 있다. Dhorme은 그 점에 대해 *Littérature babylonienne et assyrienne*, Paris, 1937, pp. 51~73에서 주석하고 있다.

관계가 있는데 그것들에서 윤리적 의미란 찾아볼 수 없다.

『길가메시』는 "인간적인, 너무나 인간적인" 서사시다. 그것은 영생을 찾아나서나 결국은 죽음이 운명임이 드러난다.[17] 악, 그것은 죽음이다. 죽음의 공포는 친구의 죽음 곧 타인의 죽음을 보기 이전부터 생긴다. 신이 괴물 후와와를 삼나무 숲 한가운데 두어 죽는 자들에게 공포를 갖게 했다. 공포심을 버리기 위해 두 친구가 그를 처치하기로 한다: "너와 나, 우리 둘이 그를 붙잡아 이 땅에서 악을 없애버리자"(Ⅲ, Ⅲ, 5). "후와와, 그의 소리는 거센 파도와 같고, 그의 입은 불이며, 그의 숨은 죽음이다"(Ⅲ, Ⅲ, 20). 거기서 이미 길가메시는 비밀, 죽음의 이유를 내놓는다:

> 내 친구여, 누가 죽음을 이기는가?
> 해 아래 신들만이 영원히 산다
> 인간의 날은 정해져 있다
> 그들이 이루는 것은 모두 바람에 지나지 않는다!
> (Ⅲ, Ⅳ, 5~8).

여기서 서사시는 죽음의 애가와 다를 바가 없다. 물론 길가메시와 그의 친구가 숲의 거인을 죽인다. 그리고 신을 모독했다고 그들에게 보내진 '하늘의 황소'도 죽인다. 그러나 그러한 살해가 죄의 의미를 지니지는 않는다. 영생을 얻으려는 욕구의 각도에서 그 사건을 해석해야 한다. 신들과 같이 영생을 누리는 것이 인간의 바람임을 보여주는 사건이다. 그러한 인간의 욕구를 범죄로 만든 것은 오히려 신들의 시기심이다. 거인을 보내고 하늘의 황소를 보내 인간의 범죄를 부추겼다. 신들끼리 이렇게 말한다:

---

17) 길가메시에 들어 있는 인간관과 오르페우스 신화의 인간관을 동일하게 볼 수는 없을 것 같다. 오르페우스의 신화에서 인간은 신과 티탄의 이중 혈통을 가진 반면 길가메시에서는 전갈 인간을 말함으로 바빌로니아의 노아의 모습을 보여준다. "우리에게 온 자, 그의 몸은 신의 몸이다." 괴물의 부인이 거기에 맞장구친다 : "3분의 2는 신이요 3분의 1은 인간이구나"(Ⅸ, Ⅱ, 14와 16). 그러한 특징은 인간의 어떤 영웅적인 모습은 보여주지만 성공 여부는 보장하지 못한다. J. Bottéro, *La religion babylonienne*, Paris, 1952, p. 85는 오르페우스 신화와 신의 피로 된 인간을 말하는 바빌로니아 신화 사이의 차이점을 잘 보고 있다.

아누가 말했다. 그들이 하늘의 황소를 유린하고
후와와도 유린했다. 삼나무 숲을 벌거벗긴 자들
가운데 하나는 죽어야 한다. (Ⅶ, 6~9)

그리하여 길가메시는 인간이 겪을 죽음의 첫경험을 하게 되니, 그것은
친구의 죽음이다:

어르신들이여, 내 말을 들으시오
내게 귀를 기울여주시오!
내가 우는 것은 내 친구 엔키두 때문이오
꼭 여자처럼 구슬픈 울음이 나오는구려…… (Ⅷ, Ⅱ, 2 이하)

또 이런 대목도 있다:

내가 죽을 때, 엔키두같이 되지 말라는 법이 있나?
슬픔이 내 위 속까지 들어찼구나
두려운 죽음이여, 내가 들판에서 방황하노라. (Ⅸ, Ⅰ, 3~6)[18]

아카드판 노아의 나라 우트나피쉬팀으로 여행을 가는 것도 그처럼 허
무한 감정에서 비롯되는 것이지, 잘못(죄)의 문제하고는 관련이 없다:

죽음과 삶에 대해 그에게 물어보리라. (Ⅸ, Ⅲ, 5).

그러나 만남이 이루어지기 전에 여러 가지 경고에 부딪힌다:

---

18) 어디를 보아도 서사시는 비극과는 다르다: 엔릴은 친구의 죽음을 결정하고 여신 샤마
쉬가 외친다: "그들이 하늘의 황소와 후와와를 유린한 것은 나의 명령에 따른 것이
아니었던가? 그런데 죄 없는 엔키두가 죽어야 하는가?"(Ⅶ, 12 이하). 그러나 비극은
완벽하지 못하다. 거기에는 신에 의해 인간이 눈멀게 되는 것이 빠져 있다. 따라서 결
백과 죄의 논리가 신 발생론적인 모순 속에 갇혀 있다.

길가메시야 그것을 알 수 있는 사람은 아무도 없다. (IX, III, 8)

라고 전갈 인간이 말한다. 그리고 샤마시도 말한다:

길가메시야 왜 방황하느냐?
네가 찾는 생명은 찾지 못한다. (X, I, 8)

'바다 한가운데' 사는 여신 시두리는 긴 말을 늘어놓는다:

네가 찾는 생명은 찾을 수 없으리라
신들이 사람을 만들 때
사람에게는 죽음을 두었나니
생명은 그들의 손에 쥐어져 있다. (X, III, 1~5)

그 여신이 그에게 주는 충고는 꼭 전도서 기자의 말과 같다. 놀고 춤추
라는 얘기다:

네 아내를 가슴에 품어 즐겁게 해주어라
그것이 인간의 임무니라! (X, III, 13~14).

우트나피쉬팀은 아주 예외적이고 이룰 수 없는 영생을 보여주고 그 때
문에 길가메시는 더 혼란에 빠지고 고통스러워한다.[19] 고뇌의 영웅은 잠의
심연을 사이에 두고 행복한 영웅과 떨어진다(XI, 200 이하). 그리고 그 잠
역시 죽음을 알린다(233~34). 길가메시의 길은 하나밖에 없다. 그것은 돌
아오는 것이다. 유한으로, 도시 우룩으로 돌아오고, 일과 근심으로 돌아
오는 길밖에 없다.

---

19) Heidel, *op. cit.*, pp. 10~13. 바빌로니아판 노아의 영생은 길가메시로서는 얻을 수 없는
   것이므로 그는 어려운 생업으로 돌아가 쾌락에 빠진다.

영생을 얻지는 못했지만 그가 행복의 나라에서 얻어온 식물이 있으니 그 이름은 '나이가 들수록 사람은 젊어진다'이다. 그러나 운명의 아이러니에 의해 그것도 이루어지지 않는다. 그가 그 젊음의 식물을 먹기 전에 목욕하는 동안 뱀이 삼켜버린다. 물론 이 식물은 성서의 금단의 열매하고는 다르다.[20] 이 상징은 후와와나 하늘황소의 살해 그리고 죽지 않는 성자와의 만남과 같은 궤에 속해 있다. 그것은 마지막 나오는 기만의 상징이지 인간의 잘못의 상징이 아니다. 창세기에도 인간이 영생나무 열매에 유혹되지만 그 나무는 선과 악을 아는 나무이며 그것은 바빌로니아의 도식과는 다른 '유형'이다. 『길가메시 서사시』에서 실패는 운명이며 거기에는 윤리적 의미나 타락의 관념은 없다. 거기서 인간과 신의 기본적 차이는 죽음이며 그 죽음에서 인간의 실패가 절정에 달한다.

그러므로 내 생각에는, 수메르—아카드 문화에 진정한 타락의 신화가 없는 것은 그들의 창조 신화에 들어 있는 세계관의 결과인 것 같다. 처음에 악이 있었고 신들의 생성에도 악이 개입되었다면 타락의 신화가 풀고자 하는 문제는 이미 풀렸다. 창조 신화 뒤에 타락의 신화가 따르지 않는 이유도 거기에 있다. 악의 문제는 처음부터 풀렸다. 아니 처음 이전에 풀렸다. 사람이 생기기 전에, 세상이 생기기 전에, 질서를 지을 신도 생기기 전에 악이 있었기 때문이다.

2. 제의를 통한 창조의 재현과 왕의 형상

처음에 악이 있었다. 처음의 혼돈과 신들의 싸움이 그것이다. 만일 그렇다면 악의 제거는 창조자의 몫이 되리라. 따라서 이 '유형'에서는 창조의 문제와 구원의 문제에 차이가 없다. 창조의 드라마와 다른 별개의 구원의 역사가 없다.

결과적으로 역사적 투쟁의 과제는 한결같이 창조 사건을 '제의와 예배'

---

20) E. Dhorme, p.69의 말은 따르기 어렵다: "에덴에서처럼 뱀이 영생의 선물을 앗아간다. 〔……〕 영웅의 고민을 뱀이 이용했다."

를 통해 재현하는 모습을 띠게 된다. 세상 창조의 재현이 뜻하는 바가 무엇인지 그리고 그것이 제의로부터 정치에 이르기까지 인간 현실의 영역에서 무슨 의미를 지니는지 알아보도록 하자. 그렇게 함으로써 우리는 신들간의 투쟁을 보는 인간의 응답 형태를 찾게 되고 다른 유형의 신화의 구원론에 해당되는 것이 무언지 알게 되리라.

제의와 예배를 통한 재현에 시간과 역사가 들어갈 자리가 없다는 말은 사실 너무 성급한 말이다. 단지, 악을 어떤 우연한 행위에 의해 "세상 속으로 들어온 것"으로 보는 그런 역사성과 무관할 뿐이다. '제의와 예배'에 들어 있는 인간관은 제의——창조 사건의 재현——와 연관된 독특한 역사를 발전시킨다. 그리고 거기엔 왕이 개입된다. 왕은 신과 사람의 굴절이요 그래서 예배(신들에 연관된)와 정치를 이어준다고 보았다. "아시리아—바빌로니아 왕의 종교적 특성"에 대한 오늘날의 연구[21]에 바탕을 두고 우리는 이러한 역사의 유형과 앞으로 공부할 악의 유형 사이에 어떤 연관점이 있는지 살펴보자.

창조 사건이 이른바 역사 속으로 처음 들어오는 것은 인간의 행동을 엮는 갖가지 제의 행위와 예배를 통해서다.[22] 그런데 예배는 이미 행동의 영역이다. 가공의 재현에 그치지 않고 적극적인 동참을 통해 사건을 새롭게 하는 것이다. 창조 신화는 말한다[23]: 사람은 신들을 섬기라고 만들어졌다. 신들이 바빌로니아를 만들고 성전과 예배를 만든 것도 다 그 때문이다. 그 섬김이 질서를 놓은 신에 대한 섬김일 때 그것은 곧 창조 사건을 새롭게 실현하는 것이 된다. 바빌로니아의 새해 축제는 굉장하다.[24] 신들의 초상 앞에 온 백성이 모여 세상이 생길 때 있었던 처음 싸움을 재현하고 시 속에 깔려 있는 여러 가지 감정 곧 우주적인 고뇌, 싸움의 열기, 승리의 기

---

21) René Labat, *Le caractère religieux de la royauté assyro-babylonienne*, Paris, 1939 ; Henri Frankfort, *La royauté et les dieux*, 불역, Paris, 1951 ; Engnell, *Studies in divine Kingship in the Ancient Near-East*, Uppsala, 1943 ; Thorkild Jacobson, *Mesopotamia*, in *The Intellectual Adventure of Ancient Man*, Chicago, 1946.

22) 예배에 대해서는, Ed. Dhorme, *Les religions de Babylonie et d'Assyrie*, pp. 220~57 참조.

23) *Poème de la création*, VI, pp. 49~70.

24) Frankfort, *op. cit.*, 401~25 ; Labat, *op. cit.*, 167~76 ; Engnell, *op. cit.*, p. 33.

쁨을 다시 느낀다. 축제의 '행실'을 통해서 백성들은 자기들의 존재 전체를 창조 사건의 표징 아래 둔다. 4일째 행해지는 암송을 통해 백성은 시와의 관련을 명시한다. 축제의 제의를 통해 시를 드라마로 꾸미는 행사가 확대되는 것은 마르둑을 죽었다가 다시 사는 신 탐무즈와 동일하게 봄을 통해서다. 백성의 신이 있을 뿐이며 나라의 신은 '산'에 갇혀 없다. 백성이 혼란에 빠질 때 그들은 그 혼란을 신의 고통이요 죽음으로 보고 슬퍼한다. 그것은 신의 죽음이면서 동시에 창조가 혼돈으로 되돌아가는 것이다. 그때 백성은 갇혀 있는 신에게로 '내려온다.' 그리고 신은 제의의 도움으로 다시 살아난다. 마르둑은 풀려나고 다시 왕으로 즉위한다. 백성들은 거대한 행렬을 통해 마르둑의 해방에 동참하며 거기서 축제는 절정에 달한다. 그 행렬은 대적자들에 대한 마르둑의 승리를 상징한다. 신들의 향연은 혼돈에 대한 승리를 축하한다. 마지막으로 거룩한 혼인이 있어 자연과 사람에게 있는 생명력을 소생시킨다. 식물의 의식을 통해 서사 신화는 자연 생명체의 소멸과 생성이 인간에게 주는 상징력을 발휘한다.[25] 그리고 농사 제의는 우주적인 서사시에 편입된다. 자연뿐 아니라 인간의 역사와 정치적 운명이 그 우주 서사시 속에서 계속된다.

한편, 축제 기간 내내 드려지는 제사나 속죄의 기도를 통해서뿐 아니라, "목적지를 결정하는" 두 가지 의식을 통해서 축제는 인간의 문제로 된다. 하나는 마르둑이 풀려난 뒤에 드리는 것으로 인간이 신들의 종임을 밝히는 의식이요 또 하나는 제의 끝부분에 드리는 것으로 거기서는 사회의 갱신이 자연의 소생과 일치함을 보인다. 그렇게 해서 우주 질서도 인간에 대한 심판이 된다.

그러나 우주적인 사건이 역사로 옮겨가는 것은 축제 속의 왕의 역할을 통해서다. 왕은 신을 섬기는 대표자로 위대한 회개자이면서 동시에 신의 인격화이다. 축제 5일째 되는 날에 왕은 문장을 떼고 제사장이 그를 때린

---

25) Engnell에 따르면 최고신과 풍요의 신이 만나는 것은 서로 다른 기능에서 비롯되는 것이며, 왕을 매개로 농업이 통치로 옮겨가는 것을 거기서 찾아낼 수는 없다고 한다. 오히려 거꾸로 그러한 신들의 상호 잠식을 매개로 왕의 형상이 생긴다. *op. cit.*, pp. 18~23. Frankfort도 같은 얘기를 한다: "시간의 처음에 있었던 혼돈에 대한 신들의 승리를 암송하는 것은 자연 생명을 현재에 주술적으로 되살리는 효과를 낳는다." *op. cit.*, p. 402.

다. 왕은 결백을 주장한다. 제사장은 그를 무릎꿇리고 다시 때려 눈물을 쏟게 한다. 신의 자비를 얻기 위해서다. 새로이 권한을 부여받은 왕은 큰 예식을 주관한다. 그처럼 왕이 수치를 당하는 것은 허약한 왕권을 갇힌 신에 견주고, 신의 해방과 함께 왕의 통치권도 새로워졌음을 나타내는 것이다.

이처럼 왕이 축제에 참여하는 것은 인간을 신에, 정치를 우주에, 역사를 제의에 잇는 결정적인 점이다. 이제, 왕은 분명히 사람 중의 사람이다. 아시리아 격언에 이런 말이 있다: "신의 그림자가 사람 중의 사람이고, 사람 중의 사람의 그림자는 사람들이다. 사람 중의 사람은 신의 거울과 같은 왕이다."[26]

결국 바빌로니아 사상은 통치의 신학과 왕의 형상을 매개로 우주적 사건을 인간의 역사로 전개시킨다. 우리는 그렇게 전개된 역사 속에서 폭력이 무슨 역할을 하는지 살펴보자.

이 통치의 신학은 신 발생 신화에 그 뿌리를 내리고 있다. 신은 결국 왕 중 왕이다. 그는 땅의 주인이요 통치자다. 우주 전체가 한 나라와 같다.[27] 그러므로 신의 영역에서도 우주적인 것이 정치적인 것으로 굴절된다. 그러한 신의 통치 속에 땅과 인간과 역사와의 협정이 새겨져 있다.

그러나 도시와 나라와 '사방' 곧 전세계에 대한 신의 통치[28]는 왕이라고

---

26) Labat, *op. cit.*, p. 222. 왕은 "신들과 사람들 사이의 특별한 위치에 있다. 그는 인생들의 세상을 신들에게 이어주는 일종의 연결점이다." "신들이 그를 택했는데, 그것은 그가 신이 되도록 하려는 것이 아니라 사람 중의 사람이 되게 하려는 것이다"(p. 362). James Frazer경의 『황금 가지*the Golden Bough*』, VI에도 뛰어난 분석이 있다. Engnell도 이 문제를 다루고 있는데 그는 왕을 신과 동일시하기까지 한다. 그는 하늘과 땅을 잇는 생명나무나 식물과 같은 상징 속에서 왕과 신이 일치됨을 본다. 나무처럼 왕은 생명을 준다(*op. cit.*, pp. 23~30).

27) Thorkild Jacobsen, *Mesopotamia*, in *The Intellectual Adventure of Man*. 저자는 바빌로니아 사상이 이집트와는 다름을 역설하고 그 차이를 자연과의 관계에서 찾는다. 여하튼 이 저자에 따르면, 우주 질서는 거대한 힘의 통합으로 우주 국가로 묘사된다고 한다. 아누가 무시무시한 권위의 본질을 쥐고 있으며 모든 위엄의 원천이요 핵심이다. 엔릴의 폭력은 그러한 통치권에 대한 저항이요 막스 베버의 표현대로라면 국가에 대한 폭력이다. 어머니 되는 땅의 신과 물의 신이 이루는 창조와 풍요도 그런 복잡한 관계 속에서 일어나는 것이며, 그것은 권세 있는 우주국가의 위엄을 지닌다.

28) 수메르에서 바빌로니아와 아시리아에 이르기까지 왕권의 개념 발전에 대해서는 *op.*

188

하는 인간을 통해서만 완전히 실현된다. 왕은 신이 아니지만 신의 가호 아래 통치권을 행사한다. 처음 왕권이 하늘에서 땅으로 내려온 곳이 왕이다. 왕권은 세습이 아니라 선출이나 임명에 의해 주어진다. 즉위 의식은 그처럼 이미 정해진 것을 공식화하는 데 지나지 않는다.

이러한 권력의 신학에 창조 사건이 무슨 영향을 준다고 볼 수 있는가? 그렇다. 프랑크포르트나 야콥슨이 주장하는 대로 이집트에 비해 허술하기 짝이 없는 바빌로니아 왕권 개념 속에 창조 사건의 흔적이 보인다.[29] 물론 메소포타미아의 권력 신학이나 이집트의 그것이나 모두 나름대르 창조의 의미와 연관되어 있다. 그러나 "이집트의 창조자가 첫날 아침 화려하게 바다에서 나타나 세상을 만들고 통치한 것"[30]과 달리 바빌로니아에서의 창조는 오랜 싸움 끝에 생긴 일에 불과하다. 바빌로니아의 마르둑은 위기의 정점에서 신들을 구하기 위해 왕이 된다. 그러므로 신의 왕권 자체가 혼란과 격동의 산물이다. 이 세상의 왕권도 그 점을 반영한다. 즉위한 후에 "그가 책임질 과업은 아주 까다로운 것이다."[31] 그는 표징과 예견을 통해 끊임없이 신의 뜻을 해석해야 한다. 그는 인간을 대표해 신 앞에 나가 나날의 제의를 통해 드러난 인간의 신앙심을 보고해야 한다. 그는 신의 이름을 빌어 법을 제정하고 재판한다. 그는 나라 전체의 삶에 책임을 진다. 그는 사람 중의 사람이며 나라의 모든 생명력이 모이는 유일한 존재다.[32] 또 그는 땅과 하늘의 만남을 책임지고 있으며 그것이 잘 안 되면 끊임없이 수치를 당한다. "마치 세상을 괴롭히는 악의 원인이 그에게 있는 것처럼 믿었다. 그래서 그가 악을 제거하는 의식을 치르면 악이 그의 몸에서 떨어져 나간다고 믿었다."[33] 그래서 왕은 제사장이면서 신자이면서 동시에 회개자다.[34]

---

cit., 「서론」 참조.

29) Frankfort, *op. cit.*; Thorkild Jacobsen, *op. cit.*, pp. 185~200.

30) Frankfort, *op. cit.*, p. 310.

31) *Ibid.*, p. 228.

32) Labat, *op. cit.*, p. 277.

33) *Ibid.*, p. 279.

34) 그래서 시문학(회개와 탄식의 시)이 왕을 중심으로 발전하고 시는 우선 '왕의 시'가 되었으리라.

왕권에는 인간의 모습이 요약되어 있다고 볼 수 있는데, 그 왕권을 창조 신화의 관점에서 보고 존재의 고통의 관점에서 볼 때 측은하기조차 하며 불안한 질서에 대한 근심으로 꽉차 있다. 부여된 왕권이 언제나 재고될 수 있다는 것과 함께 역사 속에 예측 불가능한 요소가 들어온다. 신들은 마음에 안 드는 지상의 대표를 바꿀 수 있고 바꿨다. 왕권을 다른 도시 다른 나라로 옮기면 되었다. 독재의 재앙을 일으키거나 복수자를 일으켜세우면 된다. 그들 사이에도 늘 그런 식으로 권력 다툼을 했으니 말이다.

바빌로니아 신화 속에서 생명의 문제를 찾는 작업이 좀더 나갈 수 있을까? 신화 속에서 성전(聖戰)의 신학을 찾아낼 수 있을 정도의 일관적인 흐름이 있다. 만일 왕 중 왕이 혼돈을 정복하는 신이라면 그 대적자는 우리 역사 속에서 악의 권세를 쥐고 있고, 극복된 혼돈을 다시 일으키는 자일 것이다.

그런데 언뜻 보기엔 사실이 그런 것 같지 않다: "일반적으로 바빌로니아왕은 전쟁을 일으키는 자가 아니다. 그는 적선과 평화 사업을 좋아한다. 그는 사원과 왕궁을 짓는다."[35] 복수하는 권력의 신학을 발전시킨 것은 아시리아 문명이다: "아수루의 통치자는 무엇보다 전쟁의 우두머리요 신의 복수자로 권세를 행사한다."[36] 그처럼 바빌로니아의 통치자가 원래 전쟁하고 거리가 있다면, 신들이 부여한 그의 일은 "정의가 흐르게 하고, 연약한 자들을 도우며, 악한 자들을 누르는 데"[37] 있다. 유명한 『함무라비 법전』에서 함무라비는 자기가 아누와 마르둑의 부름을 받아 "나라에 정의를 세우고, 악과 악인을 무찌르고, 강자가 약자를 억누르지 못하게 하는" 임무를 띠었다고 선언한다. 그러므로 왕은 자기 나라에서나 자기 나라 밖에서나 악인들을 무찌르지 않고는 재판하거나 사역을 시키거나 회개하는 자가 될 수 없다. 그래서 폭력이 개입된다. 폭력은 이미 왕이 사람 중의 사람이 될 때 잠재되어 있다. 곧, 그가 왕에 즉위하면서 받는 것 가운데 성스러운 무기가 있는데 그것은 정복의 무기요, 신의 복수의 무기다. 그러므로 아시

---

35) Labat, *op. cit.*, p. 14.

36) *Ibid.*, p. 22.

37) *Ibid.*, p. 51.

리아의 '무적의 활'──"전쟁의 여신 이슈타르의 무시무시한 활' 이전에 이미 바빌로니아에 그런 것이 있었다.[38] 이제 바야흐로 모든 적을 무조건 태초의 혼란으로 간주하는 분위기가 무르익는다. 바빌로니아인들보다[39] 아시리아인들이 그 일을 더 민첩하게 수행했다.[40] 적이 처단되어야 하는 것은 그가 아수르의 말을 지키지 않고 불경하고 신을 모독했기 때문이다 (우선 그 혀가 잘리리라). 그의 죽음은 신의 권능의 증거이며 두려움의 표징이 되기도 했다.

결국 이 유형의 신화는 전쟁의 신학으로까지 가는데, 그 신학은 대적을 신이 창조 사건 속에서 쳐부수었고 또 계속 쳐부수고 있는 세력으로 본다. 왕을 매개로 창조의 신화는 인간 역사 전체에 중요한 의미를 지닌다. 그리고 무엇보다도 전쟁을 치르는 인간의 삶을 위해 중요한 의미를 지닌다. 다른 말로 하자면 창조 신화 유형의 의미는 철저히 정치적 관계인 왕과 대적의 관계에 의해 드러난다. 그러한 현상학적인 계보는 상당히 중요하다. 뒤에 중요하게 다루어질 정치적 악의 문제로 우리를 인도하기 때문이다. 아시리아와 비빌로니아에서 이 전쟁의 신학이 충분히 정립되지 않았지만, 모든 성전(聖戰)의 신학이 이 첫번째 유형의 악의 신화에 바탕을 두고 있음은 확실하다. 이 신학에 따르면 대적은 악인이요, 전쟁은 그에게 벌을 주는 것이며, 악인이 있을 수밖에 없는 것은 먼저 악이 있고 그 다음에 질서가 오기 때문이다. 결국 악은 기존 질서를 깨는 어떤 사고가 아니다. 그것은 질서의 바탕을 이룬다. 악은 원초적이다. 첫째, 태초에 파괴된 혼돈의 세력이 끊임없이 대적자를 만든다는 점에서 악은 원초적이다. 둘째, 왕

---

38) 대영박물관의 양각에 보면 왕의 활이 신의 활을 그대로 모방하고 있음을 알 수 있다. 결국 역사 속의 왕의 폭력은 태초의 신의 폭력을 모방하는 것이다.

39) E. Dhorme, *op. cit.*, p. 145는 *Enuma Elish*, IV에 마르둑의 병기가 열거되고 있음을 상기한다. 폭풍과 상담의 신인 엔릴이 마르둑보다 더 먼저임을 특히 강조하는 Thorkild Jacobsen은 인간 역사 속의 폭력의 근원을 '엔릴의 기능'에서 찾는다. 그는 도시국가에 대한 문서를 많이 인용하며 엔릴의 권한이 정의의 형벌을 내리는 데 있었음을 강조한다. 그 시대에 폭력의 모습은 주권이 한 도시에서 다른 도시로 옮겨가는 것으로 나타난다. 그때 그 도시의 신은 탄식한다. '폭풍의 날'에 도시 우르가 파괴되자 신 닌갈이 탄식한다.

40) '성전'이라는 제목을 단 장에서 Labat, *op. cit.*, pp. 253~74는 아시리아의 예를 많이 들고 있다.

의 임무는 "모든 악인을 쳐부수는" 데 있다는 점에서 악은 원초적이다.

3. 히브리의 왕: '쇠퇴한' 형태의 창조 드라마

우리는 바빌로니아의 창조 드라마를 통해서 첫번째 유형의 신화를 보았다. 이 유형의 신화가 상당히 널리 퍼져 있을 뿐 아니라 문화 전체에 상당한 영향을 끼쳤다. 정치를 이해하는 틀을 제공했기 때문이다.

이제 우리의 방법 곧 유형을 나누는 방법을 뒷받침하기 위해서 두 가지 도식의 신화 곧 히브리 신화와 헬라 신화를 살펴보자. 연구를 진행할수록 유형 분류가 명확하지 않고 복잡함을 알게 될 것이다. 히브리 도식에서는 창조 드라마가 다른 유형의 개입으로 뒤로 물러선 채 쇠퇴한 형태로만 존재한다. 그리스 도식에서는 세계관과 악을 보는 관점이 몇 가지 유형 사이에서 왔다갔다하며 나중에 우리가 공부할 신화 형태로 진로를 바꾸기 시작한다. 이 두 가지 양태에서 각각 유형간의 현상학적 '전이'가 일어난다고 볼 수 있겠다. 지배적인 형태와 쇠퇴한 형태 그리고 여러 형태들간에 결정을 보지 못한 형태, 이렇게 세 형태가 얽혀 있다.

히브리 성서가 지닌 주제들이 그래도 창조 드라마의 유형에 속하는 것 같이 보이는데, 그것을 가리켜 쇠퇴한 형태라고 하는 것이 옳은가? 성서의 메시아 문제나 처음 사람 문제가 '왕의 이데올로기'에 밀접히 연관되어 있음을 밝히는 주석가들이 있다. 특히 스칸디나비아 학파가 그렇다.[41] 그런데 그 왕의 이데올로기는 앞에서 보았듯이 창조 드라마내에 존재하는 것 아닌가? 일단 그러한 견해를 따라가보자. 아마 어느 순간 유형론적인 방법은 의미의 단절을 드러내고 역사적이고 주석적인 방법이 더 영향력 있고 분위기나 표현의 계속성을 확보하게 될 것이다. 다양한 관점과 차원에서 고찰할 때 역사적인 계속성과 현상학적이고 유형론적인 단절은 나란히 일어날 수 있는 일이다.

성서에 그러한 왕의 이데올로기와 관련된 창조 드라마의 모습을 지닌

---

41) Mowinckel, Engnell, Widengren, Pedersen.

부분이 있다. 먼저, 시편에 창조 드라마를 재현하는 것이 있다. '제의와 예배'를 통하여 그리고 대적을 무찌르는 왕의 싸움을 통하여 창조 드라마가 재현된다. 그 시편들의 관점은, 하나님이 세상을 만들면서 정복한 악이 다시 대적 행위를 하고 있으며 왕의 대적자들이 바로 그 악이라는 것이다.

그리하여 시편에 나오는 야훼의 즉위식은 여전히 창조 드라마에 속한 예배의 틀 속에 있는 것이다. 통치의 시편(47, 93, 95, 100편)은 외친다: "하나님은 왕이시다!" 하나님의 왕권이 자연뿐 아니라 백성의 역사도 다스린다. 결국 원래 역사의 신학에 속할 대적에 대한 통치와 군림이 창조의 드라마에 연결되어 있다. 시편 8편에서 창공은 "원수와 복수하는 무리를 꺾으시고 주께 맞서는 자들을 막아낼 튼튼한 요새"로 등장한다. 들끓는 바다와 괴물은 처음 바다의 권세인데 그것이 끊임없이 견고한 창공에 적대 행위를 한다: "주님은 들끓는 바다를 다스리시며 뛰노는 파도도 주님이 진정시키십니다. 주님은 라합을 격파하여 죽이시고 주의 원수들을 주의 강한 팔로 흩으셨습니다." 밀어닥치는 홍수는 고난의 상징이다: "고난이 홍수처럼 밀어닥쳐도 그에게는 미치지 못할 것입니다"(시편, 32편 6절). 그것은 또 죽음의 상징이 된다: "죽음의 덫이 나를 낚았다"(18편 5절). 이러한 '영적인' 주제들 속에도 태초의 위기가 신비하게 반영되어 있다.

이러한 야훼의 통치보다 우리에게 더 중요한 주제는 동방의 왕의 문제다. 왕은 신의 이름으로 전쟁을 했고 그의 적은 신의 원수요 그의 기름 부음받은 자의 원수요, 택함받은 백성의 원수다. 바로 이 점에서 역사의 악은 우주적인 악과 연계되어 있음을 앞에서 보았다. 역사 안에 등장하는 왕의 원수는 태초의 위기를 담고 있다. 우주적인 사건은 메시아 사건이 된다: "어찌하여 뭇나라가 공모하며 어찌하여 뭇민족이 헛된 일을 꾸미는가? 어찌하여 세상의 임금들이 나서고 어찌하여 통치자들이 음모를 꾸며 주를 거역하고〔……〕" 그러나 야훼가 분노하여 호령하신다: "내가 거룩한 산 시온 위에 나의 왕을 세웠다." 그리고 그 왕에게 말씀하신다: "네가 그들을 철퇴로 부술 때에 질그릇 부수듯이 부술 것이다"(2편). 또 그의 '종' 다윗에게 야훼가 말씀하신다: "원수들이 그를 이겨내지 못하며 악한 무리가 그를 괴롭히지 못할 것이다. 내가 그의 대적들을 그의 앞에서 격파하고 그를 미워하는 자들을 쳐부수겠다"(89편). 여기서 전쟁은 군신(君神)이 하나된

'제의와 예배'의 성격을 띤다. 역사 속에 등장하는 원수는 태초에 있던 신의 원수처럼 된다. 왕은 '처음부터' 곧 혼돈이 정복될 때부터 왕이었던 것으로 된다.

그처럼 창조 드라마와 연계시켜볼 때 원수 또는 대적의 문제는 독특한 특징을 지닌다: "내가 네 원수를 네 발판이 되게 하리라. 〔……〕 내(메시아)가 노하는 심판의 날에 왕들을 다 쳐서 흩을 것이다"(110편). 그리고 창조 드라마를 재현하는 그 제의적 전쟁이 세 가지 방향으로 뻗어나간다. 첫째, 왕은 처음 사람을 가리키게 된다. 처음 사람은 하나님의 '형상'이므로 땅을 통치한다. 시편 8편에서 이렇게 말한다: "주께서는 사람을 하나님보다 조금 못하게 지으시고 그에게 영광과 존귀의 왕관을 씌워주셨습니다. 주께서 손수 지으신 만물을 사람이 다스리게 하시고 모든 것을 사람의 발 아래에 두셨습니다." 왕이 곧 처음 사람으로 자연스럽게 연계된다.

둘째, 전쟁으로 말미암아 왕은 '역사화' 되고 '비신화화' 된다. 전쟁으로 말미암아 왕권이 위협받기 때문이다. 앞에서 보았듯이 왕은 창조 드라마를 '재현' 할 뿐 아니라 '역사' 를 만들어낸다. 왕을 통해 우주적인 싸움이 역사적인 싸움으로 된다. 왕의 즉위를 노래하는 시들이 왕권의 기초를 태초에서 찾는 반면, '왕의 애가' 라고 할 만한 시들——왕의 고난을 노래하는 시, 예를 들어 89편 38~52절——은 그러한 역사화를 보여준다. 아직 혼돈이 극복되지 않은 태초의 고난을 보여주기도 하지만 무엇보다도 왕의 애가는 역사 현실 속에 나타나는 악의 두께를 절실하게 보여준다. 아들 압살롬에게 쫓기는 다윗이 부르짖는다: "주님, 나를 대적하는 자들이 어찌 이렇게도 많습니까? 나를 치려고 일어서는 자들이 어찌 이렇게도 많습니까?"(3편 1절). "주님 언제까지 나를 잊으십니까? 영원히 잊으시렵니까?"(13편). 이 문제가 아주 '비신화화' 되어 구체적인 역사성을 잃고 '도덕화' 될 수 있다. 그래서 유대교와 그리스도교 신자들은 여기의 '원수' 또는 '억압자' 를 불행 또는 마귀의 시험으로 해석했다. 그럴 수 있다. 그러나 앞서 말한 원수가 일차적으로 '비신화화' 된다는 것은 '역사화' 되어 이집트나 팔레스타인이나 아시리아 따위를 가리키게 됨을 뜻한다. 그리고 그러한 역사화는 이 문제를 '도덕화' 하고 다시 한번 '신화적' 으로 해석하기 위해서도 거쳐야 할 과정이다. 또 그리스도인들은 "나의 하나님 나의 하나님

어찌하여 나를 버리시나이까?"(시편, 22편 1절)를 그리스도론이나 '고난받는 종'의 각도에서 해석한다. 역시 그럴 수 있다. 그러나 그 성금요일의 고통의 절규 속에는 역사 속에서 태초의 악이 기승을 부려 위기가 절정에 달할 때 드리는 예배의 소리가 들어 있다고 볼 수 있지 않을까?

이제 세번째 방향을 보자. 그것은 '종말론적' 통치의 문제다. 예배의 도식에서는 구원이 이미 이루어졌고, 왕은 이미 이겼고, 창조는 이미 완성되었다. 그러므로 엄밀히 말해 역사는 새로운 것이 없다. 역사란 예배 드라마의 긴장을 '재현'하는 것일 뿐이다. 그리고 역사의 최후 승리는 창조 사건이나 예배 드라마에서 이미 획득된 것이 아니라 '마지막 때'에 오게 되어 있는 것이다. 앞에서 창조 드라마가 비신화화되면서 역사화됨을 보았다. 그런데 역사화되면서 일종의 '종말론적' 측면을 갖게 된다. 그러므로 창조 드라마는 처음 사람이나 역사성을 향해 뻗을 뿐 아니라 다니엘과 에녹이 '하늘 높은 곳'에서 오리라고 기대했던 '인자'의 형상으로까지 뻗는다. 역사 안에 있는 메시아적인 왕에서 하늘에 있는 초월적인 '인자'로 가는 움직임은 계속될 것이다. 종말론화되는 과정에 결정적인 역할을 하는 것이 있다. 이사야(9장 6절)가 말한 한 아기, 평화의 왕이다. 그는 이미 마지막 때의 인물이다. 그는 낙원의 평화를 회복하여 늑대가 양과 떠놀고 어린아이가 독사의 굴에 손을 넣는다. 결국 마지막 때의 사람과 처음 사람은 일치한다. 그것은 그 둘 모두 처음부터 있었고 영원히 있을 왕의 형상에서 나왔기 때문이 아닐까?

왕과 대적의 구도를 여러 가지 방향으로 발전시킬 수 있으리라. 그러나 그 결과는 방법에 따라 크게 좌우된다. 새것을 옛것을 통해 설명하고, 사건을 역사적 원인을 따라 설명하려 들면 새로운 의미를 발견하기는 어렵고, 어디서나 처음부터 찾으려고 했던 점만 보이게 마련이다.

그러나 유형론적 차이에 주목하는 방법[42]은 좀 다르다. 여기에 전혀 다른 세계가 열린다. 왕의 이데올로기에 관련된 창조 드라마와 전혀 다른 모습이 성서에 있다. 거기에도 창조 사건 속의 왕의 도식이 있지만 이미 흔적에 지나지 않는다. '왕의 제의'라고 하는 관점이 사라졌기 때문이다. 엄

---

42) Aage Bentzen, *Messias, Moses redivivus, Menschensohn*, Zürich, 1948.

밀히 말해 이제 창조 드라마는 없어졌다. 더 이상 신들의 얘기도 없고 그들간의 싸움도 없기 때문이다. 옛 구조의 잔영이 있지만 아주 희미하다. 그것은 그림자에 불과해 더 이상 아무런 '의미'가 없다. 그림이 같다 할지라도 다른 '의미 체계'가 활동하고 있다.

이 새로운 체계[43]에서 창조는 단번에 이루어진다. 창조는 '드라마'가 아닌 '말씀'으로 이루어진다. 창조는 완성되었다. 그러므로 악은 더 이상 창조 이전의 혼돈이라거나 그것의 재출현이 아니다. 따라서 악을 말하려면 악이 '세상에 들어온 것'을 말하는 또 다른 신화가 필요하다. 그때, 역사는 단순히 창조 드라마의 '재현'이 아니라 독자적인 영역이 된다. 창조가 드라마가 아니라 역사가 드라마다. 그리하여 악과 역사는 같이 간다. 악도 역사도 처음의 무질서와 더 이상 관련이 없다. 악이 역사적인 것이 되면서 의문투성이가 된다. 그러나 악도 역사도 처음의 무질서를 '재현'하는 것이 아니라면 구원 역시 세상의 창조와 동일할 수 없다. 단순히 예배를 통해 창조 드라마를 재현하는 것이 구원일 수 없다. 구원도 악처럼 독자적인 영역 곧 역사적인 영역이 된다.

신화 '유형'으로 볼 때 앞의 것과의 단절이 거기에 있다. 이 새로운 유형은 창조와 악과 역사와 구원에 새로운 '의미'가 부여되면서 생긴 유형이다. 그러나 하나의 '유형'이 단번에 확립되는 것이 아니므로 이미 지나간 신화의 '자취'가 민중 문화 속에 남아 있는 것은 있을 수 있는 일이다. 그러므로 새로운 신화는 그러한 옛 자취마저도 새로운 신화의 차원으로 끌어올리는 작업을 계속한다.

위에서 살펴본 옛 신화의 세 가지 발전들도 그러한 새 신화의 물밑 작업과 관련시켜 생각할 수 있다. 뒤에서부터 다시 살펴보자.

---

43) 아담 신화에 대한 장을 보시오. 이 체계의 새로움에 대해서는 A. Heidel, *op. cit.*, p. 126이 잘 보이고 있다. 바빌로니아 신화의 핵심은 옛 신들에 대한 마르둑의 승리에 있다. 우주 발생론은 신 발생론의 한 부분이다. 그러나 창세기 1절은 유형론적 대체를 표현하고 있다. Heidel, pp. 128~40에 거기에 대한 주석이 있다. 사람의 창조는 신 발생론에 속하지 않는다. 신들에 대한 봉사 대신에 자율과 책임의 문제가 대두된다. pp. 118~22. 또 신들의 죄 대신에 인간의 타락이 들어감을 잘 보고 있다. pp. 122~26.

1)먼저 역사 안의 메시아가 초월적인 인자로 발전하는 문제를 살펴보자. 왕에서 인자로 그리고 다시 복음서의 주님으로 옮겨가는 데에는 처음 형상이 보존될 뿐 아니라 새로운 차원이 계속 보태진다. 희생된 예언자나 특히 '야훼의 종' 같은 형상이다. 그런데 이 새로운 형상의 출현은 새로운 역사, 새로운 악, 새로운 구원의 출현과 뗄 수 없는 관계에 있다.

2)왕의 이데올로기에 큰 변화를 일으킨 두번째 측면이 '제의와 예배'의 드라마를 역사로 뛰어넘은 것이다. 순전히 역사적인 투쟁이 신들간의 투쟁 대신 들어선다. 출애굽 곧 이집트에서 탈출한 역사적 사건——성서의 역사 신학을 푸는 열쇠다——이 새로운 위치를 가지며 창조에 대해서도 새로운 의미가 부여된다. 원칙적으로 출애굽 사건은 창조 드라마와는 아무런 상관이 없다. 앞서 보았듯이 출애굽은 죄에서 해방되는 모든 히브리 체험을 '상징화'하는 기본틀을 제공한다. 상징의 온상이 창조 드라마가 아니라 역사다. 동시에 대적 곧 원수도 처음의 혼란이 아니라, 역사적인 것으로 바뀐다. 출애굽에서의 이집트와 가나안 정착과 관련된 팔레스타인은 이스라엘 역사에 등장하는 국가 그 이상이 아니다. 우주적인 것이 역사적인 것으로 미끄러져 들어간다. 민족 전쟁 신화라는 새로운 영역이 생긴다.[44]

3)그러나 만일 대적이 그 우주적인 의미를 잃고 완전히 역사적인 것이 된다면 처음 사람도 완전히 사람이어야 한다. 그리고 악도 순전히 인간의 악이 되어야 한다. 그렇다면 특별히 대적을 악이라고 볼 수 없고 악은 대적의 악이 아니라 모든 인간의 악이 된다. 결국 악을 이야기할 수 있는 새로운 신화가 필요하게 된다.

여기에도 왕의 이데올로기가 계속 공헌할 여지가 있다. 그러느 그 왕은 이미 군주가 아니라 일반 사람이다. 사람은 신보다 못하지만 신의 형상으

---

44) 왕권 이데올로기의 쇠퇴는 군주에 대한 불신으로 가속화되었다고 할 수 있다. 그러면서 동방의 왕은 더 이상 신의 형상이 아니라 거짓 권세자로 풍자되었다. 예를 들어 에스겔이 두로왕을 공박하는 말이 있다: "나 주 하나님이 이렇게 말한다. 너의 마음이 교만해져서 말하기를 너는 네가 신이라고 하고 네가 바다 한가운데 신의 자리에 앉아 있다고 한다마는, 그래서, 네가 마음속으로 신이라도 된 듯이 우쭐댄다마는, 너는 사람이요, 신이 아니다"(28장 1절 이하). 그처럼 왕의 형상이 무너지면서 예언자와 제2의 모세와 야훼의 종과 인자의 형상이 득세하게 된다.

로 신의 아들이다. 그처럼 왕권을 부여받은 인간의 악——그것은 수세기
에 걸쳐 예언자들의 공격 목표였다——은 이제 창조에서 그 뿌리를 찾을
수 없게 되었다. 창조에 드라마가 사라졌기 때문이다. 순전히 인간론적인
새 신화가 우주론적인 옛 신화를 대체해야 한다. 바로 거기서 처음 사람의
형상은 왕의 형상과 결별한다. 처음 사람의 잘못은 원래 좋게 창조된 세계
에 대해 전혀 새로운 것이다. 그러한 요청에 답하여 나온 것이 아담 신화
다.

　이제 이러한 질문이 생길 만하다: 그러한 대체 효과가 끝까지 갈 수 있
는가? 그리고 사람 혼자서 이 세상에 악을 끌고 들어올 수 있는가? 타락
이전에 뱀의 농간이 있었다. 그것은 마지막으로 남은 창조 드라마의 흔적
일 수 있다. 그런데 그때에, 창조 드라마의 흔적을 지닌 것이 아담 곧 사
람이 아니라 나중에 사탄 또는 원수라고 불리는, 사람 아닌 다른 무엇이라
는 점에 주목해야 한다. 이것은 인간의 악의 '재신화화' 문제다. 그 '재신
화화'는 우주적인 악의 '비신화화'를 거쳐 그 너머에서 이룩된다. 그 점에
대해서는 나중에 말하자. 다시 말하지만 비신화화란 우주적인 드라마로는
감당할 수 없는 관점 셋을 산출하는 사고 운동이다. 그것은 구원을 '종말
론적'으로 보는 관점, 신의 드라마가 아닌 인간의 드라마를 보는 '역사적'
관점 그리고 악을 인간의 것으로 보는 '인간론적' 관점이다.

4. 그리스의 티탄: '변모하는' 창조 드라마

　그리스 신들의 이야기 곧 호메로스나 헤시오도스의 신들 이야기는 본질
적으로 창조 드라마 '유형'에 속한다. 앞에서 보았듯이 창조 드라마의 대
표는 바빌로니아 시다. 따라서 그리스 신들의 얘기에서 우리는 기원 신화
에 대한 새로운 유형을 찾기보다는 다른 신화 유형들로 변모하는 표징들
을 찾아내보려 한다. 티탄 이야기는 비극 신화 쪽인 것 같기도 하고 오르
페우스 신화 쪽인 것 같기도 하고 성서의 타락 신화와 가까운 것 같기도
하다. 그처럼 소속이 분명하지 않기 때문에 우리의 관심을 끈다
　우리의 연구 범위를 『일리아드』에 국한하지 않겠다. 호메로스는 우리의

연구 주제에 대해 특별히 시사하는 바가 없다. 악의 기원과 관련된 이야기들도 좀 맥이 풀린 상태다. 물론 오케아노스와 테티스가 압수와 티아마트에 해당된다고 볼 수 있다. 그들에겐 잉태할 수 있는 능력이 있다. 제우스가 통치자로 등장한 후에도 그들의 모습은 존속한다. 케레니의 표현에 따르면[45] 그들은 "우리와 천상 세계의 국경을 이룬다." 그러나 바빌로니아 시에 나오는 티아마트의 죽음에 해당하는 이야기가 테티스와 '만물의 아버지'(*Iliade*, XIV, 246)인 오케아노스 사이의 '불화' 얘기로 축소된다. 그 불화로 잉태가 불가능하게 된다.[46] 여기서 우리는 어떤 관점을 발견한다. 질서란 생산 능력에 일정한 한계를 그은 것이요, 하나의 휴식이란 생각이다. 철학에서 말하는 '유한'과 '무한'의 변증법이 암시된다. 그런데 그처럼 무한한 능력에 한계를 긋는 것이 어떤 젊은 폭력이 등장하여 무질서를 정돈하는 얘기로 발전되지는 않는다. 그 점이 바빌로니아 신화와 다르다.

우리에게 관심있는 대숙청의 문제를 처음으로 제기한 사람은 헤시오도스다. 단순한 그의 기원 설화 속에 바다의 부부 대신 하늘과 땅의 신인 우라노스와 가이아라는 짝이 등장한다. 헤시오도스는 그가 처음(아르케)이라고 부르는 것 너머에서 맨 처음을 찾는다. 그가 아르케라고 부르는 것은 "땅과 거대한 하늘이 낳은 것"(*Théog.*, 45)이다. 그 얘기는 일단 접어두자. 여하튼 그의 얘기 속에는 맨 처음에 혼돈(카오스)이 있는데, 그것은 신들에 관한 신화가 이야기 형식 곧 신화에 들어오지 않는 방향으로 옮겨가고 있음을 말해준다. 그러나 그처럼 물리적이고 변증법적인 의미를 담은 그 신화 속에 태초의 범죄에 대한 두려움이 드리워 있다. 땅과 하늘 사이에서 '무서운' 아이들이 생기는데, 하늘은 "그들을 처음부터 미워했다." 하늘은 그들에게 빛을 주지 않고 땅속 은밀한 곳에 가둔다. "하늘은 자기 행동에 만족스러워하지만, 땅은 크게 괴로워한다"(158~59). 그래서 땅은 자기 아들들에게 복수의 도끼를 쥐어준다: "나의 아들들아, 나를 믿고 아비의 범죄 행위(χαχήν〔……〕 λώβην)를 처벌하자(τεισαίμεθα). 그가 너희 아비이

---

45) Kerenyi, *La mythologie des Grecs*, p. 19.

46) "오랫동안 그들은 서로 침대를 멀리하고 사랑을 멀리했다. 그들의 영혼 θυμῷ에 분노 χόλος가 가득했다." *Iliade*, XIV, 207.

지만 처음으로 비열한 짓을 했다"(163~65). 잘 알다시피 그 후 크로노스가 우라노스를 유인하여 팔다리를 자른다. 그리고 크로노스가 자기 자식들을 잡아먹으며 그와 비슷한 얘기가 반복된다. 마르둑처럼 제우스의 승리도 술책과 폭력의 열매다. 폭력을 통한 승리로 질서가 확립된다. 그리고 무질서는 패배에도 불구하고 여전히 존속하여 슬픔과 공포를 조성한다: "신들에 대한 잘못이 있을 때는 죽음과 복수가 따른다. 신들의 노여움은 잘못한 사람에게 잔인한 복수를 할 때까지 풀리지 않는다." '죽음의 도리깨' 네메시스가 버티고 있고 "가슴에 폭력이 들어차 있다." "그 폭력이 고통을 낳는다. 망각과 굶주림과 전쟁과 살인, 다툼과 거짓, 혼란과 재앙이 있다. 그리고 맹세가 있게 되는데 그것은 이 땅의 인간에게 가장 혹독한 도리깨다. 항상 거짓 맹세가 되기 때문이다"(226~32).

그런데 50개의 머리를 가진 개와 네메의 사자, 레른네의 히드라, '꺼지지 않는 불'을 뿜는 동물 같은 괴물들은 다 무엇인가? 무시무시한 괴물들 얘기가 아주 많이 나온다.[47]

바로 여기서 티탄에 주목하자. 유형론적 탐구를 위해 상당히 흥미로운 부분이 있다. 한편으로 보면 그것은 우주 발생론적 신화의 연장선상에 있어 정복된 옛 신들을 대표한다: "그러나 아비 곧 거대한 하늘은 자기가 낳은 아들들에게 티탄이란 이름을 주었다: 그들이 팔을 너무 높이 들어 (τιταίνοντας) 가증할 죄를 범했으니 장차 그 원수를 갚으리라고 그 아비가 말했다"(207~10). 그러므로 위에 언급한 신들의 얘기는 티탄들의 역사이며, 그들의 권세는 어느 법으로도 굴종시킬 수 없었다. 그러나 사람의 기원과 관련되면서 티탄의 얘기는 다른 유형의 신화가 된다. 티탄은 단지 옛 시대의 증언자 곧 원초적 무질서에 대한 증언자가 아니라 질서가 확립된 이후의 반역을 말한다. 헤시오도스 이야기에서 '속임수'를 쓴 크로노스의 얘기가 희생 제물을 놓고 벌어지는 신들과 인간들 사이의 다툼에서 시작되고 있음에 주목해야 한다(535 이하). 프로메테우스가 "꺼지지 않는 불의 섬광"을 훔친 것도 제우스가 인간들에게서 불을 빼앗았기 때문이다. 그

---

47) Clémence Ramnoux, *La Nuit et les enfants de la Nuit de la tradition grecque*, Paris, 1959 참조. 특히 pp. 62~109.

러므로 올림피아 신들에 대한 티탄들의 싸움은 한편으로는 창조 드라마의 연속이고 다른 한편으로는 신 이후의 인간의 드라마를 말한다. 인간의 드라마란 비극 유형일 수도 있고 오르페우스 유형일 수도 있고 아담 유형일 수도 있다.

결국 헤시오도스의 프로메테우스는 거의 '처음 사람'으로 보아 무방하다.

이처럼 인간에 대한 신화로 가는 길은 몇 가지가 있다. 우선 창조 드라마의 신인동형론적 성격을 통해서다. 늙은이들의 물리적 폭력에는 '속임수'라고 하는 일종의 '심리적'인 폭력이 이미 관련되어 있었다. 한편, 신의 영역에서 밀어내고 지하에 가두는 폭력은 신과 직접적으로 관련 없는 무슨 부산물 정도로 여겨질 수 있다. 티탄들은 그처럼 신보다 못한 무엇을 표방한다. 그리고 그들에게 크고 강하고 거친 거인의 모습이 얹혀짐으로 그들은 일종의 처음 사람처럼 된다.

그러나 적어도 헤시오도스에게서 프로메테우스 신화는 신 발생론의 측면을 완전히 벗어나지 못한다. 티탄적 요소가 자꾸 파괴되고 신적인 것이 탄생된다. 그리고 프로메테우스에게서 악이 시작되는 것이 아니라 악이 계속될 뿐이다. 그의 '속임수'는 신들의 투쟁을 본뜬 것이다.

프로메테우스를 '비극적인' 모습으로 바꾼 것은 에쉴레Eschyle이다. 그가 프로메테우스를 제우스에 맞서게 한다. 그렇게 해서 프로메테우스는 영웅이 됨과 동시에 신의 분노에 시달린다. 프로메테우스의 박애 정신을 강조함으로써 에쉴레는 그를 인간은 아니더라도 인간에게 인간성을 주는 반신(半神)으로 만들었다. 그리하여 프로메테우스는 인간의 대표자처럼 된다. 독일의 질풍노도 운동이 그 점을 잘 보고 있다. 그런데 에쉴레의 그러한 작업도 완성되지 못하는데, 이는 프로메테우스가 다시 신으로 격상되어서 신들의 세계로 돌아가기 때문이다. 그 얘기는 지금은 상실되고 없는 3부작 그리스 비극의 끝부분에 있다. 그러나 전체적인 티탄 얘기의 진행 방향은 분명하다.

아마 티탄 신화가 인간의 얘기와 가장 잘 결합되는 곳은 오르페우스 신화에서일 것이다. 뒤에 보는 대로 오르페우스 신화는 전체적으로 인간의 신화요, '영혼'과 '육체'의 신화다. 젊은 신 디오니소스를 해친 '티탄들의 범죄'가 인간의 기원이 된다. 제우스가 그들의 유해에서 오늘날과 같은 인간의 씨를 추출했다. 그러니 오늘의 인간은 신과 티탄에 그 뿌리를 내리고 있다. 그리하여 티탄 신화는 현재의 인간 상황을 설명하는 기원 신화의 역할을 한다. 그것은 신들 이야기를 벗어나 완전히 인간의 애기로 된 최초의 신화다. 플라톤이 인간의 '티탄적 기질'에 대해 말한 것을 보아도 그 점을 알 수 있다.

그런데, 티탄 신화와 비슷한 애기가 히브리의 타락 신화에도 있었던 것 같다. 히브리에도 그런 전통이 있었던 것 같다. 성서 창세기 6장(1~4절)이 그것이다. 네피림이라고 하는 이 거인들은 인간과 천상의 존재의 결합에서 생긴, 말하자면 동양판 티탄들을 조상으로 하고 있다. 그러나 그 전설의 기원보다는 야훼 기자의 기록 방식이 홍미를 끈다. 야훼 기자가 이 민담을 더욱 커가는 인간의 타락 이야기 속에 집어넣고 있음을 주목해야 한다. 그렇게 해서 티탄의 애기가 타락의 역사에 들어온다.

그처럼 티탄 신화는 비극 유형과 오르페우스 유형과 성서 유형에 차례차례 편입된다. 티탄 신화는 원래 신들의 애기를 모태로 하지만 여러 유형의 인간 이야기 사이를 왔다갔다한다. 거기에는 분명치 않은 어떤 의도가 반영되어 있다. 곧, 악의 기원을 신과 인간을 매개하는 존재의 영역에서 찾으려는 의도다. 티탄 신화가 카오스(혼돈)에 가까우면서 동시에 원인간에 가까워 괴상하게 보이는 것도 그 때문이다. 그리하여 그것은 질서와 아름다움에 거역하는 현실에서 악을 인간에게 돌리고자 한다.

제 2 장
악한 신과 '비극적' 인간관

처음과 나중의 신화 가운데 두번째 유형의 신화는 유명한 그리스 비극이다. '비극'과 그리스가 무슨 관계가 있을까?

철학자라면 그리스 비극에 국한하지 않고 모든 비극을 총괄할 수 있는 작업을 해야 되리라. 그리스 비극뿐 아니라 그리스도교 비극, 엘리자베스 시대의 비극 그리고 현대의 비극의 본질을 말할 수 있어야 하리라. 그처럼 본질에서 개별 경우를 보아야지 개별 경우에서 출발하여 미괄적으로 일반 구조를 찾아내는 것은 위험하다고 생각할 것이다.

그러나 그리스 비극에서 출발해야 한다. 몇 가지 이유가 있다. 그리스 비극은 여러 가지 비극 가운데 한 가지 예가 아니다. 그리스 비극은 미괄 식으로 추출된 범례가 아니라 비극의 본질을 갑자기 총체적으로 보여준다. 비극을 이해하려면 그리스 비극을 재현해야 한다. 그리스 비극을 하나의 경우로 보지 말고 비극의 기원으로 보며 참된 비극으로 본다. 그렇다고 무슨 미괄적인 방법을 무시하는 것은 아니며 다만 그리스 비극을 이해할 때 거기에 비추어 다른 비극도 이해하게 된다는 얘기다. 막스 셸러가 말했듯이[1] 입증하는 게 아니라 밝히는 것이다. 그리스 비극을 통해서 비극의 "현상이 그대로 감지된다."[2]

뿐만 아니라 그리스 비극은 우리에게 어떤 신학의 장을 시원하게 열어

---

1) Max Scheler, *Le phénomène du tragique*, 불역, M. Dupuy, Paris, 1952.

2) *Ibid.*, p. 110.

준다.[3] 에쉴레에게 비극적인 인간관이 있는데 그것은 비극적인 신관의 반
영이다. 신들 때문에 눈멀고 목숨을 잃는 인간의 이야기가 그리스 비극에
있다. 그러한 얘기는 어떤 계시 곧 납득이 잘 안 되는 어떤 계시를 표현하
고 있다.

끝으로 그리스 비극이 우리에게 보여주는 것은 비극적인 세계관이 사변
에서 나온 것이 아니라 삶의 장면들에서 나온 것이라는 점이다. 이 세번째
특징은 두번째 특징과 관련이 있다. 비극적인 인간관 뒤에 있는 비밀은 신
학적인 문제다. 그런데 그 신학적인 문제가 생각으로는 받아들이기 어려
운 것이다. 그때 그러한 비극이 이차적인 것이라고 볼 수 없다. 달리 말할
수도 있는데 어쩌다가 우연히 그렇게 표현된, 그런 인간관이라고 볼 수 없
다.

비극은 그 본질상 어떤 비극적인 한 영웅이 등장해야 하고 그의 비극적
인 행위가 있어야 하고 비극적인 결말이 있어야 한다. 아마 비극은 어떤
이론으로 설명하기 어려울 것이다. 그 이론이란 필경 악의 예정론 정도의
신학적 이론이 될 텐데 그것으로 인생의 비극이 설명되지 않는다. 그런 이
론은 성립되는 즉시 폐기될 것이다. 또 비극은 삶의 장면이므로 사변으로
풀리지 않는 현실로 남아 있을 것이다. 삶의 장면이라는 점은 상징이 활개
칠 수 있는 장을 제공하여 모든 비극 신화에 상징이 풍부하다. 동시에 그
것이 극장에서 무대에 올려지면 경고와 호소의 힘을 갖는다. 비극 속에 의
문투성이의 신학이 펼쳐지므로——플라톤의 『국가』 II권——철학자들로
하여금 비극적인 세계관을 자꾸 일깨워 환상을 없애기 때문이다. 그렇기
때문에 비극 상징의 해석학이 나올 만하다. 그 해석학은 연극을 이론으로
바꾸는 환원적 비평으로는 삶의 장면이 해소되지 않음을 보여줄 것이다.

1. 비극 이전의 주제들

비극 신학은 비극이라는 연극 장면과 뗄 수 없다. 그러나 비극 신학의

---

3) 이 장은 Gerhard Nebel, *Weltangst und Götterzorn, eine Deutung der griechischen
Tragödie*, Stuttgart, 1951.

주제들은 비극 이전부터 있었다. 다만 비극이라는 일정한 형식이 결정적인 특징을 제공하며 마침표를 찍은 것이다.

비극이라는 일정한 형식을 통하여 드라마와 장면으로 되기 이전의 문제들을 비극 이전의 주제들이라고 부르자.[4] 그 가운데 가장 주된 주제는 꼭 그리스적인 것은 아니다. 모든 문화에 다 있는 문제다. 그것은 잘못의 원인을 신에게 돌리고 그 신이 인간을 사로잡고 인간의 연약함을 통해 활동했다고 보는 문제다. 언뜻 보기에 그런 문제는 앞에서 우리가 살펴본 것과 차이가 없는 것 같다. 앞에서나 여기서나 선만큼 악도 처음부터 있었다는 얘기이기 때문이다. 앞에 나온 바빌로니아 신 엔릴이 나쁘게 할 수도 있고 좋게 할 수도 있는 이중의 권세를 지니고 있어 첫째 유형과 둘째 유형의 단서를 모두 갖고 있음을 보았다. 그러나 악이 신과는 처음부터 원수가 되면서 그것은 창조의 드라마로 둘러싸인 혼돈의 신화가 되어 둘째 유형과는 다른 유형이 되었다. 그런데 이때 악이 신과 대립하지 않고 신의 권세는 선하게 할 수도 있지만 인간을 해할 수도 있는 것이 되면 비극이 된다. 따라서 비극 신학과 비극적 인간관에서는 신과 마귀가 구분되지 않는다. 그처럼 신과 마귀가 구분되지 않는 것은 생각을 통해서는 이해할 수 없다. 동시에 『국가』 II권에서 비극을 비난하고 철학으로 넘어가는 이유도 거기에 있는 것 같다. 그러나 신 안에 선과 악이 같이 있다는 느낌이 생각으로는 풀리지 않는다는 바로 그 까닭에 드라마 작품으로 표현된다. 그 드라마는 간접적인 사고 작용을 일으키고 끊임없이 난해한 문제를 제기한다.

호메로스에 그런 장님의 신학(신이 인간의 눈을 멀게 하여 인간을 파멸시킴)이 있는 것은 놀라운 일이다. 죄의 문제하고는 거리가 멀지만 그래도 호메로스는 그리스 문학을 지배한다는 점을 염두에 둘 때 주목할 만한 사실이다. 원래 그리스 작가들은 정화와 속죄에 대해서는 거의 관심이 없었다. 그런데 놀랍게도 『일리아드』에 신이 인간을 유괴한 얘기가 일관되고

---

4) Kurt Latte, *Schuld und Sünde in der griechischen Religion, Arch. f. Rel.* (20), 1920~1921, pp. 254~98; W. Ch. Greene, *Moira, Fate, Good and Evil in Greek Thought,* Harvard Univ. Press, 1944; E. R. Dodds, *The Greeks and the Irrational,* Univ. Calif. Press, 1951; H. Fränkel, *Dichtung und Philosophie des frühen Griechentums* (Am. Phil. Ass., XIII, 1951).

강하게 나온다.[5] 그 유괴와 파멸은 잘못에 대한 벌이 아니다. 그것이 곧 잘못이요, 잘못의 기원이다.

여기서는 잘못의 문제가 복잡한 불행 의식과 연관되어 있다. 출생과 사망이 인간의 행동을 오염시키는 어떤 운명과 같은 힘에 의해 지배된다는 생각이다. 인간은 죽게 되어 있고 죽음이 그의 운명이다. 무기력하고 부조리한 세상은 넘을 수 없는 죽음의 벽을 더 높게 한다. 그 문제에 대해 신들은 무용지물이다. 인생의 무기력은 사망에서 출생으로 거슬러가, 출생이 운명의 첫 순간이 된다. 사망에서 출생을 보고 사망의 그림자가 인생 전체에 깔려 있다. 그리하여 숙명적인 사망과 출생이 모든 행위를 덮어 인생은 무기력하고 무책임하게 된다. 호메로스의 영웅들이 심리적으로 연약하다는 것은 누구나 알고 있다. 영웅들의 행동은 연약한 심리에 바탕을 두었기 때문에 주체가 확고히 서지 못한 채 어떤 세력에 의해 끌려가고 있는 것 같다.[6] 눈멀게 되는 사건이 수동태 동사 ἀᾶσθαι 로 표현되고 있다. 눈멀게 된 것——Ἄτη——은 초월적 권세가 그 힘을 세상에 내뻗었기 때문이다.

그처럼 신이 "심리적으로 개입한다"고 믿게 된 것이 억압적인 심리 때문인지, 또 인간이 그와 같은 자화상을 그리게 된 것이 신화를 통해 드러난 문화 특성 때문인지 하는 의문이 생긴다. 그러나 여기서 우리에게 중요한 것은 인간이 신화의 방법을 통해 자기 모습을 그렸다는 점이다.

호메로스의 세계에서 인간이 눈멀게 된 까닭은 제우스, 모이라,[7] 에리니스에게로 돌려진다. 이 모든 신화적 표현들은 인격화되지 않은 깊이를

---

5) E. R. Dodds, *op. cit.*, ch.1, *Agamemnon Apology*, II, pp. 19, 86 이하. 호메로스의 신학적이고 심리학적인 측면에 대한 연구로는 Nilsson, *Götter und Psychologie bei Homer*, ARW, XXII (1934). 또 *History of Greek Religion*, pp. 165~73.

6) Snell, *Die Entdeckung des Geistes*, Hambourg, 1955는 인간을 표현하는 호메로스의 어휘를 연구하는데(pp. 17~42) 육신의 통일성을 나타내는 언어가 없는데 나중에 σῶμα 를 사용했음을 밝혔고, 그 밖에 심리적인 단어들을 연구했다. 그 가운데 ψυχή 는 죽음에 대해서만 사용되고 있고, θυμός 는 감정의 움직임을 가리키고, νόος 는 생각을 산출한다. 영혼의 통일성, 육체의 통일성 또는 영육의 대립 같은 것은 호메로스에게 없다. 우리의 유형 분류에 이러한 연구 결과가 유용하다.

7) 호메로스는 모이라들을 거미의 특성을 빌어 표현한다. 그것은 또 강력하고 무시무시한 여신이요, 분배자다.

가리킨다. 호메로스에게서 신은 인간과 비슷한 모습으로 되지만, 인간이
눈멀게 되는 것은 완전히 인간화된 신들 너머의 권세 때문이다.

그 권세의 비인격성을 가장 잘 보여주는 것이 모이라Moῖρα다. 그것은
인간에게 선택과 관계없이 주어진 어떤 '몫'이요 '운명'이다. 그것은 선택
한 것이 아니요 어떤 행동을 유도하는 필연성이다. 또 다이몬 δαίμων 이란
표현도 그 점을 말한다. 그 단어는 모이라와는 다른 방향으로 발전되어 운
명의 익명성이 아닌 인격화의 길을 갔지만 그것 역시 막연한 신적인 권세
를 나타낸다. 인간의 의지와 감정에 신적인 것이 갑자기 몰아닥침을 표현
하고 있다.

이렇게 볼 때 잘못의 신학은 신적인 권세를 개인화하고 가시화하려는
노력에 대항하여 어떤 신적인 깊이를 유지하는 방향으로 가게 된다.

악의 기원을 제우스에게 돌리는 것도 같은 맥락에 서 있다. 다른 신들
과 경합 관계를 이루어 제우스의 기능이 비교적 제한되어 있지만 그는 최
고의 신으로서 가장 큰 권세를 지닌다. 다른 신들이 그의 통치어 일일이
따르지는 않지만 여하튼 그는 여러 신 가운데 하나의 신은 아니다. 그런데
잘못의 책임이 그 제우스에게 있다. 아테῾Ατη가 그의 딸이다: 눈멀고 길
잃은 아테는 만유의 위대한 신 제우스의 딸이다 θεòς διὰ πάντα τελευτᾷ·
πρέσβα Διὸς θυγάθηρ ῎Ατη, ἣ πάντας ἀᾶται, οὐλομένη. 이처럼 눈멀게 된
것을 최고의 신과 관계시킨 후 제우스의 비극적 형상을 에쉴레의 프로메테
우스를 통해 보여준다. 또 비극들은 신들 θεοί, 그 신 ὁ θεός, 어떤 신 θεός τις
을 들먹인다. 혼돈의 신화에서는 윤리적인 성격을 지닌 최근의 신과 잔인한
옛 신이 구분되는 반면에 비극 신화는 선과 악을 아예 신의 꼭대기에 두고
있다.[8] 그러한 이중적인 신성이 점차 인격화되면서 명실상부한 비극이 탄

---

8) 헤시오도스는 비극적이지 않은 유형에 가깝다. 저주의 권세를 가장 오래 된 옛신들
  에서 찾기 때문이다. 그 옛 신들이란 밤의 아들인 Μόρος와 타나토스 그리고 신성
  모독인 Μῶμος와 슬픔인 ᾿Οιζύς, 금사과를 지키는 Hespérides이며 또 ᾿Απάτη와
  Φιλότης, Γέρας와 ῎Ερις 다(Kerenyi, *La mythologie des Grecs*, Paris, 1952, pp. 35~36).
  올림피아 이전의 신들이란 제목하에 Kerenyi가 모은 것들은 원초적인 독력의 모습
  을 잘 보여주고 있다. 나중에 제우스도 그 모습으로 세상을 통치한다. 그 모습들은
  창조 드라마의 유형과 비극 신화의 유형 사이에서 움직인다. Clémence Ramnoux 는
  *La nuit et les enfants de la nuit*에서 그 신들이 두 차원에서 놀고 있음을 밝혔는데 그

생한다. 모이라라고 하는 비합리적인 숙명은 그대로 있으면서 점차 신이 악의에 찬 심리를 지니게 된다. 결국 신적인 악의에는 두 축이 있는데, 모이라라고 하는 비인격적인 축이 있고 제우스라고 하는 인격적인 축이 있다.

신적인 적대감이 인격화되는 결정적인 순간은 프토노스 φθονός라는 개념을 통해 볼 수 있다: 신들은 '시기심' 때문에 그 앞에 어떤 권세도 용납하지 않는다. 인간은 인간으로 남을 수밖에 없다. 여기서 '비극'이 탄생한다. 인간이 인간으로 남는 겸손은 지혜를 따라 조용히 수행되는 것 같지만 사실은 신의 '시기심'에 대한 두려움에서 비롯된다. 신의 감정 폭발이 시기심에서 비롯되고, 그 감정 폭발을 두려워하여 인간은 윤리적인 '겸손'을 지향한다.

물론 현인들은 신의 시기심 φθονός을 인간의 교만 ὕβρις에 대한 벌로 보기도 한다. 그래서 신의 시기심을 무슨 도덕적인 문제로 만든다. 일이 잘되면 '항상' 더 ── πλεονεξία ── 잘되기를 바란다. 그 마음이 욕심을 낳고 욕심이 교만을 낳는다. 그러므로 신의 시기심 φθονός에서 악이 비롯되는 것이 아니다. 교만 ὕβρις이 먼저다. 그러나 휘브리스를 비신화화함으로써 도덕적인 현인들은 비극에 대해 새로운 해석을 연다. 끝없이 커지고 싶은 욕망이 인간을 혼미하게 만든다는 것 자체가 신비이기 때문이다. 인간적 교만이라는 최초 악 πρῶτον κακόν[9]은 성서에서 말하는 타락과 유사한 개념으로 비극적이 된다. 그 교만이 신들의 시기심을 불러일으켜 결국 인간의 눈이 멀게 되기 때문이다.

것은 고고학적 차원과 육적인 탄생의 차원이다. Cronos의 팔다리를 자르는 얘기는 창조 드라마와 가까운데 그것의 우주 발생론적인 부분은 이미 존재에 대한 사유가 들어 있다(*op. cit.*, pp. 62~108).

9) E. R. Dodds, *op. cit.*는 φθονός의 비극적 의미를 기초로 Simonide, Théogonis 그리고 Solon을 들먹인다. φθονός의 도덕화는 ὕβρις가 도덕화되면서 발생한다. 재화가 풍부해지면서 욕심이 생기고 욕심은 교만을 낳는다. 그 교만이 신들의 시기심을 불러일으킨다. 그 교만과 시기심이 비극에 어떻게 반영되어 있는지 보게 될 것이다.

2. 비극의 실마리

우리는 위에서 비극의 요소를 모두 열거했다. 한편에는 신이 인간의 '눈을 멀게 함' '마귀' '운명'이 있고 다른 한편에는 '시기심'과 '빗나간 감정'이 있다.

그러한 문제들을 제기하고 비극을 비극적이게 하는 것을 처음으로 지적한 것이 에쉴레의 비극이다.

결정적으로 비극이게 하는 것이 무엇일까? 영웅의 위대성에 맞서 악의 예정성이 등장할 때, 그때 비극이 생긴다. 자유의 저항이 있고, 영웅의 위대한 투쟁이 있지만 결국 운명이 그를 삼키고 말 때, 그때 비극 감정——φόβος——이 생긴다(나중에 살펴볼 비극적 연민은 비극의 정화 작업과 관련되어 있다). 결국 비극은 두 가지 축에서 생긴다. 하나는 '악한 신'이요, 하나는 '영웅'이다. 제우스와 프로메테우스가 이 신학과 비극적 인간학의 두 축이다. 제우스라는 최고 신의 형상 속에 사탄의 모습이 들어 있다. 제우스 속에 신과 사탄이 하나로 뭉쳐 있어 '악한 신'이라는 개념이 생긴다. 비극 신학은 이런 악한 제우스라는 형상에 초점이 맞혀진다. 그것은 이미 『페르시아』에 나타난다.

다 아는 대로 이 비극 작품은 살라미스에서의 그리스의 승리를 기념하는 것이 아니라 페르시아의 패배를 주제로 삼고 있다. 그런데 어떻게 아테네 사람들은 승리의 기쁨을 넘어 대적의 패배에 비극적 연민을 느낄 수 있었을까? 케르케스라는 인물에게서 그들은 단순한 적을 보았을 뿐 아니라 신에 의해 섬멸된 영웅의 모습을 보았기 때문이다. 케르케스는 두려움 속에 말한다: "우리의 불행은 모두 복수자, 악한 신(χαχὸς δαίμων)에게서 비롯되었다. 그가 어디서 나타났는지 알 수가 없구나." "아, 늙은 왕비 아토사여, 네가 페르시아인들을 속였으니 너도 울게 되리라." "아, 고통의 신(δαίμον)이여, 당신은 얼마나 잔인하게 페르시아인을 무찔렀는가!"(M. Mazon은 δαίμων을 신으로 번역하기도 하고 또는 운명, 신성 따위로 번역한다). 인간은 초월적인 힘의 희생물이다. 타락은 인간의 것이 아니다. 무슨 존재가 인간을 내리 덮쳤다. 그물과 함정 따위가 잘못과 불행의 순환을 암시한다. "우리는 붙잡혔다, 이 큰 곤경이여." 인간을 강하게 내리치는 악이다. 그래서 케르케스는 원수일 뿐 아니라 희생물이기도 하다. 코메디와 달리 비극은 윤리적인 폭로나 교정과는 거리가 멀다. 그것은 도덕이라기보다는 신학이며, 따라서 영웅은 도덕적인 평가의 대상이 아니다. 오히려 그는 합창단과 관객의 동정을 얻는다.

그리하여 불안과 번민——비극의 φόβος——은 신의 노여움과 연관되어 있다.[10] 『페르시아』에 보면 카코스 다이몬(악한 신)이 『프로메테우스』에 나오는 제우스를 푸는 열쇠다. 그런데 『페르시아』의 통찰력은 두 가지 요소를 통합하여 거대한 규모를 자랑한다. 그 두 가지 요소는 악의 기원에 대한 첫번째 '유형' 곧 창조 드라마에 속한 것과, 비극시가 그리스 신들 이야기에서 발견한 것이다. 첫째 요소는 신들의 계보에 관한 것이다(우라노스, 크로노스, 제우스). 이 주제는 서사시에서 따온 것이다. 그러나 비극적으로 바꾸었다. 싸움과 고통을 아는 신들은 인간처럼 어떤 유한성을 지닌다. 신의 역사가 있다. 분노와 고난을 통해 신이 된다. 두번째 요소는 올림피아와 티탄의 양극성에 의해서 생긴다. 올림피아는 음침함과 혼돈 위에 세워졌다. 에쉴레는 에트나의 불과 울음 소리 그리고 "머리가 백 개 달린 타이폰"에게서 혼돈의 상징을 본다. 그처럼 성스러운 영역에는 밤과 낮이 양극을 이루고 있다. 칼 야스퍼스의 말대로 정열의 밤과 율법의 낮이 양극을 이루고 있다. 『페르시아』의 카코스 다이몬은 역사의 고통과 티탄의 심연으로 구성되어 있다. 드라마 『오레스티』를 둘러싸고 있는 것과 똑같은 신학 그리고 똑같은 윤리적 공포가 『페르시아』를 관통하고 있다. 범죄가 범죄를 낳는 이 악의 순환을 볼 때, 원래 모든 것이 악하다는 생각에 빠진다. 이렇게 말할 수 있으리라: 에리네는 허물투성이다, 왜냐하면 그녀가 바로 허물의 존재이기 때문이다.

『프로메테우스』에서 에쉴레는 제우스를 두고 이 허물의 존재의 형상을 비슷하게 부여했던 것이다.

제우스 앞에 프로메테우스가 있다.

우리는 지금까지 프로메테우스 비극의 일면을 본 데 지나지 않는다. 악

---

10) G. Nebel, *op. cit.*, pp. 11~48.

한 신의 문제와 허물의 존재라는 측면을 보았다. 그러나 이 허물의 존재라는 것도 허물의 패러독스의 한쪽 면에 지나지 않는다. 다른 한쪽에는 '영웅'의 '만용'이 있다. 그것을 참된 위대함으로 보았다. 그리스 비극의 패러독스는 바울의 패러독스 곧 은혜와 자유의 패러독스와 비슷하면서도 반대되는 패러독스에 접근한다. 에쉴레의 패러독스는 악한 신과 인간의 허물의 패러독스다. 이 패러독스의 다른 면을 보자.

운명과 자유의 변증법 없이는 비극이 없다. 비극은 일면 초월 존재를 내세운다. 좀더 자세히 말하자면 적대적인 초월 존재다——"잔인한 신이여, 당신 혼자 모든 일을 꾸미는구려"라고 라신이 아탈리에게 말한다. 그리고 다른 한면에는 자유가 있다. 그 자유는 운명을 늦추지만, 멈칫거리던 운명이 '위기'의 절정에 등장하여 '결말'을 짓는다. 그리하여 모든 것이 운명임이 나중에 밝혀진다. 영웅적인 자유가 없다면 운명은 솔론의 표현대로 벼락처럼 내리칠 것이다.[11] 이 영웅적인 자유가 불확실성을 싹 틔우고 운명을 잠시 늦춘다. 그래서 '드라마'가 펼쳐진다. 다시 말해 어떻게 될지 모르며 벌이는 활동이 있게 된다. 그처럼 영웅에 의해 늦춰진 운명은 우리에게 우연한 모험처럼 다가온다. 비극적 행동은 거기서 생긴다. 아르또 Antonin Artaud가 너무나도 잘 파악한 그 잔인함을 지니고 말이다. 그처럼 필연성과 우연성이 불안하게 섞여 있다가 마침내 어떤 초월자의 배신에 의해 공포의 도가니가 된다. 비극의 신학이 말하는 것이 바로 그것이다. 비극에 들어 있는 공포의 감정은 그런 악한 신과 영웅의 움직임을 반영한다. 관객들도 그런 패러독스를 경험하며 두려움에 사로잡힌다. 모든 것은 이미 벌어졌다. 분명히 비극이 일어났다. 그러나 관객 앞에는 여전히 불확실한 미래가 있다. 확실한 그 과거가 새로운 일처럼 그들에게 발생하기를 그들은 기다린다. 이제 영웅은 사라졌다.

시제를 빌어 말하자면, 운명이라는 절대 과거——비극 『외디푸스』에서 보듯이 기이한 과거 속에서 자기를 확인하고 회고하는 것으로 되어 있다——는 미래의 불확실성과 함께 존재한다. 비극의 어느 한 면을 없애버린

---

11) Werner Jäger, *Paideia*, I, pp. 307~43. 여기의 '에쉴레의 비극'은 솔론과 에쉴레의 유사성을 잘 보여준다.

다면 다시 말해서 운명과 인간의 행위 둘 중 어느 하나를 없애버린다면 두려움은 사라질 것이다. 운명에 대한 두려움에서 나온 것이 아니라면 연민의 감정도 비극적인 것이 아니리라. 비극을 보며 일어나는 연민의 감정은 운명을 겪어야 하는 두려움에서 나오는 것이다. 신과 대립된 인간의 엄청난 고통에서 연민이 생긴다. 그리하여 인간은 불행을 타고났다고 생각하게 된다. 고통은 이미 운명과 짝지어 형성되어 있다. 응수하고 반격하고 도전하면서 그 고통은 비극이 되기 시작한다.

비극 『페르시아』에는 이미 악신의 신학과 만용의 인간학이 존재한다. 케르케스는 초월적인 신의 희생자이면서 방어선을 넘은 범죄자(이것을 다이몬이라 부르기도 한다)다. 당시 방어선은 지리적으로 결정되어, 백성을 장소에 묶어두었음을 기억해야 한다.

그러므로, 교만(휘브리스)만 가지고는 비극이 아니다. 에쉴레 이전에 솔론이 교만에 대해 말했는데, 전혀 비극의 냄새는 없다. 도덕론자들은 교만을 버려야 한다고 했는데, 이는 교만을 버릴 수 있기 때문이다. 교만은 비극이 아니라는 얘기다. 솔론은 불행의 씨앗을 행복으로 봄으로써 문제를 세속적이고 교훈적으로 만들었다. 행복은 더 많은 소원——$\pi\lambda\varepsilon o\nu\varepsilon\xi\acute{\iota}\alpha$——을 낳고 더 많은 소원은 교만을 낳고 교만이 불행을 낳는다. 이 행복의 불행은 악신의 신비 속에서 재조명되어야 비극이 된다. 그래서 그 교만이 초월적 신비 한가운데에 긴장을 자아내는 인간의 행위가 되어야 한다. 만일 윤리적인 계기가 존재하려면 최소한 '인간의 역할'이 분명해야 한다. 책임을 물을 수 있어야 하고, 잘못은 피할 수 있는 것이어야 하며, 허물은 유한성과 구별되기 시작해야 한다. 그러나 예정된 운명은 그러한 구별을 무위로 돌린다. 신의 허물과 인간의 허물은 구별되자마자 구별되지 않는다.

그러므로 신들의 분노는 인간의 분노와 병행된다.

프로메테우스는 운명적인 불행을 겪는 영웅들을 대표한다. 사슬에 묶인 프로메테우스는 자유인의 최고봉에 달한다. 그 훨씬 밑——자유보다도, 비극보다도 더 낮은——에 운명을 논하는 비아와 크라토스가 있고 욥의 친구들처럼 신정론으로 설명하는 오세안이 있다: "너 자신을 알아라. 사실을 인정하고 태도를 바꿔라." 그리고 이오가 있다. 암소로 변형된 그녀는 음탕한 신의 희생자요, 비극의 고통을 수동적으로 겪는다. 이오는 악신에 의해 고통받는 인간이다. 그러나 아직 완전히 비극은 아니다. 단지 고통받고 있기 때문이다. 그녀는 프로메테우스와 연결되어야 비극적이 된다. 오직 프로메테우스만이, 당한 채 입다물고 있는 이오에게 비극의 차원을 제공한다. 고통에다 행동을 더한다. 거부하는 행동이다.

그 장면에서 여러 가지 대조된 모습을 잘 그려볼 필요가 있다.[12] 티탄은 바위에 묶여 있고, 미친 그녀는 평원을 뛰어다니는데 등에가 그 가슴을 파먹는다. 그는 못박혀 있고, 그녀는 방황한다. 그는 남성으로 정욕에 가득하고 그녀는 파괴되어 있다. 그는 적극적이나 그녀는 소극적으로 신의 남용을 되뇌일 뿐이다.

그리고 프로메테우스는 두 가지 모습을 보여준다. 먼저, 그의 결백은 죄가 운명임을 보여준다. 프로메테우스는 인간에게 좋은 일을 했다. 그는 인간성에 넘친다. 그는 사람을 너무 사랑해서 고통을 당한다. 그가 마음대로 행동한 것이 잘못이라 하더라도 그것은 자비를 베푸는 행위였다. 그는 인간에게 불을 주었던 것이다. 집에서 쓸 불이요, 공동 제사에 쓸 불이었다. 그것은 또 기술과 예술의 불이었다. 뿐만 아니라 이성과 문화와 마음의 불이었다. 그 불을 가지고 인간은 정적인 자연과 단절하고 동물과 같은 삶을 벗어나 만물에게 자기 손을 뻗친다. 그는 결백하다. 결국 에쉴레는 프로메테우스를 고통받는 구원자요, 비극의 영웅으로 높인다. 그것이 신화의 절정이다.[13] 프로메테우스의 불행이 그의 사랑에서 비롯되었으니 비극이다.

프로메테우스가 보여주는 것은 인간의 결백뿐 아니라 인간의 분노다. 하나님의 분노에 맞서 인간의 분노가 있다. 물론 프로메테우스는 무력하다. 바위에 묶인 그는 아무 일도 못한다. 그러나 그는 말의 능력이 있으며 현실에 동의하지 않는 강한 의지가 있다. 물론 에쉴레의 눈에 비친 프로메테우스의 자유는 온전하지 않고 가장 낮은 차원의 자유다. 에쉴레가 볼 때

---

12) Wilamowitz-Moellendorf, *Aischylos Interpretationen*, pp. 114~62; Maurice Croiset, *Eschyle, Études sur l'invention dramatique dans son théâtre*, Paris, 1928도 매우 유익하다.

13) Louis Séchan, *Le mythe de Prométhée*, Paris, 1951.

프로메테우스도 제우스도 완전히 자유롭지는 않다. 프로메테우스의 자유는 도전의 자유이지 참여의 자유는 아니다. 에쉴레는 '비밀'이라는 주제에서 프로메테우스의 불완전한 자유를 표현한다. 프로메테우스는 제우스를 공격할 비장의 무기를 갖고 있다. 신들의 왕이 어떻게 사람과 결합하면 그의 왕위를 빼앗을 아들이 태어나리라는 것을 프로메테우스는 알고 있다. 제우스를 추락시킬 비밀을 간직한 것이다. 그는 존재를 무로 돌릴 방법을 알고 있는 셈이다. 그처럼 파괴하는 자유가 자유의 다는 아니다. 그것은 자유의 첫머리에 지나지 않는다. 프로메테우스의 도전은 급격한 반격을 몰고 와 마침내 그는 바위를 진 채 나락으로 떨어진다. 에쉴레는 그런 재앙을 일종의 훈련으로 본다. 『아가멤논』에서 파테이 마토스 $\pi\acute{\alpha}\theta\epsilon\iota\ \mu\acute{\alpha}\theta o\varsigma$ 라는 말로 요약된 것이다. 지금은 상실되고 없지만 고대 그리스 비극의 대단원은 화해로 막을 내린다. 제우스가 정의를 행하는 대신에 프로메테우스는 신을 인정한다.

따라서 프로메테우스의 허물은 제우스의 허물 속에 포함되어 있기도 하고 제우스의 허물을 포함하고 있기도 하다. 에쉴레가 프로메테우스의 티탄적 기질을 통해 표현하려 했던 것이 바로 그런 모양의 허물인 것 같다.[14] 자유는 존재의 혼돈으로 빠진다. 티탄의 세계와 같다. 프로메테우스는 끊임없이 가이아를 부르는데 가이아는 지하 권세의 상징이다. 프로메테우스는 바람과 물과 땅과 해를 증인으로 세운다. 그의 도전은 산과 파도처럼 거대하다. 그의 자유 속에 아주 기본적인 분노가 있다. 도전으로 표현되는 이 기본적인 분노는 클리템네스터를 사로잡는 어두운 권세와 다르지 않다. 클리템네스터에게서 땅과 죽은 자의 권세가 무시무시하게 드러난다. 또 그 기본적인 분노는 에리니에스가 일으킨 윤리적인 폭력과도 다르지 않다. 그것으로 인간은 복수의 악순환에 빠진다. 그 모든 것이 혼돈이다. 자유는 처음부터 혼돈이었다.

결국 신의 분노와 인간의 분노, 그리고 악한 신과 티탄적 자유가 처음부터 공모하고 있음을 보여주는 것이 프로메테우스다. 이 양측이 고통 속에서 '분노의 포도'를 맛본다.

---

14) G. Nebel, *op. cit.*, pp. 49~88.

그러므로 내가 볼 때, 말하자면 이 결백한 교만, 프로메테우스를 죄인으로 만든 그 폭력이 신화의 원 주제요 불을 훔친 사건의 주제다. 드라마는 그 다음에 시작된다. 그것은 마치 외디푸스의 살인과 간음이 그의 비극 뒤에 오는 것과 같다. 외디푸스의 비극은 사실을 알며 시작된다. 프로메테우스의 비극은 부당한 고통에서 시작된다. 그러나 회상을 통해 드라마의 시초에 다다른다: 불을 훔친 것은 좋은 일이었다, 그러나 그것은 훔친 것이었다. 프로메테우스는 처음부터 결백하면서 허물이 있었다.

비극 신학이란 것이 가능할까? 비극에는 명백한 것은 없고 모든 것이 그 등장인물과 사건들 속에 시적으로 또는 두려움과 동정의 감정으로 표현되고 있다. 그러나 다음처럼 신학적 사고에 가까운 말이 들어 있다: "악귀가 그 분노로 사람을 공격할 때 먼저 이성을 마비시키고 판단력을 흐려놓아 자기 잘못에 대해 인식하지 못하게 한다."[15] 비극의 성가다 는 비슷한 뜻의 노래를 한다.[16] 그것은 용납할 수 없는 신학일까? 비극의 주제 앞에서 플라톤이 분개했다. 플라톤의 말을 들어보자: "신은 선하기 때문에, 모든 것의 원인이 아니다. 사람에게 닥치는 일들의 부분적인 원인이요 대부분 무관하다. 왜냐하면 우리의 선은 우리의 악에 비해 지극히 조기 때문이다." "젊은이들에게 에쉴레의 다음 말을 들려주어서는 안 된다": "신은 인간의 집을 완전히 파괴하고 싶을 때, 인간에게 악을 심는다"[17] (『국가』, 379c~80a).

그러므로 비극의 신학이 정립되지 않은 이유는 플라톤의 표현대로라면

---

15) *In Leocratem*, 92, E. R. Dodds, *op. cit.*, p.39에 인용. 그것은 이미 *quem deus vult perdere, prius dementat* 라는 신학적 견해에 도달했다.

16) 그 같은 비극 신학적 노래는 많다: 『페르시아』, 354, 472, 808, 821; 『아가멤논』, 160 이하, 1486, 1563 이하. 그 중에서도 『안티고네』의 노래가 가장 분명하다: "악의 열매를 맛보지 않은 인생은 복이 있다. 신들이 집을 흔들면 불행이 무자비하게 들어온다. 〔……〕 과거에 그랬듯이 앞으로도 영원히 이러리라: 지나친 행복에는 불행이 끼어 있게 마련이다. 희망이 덕이 되는 사람도 많지만 헛된 꿈에 지나지 않는 사람도 많다. 사람은 아무것도 모르고 바라고 있다가 불꽃에 발이 타버린다. 다음 말은 참 지혜로운 말이다: 신에게 정신을 빼앗긴 사람에게는 악이 선으로 보인다. 불행은 걸지 않아 닥친다." 『안티고네』, 582~625.

17) E. R. Dodds에 따르면 플라톤은 Niobé, p.162를 인용하지 않고 빠뜨리고 있다. 거기에는 인간이 자기 운명에 책임이 있다는 말이 나온다.

'신의 결백' 때문이요, 성서 표현대로는 하나님이 '거룩'하기 때문이다. 비극 신학을 드러내놓고 정립하는 것은 종교가 스스로 자기를 깨는 것이다.

3. 비극으로부터의 구원인가 아니면 비극 안에서의 구원인가?

창조 드라마에서 악은 창조 행위의 반대였다. 그래서 구원은 곧 지금의 세상 질서를 만든 창조 행위 그것이었다. 창조 행위는 왕의 전쟁에서 재현되었다. 신앙의 눈으로 볼 때 왕의 적군은 태초의 신들의 대적 바로 그것이었다.

비극의 관점에서 볼 때 악의 종국은 어떤 것일까?

순수하게 비극적인 '유형'에서 본다면 무기력하게 영웅의 불행에 동참하는 '공감'과 비극적인 '동정심'밖에 다른 구원 방법은 없는 것 같다. 함께 울고, 아름다운 노래로 슬픔을 정화하는 것 말이다.

물론 에쉴레의 비극은 오레스테의 3부작 비극에서 보듯이 다른 탈출구를 제시하고 있음이 사실이다. 『코에포레스』 끝에 다음과 같은 물음이 있다: "언제 끝날 것인가? 아테의 분노가 언제 잠들 것인가?" 『유메니데스』는 거기에 대해 새로운 답을 준다. 마지막 장에 이런 응답이 있다: 공포는 끝나고, 복수의 사슬은 끊어지니 신은 의롭고, 신은 자비롭다. 신의 정의는 아폴론을 정화하는 것으로 나타나고 신의 자비는 완화된 법에서 나타난다. 그렇게 되면 티탄의 비극도 구원받은 프로메테우스로 끝맺음하리라. 애석하게 그 부분은 분실되고 없지만 우리는 구원받은 프로메테우스의 행위에 대해 잘 안다. 그래서 그 동안 신의 분노와 티탄의 분노를 '이용했다'고 말할 만하다. 분노를 이용했다. 그 표현은 『콜론의 외디푸스』에서 소포클레스가 사용한 표현이기도 하다. 소포클레스는 분노를 삭이고 상황을 수용하는 과정을 설명하기 위해 그 표현을 썼다. 여러 가지 그리스 비극이 탄생하는 간격은 신의 분노와 인간의 분노를 이용하여 구원을 생각하는 간격이었다. 바로 그러한 우주적인 간격을 두고 폭군 제우스가 정의의 아버지 제우스로 된 것이다.

그러한 신의 변화는 히브리 성서에서 말하는 하나님의 '뉘우침'과 비슷해 보인다. 그것은 유메니데스와 구원받은 프로메테우스에서 보이는 일종의 존재의 회개가 아닐까?

적어도 에쉴레에게 있어서 비극은 비극적 현실을 보여줌과 동시에 그것을 끝내려는 의도를 지니고 있는 것 같다.

사실이다. 그러나 어느 정도만 사실이다. 에쉴레는 분명히 그런 방향으로 가장 멀리 나간 사람임에도 불구하고(그의 비극이 3부작으로 되어 있는 것은 비극에서 시작해서 비극을 끝내는 방향으로 가기 위함이다), 비극이 끝난 것이 영웅에게 실제적인 구원이 되지 않는다. 참 놀라운 일이다. 『유메니데스』 끝부분에 보면 오레스테가 그의 머리 위에서 아테나와 아폴론과 에리니에 사이에 벌어진 논쟁 속으로 사라진다. 그러한 비극의 종말은 비극 신학 그 자체를 파괴하면서 일어난다. 다시 말해 제우스가 악하다는 것은 결국 사실이 아니라는 얘기다. 그런데 어떻게 그와 같은 비극 신학의 파괴가 가능할까? 다른 '유형' 곧 창조 드라마를 도입하면서 가능하다. 마르둑이 티아마트를 이기듯이 거룩함이 원래의 악함을 이긴다는 도식이 도입된다. 『프로메테우스』의 제우스의 전환, 『오레스티』의 에리니에의 전환은 그런 도식하에서 일어난 것이다. 결국 '비극'을 '비극적'인 것에서 끌어내어 구원한 것은 '서사시'다. '악한 신'은 티탄의 축 없이 올림피아의 축을 쥐어야 하는 신의 고뇌 속으로 사라져버린다.

그러나 소포클레스에게는 비극적인 것이 끝나지 않는다. 그 점에 있어서 소포클레스는 에쉴레보다 더욱 순수하게 비극적이다.[18] 거기서는 신이 빠지고 인간을 인간에 맡길 때보다, 신이 인간을 누를 때 오히려 신의 적대감이 덜 느껴진다. 그러한 이중의 비극은 에쉴레의 해결책을 무색하게 만든다. 그리하여 에쉴레가 『유메니데스』에서 비극을 해결할 탈출구를 찾은 바로 그때에 안티고네의 비극이 등장한다. 도시는 더 이상 화해의 장소가 아니다. 안티고네는 폐쇄적인 도시에 대해 도전하고 도시 존립에 불길

---

18) Nebel, *op. cit.*, pp. 169~231: "안티고네와 원시적인 죽음의 세계" "외디푸스 왕과 분노의 신," Werner Jäger, *Plaïdeia*, I, pp. 343~63.

한 법을 들고 나온다.

단 하나의 예외가 있는 것은 사실이다. 그러나 그것도 우리의 해석을 간접적으로 뒷받침한다. 그 점을 보자. 소포클레스는 『콜론의 외디푸스』에서 비극의 끝을 고한다.[19] 늙은 외디푸스는 자신의 불행에 대해 심사숙고한 끝에 비극적이지 않은 죽음의 문턱으로 안내된다. 그는 제사의 왕인 테제의 인도를 받아 거룩한 땅 끝에 가서 세상을 내려다본다. 바인스톡 Weinstock은 이 성스런 드라마를 '성자 전설'에 비교한다. 그러나 여하튼 외디푸스의 죽음은 인간 현실의 치유라기보다는 연기일 뿐이다.

비극의 관점에서 볼 때, 참된 구원은 비극적인 것 바깥에 있지 않고 안에 있다. 에쉴레의 『아가멤논』에서 성가대가 기리는 것은 비극적인 프로네인 φρονεῖν 곧 "이해하기 위해 고난당한다"는 것이다: "제우스, 그의 이름이 정말 무엇이든 그가 이 이름을 좋아한다면 나는 그렇게 부르겠다. 모든 것을 다 생각해봐도 나는 제우스에게만 감사한다. 그만이 나의 불안을 덜어준다. 〔……〕 그는 인간에게 생각할 수 있는 길을 열어주어 이해하기 위해 고난받는 법을 주었다. 밝은 태양 아래서 마음에 양심의 가책이라는 고통이 일고 그 고통 속에서, 고통을 무릅쓰고 지혜가 생긴다. 나는 바로 그것이 신들이 내리는 덕스런 폭력이라고 믿는다"(『아가멤논』, 160 이하). '이해하기 위한 고통,' 그것이 비극적 지혜요, 칼 야스퍼스의 말에 따르면 '비극적 지식'이다.[20]

그리스 종교에 비극의 참된 종말이 전혀 없다고 생각하지는 않는다. 그러나 그리스 종교의 발전을 보면 비극의 내면에 있는 긴장을 풀기보다는 다른 종교적 도식을 대체하는 방식으로 발전했음을 알 수 있다. 신적인 것이 인간적인 것을 관통한 '신 중심'의 종교든, 인간적인 것이 신을 파고들어간 '신적 엑스터시'의 종교든, 그리스의 아폴론적이고 디오니소스적인 종교는 비극적인 것을 풀어버리지 않는다. 델피의 신탁도 그런 방향으로 이루어졌음이 분명하다. 아폴론은 신탁을 매개로 법 제정의 상담자요, 고문으로서 평화를 만드는 자다. 그런데 그는 동시에 정화 제의를 맡은 자

---

19) Nebel, *op. cit.*, pp. 233~53, 「『콜론의 외디푸스』에서 축복된 죽음」.
20) K. Jaspers, *Von der Wahrheit*, pp. 915~60.

다. 이는 인간의 안전을 보장하는 그의 상담이 '비극'을 치유하지 못한다는 뜻이다. 결국은 옛날 방식의 정화 제사에 의존한다는 얘기이기 때문이다. 아폴론은 죄를 용서할 수는 없고 다만 흠을 씻어줄 수 있을 뿐이었다. 비극적인 세계관에는 죄의 용서라는 개념이 없기 때문이다.[21]

디오니소스는 더군다나 인간의 상처받은 영혼을 품어 치유할 마음이 없었다. 그가 인간의 불안을 없애는 방법은 인간 영혼을 영혼 밖으로 끌어내는 것이다. 그리하여 그 엑스터시가 인간을 딴사람으로 만들어 구거운 책임감을 던다. 디오니소스는 인간의 유한성을 인정하지 않고 인간을 고양시켜 일종의 거룩한 만용을 부리게 한다. 그런데 그때 인간은 자기와 화해하기보다는 도피하는 데 불과하다.[22]

비극의 광경은 그대로 남아 있어 숭고한 시적 언어를 찾는 이들을 감동시킨다. 그러나 그것은 아폴론적인 충고도 아니고 디오니소스적인 인격의 변경도 아니다. '환상'의 선동자라는 점에서 유사 디오니소스라고 할까? 그 광경을 통해 관객은 울면서, 영웅을 노래하는 '성가대'에 빠져든다. 성가대의 가락을 통해 비극적인 화해가 일어난다. 디오니소스적인 환상에서 독특한 엑스터시 곧 비극적 지혜의 엑스터시로 옮겨간다. 그때 신화는 우리 한가운데 자리잡는다. 장면에 몰입함으로써 우리는 두려움과 슬픔에 잠긴다. 비극적 화해의 감정을 맛보려면 스스로 성가 대원이 되어야 한다.

---

21) 속죄에 있어서 아폴론의 역할에 대해서는 Nilsson, *A History of Greek Religion*, Oxford, 1925, ch. VI. 국가가 그에게 형벌 책임을 맡겼을 때도 아폴론은 피 홀린 죄에 대한 속죄자로 남아 있다. 닐슨은 아폴론 제사가 도덕적인 정화 작업임을 강조하면서도 그것이 외부적 제의관을 넘어 정의를 요구하는 수준까지는 이르지 못한다고 본다: "그의 권위 때문에 신들과의 관계에서 평화가 가능했다. 그러나 그 권위는 예언자들의 권위와는 달리 인간의 양심을 깨우는 것이 아니라 그것을 잠재우는 것이었다"(pp. 199~200). 아폴론은 신중한 개혁의 태도를 유지하고 디오니소스에 대해 온건한 대우를 했다. 그러나 결코 새로운 가치를 창조하지는 않았다.

22) Nilsson, pp. 205~06. 이 문제는 4장에서 다시 다룰 것이다. 그리스 종교에 대해서는 다음과 같은 일반적인 견해가 있다: 그리스 고유의 신학은 없고 각종 제사가 있을 뿐이며 또 개혁자들과 시인들과 종교인들이 주장하는 여러 가지 종교가 뒤섞여 있을 뿐이다. 그런 것들이 모여 어떤 체계를 이루고 있지는 못하다. 한편에는 델피의 권위가 있고 다른 편에는 디오니소스의 광적인 열광이 있다. 디오니소스가 델피의 영역을 침범한다. 그러나 아폴론은 디오니소스를 제사에 불러들여 그의 엑스터시를 약화시킨다.

일상적으로 사람은 두려움에 싸여 있으며, 불행을 당하는 장면을 볼 때 그 두려움이 살아난다. 그런데 성가 대원이 되면 어떤 상징적이고 신화적인 감정의 세계에 들어간다. 그것은 아리스토텔레스 이래로 비극적 포보스 φόβος라고 하는 것과 비극적 엘레오스 Ἔλεος라고 하는 것이다. 전자는 자유를 바라면서도 그것이 가져올지 모를 불행을 생각할 때 느끼는 두려운 감정이요, 후자는 연민이다. 두려움과 연민은 모두 고통이다. 그런데 그 고통은 운명적인 것이다. 영웅적 자유 뒤에 적개심을 품은 운명이 달려들기 때문이다. 그러므로 그 감정들은 비극 신화에서만 생기는 것이다. 그러나 그 감정들은 또 이해의 형식이기도 하다. 영웅은 보는 자가 된다. 시력을 잃은 외디푸스는 티레시아스를 본다. 그러나 그가 이해하는 것은 결코 객관적 또는 조직적으로 아는 것이 아니다. 헤시오도스가 이미 말했다: παθὼν δέ τε νήπιος ἔγνω: 고통은 이성을 마비시킨다(『작업』, 218).

비극을 벗어나는 구원이 아니라 비극 안에 있는 구원의 모습이 그렇다. 비극 신화를 통해 그리고 관객의 엑스터시를 통해 두려움과 연민의 심미적 전환이 일어난다.

제 3 장
'아담' 신화와 '종말론적' 역사관

　'아담' 신화는 대표적인 인간 신화다. 아담이란 인간이란 뜻이다. 그러나 '첫 사람'에 대한 신화가 모두 '아담' 신화는 아니다. 물론 어떤 신화든 인간과 관계없는 신화는 없다. 예를 들어 신들의 신화에 등장하는 왕은 인간의 역사와 정치 현실을 염두에 두고 있다. 그러나 거기서는 악의 기원으로 인간을 꼽지 않는다. 또, 여러 유형의 신화에 등장하는 티탄도 첫 사람과 비슷한 인물이다. 나중에 오르페우스의 '인간 발생론' 관점이 덧붙여지면서 그렇게 된다. 그러나 티탄 신화는 악의 발생을 인간으로 보지는 않는다. 거기서 말하는 인간은 인간 이전에 발생한 드라마의 결과다. 인간의 존재, 그것이 곧 악이다. 악의 탄생과 인간의 발생이 일치한다. 영지주의에서 보는 첫 사람은 어떤지 뒤에 살펴보자. 그러나 미리 말하자면, 인간의 현상황이 인간 이전의 '에온'에서 전개된 악의 과정에서 나왔다고 보는 점에서 영지주의의 사변은 아담 신화와 근본적으로 다르다.

　오직 '아담' 신화만이 악을 순수하게 인간의 문제로 푼다. 세 가지 특징이 있다. 우선, 그것은 악의 기원을 지금의 우리와 똑같은 조건에 처했다고 보는 어떤 조상에 둔다. 타락 이전의 아담이 초자연의 완전함을 지녔다고 하는 생각은 별 필요없는 사변으로, 원래의 의미를 훼손할 뿐이다. 그런 생각은 아담을 우리와는 다르고 우리보다 우월한 존재로 봄으로써, 인간이 초인에서 나온 것으로 몰고 가려는 의도가 있다. 물론 타락(추락)이라는 말——성서 어휘로는 좀 낯선 낱말이다——이 그런 생각을 유도할 수도 있다. 높은 데 있지 않던 것은 떨어지지도 않기 때문이다. 사실, 타락 상징은 아담 신화에만 있는 상징이 아니다. 플라톤에게도 있고, 영지주의와 플로틴에게서도 발견된다. 우리가 이 장의 제목을 타락 신화라 하지 않고 아담 신화라고 한 이유도 거기에 있다. 여하튼, 우리가 아담 신화의 뿌리를 좀더 근본적인 죄의 상징에서 찾는다면, 아담 신화가 '타락' 신화라기보다는 '소외'의 신화임을 알게 될 것이다.

두번째 특징을 보자. 기원 신화인 이 아담 신화는 선의 기원과 악의 기원을 따로 보려는 시도다. 이 신화의 의도는, 원래 모든 것이 좋은데 악 역시 뿌리깊음을 말하려는 것이다. 그처럼 뿌리깊은 악과 원래의 좋음을 철학적으로 구별하기는 몹시 어려운데 여하튼 그것이 아담 신화의 가장 기본되는 특징이다. 그 둘을 구별할 때, 하나님의 행위로 '시작'된 창조 세계 한가운데서 인간의 행위로 악이 '시작'된다. 두 개의 시작이다. 아담 신화가 기록될 당시에, 아직 이 두번째 시작을 자유로 보는 관점은 없었다. 그러다가 예언자들의 선포에 따른 신명기적 선택이 출현한 당시, 아담 신화는 좀더 사변화되었다. 그리하여 자유는 일종의 시작일 뿐 아니라, 피조되고 만들어진 모습을 벗어나고 파괴할 수 있는 능력이라고 보는 관점이 생겼다. 우리가 지금 살피려는 아담 신화의 '이야기' 구조 속에 그러한 자유 개념이 들어 있다. 어디서 나왔는지 모르게 갑자기 나타났지만 앞뒤가 분명한 그런 사건 속에 들어 있다. 위에서 잠깐 이의를 제기한 그 타락이라는 낱말 속에는 순결의 상태와 죄된 상태가 이중으로 들어 있다. 아담 신화는 순결에서 죄로 가는 과정을 하나의 사건으로 말하고 있다. 그리하여 선하게 살도록 된 인간이 악에 치우친 상태를 말한다. 그러나 악의 기원이 하나의 이야기로 '말하여지고,' 더구나 가상 인물 아담이 등장하기 때문에, 우리에게 아담 신화는 사변이 아니라 하나의 기원 신화일 뿐이다. 물론 그 신화가 사변에 쓰일 수 있으나, 아직은 신화적인 공간과 시간 속에 둘러싸여 있음이 분명하다. 그러므로 우리는 아담 신화를 일차 상징과 사변 상징의 중간에 있는 것으로 본다.

끝으로 세번째 특징을 보자. 아담 신화는 첫 사람 아담을 중심으로 전개된다. 다른 인물들이 나오지만 아담이 중심이다. 물론 아담 신화가 악의 기원을 아담 한 사람에게 집중시키지 못하는 것은 주목할 만한 사실이다. 악마 같은 뱀이 등장한다. 그리고 이 악마 뱀의 상대가 되는 이브라는 사

람이 등장한다. 그래서 아담 신화에는 첫 사람을 중심축으로 하여 몇 개의
다른 축이 있다. 그 다른 축들로 말미암아 아담 신화에는 신비한 깊이가
생겨 악에 대한 다른 신화들과도 연결된다. 그래서 우리는 악의 신화를 어
떤 체계로 묶을 수 있는 것이다. 그러나 그처럼 악의 문제의 축이 여러 개
로 퍼져감에도 불구하고 아담 신화의 의도는 다른 인물들을 아담과 관련
하여 이해하는 데 있다. 이야기의 중심에 아담이 있고 다른 것들은 그 주
변에 있는 셈이다.

1. 아담 신화의 배경: 회개

아담 신화를 '이해한다'는 것은 무슨 말일까?

먼저, 그것이 신화임을 받아들이는 것이다. 아담과 이브 이야기가 어떻
게 유대 사상에서 나왔는지는 뒤에서 보기로 하자. 분명한 것은 신화와 역
사를 구분할 줄 아는 현대인에게 신화의 시간과 공간은 역사적 시간과 지
리적 공간이 아니라는 점이다. 그러므로 언제 어디서 아담이 금단의 열매
를 따먹었는지는 더 이상 의미가 없다. 이야기를 문자적으로 따져 진짜 역
사처럼 보려는 시도는 모두 헛되다. 과학에서 볼 때, 인류의 첫 시기에 그
런 아담 사건이 있었다고 할 여지가 전혀 없다.[1] 이처럼 신화를 비역사적

---

1) A.-M. Dubarle (*op. cit.*, pp. 45~60)는 이 이야기 속에서 "전통적 상상력 속에서 표현된
   특별한 유형의 역사"를 보려고 한다(p. 49). 그러나 그런 애매한 태도보다는 명확한 태
   도가 낫다. 물론 이스라엘의 종교는 출애굽이라는 역사 사건에 바탕을 두고, 그렇듯이
   이스라엘은 악을 설명하는 데도 비시간적인 어떤 '원형'에 의존하지 않고 현상황의 기
   원이 될 만한 사건에 의존한다. 그러나 이스라엘이 믿음으로 과거 사건을 재조명한다
   는 얘기는 아담이 실제 인물이라거나 타락이 실제 사건이라는 얘기와 전혀 다르다. 사
   건이란 두 개의 존재론적 구도 사이의 단절을 뜻하는 것이요, 곧 과거의 사실성을 포
   기함을 뜻하는 상징으로 봐야 한다. 특별히 아담이 모든 인류의 조상이라는 것은 신화
   다. 그것을 신화로 보지 않을 때 원죄의 유전설 같은 그릇된 합리화가 나온다.
   　금세기초 카톨릭의 성서학계를 뒤흔들었던 논쟁의 여운이 Y. Laurent, *Le caractère
   historique de Genèse, 2-3,* dans *l'exégèse française au tournant du XIXe siècle*, in
   Analecta Lovaniensia Biblica et Orientalia, 1947, pp. 37~69에 들어 있다. 거기서 F.
   Lenormant의 글(1880~1884)을 정확히 평가하고 있다. *Revue biblique*(1897)에 있는

인 것으로 받아들이는 것은 신화의 상징 기능을 인정하는 것이다. 그렇다고 해서 타락 이야기가 신화에 지나지 않는다, 곧 역사보다 못하다고 해서는 안 된다. 타락 이야기가 신화란 말은 실제 역사보다 더 큰 의미를 지녔다는 말이다. 어떤 점에서 그런가?

신화가 자유의 파괴력에 대한 사유를 불러일으킨다는 점에서 그렇다. 철학 이전과 철학이 관계한다. 우리의 줄기찬 준칙은 이것이다: "상징은 생각을 불러일으킨다." 신화는 발견력과 탐험력을 지닌다. 그러나 신화가 그처럼 사유를 낳는 발견력과 탐험력을 지니는 것은, 신화가 흠과 죄와 허물 같은 일차 상징을 다시 취한 것이기 때문이다. 신화가 사변을 낳는 것은 그것이 이미 해석이기 때문이다. 죄의식 형성의 장을 이룬 일차 상징들에 대한 해석이다. 그처럼 신화는 다른 상징들을 해석하면서 생각을 불러일으킨다. 원죄라고 하는 좀더 합리화된 상징의 연구를 뒤로 미루고, 여기서 신화를 이해해보려는 것도 그 때문이다. 이제 우리는 세 가지 차원을 나눌 수 있다. 먼저, 죄에 대한 일차 상징들이 있고 그 다음 아담 신화가 있으며 끝으로 원죄라는 사변이 있다. 둘째 단계는 첫째 단계의 해석이고, 셋째 단계는 둘째의 해석이다.

유대 백성의 역사 체험이 그러한 이해를 뒷받침한다. 그들에게 있어서

P. M.-J. Lagrange의 유명한 논문 「순결과 죄」에 대해서도 잘 설명한다. 라그랑쥬의 논문을 오늘날 다시 본다면 부분적으로 상당히 대담하면서 전체적으로 짜임새가 없음을 알게 된다. 그는 우의적이고 문자적인 해석을 모두 거부하면서 타락 이야기를 "대중적이고 상징적으로 표현된 실제 역사"(p. 358)라고 본다. "교회는 언제나 이 이야기를 역사로 받아들였으되 다른 역사와는 달리 은유와 상징과 민중 언어로 된 역사라고 보았다"(p. 361). 여기서 '실제 요소'와 '상징적 형식'이 나누어진다(p. 361). 오리겐처럼 그는 상징 영역을 상당히 확장한다. 그러나 개별 요소가 상징인데 어떻게 전체 이야기가 실제 역사인지 알 수 없다(pp. 343~58). 아마 그는 상징을 우의 곧 알레고리와 일치시키는 좁은 생각을 갖고 있었던 것 같다. 알레고리냐 역사냐 하는 선택에서 그는 역사를 택하고 있다. 그런데 다른 한편으로 라그랑쥬는 우리가 창조 이야기의 바빌로니아 요소를 알기 이전에, 중요한 것은 역사적으로 확증된 것이 아니라 확증되지 않는 것이라 했다. 그럼으로써 그는 역사적 사실을 가지고 아담 이야기를 입증하려 했던 변증론적 주석과 단절했다. 더구나 그는 민중의 상상력 속에 문자적으로 믿던 것을 상징으로 정립한 데서 성서 기자의 천재성을 찾았다. 그러한 통찰력이 무슨 열매를 맺지는 못했지만 그는 이렇게 말하고 있다: "상징 언어는 일상 언어와 다른 법칙을 지닌다. 따라서 다른 방식으로 해석되어야 한다"(p. 354).

아담 신화는 죄나 허물 경험의 출발점이 아니라, 그러한 죄 경험이 성숙된 결과다. 그렇기 때문에 아담 신화 없이도 우리는 앞에서 죄 경험을 이해할 수 있었고, 반역이나 우회, 빗나감, 길잃음, 포로됨 같은 죄 경험의 기본 상징들을 해석해낼 수 있었다. 문제는 그 최초의 상징 작업에 아담 신화가 무엇을 더 보태는가 하는 점이다. 그러나 어떻든 그 보탬은 뒤의 일이고 어떤 면에서 비본질적인 것이다. 히브리 문서의 역사를 보면 그 점이 명백히 드러난다. 아담은 구약성서에서 중요한 인물이 아니다. 예언자들은 아담을 모른다. 아담과 그의 자손을 말하는 문서들이 있지만 거기에도 타락 이야기는 전혀 없다. 오히려 믿음의 조상 아브라함이나 홍수 이후 인류의 조상 노아가 더 중요하다. 더구나 창세기 편집자에게 있어서도 아담이 이 세상 악의 책임을 도맡아야 하는지 분명치 않다.[2] 어쩌면 아담 신화는 최초의 악의 예에 지나지 않을지 모른다. 여하튼 아담 이야기는 창세기 처음에 나오는 열한 장 전체와 떼어놓고 생각할 수 없다. 처음 열한 장이란 카인과 아벨의 이야기, 바벨탑 이야기, 대홍수 후 노아에 대한 언약 이야기를 거쳐 믿음의 아버지 아브라함 이야기까지를 가리킨다.

신약성서에서 예수 자신도 아담 이야기에 대해 전혀 언급하지 않고 있다. 그는 악의 존재를 사실로 인정한다. 그래서 회개를 촉구한다: "회개하지 않으면 너희는 모두 멸망하리라." 공관복음에 보면 악한 '마음'과 '원수'를 똑같은 크기로 취급한다(마가, 7장 21~22; 마태, 7장 11절, 12장 33~34절). 곡식 밭에 가라지를 뿌린 자가 누군지를 묻는 제자들에게 예수는 이렇게 답한다: "원수들이 그렇게 했다." 주기도문에서는 악의 권세에 대해 강조하고 있다: "우리를 시험에 들게 하지 마시고 다만 악에서 구하옵소서." 병이 들거나 시험에 빠지는 것은 '악령'에 사로잡혔기 때문이다. 주의 수난도 악의 세력하에서 일어나는 것이다: "시몬아, 시몬아, 들어라! 사탄이 밀처럼 체질하려고 너희를 요구하였다"(누가복음, 22장 31절). 그리스도 자신도 악마의 공격을 당하지 않았던가? 이 모든 것에서 악의 '처음'을 아담 신화로 해석하는 구석이 보이지 않는다. 아담 주제를 다시 택한

---

2) Ben Sirah가 창세기 이야기를 암시하고 있으나 인간의 재앙을 최초 죄에 관련시키지는 않는다.

것은 성바울이다. '옛사람'과 '새사람'을 대비시키며 그는 아담을 그리스도와 반대되는 인물로 놓고 그리스도를 제2의 아담이라고 했다(고린도전서, 15장 21~22절, 45~49절; 로마서, 5장 12~21절). 동시에 아담은 창세기 11장까지의 다른 인물보다 두드러지며 그리스도와 대비되는 인물이 된다. 거기서 두 가지 결론이 나온다. 첫째 아담론을 강화시킨 것은 기독론이라는 점이다. 둘째, 인간의 육적인 조상으로 여겨지던 아담이 비신화화되었다고 해서 거기서 그리스도에 대한 무슨 결론을 끌어내올 수는 없다는 점이다. 바울에게 있어서 그리스도의 형상은 아담에 근거해서 이룩된 것이 아니라 오히려 그리스도 때문에 아담이 재등장했기 때문이다.

그러므로 아담 신화가 유대 그리스도교 전통을 푸는 열쇠라는 주장은 잘못된 것이다. 그것은 유대인의 회개 정신의 십자 첨두에 붙어 있는 버팀살에 지나지 않는다. 더구나 합리화의 결과요 2차적인 차원인 원죄 교리는 유대 그리스도교 정신의 기둥이 될 수 없다. 그리스도교 역사에서, 아담 신화를 문자적으로 보아 실제 역사로 해석함으로 영혼에 끼친 해악은 이루 말할 수 없다. 그리고 그처럼 역사로 해석된 아담 신화를 나중의 사변 특히 어거스틴의 원죄 교리와 동일하게 보아 생긴 해악은 이루 말할 수 없다. 신화와 사변을 한덩어리로 고백하게 함으로써 신학은 지성의 희생 *sacrificium intellectus*을 초래했다. 신화를 통하여 인간 현실에 대한 초지성적인 상징성을 성도들에게 보여주어야 했는데 그렇지를 못했다.

신화가 유대인들의 회개 체험의 되풀이에 지나지 않는다는 말은 결코 아니다. 우리는 앞에서 신화의 세 가지 기능에 대해 많이 강조했다. 첫째, 경험의 보편화요, 둘째, 처음과 나중 사이에 긴장을 설정하는 일이요, 끝으로 태초의 사건과 역사의 관계를 찾는 일이다. 그런데 그러한 신화의 역할을 제대로 이해하려면 신화보다 앞선 어떤 체험 그리고 그 체험의 장을 이루는 상징들로부터 출발해야 한다.

유대교의 체험 속에는 두 가지 방식으로 신화의 출현이 예비되어 있다.

먼저, 그것은 다른 두 신화 곧 신 발생 신화와 비극 신화의 신학적 전제들을 해체한다. 혼돈 신화와 악한 신 신화의 바탕을 이루는 표상들이 이스라엘에서만큼 비판된 곳은 없다. 히브리의 유일신론 특히 그 유일신론의 윤리적 특성 때문에 신 발생 신화론이나 비극신은 발붙일 수가 없었다. 싸움과 범죄, 속임수와 간음은 신의 영역에 들어올 수 없었다. 동물의 얼굴을 한 신이나, 반신, 티탄, 영웅들 따위가 종교 의식에서 여지없이 제거되었다. 창조는 더 이상 '싸움'이 아니라 '말씀'이다. 하나님이 말씀하시매 생겼다. 야훼의 '시기심'은 영웅을 옭아매는 비극신의 시기심이 아니다. '우상'에 대한 거룩함의 '시기'다. 그것은 거짓 신의 헛됨을 밝히는 유일신의 '시기심'이다.[3] 이사야가 성전에서 본 환상(6장)은 거룩한 하나님의 발견이면서 동시에 신 발생론적이고 비극적인 신의 몰락이다. 신 발생 신화가 비신화화되면서 악의 기원을 순전히 인간론적으로 생각하는 개념이 생긴다. "야훼는 말씀으로 다스리시고" "하나님은 거룩하시기 때문에" 악은 피조물의 행위를 통해 세상에 들어와야 한다. 그래서 새로운 신화가 필요하고 새로운 신화는 피조물이 일으킨 재앙을 사건과 이야기로 푼다. 그 이야기는 원래의 선함에도 불구하고 뿌리깊은 악이 생기는 이야다. 어떤 점에서 플라톤의 『국가』 II권과 비슷하다. 거기서도 하나님은 선이기 때문에 죄가 없다. 그런데 플라톤의 결론은 다음과 같다: 하나님은 모든 것의 원인일 수는 없으며, 존재하는 것 모두의 원인일 수 없다. 거기에 비해 유대 사상가는 이렇게 말하리라: 하나님은 모든 좋은 것의 원인이요, 인간은 모든 헛된 것의 원인이다.

그처럼 유대교의 윤리적 유일신론은 다른 신화들의 근본을 쓸어버리고 악의 신화에 대해 순전히 '인간론적'인 신화를 정립한다.

아담 신화는 예언자들이 인간을 고발한 데서 생긴 것이다. 하나님의 무죄를 선언한 신학이 인간을 고발한다. 유대교의 인간론에 점차 폭넓게 수용되는 그 고발은 회개의 영성으로 바뀐다. 회개 정신의 깊이에 대해서는 앞에서 죄와 허물을 연구하며 보았다. 유대인은 그의 행위뿐 아니라 행위의 뿌리에 대해서도 회개한다. 그 뿌리의 '존재'에 대해서는 말하지 않겠다. 무엇보다도 유대인들은 존재론 개념이 없었기 때문이다. 그리고 타락

---

3) 성경에 인생을 비극적으로 보는 관점이 전혀 없지는 않다. 또 비극신의 시기심도 엿보이는 부분이 있다. 예를 들어 바벨탑의 파괴나 카인의 저주, 아담과 이브의 추방 따위는 근면한 인간에 대한 성직자의 반격을 함축하고 있다. 그러나 아담 신화와 다른 두 신화의 유사성은 인간의 위대함에 대한 반격보다는 뱀의 역할에 있다. 그리고 타락 사건의 구조에 있다.

신화가 노리는 것은 악의 기원과 창조를 분리하는 것이었기 때문이다. 여하튼 회개는 인간의 '마음'에까지 미치고 그의 '계획'에까지도 미친다. 결국 행위의 근원까지 회개의 대상이 된다. 게다가 이 회개의 경건성은 개인의 죄뿐 아니라 공동체의 죄까지도 발견한다. 각자의 악한 마음은 모두의 악한 마음이기도 하다. 인류는 '죄인된 우리'라는 의식 속에 하나로 묶인다. 그리하여 회개의 정신은 행동 너머의 차원 곧 개인적이면서 동시에 집단적인 악의 뿌리를 발견한다.

죄의 고백에 그런 보편화가 들어 있었기 때문에 아담 신화가 가능했다. 사람을 뜻하는 아담이라는 이름을 사용하여 아담 신화는 악의 보편성을 말하고 있다. 회개의 정신은 아담 신화 속에 그러한 보편성의 상징을 주입한다.

여기서 우리는 신화의 기능 중 보편화하는 기능을 다시 보게 된다. 동시에 역시 회개의 정신에서 비롯되는 다른 두 기능도 보게 된다. 그 점을 보자. 구약성서에서 죄와 구원의 문제를 다루는 것을 역사의 신학이라 할 때, 그 역사의 신학은 극단의 나쁜 위협과 극단의 좋은 언약이라고 하는 양면을 제시한다. 먼저 이런 말이 있다: "너희는 망한다! 주의 날이 오기를 바라는 자들아, 왜 주의 날을 사모하느냐? 그날은 어둡고 빛이라고는 없다"(아모스, 5장 18절). 반면에 이런 말도 있다: "그때가 오면, 내가 이스라엘 가문과 유다 가문과 새 언약을 세우겠다. 〔……〕 나는 나의 율법을 그들의 가슴속에 넣어주며, 그들의 마음판에 새겨 기록하여, 나는 그들의 하나님이 되고, 그들은 나의 백성이 될 것이다"(예레미야, 31장 31~34절). 이 심판과 자비의 변증법을 유대 예언자들은 현재 역사 속에서 읽고, 출애굽과 환국(유배를 마치고)의 역사 속에서 읽었다. '처음'과 '나중'의 신화를 꿰뚫고 있는 것도 바로 그 심판과 자비의 변증법이다. 이미 예언 정신의 빛에서 재해석된 출애굽 사건이 포로됨과 해방이라는 기본 상징을 이루었음을 앞에서 보았다. 그리고 고향을 떠나 하나님의 부름에 복종하는 아브라함 이야기도 거역할 수 없는 내적 부름에 복종하는 예언자들의 상황을 본딴 것이다. 그리고 에덴 동산 이야기의 앞부분도 이스라엘 역사를 통해 본 인간 실존의 의미를 요약하고 있는 것이다: 부르심과 불복종과 유배(추방)가 그것이다. 이스라엘이 가나안에서 쫓겨나듯이 아담과 이브는 낙원에서 추방된다. 그리고 '남은 자'가 돌아오듯이 홍수 신화는 물의 재앙이라는 심판을 통해 깨끗해진 새 창조를 상징적으로 보여준다. 노아 역시 아담이다. 추방되었다가 물에서 구원된 다시 말해 재창조된 '사람'이다.

그리하여 처음 역사를 이야기하는 신화는 이스라엘의 경험을 일반화하여 모든 시대 모든 장소의 인간 상황을 가리킬 뿐 아니라, 인간에게 가해지는 저주와 자비의 긴장을 제시한다.[4]

끝으로 아담 신화의 세번째 기능을 보자. 아담 신화는 존재론적인 것과 역사적인 것의 단절을 암시하여 새로운 사고의 길을 튼다. 죄의 고백이 깊어질수록 그 단절을 체험했다. 그 단절은 매우 역설적이다. 사실 인간의 죄의 심연을 드러낸 것은 거룩하신 하나님이다. 그러나 다른 면에서 볼 때, 죄의 뿌리가 인간의 '본성'과 '존재' 안에 있다면, 하나님의 거룩성이 드러낸 인간의 죄는 하나님을 고발한다. 창조주가 인간을 악하게 만들었다는 것이다. 내 존재가 회개의 대상이라면 문제는 하나님에게 있을 수 있다. 회개의 영성은 그런 역설 속에서 탄생한다. 그러므로 신화는 고도의 회개 정신 속에서 생겨난다. 그리고 그 신화는 역설을 해결한다. 악의 '시작'을 설정하되 그 악의 시작이 창조의 '시작'과는 구분되도록 한다. 죄가 세상에 들어오는 사건을 설정하고 죄로 말미암아 죽음에 이르는 얘기를 한다. 그것이 타락 신화다. 타락 신화는 그처럼 원래 좋은 창조 세계 속에 갑자기 악이 끼여드는 얘기다. 원래 창조 세계는 좋다는 것 그리고 처음부터 역사는 악하다는 것, 이 둘을 말한다. 그럼으로써 아담 신화는 유대 신앙의 이중 고백 곧 하나님의 절대 완전성과 인간의 뿌리깊은 악이라는 이중 고백을 충족시킨다. 이 이중 고백이 곧 회개의 영성이다.

---

4) C. H. Dodds, *La Bible aujourd' hui*, Paris, 1957의 말에 전적으로 동감한다: "성서 처음에 나오는 신화는 역사에서 배운 교훈을 상징적으로 꾸민 것이다. 명목상으로는 역사 이전을 가리키지만 실은 역사 경험에서 드러난 한 백성에 대한 신의 행위를 모든 때 모든 사람에게 적용한 것이다. 심판하면서 새롭게 하시는 하나님 말씀을 보편화한 것이다"(p. 119).

2. 신화의 구조: 타락의 '순간'

최초의 죄 경험에서 신화의 의도가 생긴다. 그 의도로부터 신화 구조를 이해해보도록 하자. 야훼 기자가 서술한 아담 신화에는 두 가지 흐름이 있다. 첫째, 역사의 악을 단 한 사람의 단 한 번의 행위에 돌린다. 다시 말해서 단 하나의 사건으로 돌린다. 바울도 그렇게 이해했다: "한 사람으로 말미암아 죄가 세상에 들어왔다." 그처럼 악의 기원을 한 점에 집중시킴으로, 전통적으로 타락이라고 부르는 그 단절과 소외 사건을 비합리적인 것으로 두었다.

한편, 그 사건은 하나의 '드라마'로 엮어져 있다. 시간을 두고 몇 사람이 등장하여 몇 가지 일이 이어진다. 거기서 악의 사건이라고 하는 순간적인 단절과 묘한 대조를 이룬다. 타락의 '사건'과 유혹의 '기간'의 변증법을 이해해보도록 하자.

단 한 사람, 단 한 번의 행위, 그것이 아담 신화의 첫째 도식이요 우리는 그것을 '사건'의 도식이라 부르자. 단 한 사람이란 이것이다. 야훼 기자는 의미가 전혀 다를 수 있는 어떤 옛 신화에서 줄거리를 가져왔을 것이다. 금지된 터부를 어겼기 때문에 낙원에서 쫓겨난 사람 또는 부부에 대한 신화에서 말이다. 그러므로 아담 신화 자체는 오래 된 것이지만 그 의미는 매우 새로운 것이다. 그 의미는 지금의 역사에서 옛 역사를 돌이켜 이해한 데서 나온 것이기 때문이다. 그 신화는 선민(이스라엘)의 기원에 대한 이야기에서 다시 등장하는 셈이다. 더구나 여러 인종이 한 가족, 하나의 조상에 뿌리를 둔다는 전승도 아담 신화와 통한다. 모든 민족의 과거를 거슬러가면, 인류의 뿌리인 부부가 나오며, 지금은 민족이 흩어져 있지만 알고보면 한가족에서 나온 것이라는 전승이 있었다. 그 같은 첫 사람의 연대기에서 구체적 보편성의 상징이 나오고, 왕국에서 쫓겨난 인간의 틀이 생기고, 악의 도식이 생긴다. 아담 안에서 우리는 하나며 모두다. 첫 사람의 신화는 역사의 처음에서 인간의 하나됨을 찾는다.

그런데 그 인간이 어떤 행위를 한다. 열매를 따먹었다. 이 사건에 대해서는 특별히 할 말이 없다. 그냥 얘기할 뿐이다. 그런 일이 있었고 그래서 악이 왔다. 그 순간에 대해서는, 그 순간 끝난 것과 그 순간 시작된 것을 말할 수 있을 뿐이다. 한편으로 순결의 시간은 끝났고 다른 한편으로 저주의 시간이 시작되었다.

창조 이야기에 타락 이야기가 끼여들어감으로써, 순결의 과거는 지나고 낙원은 잃어버린 낙원으로 일컬어지게 되었다.[5] 창조 신화가 먼저 나오기 때문에 죄는 상실 곧 순결의 상실로 등장한다. 그런데 타락 이야기와 짝을 이루는 창조 이야기는 성경에 처음 나오는 다음과 같은 웅장한 창조 이야기가 아니다: "하나님이 말씀하시기를 빛이 생겨라 하시니 빛이 생겼다"; "우리가 우리의 형상을 따라서 우리의 모양대로 사람을 만들자"; "하나님이 손수 만드신 모든 것을 보시니, 보시기에 참 좋았다." 이 이야기는 오래 숙성된 결과 나온 것이다. 하나님이 자연의 힘과 혼동되지 않으면서 땅과 하늘의 주님이 되기 위해서는 야훼가 보편 역사의 주님이 되어야 했다. 그러나 역사의 주님이 되기 위해서 유대인들은 민족의 파괴와 유배를 사상적으로 소화할 수 있어야 했다. 창세기 2장의 이야기가 좀더 오래 된 것인데, 그것은 민족의 재앙 이전 것이고 따라서 종교적으로 심화되기 이전에 생긴 이야기다. 또 좀더 초보적이기도 하다(2장 7절과 1장 26절 이하만 비교해도 알 수 있다).

---

5) 본문 비평의 결과를 수용하면, Gunkel(*Genesis übersetzt und erklärt*. Göttingen, 1922)과 Budde(*Die biblische Urgeschichte*, Giessen, 1883; *Die biblische Paradiesgeschichte in Beih. Zeitschr. Altt. Wiss.*, 1932) 이래로 타락 이야기 안에 두 가지 자료가 있다. 타락 전의 야담과 타락의 장소, 두 나무, 벌의 내용 따위에 대해서 서로 다른 두 얘기가 성서의 타락 얘기 안에 들어 있다는 것이다. Paul Humbert, *Études sur le récit du Paradis et de la chute dans la Genèse*. Neuchâtel, 1940; Zimmerli, I, Mose, 1-11, *Die Urgeschichte*, Zürich, 1943; J. Coppens, *La connaissance du bien et du mal et le péché du paradis* in *Analecta Lovaniensia Biblica et Orientalia*, 1948, App. I, pp. 47~72도 참고하라. 서로 다른 두 개의 문서를 구별함으로 본문에 대한 이해를 돕는다. 자료(문서)의 문제는 곧 의미의 문제다. 나는 두 자료가 자아내는 긴장의 관점에서 의미를 찾으려 한다. Zimmerli는 아주 좋은 안내자가 된다(p. 145). 타락 이야기의 신학적 의미에 대해서는 Eichrodt, *Theologie des alten Testaments*, III, § 23, *Sünde und Vergebung*; Edmond Jacob, *les Thèmes essentiels d'une théologie de l'Ancien Testament*, Neuchâtel et Paris, 1955, pp. 226~39; G. von Rad, *Theologie des alten Testaments*, I, München, 1957, pp. 157 이하, 261 이하.

　그러나 그것(창세기 2장)도 쓸모없지는 않다. 홈버트에 따르면, 거기에는 타락 설화를 쓴 야훼 기자와 다른 인간관이 들어 있기 때문이다. 거기서 인간은 들 가운데의 ‘동산’ 한복판에 나타나지 않고, 인간(아담)이 나온 땅(아다마)에 등장한다. 그 땅을 그는 지적 능력을 가지고 맡아서 돌보았다. 또, 거기서 인간은 성적으로 눈을 떠 성인이 된다. 새로운 동반자를 보고 그는 외친다: “뼈도 나의 뼈, 살도 나의 살, 남자(이쉬)에게서 나왔으니 여자(이쉬아)라고 부를 것이다.” 그런데 나중에 야훼 기자(창세기 3장)는 순결의 상태에 있는 인간에게 지적인 분별력이 없다고 보고, 인간의 문화 능력을 타락 이후에나 생긴 것으로 본다. 2장에 있는 창조 이야기와 다르다. 그가 볼 때, 인간은 처음에 문자 그대로 순결한 어린아이와 같이 만들어져 동산의 과일을 이것저것 따먹고, 타락 이후에나 성적으로 눈을 떠 부끄러워하는 그런 존재다. 지적 능력과 노동과 성은 악의 꽃이라는 얘기다.

　우리의 이야기 한가운데서 이러한 불일치가 발견되는 것은 흥미있는 일이다. 그렇다고 그 불일치 때문에 그 신화가 잡동사니로 폐기 처분되지는 않는다. 오히려 문화와 성 문제에 대해 창조 설화와 타락 설화 사이에 생기는 긴장으로 우리를 인도한다. 문화와 성에 대해 두 가지 해석이 있다는 것은 그 자체로 의미가 깊다. 선의 가능성과 악의 가능성, 이 두 경향이 인간의 모든 영역——언어·노동·제도·성——에 깔려 있다는 얘기다. 이 이중성을 신화는 신화적 시간 속에 전개한다. 그것은 마치 플라톤이 『정치학』에서 신화를 통해 우주의 두 시기를 그려, 우리가 수렴*intentio*과 분열*distentio*이 혼합된 시간에 살고 있음을 말한 것과 같다.

　선하게 지음받았는데 악하게 된, 이 인간의 모호성이 인간 생활의 모든 면에 침투한다. 모든 존재에 이름을 붙일 수 있다는 것은 하나님보다 조금 못하게 지음받은 인간이 군주와 같은 권한을 가진 셈인데, 그 권한이 변질되어 오늘날 민족마다 부르는 용법이 다르게 되었다. 마찬가지로, 저주하는 구절을 자세히 보면, 두 개의 존재론적 구도가 대립되어 달라진 인간 상황을 보이고 있다. 벌거벗고 있는 순결한 남녀가 잘못을 저지른 후 부끄러움을 알게 된 것은 인간의 소통과 교제가 변질되어 은폐하에 이루어짐을 가리킨다.[6] 즐거운 노동은 고통이 되고, 그래서 인간은 자연에 대해 적대적이 된다. 해산의 고통은 임신의 기쁨을 앗아간다. 여자의 후손과 뱀의 후손 사이의 싸움은 자유가 고통스러운 투쟁임을 보여주며, 욕망의 희생물임을 보여준다(창세기, 4장 7절). 저주를 받아 죽게 된 것은 아니다. 죽는 것("너는 흙에서 나왔으니 흙으로 돌아갈 것이다")이 저주가 아니라, 근심 가운데 죽는 것이 저주다. 인간의 죽음의 형태가 저주인 것이다.

그리하여 인간의 상황은 한마디로 고통이라 할 수 있다. 인간의 실패는 그의 고통으로 나타난다. 그러므로 신화에서 모호성의 인간론이 나온다. 인간의 위대함과 허물이 말로 다할 수 없이 복잡하게 얽혀 있다. 인간이란 그런 존재며 거기서 역사의 우연성이 나온다.

인간의 본성이 그처럼 이중적이라는 것, 곧 원래 선하며 악 역시 뿌리 깊다는 그 모호성이 신의 금지 명령에서 명백히 드러난다. 야훼 기자에 따르면 금지 명령——"그러나 선과 악을 알게 하는 나무의 열매만은 먹어서는 안 된다"——은 순결의 구조에 속하는 것으로 되어 있다. 그것은 놀라운 일이다. 금지하는 법 밑에 사는 삶은 죄인의 삶이 아닌가? 성바울은 이 율법의 저주에 대해 자기 영적 체험을 바탕으로 로마서 7장 7~14절에서 생생하게 말하고 있다.[7]

"그러면 우리가 무엇이라고 말을 할 것입니까? 율법이 죄입니까? 그럴 수 없습니다. 그러나 율법에 비추어보지 않고서는, 나는 죄가 무엇인지 알지 못하였을 것입니다. 율법에 "탐내지 말아라" 하지 않았으면, 나는 탐심이 무엇인지를 알지 못하였을 것입니다. 그러나 죄는 이 계명을 통하여 틈을 타서, 내 속에서 온갖 탐욕을 일으켰습니다. 율법이 없으면 죄는 죽은 것입니다.

아! 전에는 율법이 없어서 내가 살아 있었는데, 계명이 들어오니까 죄는 살아나고, 나는 죽었습니다. 그래서 생명으로 인도해야 할 그 계명이 도리어 나를 죽음으로 인도하는 것으로 드러났습니다. 죄가 그 계명을 통하여 틈을 타서 나를 속이고, 또 그 계명으로 나를 죽였습니다.

---

6) A.-M. Dubarle, *Le péché originel dans l' Écriture*, Paris, 1958: "옷이 생긴 것은 사회생활이 은폐로 이루어짐을 가리키며, 단순히 성적인 수치심을 가리기 위한 것이 아니다"(p. 61) ; "그것은 인간 관계에 모호성이 침투했음을 말해준다"(p. 65).

7) 참조. 1부 Ⅲ장 §4: 율법의 저주.

그러므로 율법은 거룩하며, 계명도 거룩하고 의롭고 선한 것입니다. 그러니 선한 것이 나에게 죽음을 가져왔습니까? 그렇지 않습니다. 그러나 죄가 죄로 드러나게 하려고, 죄가, 선한 것을 방편으로 하여 죽음을 나에게 가져왔습니다. 그것은 죄가 계명을 방편으로 하여 더욱더 죄되게 하려고 한 것입니다.

우리는 율법이 신령한 것인 줄 압니다. 그러나 나는 육정에 매인 존재로서, 죄 아래에 팔린 몸입니다."

그것이 루터나 니체도 공감했던 죄와 율법의 변증법이다. 그런데 금지 명령이 어떻게 순결의 질서에 속할 수 있는가? 하나님이 인간에게 자유를 주었으나 그것은 제한된 자유임을 이해해야 한다. 그리고 그러한 자유의 한계란 그 자유가 처음부터 어떤 가치 질서를 따라 방향을 지니고 있다는 점이다. 물론 그 가치는 인위적으로 정립된 문화 산물로서의 이런저런 '가치들'이 아니라, 가치들 사이의 계층 질서 또는 선호 원리를 가리킨다. 그와 같은 자유의 윤리적 구조가 일반 가치들의 권위 체계를 형성한다. 사실 야훼 기자는 카인의 범죄를 기록한 바로 그 사람이고 따라서 살인의 심각성을 안 사람이었다. 그럼에도 불구하고 옛 전승에서 금지된 열매 이야기를 끌어온 것은 바로 그 때문이다. 다시 말해, 순전히 히브리적인 새 신화에서 금단의 열매는 금지 명령 일반을 가리켰다는 말이다. 살인에 비교할 때, 금단의 열매를 먹은 것은 작은 죄이지만 말이다.[8] 그러므로 잘못의 행

---

8) J. Coppens는 '선악을 알게 된' 문제를 새롭게 다루려 했다. 그는 신의 전지전능을 부인한다. 인간이 자기 힘만으로 분별력을 갖는다는 것도 부인한다. 그가 볼 때 중요한 것은 지식이 생기면서 악이 들어왔다는 점이다. "지식이 생기고 늘어나고 축적됨에 따라" 선에 악이 보태졌다는 것이다. 그것은 분별하는 지식이 아니라 '축적된 지식'이며 선악이 섞여 있다(p. 17). 이 첫번째 명제에 그는 다음의 두번째 명제를 덧붙인다. 이 허물 많은 지식은 성과 관련이 있다. 열매를 먹은 것은 아주 작은 죄처럼 보이지만, 특별한 내용을 지닌다. 이브는 여인과 어머니로서 고통을 지게 되고 아담은 그 욕망의 고통을 진다. 그러나 무엇보다 뱀과 이브와 나무가 이루는 삼각 관계에 유의하여야 한다. 여기서 뱀은 식물의 신들을 상징한다. 성을 직접 내세우지는 않지만, 뱀은 성을 성역화하려는 신적인 유혹을 암시한다. J. Coppens는 여기서 더 나아간다. 잘못은 창세기에서 타락 이전에 나오는 단 하나의 계명 곧 출산의 계명을 어긴 것이다. 그리하여 뱀은 성을 농사 제의식으로 풀려는 유혹이다(op. cit., pp. 13~28, 73~91, 그리고 Analecta Lovaniensia Biblica et Orientalia, II, 8, pp. 396~408). Coppens가 뱀을

위 내용보다는 사람과 하나님 사이에 신뢰 관계가 끊어진 점이 더욱 중요하다. 그렇게 볼 때, 야훼 기자가 말하는 나무와 열매의 이야기는 요술 열매가 나오는 옛 신화를 새로운 신학적 상황하에서 비신화화한 셈이다. 그 열매를 "선악을 알게 하는 나무"의 열매라고 한 것이 바로 비신화화다. '선―악'이라는 이 두 단어[9]는 주술 이상의 차원을 가리키며, 곧 선한 존재와 악한 존재를 구분하는 분별력을 가리킨다. 그러므로 금지된 것은 이러저러한 개별적인 것이 아니라, 인간의 자율 곧 선악을 구분하는 창조력이다.

순결한 자유에게는 그 한계가 금지로 느껴지지 않는다. 그러나 우리로서는 유한한 자유와 동시에 존재한 이 처음의 권위가 어떤 것인지 더 이상 알 수 없다. 특히 억압하지 않는 그 한계, 자유를 인도하고 지키는 그 한계가 무엇인지 더 이상 알 수 없다. 이 창조적 한계에 더 이상 다가갈 수 없다. 현재의 우리는 억압적인 한계만 알 뿐이다. 처음의 자유가 실패했을 때, 신의 권위가 금지로 느껴진다. 타락 이후에 있는 우리가 금지로 느끼는 것을 야훼 기자가 순결의 세계 속에 집어넣은 것도 그 때문이다. '궁

식물의 신들로 푸는 것은 방대한 자료를 근거로 하고 있다(*ibid.*, pp. 91~117과 409~42). 그러나 그는 너무 성급하게 성서 기자가 말하려는 것이 성적인 범죄인가 하는 물음으로 갔다. 논의가 그 문제에 집중되고 거기에 대한 그의 대답은 부정이다: "성서 기자가 성적인 범죄를 말하는가? 내 생각에는 그렇지 않은 것 같다. 그 문제는 미미하다. 성서 기자가 알고 있던 다른 자료에서 더 분명하게 다루어진다. 여기서는 그 주제를 다루지 않고 다만 어렴풋한 흔적은 있다"(p. 26). 그러므로 이 신화를 성의 문제로 푸는 것은 아담의 죄를 너무 소극적으로 해석하는 것이다. 그 주제가 오래 된 것인데 편집자가 뺐다면 그것은 다른 주제가 더욱 중요하기 때문이리라. 따라서 본문의 의도는 잘못의 내용을 미미한 것으로 돌리고 다만 인간과 하나님 사이의 관계 단절을 강조하려는 데 있는 것 같다. 그러므로 Zimmerli의 견해대로(pp. 165~66, 235~38) 나무의 문제는 중요치 않다. 내가 볼 때 중요한 것은 이 이야기가 창세기 처음에 나온다는 점이다. 아담의 죄는 다른 죄들의 뿌리가 된다는 점에서 단연 으뜸가는 죄다. 아담은 하나님과 멀어졌다. 그 후, 카인이 그 동생과 갈라서고 바벨의 인간들이 서로 혼란을 일으켰다. 다음에 기회가 있으면 허물을 심리학적으로 다루며 이 문제를 다시 논의하자. 그때 가면 성적인 해석이 좀 의미를 갖게 되리라.

9) Humbert는 "잘 혹은 잘못 아는 나무"라고 번역한다. 모든 분별력을 가리킨다는 말이다: "이론적이고 실천적인 지식, 모든 영역에 걸친 일반적인 지식 능력이다. 단순히 도덕적인 지식이 아니다"(*op. cit.*, p. 90).

정'의 하나님——"빛이 생겨라 하시니 빛이 생겼다"——이 이제 '부정'의
하나님——"선과 악을 알게 하는 나무의 열매만은 먹어서는 안 된다"——
이 되었다. 타락은 사람의 타락이면서 '율법'의 타락이다. 성바울이 말한
대로다: "생명으로 인도해야 할 그 계명이 나를 죄로 인도했습니다." 그러
므로 타락은 모든 영역에 미치는 인간됨의 훼손이다: 모든 것——성과 죽
음, 노동과 문명, 문화와 윤리——에 타락 이전의 처음 본성과 타락 이후
의 뿌리깊은 악이 혼재한다. 처음 본성은 상실되었으나 밑에 깔려 있으며
악 역시 필연적이지는 않지만 뿌리깊다.

아담 신화가 앞에 내세운 그 순결의 의미를 묻는다면 이렇게 말할 수
있으리라: 그 순결을 잃었다고 말하는 것은 여하튼 그것에 대해 무언가 말
하는 것이다. 없애기 위해 내세우는 것과 같다. 그 경우 순결은 칸트의 물
자체와 같다: 그것을 생각해내기는 하지만 알지는 못한다. 현상이 존재와
동일하게 되려는 데 대한 한계를 긋는 역할이다. 그래서 세상 안으로 죄가
들어왔다거나, 순결했는데 죄가 생겨났다거나, 사람이 낙원에서 추방되었
다는 것은 죄가 우리의 본래적인 현실이 아니며, 죄가 처음의 존재론적 상
태를 형성하지는 않는다는 것이다. 죄가 인간 존재를 규정할 수는 없다.
인간은 처음부터 죄인이 아니라 죄인이 되었을 뿐이다. 죄인이 되기에 앞
서 그는 피조된 존재다. 두번째 창조 이야기(창세기, 1장)의 편집자가 바로
그런 통찰력을 지니고 있다. 그래서 그는 주 하나님의 말씀을 다음과 같이
기록한다: "우리가 우리의 형상을 따라서, 우리의 모양대로 사람을 만들
자." 이마고 데이*Imago dei*, 바로 이 말에 피조된 우리 존재와 우리의 순
결이 들어 있다. 창조의 '좋음'은 '피조물'의 상태 말고 다른 데서 찾을
수 없기 때문이다. 창조는 좋은 것이며, 원래 인간의 좋음은 하나님의 형
상으로 있는 것이다. 죄의 각도에서 돌이켜볼 때, 그 하나님의 형상은 허
물이 없는 순결이다. 그 좋음은 아주 적극적인 무엇이다. 오히려 아무것도
아닌 것은 바로 죄다.

이렇게 볼 때 순결과 죄는 앞뒤 관계가 아니라 서로 겹쳐 있다고 볼 수
있다. 죄는 순결에 뒤이어 오는 것이 아니라 순간적으로 순결을 잃는 것이
다. 나는 순간에 창조되고 순간에 타락한다. 나는 순간에 창조된다: 사실
내게 원래 좋은 것은 창조된 자의 상태이므로 나는 끊임없이 새로 창조된

다. 피조물의 지위를 벗어나려는 욕구를 누르고 끊임없이 새로 창조된다. 그렇게 하여 나는 좋게 되기를 그치지 않는다. 그때 죄의 '사건' 역시 순간에 순결을 끝낸다. 단절, 피조된 상태의 훼손, 나쁘게 됨, 이 모든 것은 순간에 일어난다. 신화는 동시적인 것을 앞뒤로 배열한다. 순결이라는 앞선 상태가 끝나는 순간 저주라는 나중 상태가 시작되는 것으로 그리고 있다. 그러나 그렇게 함으로써 깊이를 지닌다. 다시 말해서, 타락을 어디서 왔는지 알 수 없는 사건으로 그림으로써, 인간론에 결정적인 열쇠를 제공한다. 악은 뿌리깊지만 갑자기 나타난 것이요, 꼭 필연적이지만은 않다는 것이다. 그러한 악을 가리켜 인간은 자기의 나쁜 본성이라 부르며 회개한다. 여하튼 이 신화에서 악은 '역사적'인 것이 된다. 악은 뿌리깊지만 본래적인 것은 아니다. 이러저러한 개별적인 잘못보다 더 먼저 죄라는 것이 있지만, 순결이 그 죄보다 더 먼저다. 가장 오래 된 죄보다 순결이 더 오래 되었다는 것이 인간론의 깊이를 이룬다. 신화를 빌어 인간론은 세상의 모든 죄를 첫 사람으로 상징되는 일종의 초역사적인 단위로 결집하고, 악이 뿌리깊지만 필연적인 것이 아님을 보이고 또한 피조된 인간의 선함과 역사적 인간의 악함이 겹쳐 있음을 보인다. 신화에 따르면 첫 사람의 첫 번째 죄의 사건으로 말미암아 그 선함과 악함이 분리된 것처럼 말하지만 말이다.

천재 루소가 이해한 것도 바로 그 점이다. 인간은 '본래' 선하지만 역사와 문명 속에서 대하는 인간은 '타락한' 상태라는 것이다. 또 그것은 칸트가 『뿌리깊은 악에 대하여』에서 잘 말한 것이기도 하다: 사람은 원래 선하도록 되어 있지만 악에 치우쳐 있다. 바로 이 "원래 어떻게 되도록 되어 있음"과 "어디로 치우쳐 있음"의 역설 속에 타락 상징의 의미가 모두 들어 있다.

3. 유혹의 '기간'

신화가 한 사람의 어떤 행위, 한 순간의 사건에 집중되어 있지만 아담, 이브 그리고 뱀이라는 여러 인물이 등장하고 이야기가 몇 가지 토막으로 되어 있다. 곧, 여자의 유혹, 인간의 타락 따위의 이야기 토막이 있다. 그래서 순결에서 잘못으로 가는 과정이 갑작스러운 것이 아니라 점차 어디로 빠져드는 감을 갖게 된다. 신화는 멈춤이 있으면서 변이가 있고, 행위가 있으면서 그 행위를 끌어내는 과정이 있고, 잘못된 선택이 있으면서 그렇게 선택하도록 한 유혹이 있고, 순간의 신화면서 기간이 있다. 그 두번째 측면에서 신화는 순결에서 타락으로 옮겨가는 과도기를 채우는데, 그 기간 동안 무엇에 홀려 악한 행위가 나온 것으로 말한다. 그처럼 타락 사건 속에 무엇에 홀린 시간을 둠으로 야훼 기자는 신화에 새로운 축을 세운다. 뱀이 바로 그것이다. 뱀은 변이의 형상이다. 그리고 뱀의 저주는 이브에게까지 미친다. 그렇게 하여 신화는 다양한 매개체를 세운다.

뱀이 무엇이냐를 묻지 말고 그가 한 일을 먼저 보자.

드라마는 뱀과 여인 사이에 벌어진다. 뱀은 다음과 같은 질문을 던져 의심을 일으킨다: "하나님이 정말로 〔……〕라고 말씀하셨느냐?" 그런데 그 질문은 금지 명령에 대한 것이다. 결국은 금지 명령을 기회로 타락을 유도하는 그런 질문이다. 또는 앞서 말한 대로 그 계명이 창조적 한계였다면 뱀의 질문은 갑자기 한계를 금지 명령으로 바꾸는 것이라 할 수 있다. 계명이 소외되면서 홀린 상태가 시작된다. 나의 '빛'이었던 계명이 '낯선' 것이 되었다. 내게서 멀어지면서 그 계명은 지킬 수 없는 것이 된다. 창조적 한계는 적대적인 부정성을 띠고 문젯거리가 된다: "하나님이 정말로 〔……〕라고 말씀하셨느냐?" 윤리적 한계의 의미가 안개 속으로 빠져들면서 유한성이 희미해진다. 그리하여 하나의 욕망 곧 무한의 욕망이 솟아난다. 그러나 그 무한성은 이성이나 행복의 무한성이 아니다. 욕망 그 자체의 무한성이다. 욕망의 욕망이 앎과 의지, 행함과 존재를 지배한다: "너희의 눈이 밝아지고 하나님처럼 되어서, 선과 악을 알게 되리라." 그 욕망으로 인해 피조물의 유한성은 견딜 수 없는 것이 된다. 뱀의 질문은 악한 무한성을 염두에 두고 있다. 그것은 자유의 한계의 의미를 왜곡하고, 한계에 의해 방향을 갖는 자유의 유한성의 의미를 왜곡한다.

범함을 통해 신들처럼 된다[10]는 얘기는 아주 의미심장하다. 한계가 더

---

10) 창세기 3장 22절의 말씀은 무슨 뜻일까?: "보아라, 이 사람이 우리 가운데 하나처럼,

이상 창조적인 것이 아니고, 금지로 말미암아 하나님과 사람이 통하는 길이 막혔을 때, 인간은 무한한 실존의 원리를 통해 자유를 실현하려고 하며 자기가 자기의 창조자가 되려 한다는 얘기다. 사실 뱀의 말이 완전히 거짓은 아니다. 잘못을 저질러 자유의 길이 확 열렸을 때 인간은 무한의 체험을 하고 유한한 피조물 상황이나 윤리적 유한성을 잊어버린다. 그 이래로 욕망의 무한성이 문명을 일으키고 쾌락과 소유와 권력과 지식을 낳아 인간 현실을 이룬다고 볼 수 있다. 그처럼 욕망 때문에 현실에 만족하지 못하는 것이 우리의 본성 같기도 하지만, 우리에게 자유를 주는 본성이 결여되었다고 할 수 있다. 여하튼 뱀의 언약은 인간의 역사가 무한의 우상을 향한 여정이 되었음을 가리킨다. 모든 현상학은 그처럼 거짓의 범주 아래 허무함으로 둘러친 울타리 안에서 전개된다. 그러므로 현상학——드러나 보이는 것의 학문——가지고는 안 된다. 드러나보이는 것은 환상이다. 신화는 그것이 환상임을 비밀스럽게 말하고 있다.

왜 하필이면 금지 명령과 욕망이 부딪치는 곳이 여자일까? 성서의 이야기에 따르면 여인은 유혹 앞에서 굴곡과 연약함의 모습을 하고 있다. 그 여인을 통해서 뱀은 남자를 시험한다. 왜 그렇게 그랬을까?

물론 이 이야기는 남성 위주의 느낌을 표현한 것임을 부인할 수 없다. 그것이 사회에서 의존 상태에 있는 여성의 지위를 정당화하는 것하고도 관련이 있다. 그 남성 위주의 느낌은 하나님이 시기한 것처럼 이야기가 꾸며져 있는 데서도 드러난다. 신의 시기심은 비극 신화의 특징인데 말이다. 물론 인간의 위대함에 대해 하나님이 목자적인 관심에서 시기한 흔적이

선과 악을 알게 되었다. 이제 그가 손을 내밀어서, 생명 나무의 열매까지 따서 먹고, 끝없이 살게 하여서는 안 된다." 하나님이 졌단 말인가? 역설적으로 말하는 것인가? 학자들 가운데는 그렇게 보지 않고 이 부분을 특별한 문서로 돌리든지(Zimmerli) 아니면 J. Coppens 같은 학자는 달리 번역한다: "보아라, 이제 모든 것이 사람에게서 비롯되니, 그는 선과 악을 감당하리라." 왜 사람이 하나님처럼 되었다는 것을 높이 평가하지 않는가? 순결할 때는 잠자는 것과 같지 않았을까? 이제 사람은 그 점을 알게 되었다. 그러나 반대하고 투쟁하는 속에서 알게 되었다. 나중에, 죄가 많은 곳에 은혜가 넘친다는 바울의 말을 해석하겠지만 거기서 우리가 말하려는 것은 죄가 자기 의식의 표출이라는 점이다. 돌이킬 수 없는 모험이 그렇게 시작되고, 사람이 되는 과정은 정당화(의롭게 여김 *justification*)의 과정이 끝나야 끝난다.

있다. 인간의 호기심과 용기와 자유가 창조 신화와 달리 문화의 모호성을 제거하고, 문화를 온통 죄로 얼룩지으려 할 때 하나님은 시기할 수도 있으리라.

야훼 기자의 입장에 반대하는 니체의 비판이 있지만, 여하튼 이 이야기가 말하는 이브는 꼭 여자를 가리킨다기보다는 인간의 연약함을 가리킨다. 육체는 '약하다'고 성서는 말한다. 그 연약함은 인간의 유한성의 모습 바로 거기에 있다. 인간의 유한성은 '악한 무한성'으로 기울어 있는 불안정한 유한성이다. 그 유한성은 유혹되기 쉽다. 타락의 핵심은 인간의 리비도에 있지 않고 그의 유한한 자유의 구조에 있다. 자유를 통해 악이 가능하다. 여인은 바로 그 유한한 자유의 연약함을 가리킨다.

그러므로 이브는 단순히 여자가 아니다. 여자나 남자나 다 아담이다. 그리고 동시에 여자나 남자나 모두 이브다. 여자도 아담으로서 죄짓고, 남자도 이브로서 유혹을 받는다. 햄릿은 말한다: "약한 자여, 그대 이름은 여자이니라."

타락의 계기가 윤리적 유한성에 있다는 얘기, 그 유한성이 무한한 욕망과 적대적인 율법을 낳는다는 얘기에서 결정적인 물음이 생긴다: 뱀은 무엇인가?

이 이야기의 저자에게 뱀은 두말할 나위가 없는 존재인 것 같다. 아담이 죄짓기 전에 뱀이 있었고 "모든 들짐승 가운데서 가장 간교하였다." 뱀의 본성이 어떤지, 왜 그가 간교하게 되었는지에 대해서는 말이 없다. 페르시아나 그리스 시대의 사탄과는 다르다. 특히 욥기에서 볼 수 있는 사탄의 인간에 대한 시험이라는 관념은 아직 없었다. 그런 시험이라면 순결한 인간에게는 없는 어떤 분별력을 등장시킬 것이다. 또 그런 시험은 인간이 어린아이처럼 하나님에게 의지하는 것을 하나님이 직접 나서서 문제시할 것이다. 그런데 야훼 기자는 굳이 뱀을 고집하는데, 거기에는 무슨 의도가 있는 것 같다. 신 발생 신화에서 구조된 유일한 괴물인 지하 동물은 비신화화되지 않았다.[11] 여하튼 야훼 기자는 오직 뱀이 피조물이라는 말만 한

---

11) 뱀을 지하신 또는 식물의 신의 상징으로 보는 것으로는 J. Coppens, *op. cit.*, pp. 92~117. W. F. Allbright, *The Goddess of Life and Wisdom*, in *Am. Journ. sem. Lang. Lit.*, 1920~1921, pp. 258~94. Strack-Billerbeck, *Kommentar zum N. T. aus Talmud und*

다. 그리고 거기에 핵심이 있다.

유대 정신이 악마를 비신화화하는 데 들어 있는 한계, 그것이 문제다. 왜 악의 기원을 아담으로 보지 않았을까? 왜 제3의 것을 집어넣었을까?

거기에 대해 부분적이지만 첫번째 답을 해보자. 야훼 기자는 인간이 시험당하는 체험을 뱀의 형상에서 극화했다고 볼 수 있다. 시험받는 경험은 거의 바깥 경험이다. 시험은 밖에서 오는 유혹같이 느껴진다. 환심을 사서 마음을 끌어낸다. 죄를 짓는다는 것은 바로 거기에 양보하는 것이다. 그러므로 뱀은 우리가 모르는 우리의 일부다. 우리가 우리를 유혹하는 것이다. 이런 해석이 일리가 있다는 것은 야고보 사도의 말에서도 알 수 있다: "시험을 당할 때에, 아무도 '내가 하나님께 시험을 당하고 있다' 하고 말하지 마십시오. 하나님께서는 악에게 시험을 받지도 않으시고, 또 스스로 아무도 시험하지도 않으십니다. 사람이 시험을 당하는 것은 각각 자기의 욕심에 이끌려서, 꾐에 빠지기 때문입니다"(1장 13~14절). 그 탐욕을 바깥것으로 느끼는 데 대해서 성바울은 '육'이라 했고 또는 내 지체 안에 있는 죄의 법이라 했다. 그 같은 시험의 수동성을 나타내는 것이 뱀이다. 그것은 안과 밖의 경계선상에 있으며, 십계명에서 말하는 '탐욕'(10번째 계명)이다. 또 성야고보의 관점에서 볼 때, 바깥이면서 안인 그 경험이 쉽게 우리 안의 현실로 받아들여지지 않는 까닭은 잘못된 신앙 때문이다. 우리의 자유가 탐욕으로 쌓여감에 따라 우리는 자꾸 남을 정죄함으로 우리를 죄 없다 하려 한다. 그리하여 우리가 우리를 정당화하려는 의지에 휩싸인다. 사건이 있은 후 하나님의 물음에 대해 여자가 대답하는 것도 그것이다: 너는 어쩌다가 이런 일을 저질렀느냐? 그녀는 답한다: "뱀이 저를 꾀어서 먹었습니다." 그러므로 잘못된 믿음은 욕망이 자기 때문에 생긴 것이 아니라고 함으로써 자유의 알리바이를 형성한다. 자기를 죄 없다 하는 것은 결국 자기 안에서 일어나는 시험을 바깥에서 오는 것으로 돌리는 것이다. 이러한 해석을 끝까지 밀고 가면, 뱀은 탐욕이 심리적으로 투사된 것을 제시한다.[12] 심리적으로 투사된 것은 '열매'의 영상과 변명하려는 잘못된

Midrasch, 1922, t. I, p. 138.

12) 창조 신화의 정신분석학적 해석에 대해 뒤에 말하리라. 그러나 벌써 분명한 것은 탐욕의 변증법은 리비도의 모험을 넘어선다는 점이다. 불의나 교만에 대한 예언자들의 고

믿음이다. 우리의 욕망은 어떤 대상에 투사되고, 그것을 통해 드러난다. 그래서 인간은 자기의 무고를 주장하기 위해 그 대상을 고발한다. 그게 바로 악이다. 그런 과정을 통해 뱀은 드라마를 이룬다. 마치 햄릿의 유령이, 아버지의 영상이 줏대 없는 햄릿의 마음에 새긴 질책을 복수로 끌어내어 극화하듯이 말이다. 플라톤의 『파이돈』도 다른 것을 말하고 있지 않다: "육정의 감옥에 대해서 철학적으로 생각한다면, 그것은 욕망의 열매라는 점이다. 그리고 갇힌 자를 더 가두는 것은 바로 그 자신이다"(82d).

그러나 뱀의 상징에 또 다른 의미가 있다. 뱀을 우리 자신의 일부로 보는 것으로 다 끝나지는 않는다. 지금까지 우리는 뱀을 인간이 스스로에 의해 유혹된 것의 투사라고 보았다. 그리고 인간이 스스로 무한을 욕망하므로 인간성을 왜곡하는 것을 상징한다고 보았다. 그러나 뱀은 그처럼 우리 안의 문제만은 아니다. 더 깊게 고찰해보면 뱀은 역시 '바깥' 문제다.

우선 뱀은 다음과 같은 상황을 묘사한다: 인간의 역사적인 경험으로 보건대, 악은 이미 있더라는 것이다. 처음으로 악을 끌어들인 사람은 없다. 만일 아담이 시간적인 의미에서의 첫 사람이 아니라, 인간의 대표라면, 아담은 인간 각자의 인간성의 '시작'과 '이어지는' 인간들 사이의 경험을 동시에 그리고 있다고 볼 수 있다. 언어나 도구나 제도처럼 악은 인간 사이의 한 부분을 이룬다. 그것은 전달된다. 순간에 일어나는 사건일 뿐 아니라 전통이 된다. 그리하여 악은 항상 그보다 앞선 악이 있다. 인간은 이미 있는 악을 저지른다. 에덴 동산에 뱀이 이미 있었던 것도 그 때문이다. 저지르는 악의 뒷면에 이미 악이 있다.

이제 좀더 나가보자. 탐욕의 투사 이전에 이미 악이 있다는 얘기에서 좀더 뿌리깊은 악의 외면성 곧 악의 우주적 구조를 추정하게 된다. 그것은 물론 세상이 그 자체로 율법으로 되어 있다는 얘기는 아니고, 윤리적 요청

발, '의로운' 체하는 데 대한 바울의 고발에서 알 수 있는 것은 뱀의 상징이 단순히 성적인 문제를 넘어서서 거대한 탐욕의 세계를 가리킨다는 점이다. 성은 그 한 부분에 지나지 않는다. 그러나 여기서는 성을 불의나 정당화와 관련시킬 수 있는지 아직 말할 수 있는 단계가 아니다. 뱀에 대한 정신분석학적 해석에 대해서는 Ludwig Levy, *Sexual Symbolik in der Paradiesgeschichte*, in *Imago*, 1917~1919, pp. 16~30 참조; R. F. Fortune, *The Symbolic of the Serpent*, in *Intern. Journ. of Psychoanalysis*, 1926, pp. 237~43; Abraham Cronbach, *The psychoanalytic Study of Judaism*.

과 무관한 무슨 구조를 가리킨다. 인간이 내리고 동시에 거기에 복종해야 하는 그런 윤리적 요청과 무관한 악의 구조가 있지 않겠느냐는 말이다. 그 것이 위에서 말한 악의 우주적 구조라는 것이다. 되어지는 일을 보거나, 역사를 보거나, 자연의 재앙이나, 인간들의 잔인함을 볼 때, 원래 이 세상 이 악하게 된 것 아닌가 하는 의심을 품게 된다. 가브리엘은 '배신에의 초 대'라고 했다. 우주에 어떤 구조가 있어 진리와 행복을 추구하는 인간의 노력과 충돌한다는 얘기다. 우리가 사는 세계는 우리를 혼돈에 빠뜨리는 측면이 있다. 지하 동물이 상징하는 것도 그것이다. 인간이 볼 때, 그 혼 돈의 측면이 우주의 구조를 이룬다. 에쉴레가 에트나 화산이나 천 개의 머 리를 가진 타이퐁에서 본 것도 그것이다. 인간과 신들을 공포로 몰아넣고 인간의 삶을 근본적으로 비극이게 하는 것이다. 프로메테우스와 외디푸 스, 그리고 욥은 혼돈에 가득찬 우주를 본다. 그처럼 뱀이 비극 주제와 비 슷함을 다음 장에서 볼 것이다.

결과적으로 뱀은 인간에 대해서뿐 아니라 세상에 대해서도 무엇을 상징 한다. 소우주뿐 아니라 대우주를 말하고 있고, 내 안의 혼돈, 우리 사이의 혼돈, 그리고 바깥의 혼돈을 가리킨다. 그러나 그것은 언제나 나 곧 원래 선하고 행복하게 되어 있는 나에 대한 혼돈이다.

뱀을 이처럼 세 겹으로 풀면 왜 지하 동물이 비신화화되지 않았는지 이 해할 수 있다. 그 지하 동물은 악의 한 측면 곧 인간의 책임으로 돌릴 수 없는 부분을 상징한다. 그리스 비극이 무대 장면이나 찬양을 통해 순화하 려 한 것도 바로 그것이었을 게다. 유대인들 역시, 물론 그들이 철저한 유 일신론 때문에 귀신론에 반대되는 방향으로 무장되어 있었지만 현실 체험 을 인정하지 않을 수 없었다. 다시 말해서 유일신론의 바탕을 흔들지 않는 한에서, 유배 이후 생긴 이원론을 일정 부분 수용하지 않을 수 없었다. 그 렇게 볼 때, 뱀 이야기는 거의 이원론에 가까운 페르시아의 사탄론이 이스 라엘 신앙에 들어왔음을 보여준다. 그렇다고 해서 사탄이 또 다른 신이 될 수는 없다. 이스라엘 사람들에게 뱀은 피조물 세계에 속하기 때문이다. 여 하튼 최소한 뱀의 상징은 악의 기원을 인간 이전에 둠으로써, 인간에게서 악의 기원을 찾으려는 시도를 견제할 수 있었다.

그리하여 뱀을 등장시킨 의도를 끝까지 추적하면, 인간은 철저하게 악하지는 않다고 보아야 한다. 그는 유혹을 받아 악하게 된다. 말하자면 인간에게 악인이라는 실사를 쓸 수는 없으며 다만 악하다는 형용사를 쓸 수 있다고나 할까? 성서에 뱀의 계략이라고 한, 그런 악의 원천에 넘어가서 악하게 된다. 지는 것, 그것이 죄를 짓는 것이다.

이쯤 되면 종교적 사변은 매우 미묘하게 된다. 사변이란 원래 입증하려 하는데, 악의 문제는 그렇게 되질 않기 때문이다. 악의 문제가 회개의 정신으로 모두 풀리지 않기 때문이다. 신자들은 여전히 악의 문제로 회개하지만 그것으로 학문의 문제도 풀리는 것은 아니다. 악을 죄의 회개로 푼다는 것은 내가 저지른 악을 염두에 둔 것이다. 그 악은 내가 책임져야 할 악이다. 그러나 악의 다른 측면이 있다. 그것은 이미 있는 악이다. 예언자들이 인간을 죄인으로 고발하지만, 인간의 악에는 시험의 희생물이라는 측면이 있다. 제롬 보슈Jérôme Bosch의 바로크 건축이 그토록 거듭해서 보여준 것이 그것이다. 회개하는 마음에서 좀 눈을 돌리면 악의 문제에는 여지없이 사탄론이 들어간다. 인간은 악을 사탄에 의해 비롯된 것으로 알 수 있을 뿐이다. 그래서 시험받았다는 경험 끝에는 사탄론이 있어 그것이 첫발을 내디딘다. 악에는 그처럼 두 측면이 있다. 악의 인간론과 악의 사탄론, 이 둘을 넘어서서 제2의 걸음을 내딛기는 불가능하다. 시험이란 것이 어느 정도 인간 바깥의 문제이면서 동시에 인간 안의 죄를 물을 수 있는 구도인데, 그 구도를 벗어나서는 사탄이 무엇인지 알 수 없다. 사탄이 독립된 인격이라면 그를 위해 우리가 개입해야 하는데, 그건 아무런 의미도 없는 이야기가 되고 만다.

성서의 신화가 이브나 뱀이 있지만 '아담' 신화가 되는 까닭이 거기 있다. 인간론의 신화인 것이다.

4. 정당화(의롭게 여김)와 종말론 상징들

아담 상징에 들어 있는 의미의 숲속으로 들어왔다. 이제 그 상징에 운동력을 부여할 때가 되었다. 아담 상징은 처음에 대한 상징이며, 야훼 기자라고 부르는 성서 기자가 수용한 것이다. 그 야훼 기자의 관점에서 보면 아담 신화는 이런 것이 된다. 곧, 어떤 특별한 역사 경험 속에서 미래를 내다보며 과거를 돌이키는, 그런 얘기라는 것이다. 여기서 그 역사 경험을 신학적으로 정립하려는 것은 아니다. 다만 한 가지 문제를 풀어보자. 그 역사 경험과 그러한 역사의 신학 안에 아담 신화의 처음 상징과 맞먹는 나중 상징들이 있느냐? 는 것이다. 우리가 여기서 제기하는 문제는 상징과 상징의 어울림에 대한 것이다. '유형'의 일관성의 문제인데, 아담 상징은 회고적인 상징이기 때문이다. 그것은 다시 성서 이야기의 유형 안에 우주적 드라마 유형에 있는 '제의적' 되풀이에 해당되는 것(왕의 형상)이 있는지, 또는 비극적 지혜에 해당되는 것이 있는지, 또는 오르페우스 신화에 나오는 오디세이에 해당되는 것이 있는지의 문제다. 우리는 일정한 한계 안에서 이 물음에 대한 답을 찾아보고자 한다.

앞에서는 아담 상징을 따로 떼어놓고 생각했지만 이제 전체의 흐름 속에서 보도록 하자. 그 다음에 1부에서 훑어본 '용서'의 상징을 다시 고찰하도록 하자. 악의 개념이 흠에서 죄로 그리고 다시 허물로 가는 것처럼, 용서의 개념도 그와 비슷한 과정을 거쳐 발전된다는 것을 앞에서 보았다. 다시 말해, 용서의 개념이 정화(깨끗이 씻음)에서 자비 *hésèd*로, 그리고 다시 의롭게 여김(정당화)으로 발전한 것을 보았다. 씻다, 얼룩을 빼다, 매듭을 풀다, 놓아주다, 속량하다 따위의 1차 상징도 그러한 발전의 역사를 잘 드러내주었다. 그러나 이스라엘의 과거 역사를 재해석하는 데 '출애굽' 사건이 풍부한 상징거리가 될 수 있었던 반면에, 정당화(의롭게 여김)의 상징이 정립되기 위해서는 종말의 영상들을 체계화해야 했다. 그러므로 우리는 종말 상징을 의롭게 여김(정당화) 상징과 연관시키려 한다. 이 2차 상징을 거쳐 용서의 체험이 계속 드러나리라. 형이상학적 상상력을 거치면서, 직접적인 종교 언어로는 말해질 수 없는 그런 의미가 삶을 채울 것이다. 그처럼 긴 상징의 해석학을 통해 삶은 차차 말의 빛 속으로 들어온다.

으뜸가는 종말 상징으로는 '인자(사람의 아들)'와 '둘째 아담'이 있다. 이 두 상징은 상당히 놀라운 면이 있다. 우선 낱말 자체가 아담 상징과 관련되어 있을 뿐 아니라, 처음 시간에 발생한 타락의 상징과 끝시간에 올 구원의 상징이 서로 잘 어울린다는 점을 단번에 느낄 수 있게 해주기 때문이다.

그러나 문제가 그리 간단하지는 않다. 이 두 상징이 문서상으로 비교적 후기 유대교 문서(다니엘서, 에스드라 Ⅳ, 에티오피아 에녹서)나 복음서 그리고 바울 서신에서 나타나기 때문에 아담 상징과는 차원이 다르다는 주장이 있다. 일리가 있는 주장이다. 그러므로 먼저 아담 신화와 같은 차원 곧 같은 문화 조건에서 출발하여, 아담 신화에 대해 응수하는 모습들이 차차 어떻게 다양해지는지 보아야 한다. 그러다 보면 그 두 상징에 도달하리라. 물론 우리의 관심은 그 응수하는 모습들이 문서에 나타나는 역사에 있지 않고 그 현상학적 추이에 있다.

이제 조금 전에 말한 방식대로 따라가보자. 먼저, 이미 야훼 기자에게 미래에 대한 긴장이 있음을 보자. 그러한 긴장이 한 사건에서 돌출된다. 그 사건은 원역사 *Urgeschichte* 에 속하면서 동시에 원역사를 마감하고 구원사 *Heilsgeschichte* 를 연다.[13] 그 사건은 아브라함이 구원받는 사건이다:

> 주께서 아브람에게 말씀하셨다. "너는, 네가 살고 있는 땅과, 네가 난 곳과, 너의 아버지의 집을 떠나서, 내가 보여주는 땅으로 가거라. 내가 너로 큰 민족이 되게 하고, 너에게 복을 주어서, 네가 크게 이름을 떨치게 하겠다. 너는 복의 근원이 될 것이다. 너를 축복하는 사람에게는 내가 복을 베풀고, 너를 저주하는 사람에게는 내가 저주를 내릴 것이다. 땅에 사는 모든 민족이 너로 말미암아 복을 받을 것이다." (창세기, 12장 1~3절)

아브라함이라는 인물은 아담이라는 인물에 대한 첫번째 응답이다.[14] 아브라함은 신학적으로도 분명한 의미를 지닌다: "아브람이 주를 믿으니, 주

---

13) Gerhard von Rad, *Theologie des alten Testaments*, I, 1957, p. 164.

14) 노아라는 인물에 이미 완벽한 인물에 대한 기대가 깔려 있다. 나중에 아브라함의 언약에 들어 있는 보편성이 노아의 언약에 들어 있다. 그것은 이미 종말론이 나오기 전에, 예언자들이 선포한 대로 살아 있는 모든 것들과의 대화합이다. 홍수만 해도, 그것이 단지 하나님의 분노를 가리킬 뿐 아니라 새로운 창조의 도래를 가리킨다. 나중에 그것은 세례로 되어 옛사람의 죽음과 새사람의 부활을 상징한다. 제사장 전통의 편집 기자가 노아를 온 민족의 조상으로 보는 것도 주목할 일이다(창세기, 10장 32절). G. von Rad, pp. 165~68.

께서는 아브람의 그런 믿음을 의로 여기셨다"(창세기, 15장 6절).

그처럼, 이스라엘은 자기들의 과거를 다시 생각하면서 희망의 빛을 보았다. 종말론이 생기기 이전에 그들은 벌써 '조상들'의 역사를 '약속'을 따라 '완성'으로 가는 역사로 보았다. 의심할 나위없이 그 희망은 땅과 혈통과 연관되어 있다: 너는 약속의 땅을 차지하리라, 그리고 네 자손이 땅의 모래알처럼 많아지리라. 약속에서 완성으로 가는 이 운동이 아브라함, 야곱, 요셉과 관련된 잡다한 얘기를 관통하는 큰 줄기가 된다.

그런데 여기서 우리의 관심을 끄는 것은 이 점이다. 곧, 그러한 역사적인 구도에 방향이 있어 그뒤에 종말론 표상으로 발전되는 변화의 과정을 뒷받침한다는 점이다.

실제로, 조상의 역사 속에 이미 종말론으로 가는 변화가 보인다. 금세 이루어질 것 같은 약속("네 눈에 보이는 이 모든 땅을, 내가 너와 네 자손에게 아주 주겠다. 〔……〕 내가 이 땅을 너에게 주니, 너는 가서, 길이로도 걸어보고, 너비로도 걸어보아라"〔창세기, 13장 15, 17절〕)이 자꾸 뒤로 미루어진다. 뒤로 연기되는 가운데 시내산의 계시가 생기고, 율법을 알게 되고, 예배가 생기고, 광야 생활을 한다. 그처럼 여러 가지 일이 생기면서 연기라는 말의 의미가 바뀐다.[15]

역사적인 실패의 경험이 결정적으로 약속을 '종말론화'했다. 아브라함에게 행해진 약속은——"땅에 사는 모든 민족이 너로 말미암아 복을 받을 것이다"——가나안 정복으로 마감되지 않았다. 땅을 차지하리라는 희망 밑에는 다른 차원의 의미가 있었다. 그 의미는 정치적 성공이 문제를 일으키고, 이스라엘이 더 이상 독립 국가가 되지 못하면서 크게 부각되었다. 그쯤 되면 희망의 시각은 더 이상 과거를 해석하는 시각에 머무르지 않는다. 희망의 눈은 원역사에서 눈을 돌려, 구원의 방향이 미래에서 현재로 향해 있음을 본다.

이제 종말 신화의 형상을 통해 '약속'이 긴장을 일으킨다. 종말 신화를 구성할 여러 가지 형상과 이야기는 기원에 관한 형상과 이야기에 대한 응답을 제공할 것이다. 헤링[16]은 "심판(현세상과 현세상의 지배 권력의 파괴[17])

---

15) G. von Rad, *op. cit.*, pp. 169~77.

을 거쳐오는 이상 세계에 대한 종교적인 희망을 담은 사상"을 모두 종말론으로 부르자고 했다. 그러므로 이제 우리의 연구 과제는 유대-그리스도교 세계의 종말 표상과 원역사의 표상들이 어떤 친밀성이 있는가 하는 점이다.

인생에 대한 제의적-예배적 관점이 창조 드라마와 맞아떨어지고, 두려움과 연민의 사건이 비극적인 악한 신과 짝하고, 오디세이의 영혼이 육적인 실존의 불행에 대한 응답이듯이, 종말론적 인간의 표상은 첫 사람의 타락과 궤를 같이한다.

왕의 형상이 어떻게 발전되는지를 보면 '제의-예배' 유형과 '종말론' 유형 사이의 단절을 가장 잘 알 수 있다. 종말 유형은 제의-예배 유형이 내버린 영상을 자꾸 끌어들인다. 그러면서 '그 옛날에' 세워진 왕국이 차차 '앞으로 올' 왕국이 된다. 그 같은 '제의-예배' 유형의 변화에 대해 앞에서 살펴보았고 그것을 우리는 옛 이데올로기의 와해 때문인 것으로 분석했다. 이제 그 옛 형상을 새로운 지평으로 이끌어내는 새로운 힘을 더 잘 포착할 수 있게 되었다. 원래 왕, 곧 기름 부음받은 자는 다윗 왕조의 영원함을 기원하는 기도에서 보이듯이(예를 들어 사무엘하, 7장 12~16절) 세상적이고 정치적인 희망을 대변하는데, 예레미야 23장 1~8절, 에스겔 34장 23절 이하, 37장 20절 이하, 특히 이사야 9장 1~6절과 함께 '종말론화' 되기 시작한다. 그리스의 지배 아래에서는 더욱더 탈정치화된다. 그러나 그렇다고 역사의 지평을 완전히 떠나는 것은 아니다. 이사야의 본문은 인용할 만하다:

어둠 속에서 고통받던 백성에게서 어두움이 걷힐 날이 온다;
어둠 속에서 헤매던 백성이 큰 빛을 보았고.
〔………〕
한 아기가 우리에게서 태어났다.

---

16) J. Héring, *Le royaume de Dieu et sa venue*, Strasbourg, 1937.

17) J. Héring, *op. cit.*, p. 51. 왕의 형상과의 관계에 대해서는 A. Bentzen, *op. cit.*, pp. 32~42. Cullmann, *Christologie du Nouveau Testament*, Paris, 1958, p. 97.

우리가 한 아들을 얻었다.

그는 우리의 통치자가 될 것이다.
그의 이름은 기묘자, 모사,
전능하신 하나님,
영존하시는 아버지,
평화의 왕이라고 불릴 것이다.

그의 왕권은 점점 더 커지고
나라의 평화도 끝없이 이어질 것이다.
그가 다윗의 보좌와 왕국 위에 앉아서,
이제부터 영원히,
공평과 정의로 그 나라를 굳게 세울 것이다.

만군의 주의 열심이
이것을 반드시 이루실 것이다. (이사야 9장, 1~2, 6~7절)

이 본문에서, 왕과 목자 그리고 다윗의 자손은 "하늘에서 내려올" 신비
의 존재가 결코 아니다. 그 점에서 나중의 종말론에 나오는 인자와 다르
다. 여기서 종말론적이라는 것은 초월적인 천상의 것을 가리키는 것이 아
니라 마지막을 가리킨다. 그리고 또 주목해야 할 점이 있다. 여기서 인용
하지는 않았지만 앞으로 올 왕국에서 있게 될 우주적 화해의 표상이, 잃어
버린 황금 시대를 애석해하는 것이 결코 아니고 전혀 새로운 완전을 기다
리는 것이라는 점이다.
　메시야 형상이 '종말론화' 되는 반면에 다른 형상은 일관되게 역사를 앞
으로 이끌고 있다. 그 중에 둘을 여기서 지적하자면 '야훼의 종'과 '인자'라
는 개념이다. 제2 이사야는 네 군데에서(42장 1~9절, 49장 1~6절, 50장 1~11
절, 52장 13절~53장 12절) 고난받는 종을 노래한다.[18] 여러 가지 면에서 이

___

18) 고난받는 하나님의 종(Ebed Jahvé)에 대해서는 H. H. Rowley, *The Servant of the*

주제는 왕의 이데올로기와 다르다. 죄를 없애기 위해 자기를 내어주는 고난받는 종의 노래를 들으려면 새 귀가 필요하다: "그는 실로 우리가 받아야 할 고통을 대신 받고, 우리가 겪어야 할 슬픔을 대신 겪었다. 〔……〕그가 찔린 것은 우리의 허물 때문이고, 그가 상처를 받은 것은 우리의 약함 때문이다." 왕의 이데올로기에는 악한 자에게 대항하지 않고 철저하게 수난당하는 고난받는 야훼의 종이라는 관념이 있을 수 없었다. 이 고난받는 종의 형상에 들어 있는 종말론적 특성은 연약한 것이 사실이다. 그런데 폭군에 시달리는 이 종이 "이스라엘의 남은 자를 인도하고" "내 구원이 땅 끝까지 이르도록 민족의 빛"이 된다고 한다. 그런데 그 고난받는 종이 누군지 특별히 드러나 있지는 않다는 점에 주목하여야 한다. 백성인지, '남은 자'인지 아니면 특정한 개인인지 말하고 있지 않다.

그럼에도 불구하고 '용서'의 개념을 검토하려면 야훼의 고난받는 종의 형상이 꼭 필요하다. 앞에서 우리는 용서의 개념을 이해하는 데 종교심리학의 짧은 길을 피하고 상징 해석의 긴 길을 택하며 그 작업을 뒤로 미루었었다. 이제 야훼의 고난받는 종의 개념을 중심으로 그 작업을 해보자. 여기서 용서가 선포되는 것은 어떤 사람이 우리 죄를 대신하여 고난받을 때이다. 그때 용서는 심리적이고 도덕적인 무슨 내적 변화가 아니라 그 고난받는 사람(개인이든 집단이든)과의 인격적인 관계다. 그리고 그 인격적인 상호 관계는 은혜와 수용의 상호성에 바탕을 두고 있다. 그처럼 인격적인 관계를 맺는다는 것은, 그 종이 대신 받는 고난이 '속죄양'처럼 단지 흠을 무슨 대상물에 옮겨놓는 것이 아니며, 배척받은 예언자들의 운명과 같은 것도 아니며[19] 자기 스스로 걸머지고 남에게 베푸는 그런 '선물'임을 암시한다: "그는 우리가 받아야 할 고통을 대신 받고 우리가 겪어야 할 슬픔을 대신 겪었다"; "그가 그의 영혼을 속죄 제물로 여기면, 그가 자손을 볼 것

Lord and the Other Essays in the Old Testament, 2ᵉ éd., 1954. J. Jeremias, παῖς, in Theol. Wörterbuch z. N. T., V. pp. 636 이하. J. Héring, op. cit., pp. 83~85. A. Bentzen, op. cit., pp. 42 이하. Théo Preiss, Le Fils de l'Homme, fragments d'un cours sur la christologie du N. T., Montpellier, 1951, pp. 51 이하. O. Cullmann, op. cit., pp. 48~73.

19) O. Cullmann, op. cit., pp. 52, 64.

이며, 오래오래 살 것이다. 주께서 세우신 뜻을 그가 이루어드릴 것이다.
고난을 당하고 난 뒤에 그는 생명의 빛을 보고 만족할 것이다. 나의 의로
운 종이 자기의 지식으로 많은 사람을 의롭게 할 것이다. 그는 다른 사람
들이 받아야 할 형벌을 자기가 짊어질 것이다"(이사야, 53장 10~11절). 다
른 이가 대신 고난을 받음으로 속죄된다는 것은 용서 개념을 푸는 열쇠다.
그 뒤로 다른 형상들이 놓는 매개물들이 이어진다.[20]

그 다음, 다니엘서 7장 13절과 외경의 묵시 사상(에스드라서, 에티오피아
에녹서)은 고난받는 종과는 전혀 다르다. "내가 밤에 이러한 환상을 보고
있을 때에 인자 같은 이가 오는데, 하늘 구름을 타고 와서, 옛적부터 계신
분에게로 나아가, 그 앞에 섰다. 옛부터 계신 분이 그에게 권세와 영광과
나라를 주셔서, 민족과 언어가 다른 뭇백성이 그를 경배하게 하셨다. 그
권세는 영원한 권세여서, 옮겨가지 않을 것이며, 그 나라가 멸망하지 않을
것이다"(다니엘서, 7장 13~14절). 환상에 대한 설명에 따르면(15절 이하) 이
'인자'는 "가장 높으신 분의 성도들"을 대표한다. 하늘에서 오는 이 인자
는 마지막 때의 거룩한 백성들을 모으고 그들과 더불어 통치한다. 세상의
왕과는 너무나 거리가 먼 형상을 한 이 인자[21]는 결국 우리를 처음 형상
곧 사람으로 인도한다. 그러나 이 사람은 더 이상 처음 사람이 아니라 앞

20) 다른 두 개의 형상의 종말론적 측면을 강조할 때가 있으리라: i)마지막 때의 예언자의
형상: 유대교의 다시 온 모세와 엘리야, 그리고 쿰란 공동체의 '정의의 왕.' 세상 끝
날과 마지막 회개의 기회에 대해 예언했다. Héring, *op. cit.*, p. 68; A. Bentzen, pp. 42
이하(이는 예언자와 메시야 형상의 통일을 메시야 왕보다는 인자에서 찾는다); O.
Cullmann, *op. cit.*, pp. 18~47은 유대-그리스도교에 있어서 예수의 기독론의 중요성
을 강조한다. ii) 창세기 14장 13~24절과 시편 110편 4절의 '대제사장' 형상: "너는 멜
기세덱을 따른 영원한 제사장이다." 이는 마지막 때의 대제사장으로서 예언자, 왕-제
사장 그리고 참사람에 속한다. Héring, *op. cit.*, p. 72; A. Bentzen, *op. cit.*, pp. 67 이
하; O. Cullmann, *op. cit.*, pp. 76~94.

21) Reitzenstein, Bousset 그리고 Bultmann은 이 형상이 조로아스터교나 영지주의와 관
련 있는 것으로 보았지만 여기서는 별로 중요하지 않다. 어쨌든 그 형상은 직접 그리
스도교에 영향을 주지는 않았고 오직 비교적 유대교를 통해 영향이 있었다. 게다가
"인자의 기원에 대해 안다 해도 별로 중요하지 않다." J. Héring, *op. cit.*, p. 81. 그 밖
에 A. Bentzen, *op. cit.*, pp. 37~42; E. Sjöberg, *Der Menschensohn in ethiopischen
Henochbuch*, 1946; O. Cullmann, *op. cit.*, pp. 118~66 특히 Théo Preiss, *Le Fils de
l'Homme*.

으로 올 사람이다. 그가 개인이든, 이스라엘의 남은 자든, 인류 전체든 여
하튼 그는 마지막 때의 사람 곧 나중 사람이다. 그는 하나님의 형상을 따
라 창조된 처음 사람에 대한 응답이다(오스카 쿨만은 이 하나님의 형상이라
는 주제 때문에 인자라는 개념이 유대교에 쉽게 먹혀들어갔다고 본다). 인자가
그처럼 처음 사람에 대한 응답이지만 처음 사람과는 다르다. 영지주의자
들 가운데는 아담이 완전하고 죄 없다고 생각하는데, 인자는 그런 완전한
처음 사람의 복귀가 아니다. [22]

  이 인자 형상은 이중 기능을 지닌다. 세상 심판과 장래의 왕의 기능이
다. 그 두 기능으로 말미암아 인자 형상은 마지막 때의 사건이 된다. 그
나라가 오리라. 그리고 묵시록에 따르면 그 나라가 올 때, 최후의 심판이
있고 한 분이 왕이 되어 권세와 영광을 얻으며 뭇민족을 다스린다. 의인들
의 모임은 그러한 마지막 때의 역할과 연계되어 드러난다. 의인들의 모임
은 인자 형상이 집단화된 것이다. 그리하여 현 인류의 참된 의미는 앞으로
‘오실’ 그분 곧 참사람의 빛에서 조명된다. 테오 프라이스Théo Preiss가
그 점을 강조한다: “인간의 의미는 신화적(처음 사건의 반복이라는 뜻으로)
이거나 인간학적이 아니라 종말론적이다. 다시 말해 새 세상을 세울 구원
자의 의미를 지닌다. 관심이 미래에 있으며, 처음 창조를 완성하면서 넘어
설 제2의 창조가 중시된다.”

  이제 신약성서에 있는 다음 두 가지 말의 의미를 밝히는 것은 철학자의
역할이 아니라 신학자의 역할이다. 우선 예수 자신이 제3인칭의 인자라는
이름에 연루되어 있다(마가복음, 13장 26~27절. 이는 다니엘서, 7장 13절에
있는 말이다). 그래서 인자라는 주제가 첫 기독론의 핵심이요, 예수 자신을
푸는 실마리다. 그런데 이어서 예수는 그때까지 야훼의 고난받는 종의 개

---

22) 시간 개념으로 볼 때, 인자는 영지주의에서 생각하는 아담과는 다르다는 것이 O.
Cullmann(pp. 124~28)의 주장이다. 유대교에서나 신약성서에서 인자를 가리켜 아담이
라고 하지 않는 이유도 거기 있다. 사도 바울이 처음 사람의 완벽한 복귀를 말하지 않
고 ‘제2의 아담’을 말하는 것도 그 때문이다. 필로에 따르면 처음 사람은 하나님의 형
상을 따라 창조된 하늘 아담(창세기, 1장 27절)과 먼지로 지어진 세상 아담(창세기, 2
장 7절)으로 나누어진다. 바울은 그런 도식을 따르지 않는다. 바울이 말하는 ‘제2의
아담’은 새사람을 가리킨다.

넘에나 있던 고난과 죽음을 인자 형상에 연결했다. 처음 있는 일이다. 그렇게 함으로써 예수는 영광의 신학으로 하여금 십자가의 신학을 거치게 했다. 그리고 심판자의 기능(인자와 연결된)을 '종'의 고난과 연관시켜 심판자이면서 동시에 변호인이 되게 했다. 예수 자신은 아무런 형상이 아니면서 모든 형상이 모이는 점이라고 할 수 있는데, 여하튼 그러한 예수의 사건은 우리가 앞에서 사용한 영상의 현상학을 넘어서는 것이다. 우리가 지금껏 해석학의 방법을 통해 살펴본 영상들은 각기 흩어져 있는 것들이요, 그것들의 시간적이고 인격적인 통일은 문제삼지 않았기 때문이다. 복음서가 선포한 사건, 그 '완성'의 사건은 그리스도교에 고유한 케리그마의 내용을 이룬다.[23] 그러므로 여러 형상들을 주석하는 우리 작업은 그리스도교 케리그마 이편에서 이루어진다. 사실 "그리스도론 명칭이나 그리스도교의 개념들 가운데 예수나 그리스도인들이 처음 만들어낸 것은 하나도 없기 때문이다."[24] 다만, 공관 복음을 보면 그 개념들이 예수에 이르러 풍부해지고, 수렴되어지는 것을 알 수 있다.

우선 주목할 것은 용서와 치유가 새 시대 도래의 두 가지 징표라는 점이다;──"인자가 이 땅에서 죄를 용서할 권한이 있다"(마가복음, 2장 10절). 그리하여 '용서'는 '육'과 별개의 '영'적인 것이 아니라 이 땅에 새 창조가 일어나는 것이요 우리 때에 새 시대가 관통하는 것이다. 그러나 가장 인상적인 것은 이 '용서'의 권세가 우주적 재판인 종말 사건에서 나온다는 점이다.[25]

'용서'의 개념이 인자 형상을 거치면서 새롭게 받아들이는 것이 무엇인

---

23) *Ibid.*, p. 21. '기독론 명칭'과 예수의 인격과 본성의 관계에 대해서는 O. Cullmann, *op. cit.*, pp. 9~16과 「결론」, pp. 276~87 참조.

24) Théo Preiss, *op. cit.*, p. 7. 다음과 같이 이어진다: "겉으로 보기에 모두 빌려온 것이지만 그것들이 나사렛 예수에게 적용될 때 개념과 뜻이 변화되고 바뀌었다." 그의 결론은 이렇다: "아주 단순했던 인자 개념이 유대 사상에 이르러 풍부해지고 그 다음 예수에게서 아주 새로운 개념이 되었다."

25) "인자 개념에는 법적인 틀이 들어 있다. 그것은 의인과 죄인을 가리는 재판을 염두에 두고 있다. 그 같은 법적 틀은 동방과 그노시스의 혼합주의와 거리가 멀다. 유대─그리스도교의 인자 개념의 특성 가운데 하나가 그 같은 법적 성격이다"(Théo Preiss, *ibid.*, p. 40).

지 보도록 하자. 앞에서 보았듯이 고난받는 종의 형상은 나서서 대신 지는 고난이라는 관념을 가져왔다. 그리고 인자 형상은 우선 천상의 초월적인 성격을 강조했다. 유대교 전통에는 성육신이 없기 때문이다. 그러나 동시에 인자 형상을 통해 확실해진 것은 인간을 능가하는 것이 인간 안에 있다는 점이다. 천상의 형상도 결국 사람(그분)이다. 더구나 그 한 사람과 뭇사람들이 하나다. 그렇게 되면 고난받는 종이 대신 고난받는다는 것은 그분과 뭇사람들이 하나임을 전제하고 있다. 그분과 뭇사람들이 하나가 되는 것은 대단한 '신비'로서 양과 염소를 가르는 최후의 심판에서 밝히 드러난다. 지극히 작은 자들이 곧 인자라고 한다: "내 형제 중 가장 작은 자 하나에게 한 것이 곧 나에게 한 것이다. 뭇사람을 심판하는 분이 뭇사람들과 같다. 그런데 또 다른 면이 신비를 더한다." 그것은 앞에서 잠깐 언급했지만 인자가 심판관이면서 동시에 증인이라는 점이다. 반면에 사탄은 적이다. 유혹자이었던 뱀이 우주적 재판이라는 법의 틀 속에서 고발인이 된다. 그와 달리 심판관은 중재인 또는 변호인이 된다. 자청하기는 했지만 그 역시 희생자이기 때문이다. 이러한 일련의 과정에서 밝혀지는 것은 심판관이요 왕이요 나중이신 인자가 고난받는 종과 일치한다는 점이다: "인자는 섬김을 받으러 온 것이 아니라 섬기러 왔으며, 많은 사람을 위하여 자기 목숨을 대속물로 내주러 왔다"(마가, 10장 45절). 이 구절이 예수의 말이든 아니면 팔레스타인 교회나 헬레니즘 교회의 해석이든 분명한 것은 두 가지 형상 곧 주의 종의 형상과 인자의 형상이 겹쳐 있다는 점이다. 그리하여 새로운 비극이 탄생한다[26]: "그런데 인자가 많은 고난을 받고 멸시를 당할 것이라고 기록한 것은 어찌 된 일이냐?"(마가, 9장 12절). 새로운 비극이란 왕이 희생물이 되어야 한다는 점이다. '예수의 신비'는 거기에 있다.

기원 신화의 아담 형상과 일련의 종말 형상들이 서로 대칭 관계에 있음을 보이는 개념이 있다. 곧 성바울의 '둘째 아담'이라는 개념이다. 위에서 한 얘기들이 바울의 개념을 이해하는 데 도움을 주리라. 만일 인자가 사람을 가리키고 아담도 사람을 뜻한다면 결국 인자나 아담이나 같은 얘기다

---

26) 아담 유형과 종말론 유형에 비극이 다시 등장하는 것은 5장 참조.

(물론 바울은 인자라는 표현을 쓰지 않고 "둘째 아담" "나중 아담" 또는 "앞으로
올 아담"이라는 말을 썼다). 이 '둘째 아담'이라는 새로운 형상은 이전 것들
을 받아들이면서 거기에 결정적으로 새로운 특징을 덧붙인다. 우선 인자
형상과 고난받는 종의 형상이 겹쳐지고,[27] 한 사람과 인류 전체의 관계가
비춰진다. 게다가 바울이 두 아담을 비교하면서 새로이 부여한 의미는 후
에 나오는 종말론 형상들을 이해하는 데 길잡이가 된다. 여기서 우리에게
중요한 것은 로마서 5장 12~21절에서 처음 아담과 둘째 아담의 유사성만
을 말하고 있지는 않다는 점이다("그러니 한 사람의 범죄 행위 때문에 모든
사람이 유죄 판결을 받았는데, 이제는 한 사람의 의로운 행위 때문에 모든 사람
이 의롭게 하여주심을 받아서, 생명을 얻었습니다"[5장 18절]). 그 둘의 유사
성을 보이면서 새로운 진전을 이룩해내고 있다: "그러나 하나님께서 은혜
를 베푸실 때에 생긴 일은, 한 사람이 죄를 지었을 때에 생긴 일과 같지
않습니다. 한 사람의 범죄로 많은 사람이 죽었으나, 하나님의 은혜와 예수
그리스도 한 사람의 은혜로 말미암은 선물은, 많은 사람에게 더욱더 넘쳤
습니다."[28] 이 '더욱더'가 첫째 아담에서 둘째 아담으로 넘어가는 긴장과
도약을 이룬다. 거기서 은혜란 '잘못'하기 이전의 상태를 회복하는 것이
아니다. 은혜는 새로운 창조를 이룬다. 앞에서 우리는 이미 이러한 단절의
경험에서 율법이 하는 역할을 배웠다. 그 점을 다시 말하지는 않겠다. 다
만 율법이 죄를 넘치게 하고 죄가 넘치는 곳에 은혜도 넘치는, 그런 일련
의 움직임을 설명하고자 한다: "율법은 범죄를 증가시키려고 들어왔습니
다. 그러나 죄가 많은 곳에 은혜가 더욱 넘치게 되었습니다. 이는, 죄가
죽음으로 사람을 지배한 것과 같이, 은혜가 의로 사람을 지배하면서, 우리
주 예수 그리스도 안에서 영원한 생명을 누리게 하려는 것입니다"(로마서,

---

27) K. Barth, *Christus und Adam nach Röm. 5. Ein Beitrag zur Frage nach dem
Menschen und der Menscheit*, in *Theol. Stud.* (35), 1952.

28) O. Cullmann, *op. cit.*, pp. 147 이하는 두 가지를 강조한다. 먼저, 둘째 아담은 인자처
럼 천상의 인물이요 동시에 야훼의 종처럼 사람들을 대신해서 고난받는다는 점이다:
"바울은 인자 개념과 Ebed Yahvé 개념을 합쳐 유대인들이 풀지 못했던 문제 곧 인자와
아담의 관계 문제를 풀었다"(p. 149). 한편 로마서 5장 12, 17, 18절은 모두 '한 사람'의
행위가 모든 사람의 운명을 바꾸었다고 본다. 그런데 사실 종이나 인자 개념은 모든
사람 또는 공동체에 해당하는 개념이었다.

5장 20~21절). 결국 '~같이 ~하다'의 결론이 '더욱더'이다. 그리고 '더욱더'의 결론은 '~하려는 것'이다: "하나님께서 모든 사람을 순종하지 않는 상태에 가두신 것은 그들에게 자비를 베푸시려는 것입니다"(로마서, 11장 32절).

'옛사람'에서 '새사람'으로 가는 과정을 아담이란 말을 빌어 말함으로써[29] 성바울은 진보주의 역사 신학에 새로운 길을 열었다. 진보주의 신학은 모두 초대 그리스도교 신학자들의 의도를 훨씬 벗어났지만 '더욱더'와 '~하려는 것'의 도식을 답습하니 말이다. 예배에서도 이런 노래가 있지 않은가!: 아담의 죄가 있으니 그리스도께서 죽으심으로 그 죄를 없애셨도다. 아, 복된 죄여 죄가 많은 곳에 구원은 더욱 넘치도다 *O certe necessarium Adae peccatum quod Christi morte deletum est! O felix culpa, quae talem ac tantum meruit habere Redemptorem.* 이 노래는 구속자의 위대함을 기린다. 그러나 구속자의 위대함은 새 창조의 위대함이기도 하다. 그러므로 아담 신화를 독일 관념론으로 푸는 것[30]이 옛 낙원으로의 복귀의 꿈으로 해석하는 것보다 차라리 잘못이 덜하다. 사실 칸트도 『인간 역사의 시초에 대한 추측 *Muthmasslicher Anfang der Menschengeschichte*』에서 인류의 재화가 한 개인의 악에서 비롯되었다고 보았다. 또 『이성의 한계내에서의 종교』에서

---

29) 성바울이 아담에 대해 말할 때 히브리 전통보다는 헬라 전통에 가까운 '영'과 '육'의 이원론을 들여오지 않았는지 하는 문제는 여기서 다루지 않겠다. 문제가 되는 곳은 다른 곳이다(고린도전서, 15장 35~55절): "성경에 '첫 사람 아담은 산 영이 되었다'고 기록한 바와 같이, 마지막 아담은 생명을 주는 영이 되셨습니다. 〔……〕 첫 사람은 땅에서 났으므로 흙으로 되어 있지만, 둘째 사람은 하늘에서 났습니다." 이 부분을 염두에 두고 나중에 우리는 아담 유형이 유배된 영의 유형으로 옮겨가는 것이 아닌가 하는 점을 검토할 것이다(5장 §4 참조.). 이미 앞에서 바울의 '영과 육'의 이원론에 대해 말한 부분이 있다(1부 3장 4). 여하튼 우선 말해둘 것은 히브리 전통에서도 인자는 천상의 존재였으며(다니엘서, 7장 13절) 바울은 그런 히브리 전통과 단절되지 않았다는 점이다. 또 헤링이 지적하는 것처럼 바울 본문의 주된 관심은, 창세기에 두 번 나오는 아담을 천상의 완전한 첫 사람(창세기, 1장 26절)과 땅의 타락한 첫 사람으로 나눈 필로의 해석에 대한 반격이었을 게다. 그러므로 바울에게는 첫 아담은 땅에 속하고 다른 첫 사람이 없으며, 둘째 아담은 하늘에 속하며 그가 마지막 아담이다. 그리고 땅의 아담에서 하늘 아담으로 가는 그 운동이 중요하다. 우리 안에 무슨 하늘 아담이 있는 것이 아니다. 완전함이란 오직 오실 그분의 것이다.

30) A.-M. Dubarle, *Le péché originel dans l'Ecriture*, Paris, 1958, p. 4.

는 인간이 인품을 쌓으려는 윤리 생활에서 운명적인 실패를 맛본다고 했다. 그러므로 바울에게 고유한 것은 하나님의 개입으로 인간의 실패가 성장과 발전으로 된다는 생각이었다. 후대에 그리스 교부와 라틴 교부들이 열성을 다해 주석을 한 것도 그 점이었다.[31] 바울에게서 잃어버린 낙원의 저주는 시험과 약이 된다. '더욱더'와 '~하려는 것'이 바울 역사관의 핵심이다. 그의 역사관에 따르면 사람이 참사람이 되고 어린아이에서 어른이 되려면 개인이나 인류 전체나 자기 한계와 모순과 고난을 알아야 한다. 구원이 역사를 이끈다. 상징적으로 말하자면 둘째 아담이 처음 아담보다 크다. 처음 아담은 둘째 아담의 빛에서 존재한다. 여기까지 와야 왜 성서에서는 죄에 대해 말할 때 꼭 구원의 각도에서 말하는지 알게 된다. 성서의 가르침이 타락의 비관주의를 넘치게 하는 것은 구원의 낙관주의를 더욱 넘치게 하려는 것이다.

이처럼 '종말의 영상들'을 통해 갈 때 '용서'의 개념이 더욱 풍성해진다. 용서를 가리켜, 잘못을 고백하는 인간에 대한 하나님의 응답이라고 흔히 말하지만 그것은 너무 빠른 결론이다. 용서는 심리적 사건으로 직접 이해될 수 없는 것이다. 용서라는 개념을 이해하려면 야훼 기자의 아담부터 바울 서신의 두 아담에 이르기까지 축적되어 있는 수많은 형상 곧 메시야—왕이나 메시야—목자, 평화의 왕, 야훼의 종, 인자 따위의 형상들로 이루어진 상징 세계를 거쳐야 한다. 사도 교회의 주님 개념이나 로고스 개념은 말할 것도 없고 말이다. 용서의 의미는 사람 각자가 근본되는 한 사람(그분)의 '유형'에 참여하는 데 있다. 그 한 사람(그분)과 관계없는 용서의 체험은 내면적이고 개인적인 것으로 끝난다. 그렇게 되면 기본되는 것이 빠지게 된다. 용서의 핵심은 자기 자신이면서 모든 사람인 그 한 사람을 거치는 데 있다. 야훼의 종과 인자 개념도 그분에게서 모아졌다. 바울의 언어로 하자면 '옛사람'에서 '새사람'으로 가는 것은 각 사람이 처음 아담과 마지막 아담이라는 '유형'의 현실로 편입되는 심리적 사건이다. 내적인 변화——"새사람을 입는다"——는 어떤 변화의 반영인데, 그 변화

---

31) 요한 크리소스톰과 이레니우스의 글이 Stanislas Lyonnet, *De Peccato et Redemptione*, I, Rome, 1957, pp. 36~37에 들어 있다.

는 주관적으로만 체험되어지는 것도 아니고 객관적으로 관찰되는 것도 아니며 오직 상징적으로 곧 처음 아담과 둘째 아담의 '유형'에 참여하는 것으로 말할 수밖에 없는 것이다. 바울이 "우리는 주님과 같은 모습으로 변화한다"(고린도후서, 3장 18절)거나 "아들의 형상과 같은 모습이 된다"(로마서, 8장 29절)거나 "흙으로 빚은 그 사람의 형상을 입은" 후에 "하늘에 속한 그분의 형상을 입을 것"(고린도전서, 15장 49절)이라고 한 것도 다 그런 뜻에서 한 말이다.[32] 한편 바울이 볼 때 역사적 인물인 예수가 "하나님의 형상으로 존재"했으며, 그가 그 유형과 형상을 완성했다는 사실로부터 그 '유형들'에 존재론적 무게가 실린다. 그러므로 그 모든 형상들의 의미는 예수에 대한 그러한 믿음과 분리될 수 없다. 믿음과 연관되지 않은 형상 그 자체의 현상학은 추상적일 수밖에 없다. 그러므로 우리가 이 책에서 살피는 몇 가지 상징들만 보더라도 종교 체험의 심리학이 용서의 현상을 다루지 않는 까닭을 이해할 수 있다. 그것은, 개인이 어떤 체험을 한 후 그것을 어떤 환상의 형상 세계에 투사하는 것이 아니기 때문이다. 오히려 거꾸로 그 형상들이 뜻하는 것에 편입되었기 때문에 각 개인은 용서의 체험을 하는 것이다. 용서의 체험은 어떤 현실로 진입하는 운동이 심리적인 흔적으로 남은 것이라 할 수 있다. 그것은 언제나 수수께끼 같은 것이기 때문에 처음 아담에서 둘째 아담으로 옮겨간다는 상징적 표현을 쓸 수 있을 뿐이다.

이러한 변화와 변이는 다양한 방향으로 일어나기 때문에 '유형' 차원에서도 여러 가지 상징을 산출하고 그것들이 체험을 풍부하게 해준다. 우리는 여기서 서로 균형을 이루는 두 가지 상징 체계를 강조하려 한다. 그것들은 서로 다른 방향에서 한 개인이 인자의 형상(εἰ$\varkappa$ών, μορφή)을 닮는 문제를 표현하고 있다. 하나는 무죄 석방이라는 '법적' 상징이다. 또 하나는 생명을 접붙임하는 '신비적' 상징이다. '법적'이라고 해서 그 상징성이 빈곤하다고 생각하면 안 된다. 여기서 '법적'이라는 것은 '율법주의'는 아니다. 오히려 거꾸로다. 행함으로 의롭게 된다는 생각을 비판하며 율법 비판

---

32) O. Cullmann, *op. cit.*, pp. 130~33은 한 사람에 대한 바울의 세번째 해석(빌립보서, 2장 5~11절)을 말하고 있다. 헤링에 따르면 그것 역시 인자와 야훼의 종을 결합시킨 것이라 한다.

을 끝까지 밀고 나갔던 성바울과 율법 문제에 대해 전혀 관심을 기울이지 않았던 성요한에게서 그 법적 상징이 절정에 달한다. 그렇듯 '법적' 상징은 '신비적' 상징의 가장 핵심적인 의미를 담고 있다. 법적 상징을 찾아 거슬러 올라가면 '계약' 관계나 보수 지불의 문제로까지 올라갈 수 있다. 사실 후기 유대교나 70인 역에 보면 '빚'이라는 개념과 '탕감'이라는 개념이 등장한다. 70인 역에서 그 '탕감'이라는 낱말은 메시야의 '속죄 행위' 또는 메시야의 '해방'의 뜻을 지닌다.[33] 물론 신약성서에도 '빚'이라는 낱말이 잠깐 나온다(마태복음에 있는 주기도문에만 나온다[6장 12절]──"우리가 우리에게 빚진 자를 탕감하듯 우리의 빚을 탕감해주소서"). 그러다가 초대 교회에 가면 빚을 탕감한다는 뜻의 죄를 사한다는 말이 상당히 중요한 역할을 한다. 그런데 그와 같은 탕감과 사함──제거한다, 없앤다, 부수어 버린다, 깨끗이 씻는다는 뜻──의 의미가 우주적 재판이라는 종말론 구도 속으로 들어가면서 크게 확대된다. 빚의 '탕감'은 대재판에서, 곧 인자가 심판관이면서 변호인 노릇을 하는 대재판에서 무죄 석방하는 문제로 된다.

이 같은 최후의 심판(종말 재판) 상징을 통해 용서의 개념이 풍부해진다. 앞에서 우리가 허물의 문제를 다루면서 제기했던 '의롭게 여김(정당화)'의 상징[34]이 신비한 상징과 연관되기 때문이다. 그 점을 살펴보자. 먼저 용서의 개념이 처음으로 의미를 갖게 되는 것은 의롭게 여김의 상징을 통해서다. 그래서 용서는 은혜의 역사가 된다. 그러나 용서의 개념에 희망의 긴장과 함께 우주적이고 공동체적 차원을 부여하는 것은 이 최후의 심판 상징이다. 종말의 영상 없이는 의롭게 여김(정당화)의 문제가 주관적이고 개인적인 차원으로 떨어지고 만다. 경건주의가 모두 그랬다. "한편에는 하나님과 선택된 자가 있고 다른 한편에는 원수와 그 편이 있는 가운데 일어나는 대재판"[35]의 장면으로 말미암아 어떤 특이한 점이 생긴다. 그것은

---

33) 이 점에 대해서 Stanislas Lyonnet, *op. cit.*, pp. 52~54 참조.

34) 1부 3장 4 참조.

35) Théo Preiss, 「요한 사상에서의 의로움의 문제」, *Hommage et reconnaissance à K. Barth*, Neuchâtel et Paris, 1946. 여기서 저자는 요한 사상에 들어 있는 '법적인' 관점을 발견하고 요한 사상과 바울 사상 사이의 차이를 줄이며 요한 사상을 유대교 종말론

'용서'라는 것이 개인주의적이고 주관적인 것으로 환원되지 않는다는 점이다. 그 점을 보자.

우선 인간이 '무죄 석방'된다. 렘브란트는 탕자의 비유를 그런 식으로 이해했다.[36] 예언자들이 선포한 '돌이킴'이나 세례 요한이 말한 '회개' 같은 인간 주도의 심리 사건은 하나님이 주도하는 '무죄 석방'이라는 종말 사건 속으로 포함되게 된다.

대재판의 상징이 또 말하는 것은 사람이 집단으로 용서받으며 개인적으로 용서받는 것이 아니라는 점이다. 그리하여 개인 차원의 종교 체험이 구원사라는 집단 사건 속으로 편입된다. 인자 상징에서 말하는 '한 사람'과 '모든 사람'의 관계는 처음 아담의 불순종보다 더욱 본질적 관계로 인류를 묶는다. 그런데 그 같은 관계는 이미 '출애굽'의 상징 속에 들어 있다. 구원받은 것은 모든 백성이다. 그리고 이제 우주적 재판의 '유형' 속에 들어간 것은 전인류다.

끝으로 대재판 상징이 말하는 것은 인류의 완성은 육의 구원 및 전우주의 구원과 연결되어 있다는 것이다. 육 없이 영만 구원되지는 않으며 외면 없이 내면만 구원되지 않는다. 그리고 주체는 전체성 속에서 구원된다.

따라서 무죄 석방이라는 '법적' 상징은 무미건조하지 않다. 생명 접목이라는 '신비적' 상징이 법적 상징의 초월적이고 공동체적이고 우주적인 차원을 받아들이면서 법적 상징을 완성한다. 그리하여 인자 형상은 성령과 인간의 영 사이의 생명의 교통을 가능하게 한다. 그런 포괄적인 특성을 지니고 있다. 그런데 인자는 대재판에서 의롭게 여겨주는 인물이다. 거기에다 '접붙임'의 상징이 보태는 것은 무죄 석방이라는 거저 받는 은혜와 더불어 생명이 주입된다는 점이다. 그러므로 우리가 긴 여정 끝에 재발견하는 것은 슈바이처가 바울을 신비적으로 해석하여 밝혀낸 것 그리고 종교 체험을 통해 확인할 수 있는 것이다. 그것은 성령을 통한 생명의 신비한 임재다. 여기서 짚고 넘어갈 것은 그 모든 것이 상징의 힘이라는 점이

의 연장선상에서 본다. 이 법적 관점이 더욱 흥미로운 것은 그것이 율법의 문제와 전혀 상관없고 진실·거짓·증거 따위의 개념을 중심으로 전개되고 있다는 점이다. 여기서 역시 마지막 때의 심판관은 변호인이면서 희생자다.

36) Lyonnet, *op. cit*, p. 61.

다. "그리스도 안에서의 생명"의 경험이나 "포도나무와 가지" 사이의 생명의 연결을 느끼게 하는 것은 상징의 힘이다. 사람은 자기가 상상하는 것을 체험하며 산다. 그런데 형이상학적 상상력은 상징들 속에 거한다. 생명이라는 것도 체험되기 전에는 상징이다. 그리고 생명의 상징은 '의롭게 여김'의 종말 상징들과 교통할 때 비로소 상징이 된다.

이제 우리에게 남은 문제는 '의롭게 여김'과 '무죄 석방'의 상징에서 어떻게 '용서'의 철학 또는 용서의 심리학이 가능한가 하는 점이다.

제4장
유배된 영혼의 신화와 앎을 통한 구원

여기서 우리가 고찰하려는 새로운 유형의 신화는 나중에 인간론적 이원론으로 합리화되는 그런 것이다. 이 신화가 다른 것들에 비해 다른 점은 사람을 '영혼'과 '육체'로 나눈다는 점이다. 바로 이 신화를 바탕으로 인간은 스스로를 '영혼'과 같은 존재요 '육체'와는 다른 존재로 이해한다.

이 신화가 완전한 문학의 형태를 지닌 것이 언제 어디서냐 하는 까다로운 질문은 당분간 뒤로 미루자. 흔히 이 신화 유형의 대표적인 것으로 오르페우스 신비주의를 꼽는다. 유배된 영혼의 신화와 오르페우스 신화를 같은 것으로 보기도 한다. 그러나 다 알 듯이 오르페우스 신화가 종교사와 그리스 사상사에 너무 큰 문제를 일으켰다. 그 점을 감출 필요가 없다. 플라톤 철학과 신플라톤 철학이 모두 오르페우스 신화의 영향을 입었다는 것을 누구나 알고 있지만 플라톤이 알고 있던 오르페우스 신화가 어떤 것인지 또 신화로 정리되기 이전의 '옛날 이야기'($\pi\alpha\lambda\alpha\iota\grave{o}\varsigma$ $\lambda\acute{o}\gamma o\varsigma$)가 어떤 모습이었는지 아무도 모른다. 그렇기 때문에 우리는 막스 베버의 이상형의 전조와 같은 유형론적 전조를 가지고 역사 앞에 서야 한다. 유형론적인 틀과 끊임없는 역사 고찰 사이를 왕복하게 되면 '유배된 영혼'의 이상형을 수정하게 될지도 모르지만 말이다. 그러므로 우리는 문서로 돌아가기에 앞서 '유형'이라는 개념에 비중을 둔다. 조금 무모하게 보일지 모르나 오르페우스 신비주의가 일으킨 여러 가지 문제를 해결하려면 그 같은 무모함이 필요하리라.

유배된 영혼의 신화가 어떤 구조로 이루어졌는지 이해하려면 다른 세 가지 구조와 비교해야 한다. 그 세 가지는 나중에 검토할 것이다. 여하튼 이 신화는 '영혼'의 신화라는 점 그런데 또 '육체'의 신화라는 점에서 유일하다. 거기에는 원래 신에게서 난 '영혼'이 어떻게 인간의 것이 되었는지, 그리고 영과는 전혀 다른 추한 육이 어떻게 영에 붙었는지에 대한 이야기가 있다. 그리고 영과 육이 만나 인간이 시작된 얘기, 그리하여 인간에게서 영과 육의 차이가 사라진 얘기가 있다. 영은 신적이요, 육은 이 세상적인데, 인간에게서 그 차이가 없어진다. 이 신화는 어떻게 그런 일들이 일어났는지 얘기하고 있다.

다른 신화들은 영혼의 신화라고 할 수 없다. 분리를 말하는 신화가 있기는 하지만 그 어느 것도 사람을 두 개의 현실로 나누지는 않기 때문이다. 창조 드라마도 사람을 영으로 보지 않는다. 나눌 수 없는 어떤 존재로 본다. 제의를 통해 재현되는 것은 사람 전체가 드라마의 장소요 주역이라는 점이다. 비극 신화도 프시케(영혼)의 신화가 아니다. 그것 역시 창조 드라마처럼 인간을 나눌 수 없는 전체로 보고 있다. 저주받는 것은 영웅이라는 인물 전체다. 물론 비극의 불행을 심미적으로 반추할 때 생기는 '위안'이, 플라톤이 『파이드로스』(244a)에서 열거했으며 영혼의 신적 기원을 드러내는 열정적 '광증'과 비슷한 영혼의 '해탈'로 볼 수 있다. 그러나 비극을 보며 느끼는 열정은 다른 데로 뻗을 수 있는 운동력을 지니지 못하고 오직 어떤 장면내에서 인간의 한계와 불행을 생각하며 느끼는 것이다. 그렇기 때문에 비극이 낳는 열정은 그 감정의 배후에 있는 악을 추적하는 기원 신화를 낳지 않았다.

그러나 성서에 나오는 타락 신화만큼 '영혼'과 관련없는 것은 없다. 성서의 타락 신화는 분명히 인간론적 신화다. 인간을 악의 기원(또는 공범)으로 보는 유일한 신화이리라. 그런데 어떤 분리된 실체로서의 영혼에 대해서는 전혀 언급이 없다. 오히려 '육'의 신화요, 인간 전체의 신화다. 나중에 신플라톤주의의 영향으로 오르페우스 신화의 기본 특징들이 그리스도교에 들어왔지만, 원래 이분법적 신화와 타락 신화는 전혀 다르다. 그 차이를 분명히하는 것이 유형론의 과제다.

이제 여러 가지 문헌[1]으로 돌아가보면 다음과 같은 상황을 발견하게 된

---

1) O. Kern, *Orphica Fragmenta et Testimonia*; Guthrie, *Orpheus and Greek Religion*,

다. 플라톤 철학은 어떤 '옛날 이야기'를 전제로 하고 있다. 호메로스나 헤시오도스의 신 발생 신화를 가리켜 전통적으로 '오르페우스'라고 부르는데 플라톤이 전제한 옛날 이야기는 그것과 다르다. 플라톤은 그 옛날 이야기를 받아들인 후 영혼에 대한 사변에 써먹고 있다. 이야기를 이성으로 합리화한 것이다. 그리하여 옛날 이야기가 플라톤 철학의 기원이 되는 셈이다. 철학의 비철학적 기원이다. 그리하여 그 철학은 신 발생 신화와는 완전히 단절한다. 비극 신화와도 단절한다. 그런데 궤변론자들이 조성한 위기를 거치면서 플라톤 철학은 오르페우스 신화에서 새로운 것을 받아들인다. 플라톤 자신이 비극 신화는 배척하면서 오르페우스 신화의 옛날 이야기는 받아들인다. 그런 뜻에서, 서양 철학 밑에 오르페우스 신화가 깔려 있다고 말하는 것이다. 그런데 그 옛날 이야기는 애석하게도 찾아볼 수 없게 되었다.

오르페우스 신화는 지금도 있다. 그러나 그것은 다마스키우스나 프로클로스 같은 신플라톤주의자들이 완벽하게 만들어놓은 것이다. 재미있게도, 우리가 아는 오르페우스 신화는 철학 이후의 것이다. 그 신화의 내용은 이렇다: 잔인한 티탄들이 아기 디오니소스를 죽인 후 신의 식구들을 삶아먹는다; 제우스는 그들을 벼락으로 내리쳐 죽였는데, 그 죽은 재에서 지금의 인간이 생겼다; 그런데 티탄들은 살인 축제 동안 디오니소스의 성품을 닮아간다; 그 까닭에 오늘날 인간은 티탄처럼 악한 성품을 지니면서 동시에 디오니소스의 신적 성품을 지닌다는 얘기다. 그것은 아주 훌륭한 신화요, 원죄에 대해 말하는 신화다. 거기에 따르면 현재 인간의 조건을 이루는 두 성품은 인간 이전의, 초인간적인 범죄에서 비롯된 것이다. 악은 그렇게 유전되었다. 그때까지 따로 있던 두 개의 본성이 합쳐지는 사건에서 악이 생겼다. 그것은 살해 사건이었는데, 그 살해 사건은 신을 살해하면서 동시에

Londres, 1935; Nilsson, *Geschichte der griechischen Religion*, I, 1941, IVe partie, chap. IV; Jeanmaire, *Dionysos, histoire du culte de Bacchus*, Paris, 1951; A. Boulanger, *Orphée, rapports de l'orphisme et du christianisme*, Paris, 1925; Delatte, *Études sur la littérature pythagoricienne*, Paris, 1915; Festugière, *Les mystères de Dionysos* dans *Rev. biblique*, XLIV (1935); Moulinier, *Orphée et l'orphisme à l'époque classique*, Paris, 1955; Guthrie, *The Greeks and their Gods, 1950* (Dionysos, pp. 145~83, the Orphics, pp. 307~33).

신적인 것에 참여하는 것이었다. 정말 훌륭한 신화다. 그런데 안타깝게도 오르페우스 신화 이전의 '옛날 이야기'도 바로 그와 같은 내용일까 하는 것은 알 수 없다. 오히려 지금 남아 있는 오르페우스 신화는 신플라톤주의자들이 철학적 사변을 즐기기 위해 만들어낸 것이라고 볼 만한 이유들이 있다.

지금은 알 수 없는 철학 이전의 신화와 철학 이후의 완전한 신화 사이에 현상학자가 서 있다. 어렵지만 희망은 있다. 철학적 해석의 산물인 '발생 신화'와 인간의 현상황을 말하는 '상황의 신화'를 구분할 수 있기 때문이다. 그 상황의 신화는 '영'과 '육'이 서로 구분되는 힘임을 말하고 있다. 그 신화를 우리는 고대의 여러 문서들을 바탕으로 되살려볼 수 있다. 그것이 바로 철학의 전제를 이루는 '옛날 이야기'다. 악의 발생 신화들과 견주어 그것은 태아 신화라고 할 수 있으리라. 우리가 알고 있는 후대의 신화는 그 신화의 구도를 충실히 따른 것으로 보면 된다.

1. 옛 신화: '영혼'과 '육체'

오르페우스 신화의 바탕이 되는 옛날 이야기 곧 옛 신화는 '영혼'과 '육체'를 만들어내는 이야기다.

플라톤이 『크라틸로스』에서 '육체'의 어원에 대해 말하는 부분에 주목할 만한 사실이 있다. 거기서 그는 소마$\sigma\omega\mu\alpha$를 세마$\sigma\eta\mu\alpha$로 푸는데 그런 해석을 오르페우스파에서 비는 것이 아니라 그 이름 자체를 빌어온다. 오르페우스파가 그런 "이름을 붙였다"고 그는 선언한다. 그것은 매우 중요한 점이다. 앞에서 우리는 호메로스의 영웅에게 '육체'란 없고 오직 '지체'만 있음을 보았다. 육체가 무슨 실체로 등장하는 것은 '영혼'과 대비되어서이다. 영혼의 운명과 다른 운명을 애기하는 신화를 거쳐 육체란 것이 존재한다. 신화를 통해 육체는 종말론적인 힘이 되었다.

그 이름을 붙인 것은 무엇보다도 오르페우스파인 것 같다. 영혼은 지은 잘못을 속죄하느라고 육이라는 감옥에 둘러싸여 갇혀 있다는 생각에서 그렇게

이름붙인 것 같다. 그래서 육체는 그 이름을 그대로 따라 영혼의 소마(감옥)
이며 영혼이 빚을 다 갚기까지 일점 일획도 바뀌지 않는다. (『크라틸로스』,
400c)

우리는 여기서 상황의 신화 핵심에 선다. 기원 신화의 인간 발생론보다
더 앞선 것이다. 상황의 신화에 따르면 아직 육체를 악의 기원으로 보지는
않는다. 영혼은 이전부터 있던 악을 걸머지고 육체 속에서 그것을 속죄한
다. 그런데 육체가 감옥이라는 벌의 성격을 지니고 있기 때문에 소외의 의
미를 지닌다. 속죄의 도구로서 육체는 유배의 장소가 된다. 죄수에게 감옥
은 낯선 곳이요 적대적인 곳이다.

상황 신화의 의미의 핵심이 거기에 있다. 거기에서 우리는 그 옛 신화
의 또 다른 의미를 찾아낼 수 있다. 벌의 장소는 시험과 오염의 장소이기
도 하다는 점이다. 그렇다고 영혼이 '빚을 갚는' 것이 깨끗이 씻김받음을
가리키지는 않는다. 오르페우스의 속죄 관념과 유대의 화해 관념을 혼동
해서는 안 된다. 여기서 벌은 차라리 품격을 떨어뜨리는 처벌과 같은 것이
다. 그렇기 때문에 벌은 악의 결과이면서 동시에 새로운 악이다. 감옥에
갇힌 영혼은 이차적인 범죄자요, 고행의 체제가 그를 단련시킨다. 이 두번
째 의미를 이해하려면 반복의 구도가 어떻게 감옥의 구도와 어울리는지
이해해야 한다. 『파이드로스』(70c)에 보면 삶과 죽음이 서로 의미 교환을
이루고 있다. 죽음은 단순히 삶의 끝이 아니라고 한다. 그 둘은 서로 독립
된 두 개의 상태로서 삶은 죽음에서 오고 죽음은 삶에서 온다. 삶과 죽음
은 서로 상대방을 꿈꾸고 자신의 의미를 상대방에게서 찾는다. 결국 벌은
단순히 육을 입는 것이 아니요, 다시 육을 입는 것이다. 그러므로 인간 존
재는 반복이요, 영원한 재발이다.

여기서 세번째 문제를 살펴보자. 이는 두번째 의미에서 저절로 나오는
것도 아니요, 두번째 의미와 꼭 맞아떨어지는 것도 아니다. 그것은 저승
형벌의 문제다. 닐손은 이 문제를 상당히 중요시한다. 저승 형벌의 선포가
오르페우스파의 선교 활동의 핵심이었다고 그는 본다(*op. cit.*, p. 632). 엘레
우시스파가 주로 순결한 자들이 받을 복을 전하고 형벌의 문제에 대해서
는 침묵했던 것과 달리, 오르페우스파는 '대죄인들' 하나하나 위에 내릴

벌을 심각하게 다루었다. 박물관과 오르페우스의 명예를 해친 비밀 모임이 있어 그 회원들이 죽음 이후의 벌에 대해 많은 생각을 했다고 플라톤이 확인하고 있다. "그들은 제사를 드려 저승의 저주에서 구원받으려 했으며 그렇지 않으면 엄청난 고통이 있으리라고 믿는다"(『국가』, 364d). 물론 그들의 형벌 선포에는 제의적이기보다는 좀더 도덕적인 순결의 가르침이 들어 있었다. 그러므로 죽은 뒤의 형벌에 대한 두려움이 그러한 도덕적인 힘을 제의적인 것으로 대체했다고 볼 수는 없다. 그 점은 플라톤도 『파이돈』에서 인정하고 있다. 그리고 그들의 두려움은 순결한 자가 아닌 죄 있는 자에게 미칠 벌에 대한 염려이다.

그러나 여하튼 언뜻 보아 육체 속에서 육체를 통한 속죄와 저승 형벌을 통한 속죄 사이에 아무런 관련이 없는 듯하다. 그 두 주제가 깊은 데서 일치하고 있음을 알려면 좀더 멀리 나가야 한다. 거기에는, 삶은 저승의 반복이요, 저승은 삶의 재판이라는 생각이 깔려 있다. 비윤리적 행위에서 비롯되지 않은 여러 가지 삶과 역사의 형태까지 하나의 형벌로 보는 생각이다. 삶과 죽음의 순환, 그것이 육체의 형벌과 지옥의 형벌을 말하는 두 신화 밑에 깔린 신화다. 태어나는 것은 죽음에서 생명으로 올라오는 것이요, 죽는 것은 생명에서 죽음으로 내려가는 것이다. 따라서 육체는 우리가 죽음이라고 부르는 또 다른 삶을 위한 속죄의 장소요, 하데스(저승 지옥)는 이 세상 삶에서 지은 악을 속죄하는 곳이다. 그렇게 보면 오르페우스 신화는 이주와 환생이라는 옛 인도—유럽 사상을 다시 취하고 있는 셈이다. 고대 토지 신화들은 봄에 생명이 다시 살아나는 것을 축적된 에너지가 다른 나라로 올라온 것으로 보았는데, 오르페우스 신화는 그런 토지 신화의 연장선상에 있다고 볼 수 있다. 마치 이 세상 삶은 이 세상이 아닌 다른 나라에서 보내는 힘으로 사는 것처럼 보았다는 말이다.[2] 그런데 오르페우스 신비주의는 삶과 죽음의 순환을 단순히 두 상태가 겉으로 이어지는 것으로 보지 않고, 이 세상 삶에서 서로 겹치며 한쪽을 대체하는 것으로 볼 줄 알았다. 오르페우스주의를 잘 드러내는 핀다로스의 단편 133에 그 점이 잘 드러나 있다.[3] 그때 영혼과 육체는 서로 상대방을 감추는 가능성을 지

---

2) Jeanmaire, *Dionysos*, p. 54.

닌다. 그때, 영혼은 다른 나라를 증언한다. 원래 그 나라는 감추어져 있다가 꿈과 황홀경과 사랑과 죽음으로 드러나는 나라다. 그 같은 삶과 죽음의 순환 속에서, 육체를 무덤으로 보는 생각의 의미가 충만해진다. 하나의 삶이 다른 하나의 삶을 가린다는 것을 헤라클레이토스의 단편 62가 말하고 있다: "불멸과 죽음; 죽음과 불멸; 우리 삶은 그것(죽음)의 죽음이요, 우리 죽음은 그것(불멸)의 죽음이다." 또 플라톤이 『고르기아스』(492e)에서 인용한 유리피데스의 시구가 있다:

삶이 죽음이라는 것,
그리고 죽음이 삶이라는 것을
누가 알랴?

이처럼 이 세상의 삶내에서 일어나는 삶과 죽음의 의미의 전이를 플라톤은 이렇게 요약하고 있다: "사실 우리는 죽었는지 모른다"(492b). 육체를 감옥이라고 한 의미가 그 같은 의미의 전이 속에서 분명해진다. 이 세상에서 육체가 저승의 신적인 모습이 아닌 저승의 형벌을 반복한다는 얘기다. 이 점에서도 『고르기아스』(493a)는 명백하다. 거기에 따르면, 그리스인들이 흔히 상상하는 반복의 고통 예를 들어 시시포스의 바위나 다나오스의 딸들의 항아리처럼 해도 해도 헛된 반복의 고통들은 저승에 투사되었다가 이 땅의 육체로 반사된 것이라 한다. 육을 어떤 반복의 경험으로 보았다는 말이다. 비밀을 모르는 자는 깨끗한 물로 채울 수 없는 항아리, 정화의 불가능성을 표상하는 그 항아리는 결국 욕구의 반영이다. 욕구를 벌하는 것 그것이 욕구하는 바다. 이 세상의 어지러운 삶을 이 땅에서 벌

---

3) "잘못을 저지른 이들이 페르세포네스에서 몸값을 치렀다. 그래서 그들로부터 높은 곳의 태양에 이르기까지 새로운 영이 보내진다. 그 영으로 영특한 왕들과 지식으로 무장한 사람들이 일어난다. 그들은 사람들 가운데서 흠 없는 영웅으로 높임을 받는다"(플라톤, 『메논』, 81bc에서 인용). Nilsson은 이 단편 133과 헤라클레이토스의 단편 62와 『고르기아스』, 492c를 비슷한 내용으로 본다. 그는 이렇게 결론짓는다: "육체를 영혼의 무덤으로 보는 생각은 영혼의 이주를 생각한 사상과 밀접히 연관되어 있다. 오르페우스파도 영혼의 이주를 믿었음에 틀림없다." *op. cit.*, p. 694.

하는 반복의 고통 그 자체가 어지러운 이 세상을 가리킨다.

　이처럼 저승이 육체에 반사되었다는 점이 육체를 이해하기 위한 핵심 부분이다. 이상에서 알 수 있는 것은 육체 안에서의 속죄는 정화(깨끗이 씻김)와는 정반대라는 점이다. 형벌이 영혼을 부패시키니 영혼은 재범자가 된다. 그렇게 되면 실존은 끊임없는 범죄의 연속이 된다. 유배의 도식은 반복의 도식을 타고 육체를 불행의 상징으로 만드는 경향이 있다. 삶을 벌받기 위한 환생으로 보는 생각보다 더 무시무시한 것이 어디 있나? 한 삶에서 다른 삶으로 곧 삶에서 죽음으로 또 죽음에서 삶으로 옮겨가면서 자기 고발과 자기 처벌의 일치가 곧 악이 된다. 그 같은 저주와 반복의 혼합이 바로 절망의 표상이다.

　그처럼 육체를 반복되는 형벌의 도구로 보는 해석에서 영혼에 대한 새로운 해석이 나온다. 도드E. R. Dodds의 표현을 빌자면 '청교도적인' 해석이다. 이제 영혼은 이 세상에서 난 것이 아니라 딴 세상에서 난 것이다. 영혼은 신성하다는 말이다. 육체 속에서 영혼은 감추어져 있으며 해방을 갈망하는 유배된 존재다.

　원래 옛 그리스 문화는 육체만 보지 않았듯이 영혼만 보지도 않았다. 이오니아인의 비극들도 영혼을 생각과 감각과 고난과 의지의 유일한 근원으로 보지는 않았다. 영혼은 위독한 환자가 공중에 뿜는 숨에 지나지 않는 것이다. 그렇다고 해서 그 숨이 어둠침침한 죽음의 실존과 일치하는 것도 아니다. 여하튼 '영혼'과 '육체'는 인간 실존의 서로 상반된 두 측면을 이룬다고 보았다.

　그 중에 어떤 예배 의식을 가지고 있던 자들은 열광주의를 가르쳤다. 영혼이 신의 손에 사로잡히는 것이다. 그런데 그 같은 변화를 사로잡힘으로 보지 않고 영혼이 육체 바깥으로 나가 저승으로 여행가는 것으로 본 점이 오르페우스 신화의 독특성이라 하겠다. 여하튼 황홀경을 통해 일상 생활 속에 감추어져 있는 영혼의 참된 본성이 드러난다. 다른 이들은 또 영혼의 사후 생존을 가르쳤다. 호메로스 자신도 대죄인들이 당할 저승의 벌을 즐겨 그렸다. 엘레우시스의 독신가들은 낙원의 환희를 생각했다. 그러나 영혼의 사후 생존은 그것이 실제 조건으로 되돌아오는 것으로 이해되지 않는 한 새로울 것이 없다. 신에 의해 사로잡힌 영혼의 경우와 같다.

사로잡힌 영혼은 딴 영혼이요, 죄인과 환희는 모두 딴 데 있다. 반면에 오르페우스 영혼은 원래의 그의 상태 곧 인간적이지 않고 신적인 상태로 되돌아오는 것이다.[4]

점술가나 의사들 중에 심령의 이탈을 선보이는 사람들도 있었다.[5] 그러나 인간을 죽음의 존재로 보지 않고 신적인 존재로 보는 혁명적 직관을 소유한 이들은 오르페우스파뿐이었다. 이제 "죽음을 생각하는 것"이 지혜가 아니라 스스로 신성한 존재임을 인정하는 것이 지혜다. 신들과 인간들 사이가 존재론적 단절이나 차이가 없다. 물론 차이가 있지만 그것은 신과 달리 인간은 신적인 영원성과 별도로 육체의 부패가 있다는 점이다. 그 점에서 본질적인 차이는 아니다. 그러한 인간 이해에서 피타고라스의 삶의 이전이나 엠페도클레스의 죽음의 이전이 가능하다. 『정화』에 그러한 오르페우스 영혼의 외침이 들어 있다: 나는 불멸의 신이요, 죽음의 존재가 아니다 ἐγώ δ'ὑμῖν θεὸς ἄμβροτος, οὐκέτι θνητός.

이야기를 좀더 진전시켜보자. 영혼을 신적인 것으로 보는 관점을 육체를 감옥으로 본 관점 그리고 육체와 저승을 반사의 관계로 본 관점과 연결시켜볼 때, 영혼의 '신성'은 단지 그것의 사후 생존에 달려 있지는 않다. 오히려 사후 생존의 관념을 넘어서고 있다. 무엇보다 중요한 것은 삶과 죽음의 교환 곧 반복을 제거하는 것이다. 결국 신성한 영혼이란 서로 반대 상태로 태어나는 굴레에서 해방된 영혼이다.

이제 우리는 새로운 자아 이해의 문턱에 와 있다. 영혼은 삶과 죽음 반대편에 서게 되고 반복의 시간을 넘어 계속 존재한다. 물론 플라톤이 『파이돈』에서 그러한 영혼의 지속을 형상 *forms*의 무시간성에 연결시키기 전에는 영혼이 "죽지 않고 지속한다"는 것이 '영원성'을 뜻하지는 않았다.

---

4) "여기서 새로운 종교 유형이 생긴다. 감추어진 나 곧 신적인 나의 모습을 제시하고 영혼과 육체를 갈라놓음으로써 그것은 유럽 문화에 있어서 새로운 인간 해석 곧 청교도적인 인간론을 생산해낸다"(E. R. Dodds, *The Greeks and the Irrational*, p. 139). 이 새로운 이해가 그리스인들에게 낯설었다든가 또는 오르페우스 신화 이전에 샤머니즘도 그런 이해를 갖고 있었다든가 하는 점은 중요치 않다. 우리에게 중요한 것은 서구 문화의 진원지인 그리스에서 그런 '신적 인간'의 유형이 등장했다는 점이다.

5) E. R. Dodds, *op. cit.*, p. 141 참조.

270

차라리 그것은 소크라테스의 대화에서 볼 수 있듯이 육을 몇 개 합쳐놓은 것보다 또는 삶을 몇 개 합쳐놓은 것보다 더 오래간다는 정도였다. 철학이 생기기 전에는, '이것이 바로 나다'라고 하는 정체성에 대한 생각을 가능케 할 틀이 아직 없었다. 다만 신화는 삶과 죽음의 순환에 대한 상상을 통해 자가당착을 넘어서 있는 자아 그리고 불화 너머의 안식을 그리고 있다. 그 같은 신화의 영감이 없었다면, 철학은 영혼과 자아의 일치에 더해 생각할 엄두를 내지 못했을 것이다.

그러한 자아 이해가 플라톤 이전에 있었음은 의심할 나위가 없다. 플라톤이 『메논』에서 가리키는 것이 꼭 오르페우스가 아니더라도 다음 구절은 분명 유배된 영혼의 유형을 말하고 있다: "그들은 자기들의 역할을 합리화할 수 있는 사제들이다. 핀다로스나 다른 시인들은 모두 정말 신과 같다. 그들은 다음과 같이 말하니 그들의 말이 옳은지 검토하라. 그들은 사람의 영혼이 죽지 않으며, 한번 삶에서 벗어나 흔한 말로 죽는다 해도, 다시 삶을 얻으니 결코 사라지지 않는다. 그러므로 가능한 한 이 세상 삶에서 거룩한 행위를 끝까지 유지해야 한다"(81a-b).

물론 죽지 않는다는 것은 여러 번 거듭 태어나는 것을 가리킨다. 아직 그런 구도 안에 머물고 있다("죽지 않고 여러 번 거듭나는 영혼," *ibid.*, 81c). 그러나 뮈토스는 이미 로고스다. 신화에는 설명이 들어 있다. 그러므로 신화에 나오는 '신적인' 선남선녀들이 모두 '참되고 아름다운 것'을 말하고 있는 것이다.

2. 마지막 신화

이 상황 신화가 기원 신화의 인간 발생론으로 발전한다. 신플라톤주의자들이 그 기원 신화 몇 조각을 인용하고 있다. 이제 우리는 후대의 산물 앞에 서 있다. 이 후대의 산물은 그리스의 마지막 철학자들의 사유가 결국 플라톤의 권위하에 있게 하는 것이 아닌가? 그들의 사유가 그 후대의 산물에 근거하는 한, 결국 플라톤에게 영감을 준 시와 이야기들의 연장선에 있는 것이기 때문에 말이다.

이 신화는 인간의 기원과 타락에 관한 그리스도교 신화와 반대되는 이
야기로서 그리스도교에 대항하는 이방 설화가 아닌가?

그 문제에 대해 분명한 점이 몇 가지 있다. 먼저, 오르페우스 운동은 고
대의 유사한 다른 운동들과 달리 글이 있었으며 그 점에서 구전으로 가르
치던 다른 제사 의식과 달랐다. 그리고 거기에는 신 발생 신화가 포함되어
있음도 분명하다. 그러나 그 글들은 끊임없이 유동적이었던 것 같다. 무슨
'경전'이란 게 없었으며 계속 새로운 글과 생각이 보태졌다. 신플라톤주의
가 엮어놓은 것도 판이 다양하다. 그 밖에 옛날의 신 발생론이 인간 발생
론으로 전개되었다는 증거도 없다. 그러므로 고전 시대의 작가들이 주는
암시 예를 들면 플라톤이 『법률』에서 인간의 본성을 '티탄적'이라고 한 것
들 따위에서 추측해낼 수밖에 없다. 그리고 근본적으로 인간의 현실을 말
하는 오르페우스파의 설교와 신 발생론 사이에 다리를 놓는 것도 한 가지
방법이다. 그렇게 해서 오르페우스주의의 전문가들은[6] 신플라톤주의에서

---

6) Guthrie에 따르면 옛 오르페우스 신화는 이미 존재하던 신화들을 고치면서 "형식을 새
로 보태고 그 의미를 대단히 새롭게 했다. 새로운 무엇을 중심으로 하여 결정화되었는
데, 그 중심이란 디오니소스의 절단과 제우스의 복수다. 제우스의 복수는 티탄과, 티
탄에서 생기는 인간에 대한 복수다"(p. 173). "그러한 결론은 대단히 오르페우스적인
독특한 결론이다. 왜냐하면 우리 안에 세상적인 것과 신적인 것이 혼재되어 있다는 오
르페우스 사상이 거기 들어 있기 때문이다"(*ibid.*). Nilsson, *Geschichte der
griechischen Religion*, I(pp. 642~62)도 대체로 Guthrie의 생각을 따른다: 인간 발생
론이 "오르페우스 종교의 핵심"이고 "오르페우스 종교의 뿌리는 오랜 옛날에 있다"고
한다(pp. 647~48). 그러나 티탄이 디오니소스를 죽이는 얘기는 아주 오랜 것으로 플라
톤이 티탄적 본성에 대해 말한 것을 이해하는 데 별 도움을 주지 못한다: "오르페우스
주의의 핵심은 결국 옛날로 돌아간다"(p. 649). "우리는 거기서 오르페우스주의가 종교
에 미친 영향을 본다. 그것은 신 발생론에 인간 발생론을 더하므로 인간을 악과 선으
로 구성된 존재로 설명한다"(p. 650). A. Boulanger, *Orphée, rapports de l'orphisme et
du christianisme*도 같은 말을 한다: 신플라톤주의가 내민 인간 발생론은 "이 세상 악
의 두 가지 본성에 대해 알려준다. 그렇게 해서 신플라톤주의에 속죄와 정화라는 오르
페우스주의적 구원론이 생긴다"(p. 33). 그러나 오르페우스파가 성바울에게까지 영향
을 주었다고 볼 수는 없다고 한다. 후대에 등장하는 성바울의 원죄론과 구속론이 오르
페우스 신화에서 따온 것으로 볼 수는 없다는 말이다. 그러나 기원전 6세기말부터 오
르페우스 종교가 형성되었고 Onomacrite가 그때까지 따로 있던 두 개의 신화를 합쳤
음을 그도 인정한다. 두 신화란 제우스의 벼락을 맞아 생긴 재에서 인간이 탄생했다는
신화와 자그레우스의 수난 신화다. 거기에서 "이 세상에 악이 존재하는 원인"이 새롭

인용한 문구들이 옛 시 또는 옛날 이야기의 본질적인 부분을 보존하고 있
다고 생각한다. 빌라모비츠Wilamowitz와 훼스트지에르Festugière는 달리
생각하지만 말이다. [7]

게 발견된다(p. 34). 그런 연구를 통해 Boulanger는 모든 인간 발생론을 오르페우스주
의에서 온 것으로 본다. 사실 완벽한 인간 발생론의 모습은 말기 신플라톤주의에서나
보이는데 말이다. 그리고 논란의 여지가 많은 견해이나 Boulanger는 티탄이 디오니소
스를 살해한 신화를 추원론적인 것으로 본다: "그것은 어떤 제사를 설명하기 위해 꾸
며진 얘기다. 그 제사는 생육식의 제사로, 희생 동물 속에 채소의 신이 들어 있다고
믿고 제사에 참석한 이들이 그것을 날로 먹으면 신의 성품을 닮는다고 믿으며 먹었다"
(p. 28). 그러나 생육식이 '식물' 제사인가? 무엇보다도 의심스러운 것은 디오니소스를
살해한 신화가 그처럼 고기를 날로 먹는 제사와 정말 무슨 관계가 있는가 하는 점이
다. Jeanmaire는 _Dionysos_(pp. 384~90)에서 그 두 가지 점에 반대 의견을 제시하고
있다. 우리에게는 두번째 점이 중요하다. Jeanmaire(pp. 390~417)는 디오니소스 살해
신화가 오래 된 것임을 인정한다: "오르페우스 문서는 상당히 조직적인 사고에서 비롯
되었으며, 그러는 한 디오니소스 살해 신화는 인간의 본성 문제나 악의 기원 문제 그
리고 개인 구원 문제 따위와 뗄 수 없는 관계에 있다"(p. 404). 그러나 그는 그 신화가
디오니소스 제사와 관련하여 우연히 나온 것으로 본다. 그는 디오니소스 전설이 "철학
이전의 신화의 형태로" 방향 전환한 것으로 본다(p. 402).

7) Wilamowitz-Moellendorf, _Der Glaube der Hellenen_, Ⅱ, 1932, pp. 199~202; Festugière,
Les mystères de Dionysos, Rev. bibl., XLIV(1935). 마지막 신화의 여러 단계 곧 옛날 이
야기 단계, 고전 시대, 헬레니즘 시대 그리고 신플라톤주의 시대를 각각 고찰한 후에
다음 세 종류의 문서가 있다고 결론지었다.

　i) 우선 디오니소스의 신비에 대한 문건이 많다. 이탈리아의 유적과 관련시켜볼 때,
이 문건들은 티아세스의 조직과 통과 의례에 대해 많은 지식을 준다. Cumont,
Wilamowitz, Nilsson 같은 최고의 전문가들도 그 문서와 오르페우스주의와의 관련에
대해 전혀 언급이 없다. 그 문서들을 보면, 프리지리아 제의에서 나온 티아세스 종교
에 점차 공공 규제가 가해졌음을 알 수 있다. 그리하여 제의의 틀이 잡히고 인간화된
다. 그런 변화가 각처에서 발견된다. 제사의 신비를 통해 몇 시간 동안이나마 일상 생
활의 굴레에서 벗어나려고 한다. 그리스도 당시에는 거기다가 사후 행복이라는 개념이
생겼다. 거기에는 오르페우스나 자그레우스에 대해 전혀 언급이 없다. 단 한 번 페린
테의 문서에 그 전설에 대한 언급이 있지만 이 문서는 나중 것이고 시빌러스의 신탁을
정리한 것이다.

　ii) 둘째로, 오르페우스를 주제로 한 문학적 전통이 있다. 기원전 6세기부터 3세기
에 이르기까지 오르페우스는 영감받은 가수요, 텔레타이의 건립자인 아르고노테스의
동료로서 바위와 맹수들까지 설득할 수 있는 인물로 여겨졌다. 기원전 5세기에 그 추
종자들은 절제의 규율을 따르고 그에게 바쳐진 시들을 읽었다. 기원전 4세기에는 사기
꾼들이 방랑하며 거짓 오르페우스 요법을 팔았다. 정말 오르페우스가 동료와, 신비를

우리의 유형론적 방법론에서 볼 때, 인간 발생론 신화의 성립 시기를 둘러싼 역사적 논쟁을 하나하나 살필 필요는 없다. 불랑제Boulanger가 인용하는 글로츠Glotz의 견해에 따르면 헬레니즘 세계에서나 유대 세계에서나 죄에 대한 이론이 타락론보다 앞섰다고 한다. 그러므로 우리는 티탄의 잘못에 관한 신화를 의도적으로 분석하여야 한다. 그래야 티탄 신화가 어떻게 상황 신화를 완성하는지 밝힐 수 있다. 의도적 분석이란 완벽하게 형성된 신화 곧 후대의 표현을 지닌 신화를 취해 분석하는 것이다. 그런 다음 그 분석을 가지고 거꾸로 올라가, 우리가 앞에서 신화에 의존하지 않고 순전히 고전 시대의 문서를 통해 추리해낸 인간 상황을 해석해낼 것이다.

이 마지막 신화에서 우리는 무엇을 찾을 수 있을까? 신 발생론*théogonie*이다. 그러나 원래 신 발생론은 앞에서 본 대로 창조 드라마 유형에 속하는 것이나 여기서의 신 발생론은 인간 내면의 모순 경험에서 나온 인간 발생론*anthropogonie* 쪽으로 기운 것이다.

여기서 창조 드라마도 우리 문제에 무관하지 않다. 거기서 새로운 인간 발생론이 나오기 때문이다. 창조 드라마는 두 가지 방식으로 새 신화에 영향을 미친다. 먼저, 창조 드라마는 영혼의 불행에 우주적 차원과 존재론적 깊이를 부여한다. 인간의 불행은 신들의 출생에 얽힌 폭력 속에 처한 존재의 고통으로 조명된다. 신 발생론은 범죄와 불일치와 속임수를 인간 이전

지녔다면 어떤 흔적도 남기지 않았을 것이다. 오르페우스주의는 기원후 3, 4세기에 가서야 다시 유행한다. 그러므로 많은 문서가 있지만 그 진정성은 인정할 수 없다.

iii) 기원전 3세기부터 티탄에 의해 살해된 디오니소스 자그레우스 신화가 들어 있는 오르페우스주의 시가 떠돌아다녔다. 거기 있는 자그레우스 전설은 오시리스 전설을 베낀 것이다. 언제 어디서 그 얘기가 생겼는지 알 수 없다. 그런데 이집트에서 그 전설은 독특한 제사법을 낳았다. 곧, 티탄을 통해 아기 신에게 무엇을 바치는 의식이 있다. 거기서 신의 '수난'을 경험하는가? 생육식이 시행되는가? 우리로서는 알 수 없다. 플루타르크는 그 전설을 피타고라스 학파와 플라톤 학파에 있는 심리적 이원론에 연계시킨다. 그런데 신플라톤주의와 함께, 도덕적 측면이 지배하고 그리하여 아마 우리가 모르는 어떤 제사들을 탄생시킨 것 같다. Hormis가 새로운 문서에서 그 전설을 발견했지만, 오르페우스주의가 1, 2세기에 형성된 신비주의를 변형시켰다고 볼 만한 근거는 없다.

"그러므로 디오니소스 신비주의가 그리스도교에 영향을 주었는가 하는 물음은 헛된 물음이다. 금석학을 통해 알려진 그 신비주의를 들여다보면 그리스도교와 아무런 관계가 없음을 알 수 있다."

의 것으로 의미를 부여한다. 새로운 신화의 축이 되는 티탄은 그 점에서 존재의 고통에 속한다. 티탄을 통해 인간의 악은 인간 이전의 것이 된다. 물론 동시에 티탄을 통해서 존재의 고통이 인간 속으로 들어오기도 한다. 그러나 무엇보다도 오르페우스파가 생각한 창조 드라마에는 이미 악에 대한 해석이 들어 있다. 그리고 그 해석을 통해 오르페우스적인 티탄 신화라고 할 만한 것이 자리잡고 있었다. 여하튼 신 발생론을 통한 악의 해석이 헤시오도스의 시에는 없었다. 사실 그는 여러 가지 태초의 인물들을 늘어놓은 데 지나지 않는다. 그 가운데 크로노스, 우라노스, 제우스 같은 것들은 나중에 왕위 계승이나 출산이나 죽음을 통해 이어지는 신들이다. 그리고 밤이나 죽음이나 전쟁 같은 신들은 우리의 독특한 경험을 표현한 것으로 앞의 신들처럼 그들끼리 친자 관계로 이어진다. 또 땅이나 하늘처럼 장소와 자연 요소를 표현한 신들이 있다. 그런데 오르페우스주의의 영향을 입은 신화도 겉모양은 헤시오도스의 신화와 비슷하지만 알고 보면 하나에서 다수로, 혼동에서 구분으로 가는 운동을 하고 있다. 그것은 스크라테스 이전의 우주 발생론*cosmogonie*의 운동이다. 한편 오르페우스주의의 아직 신화적인 우주 발생론과 철학적인 우주 발생론이 비슷한 까닭은 여러 가지로 들 수 있다. 우선, 철학적 우주 발생론이 오르페우스 신화의 영향을 입었다고 볼 수 있으리라. 그러나 신 발생론적 신화가 철학을 만나 신화적 상상력은 사라지지 않은 채, 존재의 생성으로 이어졌다고 보는 것이 더 옳으리라.

오르페우스 신화의 '철학적' 측면이 잘 드러나는 것은 "죽지 않는 신들 가운데 가장 아름다운" 파네스에게서다. 그는 프로타고라스요 처음 태어난 자——에리세페, 그래서 양성을 지녔다——이며 메티스요, 상담자——디오니소스, 에로스——다. 처음 알에서 났으므로 그는 존재자들의 차이를 한몸에 지닌 자요 동시에 온 세상을 하나로 드러내는 자다. 그는 참으로 "부분의 차이와 전체의 통일성"이다.

그런데 똑같은 신화가 원시적인 상상력에 휩싸이기도 한다. 죽는 제우스 자그레우스와 찢겼다가 부활하는 디오니소스를 불가사의한 파네스와 같은 존재로 놓기 위해서 신화는 일련의 술수를 쓴다. 곧, 제우스가 파네스를 삼키고 모든 권세를 손에 쥔 후 세상을 다시 창조한다고 한다. 두번째 창조다. 신화에서도 "모든 것이 새로 지어졌다"고 표현하고 있다. 그 후 제우스가 디오니소스에게 권력을 넘겨주는 이야기가 나온다: "신들이 여, 귀를 기울이라. 내가 여러분들의 왕으로 삼은 자가 여기 있다." 이런 일련의 이야기는 아주 오래 된 신 발생론의 냄새를 풍긴다. 플라톤이 『필레보스』에서 "6대에 가서 여러분의 노래 순서를 멈추시오"(66c)라고 이상한 말을 한 것도 그 같은 권력 승계를 암시한 것인가?

그처럼 신화 속의 부분을 신 발생론이 차지할 때, 악에 대한 해석은 전체적으로 어떻게 이루어질까? 언뜻 보기에 헤시오도스나 바빌로니아에서처럼 악이 만물 속에 처음부터 들어 있었던 것 같아 보인다. 그러나 파네스란 인물은 뭔가 다른 면을 보여준다. 하나요 다수인 파네스에게는 선과 악의 원초적 대립이 없다. 태초의 알의 신화에서 보듯이 차차 갈라지고 조금씩 차이가 나는 구도다. 이 신화는 혼동에서 차이로 가는 운동을 설정함으로써, 두 개의 본성이 처음부터 혼합되어 있는 데서 비롯되는 인간의 불행과는 거리가 멀다. 혼합된 인간의 악을 설명하기엔 충분치 않다는 말이다. 악이 신의 영역에서 멀어지고 신 발생론은 악에 대한 설명을 인간 발생론에 떠넘긴다. 영혼을 육에 갇힌 존재로 경험한 오르페우스주의에 신 발생 드라마가 끼어 있는 것은 그런 각도에서다. 신 발생 드라마 자체가 합리적 우주론을 향해 있는 것이다. 거기에는 새로운 형태의 추원론 신화가 필요했으리라.

옛 시대(고전 시대 이전)에 있던 오르페우스 인간 발생론이 어떠했는지를 알아내는 것은 위험한 일이다. 후대 저자들이 인용한 것을 훑어보는 데 만족해야 하리라. 그 인용구들을 푯대로 해서 차차 옛날 모습을 복원해보는 수밖에 없다. 그것들이 후대 작가들의 창작물인지 옛날 것을 그대로 옮겨놓은 것인지도 사실은 알 수 없지만 말이다. 그러나 그 가운데서도 몇 가지 옛 것의 특징을 가려낼 수 있다고 믿는다.

먼저 중요한 것은 악의 기원이 가장 어린 신 디오니소스의 '수난'과 관계가 있다는 점이다. 그리하여 새 신화는 디오니소스라는 인물을 '신학적으로' 정립한다. 그런데 그 첫 잘못의 핵심부에 있는 디오니소스는 바쿠스 신의 여사제를 부추겨 삶의 환희를 일으키는 그 디오니소스가 아니다. 그는 생명의 주인이요, 제우스 후에 오는 어린 신이다. 그러므로 우선 유리

피데스의 바쿠스 여사제의 열광은 생각으로 바뀌고 격정은 사변으로 바뀌었던 것이다. 그처럼 오르페우스파가 디오시소스의 모습을 거꾸로 뒤집어 놓았다는 주장은 상당히 신빙성이 있어 보인다.[8] 그리하여 오르페우스주의가 디오니소스 숭배를, 아직 신화적 단계이긴 하지만 여하튼 철학 이전의 단계로 끌어올린 것 같다. 디오니소스 운동이 그 안에 비극적인 장면을 동반하며 서정시를 통한 변모를 겪은 데서도 그 점을 알 수 있다.[9] 아예 처음부터 오르페우스주의가 디오니소스주의를 사변으로 변형시켜 디오니소스가 마지막 신이라는 점에서 그를 창조의 중심에 놓고 동시에 그를 티탄들의 희생물이라는 점에서 인간 발생론의 중심에 놓았을 수도 있다. 그러나 디오니소스가 동방의 정복자가 되고 세상의 왕이 된 것은 후대의 일임이 분명하다. 그때는 이미 신이 죽었다가 다시 살아난다고 본 동방의 신비주의의 영향으로 혼합주의가 팽배할 때의 이야기다. 인간 발생 신화에 디오니소스주의의 변화의 결과가 분명하게 나타나지는 않지만 종교 경험의 유형 변화가 그 본질을 이루고 있음은 분명하다.

두번째 고려해야 할 것은 새 신화에서의 티탄의 역할이다. 한편으로 그들은 살해의 장본인들로서 디오니소스의 수난에 연계되어 있고 다른 한편으로는 그들의 '재'를 매개로 인간의 탄생과 연계되어 있다. 그런데 티탄

---

8) Nilsson, *Gesch. der gr. Rel*은 오르페우스가 메나데스에 의해 살해된 전설이 디오니소스 숭배자들이 개혁자들에 저항한 흔적이라고 본다. 또 그는 육식의 금지가, 고기를 날로 먹는 야만스런 제사법에 대한 오르페우스파의 반격의 증거라고 본다.

9) Jeanmaire, *Dionysos*, pp. 220 이하. 저자는 오르페우스 인간 발생론이 오래 된 것으로 보는 사람이다. 그는 이렇게 말한다: "초기의 오르페우스 문서부터 디오니소스가 들어 있었음에는 아무런 의심이 없지만 눈에 띄는 결과가 보이는 것은 후에 가서다"(401). 그는 디오니소스 살해 전설을 오래 된 것이라고 보는 불랑제의 주장에 반대한다. 만일 디오니소스 살해가 동물을 잘라 날것으로 먹는 제사법에 대한 신화적 설명이라면 그런 흔적이 고전 시대 이전의 옛 제의에 남아 있었을 것이다. 그러나 신화에서 아기 신은 날것으로 먹히지 않는다. 그는 '삶아' 죽는다. 그리고 "티탄들이 그 고기를 먹었다는 증거는 몇 군데에서만 나오는데 그리 중요하지 않은 얘기다"(384). 그러드로 디오니소스 수난의 신화는 특별히 디오니소스적인 것이라고 할 수 없다. 디오니소스 전설에 우연히 부가된 것이다. 만일 그것이 디오니소스 제사와는 별개로 옛 시대에 그 뿌리를 내리고 있다 하더라도, 젊은 신의 수난의 신화가 옛 시대 디오니소스 전설에 들어 있었다는 것을 입증해야 한다.

들에 의한 디오니소스의 수난이 기원전 3세기부터 기원후 1세기까지의 문
서에 들어 있는 반면에,[10] 티탄의 범죄가 인간의 탄생과 관련되는 이야기
는 플루타르크에 가서야 나온다. 티탄들이 디오니소스를 살해한 벌로 벼락
을 맞았다고 말한 후 플루타르크는 이렇게 설명한다: "이 신화는 윤회를
암시한다. 우리 몸 가운데서 이성에 속하지 않고 폭력적이며, 신적이지 않
고 악마적인 부분을 옛날 사람들은 티탄이라 불렀다. 벌받고 고통을 당하
는 것은 바로 그 부분이다"(*De Esu Carnium*, I, p. 996; Kern, O. F., p. 231).
그런데 디오니소스—자그레우스 신화를 오시리스 신화와 비슷한 것으로
본 사람도 플루타르크다. 또 인간의 기원을 티탄에게서 찾은 사람도 바로
그 사람이라고 볼 수 있다. 옛 신앙의 침투를 염려한 그리스도교 저술가들
——유스틴, 알렉산드리아의 클레멘트, 아르노베스——은 인간의 기원이
티탄에게 있다는 데 대해서 전혀 언급이 없지만(물론 디오니소스가 다시 사
는 데 대해서도 전혀 언급이 없다), 종종 그들도 험악한 식사를 거치며 이는
인간 발생 신화의 핵심 가운데 하나다. 여하튼 프로클루스(Kern, O. F.,
p. 210)와 올림피오도로스(O. F., pp. 209, 211~12, 220 이하) 문서에도 인간이
티탄의 재에서 생겼다는 이야기가 있다. 거기서 신화는 완성된다. 이제 사
람은 디오니소스를 죽인 티탄의 폭력적 성품을 물려받음과 동시에 티탄들

---

10) 이미 기원전 3세기에 티탄들이 디오니소스를 죽인 신화가 있었다: "티탄들은 폭력을
    휘둘러 디오니소스를 삶아 죽였다"(유포리온). 키케로와 동시대의 에피쿠로스 학파 필
    로데모스의 글에 보면 기원전 3세기의 시를 확인하고 있다: "유포리온에 그 전설이 들
    어 있는바, 오르페우스는 신이 영원히 하데스에 머무를 것이라고 선언한다"(Kern,
    Orphicorum Fragmenta, F. 36). 그러나 기원전 끝 무렵에 유행했던 글들은 신의 생활
    을 낭만적으로 그리며 신의 수난에 대해서는 일절 언급이 없다. 다만 방대한 신화 연
    구자인 시칠리아의 Diodore(기원전 1세기)가 땅의 아들들이 신을 잡아 삶아 죽인 얘
    기를 소개한 후 이렇게 적고 있다: "오르페우스가 티탄들의 살해 행위 대상으로 지적
    한 인물은 디오니소스다"(Kern, O. F., pp. 301, 303). 그가 쓴 해석 방법은 스토아 학
    파의 우의 방법이었다. 기원전 1세기의 파우사니아스는 디오니소스 살해 신화를 오노
    마크리토스의 것으로 본다: "티탄이라는 이름을 호머에게서 빌어온 오노마크리토스는
    신비주의를 디오니소스와 연계시킨다: 그에 의하면 신의 수난을 초래한 것은 티탄들이
    라고 한다." Kern, *Testimonia*, p. 194. 이 문제에 대해서는 무엇보다도 Festugière,
    "Les mystères de Dionysos," *Rev. bibl.*, XLIV(1935), pp. 366~81 그리고 Jeanmaire,
    Dionysos, pp. 372~416 참조.

이 축제 속에서 닮아간 디오니소스의 성품도 물려받는다. 그리하여 신플라톤주의가 완성되면서 이 신화도 완성된다.

인용문들을 따라가다보면 갈수록 부풀어오른다는 인상을 받는다. 우리에게 중요한 것은, 기원후로 들어서면서 오르페우스 신화가 갑자기 불어나는 사실로부터, 앞에서 우리가 이 인간 발생론과 관계없이 생각했던 상황 신화에 대한 무슨 설명을 얻어낼 수 있을까 하는 점이다.

앞에서 본 대로 상황 신화는 영을 높이 평가하고 육은 저급한 것으로 생각했다. 영혼은 나와 같은 것이요 육체는 나와 다른 것(이질적인 것)으로 보았다. 결국 상황 신화는 영과 육의 이원론을 상상력을 통해 표현한 것이다. 여기서 생기는 물음은 이것이다: 왜 이 이원론이 잊혀졌는가? 왜 그 이중의 본성이 혼재된 것으로 여겨지게 되었을까? 답은 이렇다: 존재의 뿌리를 이원론 도식으로 말한 신화가 그 이원성을 되찾기 위해 혼재의 신화가 필요했던 것이다. 이 기원 신화가 옛 시대에 형성되었다고 볼 만한 명확한 증거는 없다. 플라톤이 "티탄적 본성"(『법률』, 701c)에 대해 암시하고 있기는 하지만 말이다. 그러나 우리가 의미 분석을 통해 밝힐 수 있는 것은 기원 신화가 상황 신화의 의미를 완성한다는 점이다.

고전들을 보면 '오래 된 저주'에 대한 암시가 몇 번 나온다. 플라톤이 『메논』(81b)에서 인용한 핀다로스의 단편에 보면, 전에 저지른 잘못 때문에 육체를 통해 속죄해야 한다는 말이 나온다. 그처럼 저승에서 저지른 잘못이라는 개념은 결국 이미 예정된 불행을 암시한다. 선택의 초월성 곧 내가 선택하지만 동시에 내가 선택하기 이전에 선택된 무엇을 암시한다. 간단히 말해 악은 내가 저지른 것이면서 동시에 나와 관계없이 그냥 당하는 것이라는 생각이 깔려 있다. 전생이란 결국 풀리지 않는 악의 기원을 풀기 위해 설정한 개념이다. 크리시페가 인용한 피타고라스의 시에 이런 구절이 있다: 사람들은 스스로 고난을 자초한다 Γνώσει δ'ἀνθρώπους αὐθαίρετα πήματ' ἔχοντας.[11] 티탄 신화는 그런 시구와는 방향이 다르다고 볼 수 있다.

---

11) Delatte, *Études sur la littérature pythagoricienne*, p. 25. "사람의 불행은 자기가 선택한 것임을 너는 알리라."

티탄 신화가 피타고라스의 시구와 정반대로, 인간의 불행을 인간과는 전혀 관계없이 초인간적인 사정에 따라 생긴 것으로 보고 있지 않는가? 그래서 인간을 완전히 무혐의 처리하고 있지 않는가?

성서 신화는 악의 기원을 인간 존재——아담——와 인간 이외의 존재——뱀——에 나누어 분배함으로써 의지적인 것과 비의지적인 것을 나누었다. 그와 달리 티탄 신화는 사람과 사탄 사이에 선택과 운명으로 나누지 않고 티탄이라고 하는 애매모호한 하나의 존재에 집중시키고 있다. 티탄은 사람과 전혀 다른 존재는 아니다. 우리는 그의 재에서 생겼다. 플라톤이 우리의 티탄적 본성이라고 하는 것은 우리의 그릇된 선택이 티탄에게서 물려받은 것이라는 말이다. 그것은 가장 낮은 차원의 자유는 폭력에 가까움을 알려준다. 프로메테우스는 콜론이라는 부드러운 환경에 보내지지 않고 코카서스라는 거친 곳으로 보내진다. 인간의 자유 밑바닥에 있는 그런 거친 면의 기원을 신화는 인간의 잘못보다 더 오래 된 어떤 범죄에 둔다. 그렇게 해서 티탄은 현재 인간의 악보다 더 오래 된 악을 대변한다. 그러나 그것이 피타고라스가 말하는 '자유로운 선택'과 정반대의 것은 아니다. 오르페우스 신화는 신화의 시간을 빌어 악의 시간적 초월성을 말하고 있는 것이다. 거기에는 다음과 같은 경험이 표현되어 있다. 곧, 악은 어떤 방식으로 이미 있는 것이라는 점이다. 다시 말해서 악이란 나의 선택에 따른 것이면서 동시에 물려받은 것이라는 점이다.

『국가』 X권에 있는 플라톤의 신화가 말하는 것도 바로 그 같은 잘못된 선택의 운명적 특성이다. 지금 하고 있는 선택의 배후에는 옛날에 다른 곳에서 행한 선택이 있다고 본다. 그 점에 대해서는 뒤에 다시 다룰 것이다.

오르페우스 인간 발생론이 나중에 형성된 것이라 해도 그리고 그것이 기원후에 생긴 철학적 알레고리에 지나지 않는다 해도, 거기에는 적어도 플라톤 이전부터 있던 상황 신화가 말하려고 했던 것을 드러낸다. 인간 발생 신화에서 상황 신화가 완성되고, 오르페우스파는 그것을 이용해 '영혼'과 '육체'라는 개념을 만들어낸다.

3. 구원과 앎

이제 구원의 문제로 눈을 돌려 그 같은 유형의 '악'에 어떤 유형의 '구원'이 짝을 이루는지 묻는다면 이런 대답이 있을 수 있다. 악한 신의 신학이 철학을 배제하고 무대에 올린 장면으로 끝나는 반면에 유배된 영혼의 신화는 '앎' 곧 '그노시스'를 약속한다. 플라톤에 따르면 오르페우스파가 육체라는 이름을 만들었다. 그러면서 영혼이라는 것도 만들어냈다. 그런데 인간이 완전히 영혼이 되는 행위 좀더 분명히 말하면 육체가 다닌 영혼으로 되는 그 정화 행위가 바로 앎이다. 유배된 영혼이 자기를 찾는 이 의식화 속에 플라톤 철학과 신플라톤 철학의 모든 것이 들어 있다. 거기서 육이 욕망이요 열정이라면 영은 육이나 파토스와 거리가 먼 로고스의 정적이다. 육을 욕망으로 보고, 욕망 앞에서 생각하는 존재로 자신을 이해하는 것이 모든 지식의 근본이다.

물론 오르페우스 운동은 신학에서 철학으로 넘어가지 못했던 것 같다. 앞에서 본 대로 오르페우스 개혁이 '의미'의 개혁이긴 했지만 아직 우주 발생론적 상상력에 갇혀 있었다. 그러나 오르페우스주의는 비오스βίος 곧 '생명의 장'이기도 하다. 신화가 과거를 향해 있는 것처럼 '생명의 장'은 미래를 향해 있다. 신화가 인간보다 더 오래 된 인간의 악을 회상한다면 오르페우스의 비오스는 인간 너머에 있는 인간의 구원에 대한 예언이다. 그리고 신화가 신 발생론적 상상과 철학적 반성 사이에서 왔다갔다 한다면 오르페우스주의의 비오스는 옛날의 정화 제의와 영과 진리 안에서의 새로운 정화 사이에서 머뭇거린다. 분명히 직업적인 정화꾼들과 점쟁이, 걸인 예언자들이 말하는 데 귀를 기울이는 면이 있다. 플라톤이 『국가』 II권에서 그 직업적인 정화꾼들을 아주 호되게 비판한다: "그들에게는 점쟁이와 거지 사제들이 달라붙어 부자들 문 앞에 가서 설득하기를, 제사와 주문으로 신을 만난다고 지껄인다. 무슨 놀이 같은 것을 통해 그와 그 조상들이 지은 죄까지도 없앨 수 있다고 설득한다. 〔……〕 그들은 개인을 속일 뿐 아니라 국가도 속여 제사를 지내면 모든 범죄가 사라지되, 그 효과가 살았을 때뿐 아니라 죽은 후에까지 미친다고 한다. 그래서 그들은 저승의 잘못에서 구원할 제사를 권유하고 그 제사를 드리지 않으면 무시무시한 고통이 있을 것이라고 위협한다"(364b~65a). 그런데 비오스는 단순히 마음의 정화만을 따지지는 않기 때문에 그런 이상한 짓들을 거쳐 자기 자리를 찾는다.[12]

그러므로 오르페우스 종교를 케른O. Kern의 『그리스의 종교Religion des Grecs』처럼 그리스도교 틀을 따라 재건해보는 것은 옳지 않다. 오르페우스주의는 하나의 운동이라기보다는 아폴론이나 디오니소스를 내세웠던 여러 개의 운동이 수정되며 형성된 것이리라.[13] 오르페우스 자신이 원시적인 디오니소스 제의를 아폴론 제의로 바꾼 개혁자이었다. 이탈리아의 신비주의 소종파가 그를 우두머리로 삼은 것은 그 후의 일이다. 그런데 플라톤 이전에 그 신비주의가 오르페우스주의의 '위대한 잠재력'을 현실화하고 있었음에 틀림없다. 그렇지 않다면 『파이돈』에서 플라톤이 한 말을 이해할 수 없다: "우리의 기초를 형성하는 것은 오래 전부터 이 신비주의 언어 속에 감추어져 있던 것이다. 누구든지 속세의 하데스(지옥)에 이르는 자는 부르비에Bourbier에 거하게 될 것이요, 정결하게 된 자는 신들의 사회에서 살게 되리라. 그러나 입문 과정에 이런 말이 있다: 바쿠스신의 지팡이를 든 자는 많아도 바쿠스 사제는 드물다. 내 생각으로는 철학이라는 게 바로 그 바쿠스 사제 역할을 하는 것이리라"(69cd). 또『메논』에서 플라톤은 자기들의 역할을 '합리적으로 따져보는' 사제들과 여사제들을 '신성한' 사람들로 존경해 마지않는다. 한편 플라톤이 "오르페우스 종교의 체제"와 그 절제 행위에 대해 암시하는 바에 따르면 오르페우스파에서 유래한 이상한 제의들이 아주 오래 된 터부 형태와 매우 밀교적인 상징 사이에서 왔다갔다 한 것 같다(『법률』 782c).[14]

---

12) Guthrie가 인용하는 Pausanias의 다음 구절을 보라: "그런데, 내가 볼 때 오르페우스는 그 이전의 시를 모두 넘어선 존재였다. 그는 신들과 교통하는 법을 얻었다고 믿었고 죄를 씻고 저주를 치유하는 법과 신의 노여움을 돌이킬 수 있는 법을 알았다고 믿었다. 그 점에서 그는 큰 영향력을 행사했다." Guthrie 자신이 이렇게 쓰고 있다: "오르페우스파는 신화적이고 제의적인 틀의 의미를 변화시키는 데 천재적 소질을 갖고 있었다. 또 그들은 아주 원시적인 상징들을 사용해 자신들의 교리를 전했다"(128).

13) Guthrie, *op. cit.*, pp. 41~48.

플라톤의 말, "바쿠스신의 지팡이를 든 자는 많아도 바쿠스 사제는 드물다"에 비추어보면 오르페우스의 '정화' 의식이 이미 철학의 길로 접어들었다고 보는 것은 무리일 것 같다.

제의로서의 정화에서 철학으로서의 정화로 가는 변화가 결정적으로 나타나는 것은 피타고라스파에서다.[15] 피타고라스파의 '성구' ——거의 기원 후에 생긴 신피타고라스 학파의 문서를 빌릴 필요 없이 기원전 3, 4세기의 문서 추정으로 복원할 수 있다——는 참으로 신화와 철학 사이에 서 있는 담론이다. 과학과 계시의 교차로에 있는 이 문학은 한편으로는 비관주의 신화에 손을 잡고 다른 한편으로는 앎을 통한 정화를 지향한다. 크리시페의 다음 말은 피타고라스파의 공식에서 나온 것으로 오르페우스즈의 냄새가 많이 난다: 사람들은 스스로 고난을 자초한다 γνώσει δ'ἀνθρώπους αὐθαίρετα πήματ'ἔχοντας.[16] 피타고라스파가 취한 것은 오르페우스주의다. 그것이 뒤에 플라톤주의 쪽으로 발전되었던 것이다. 피타고라스파가 인간과 신의 근원이 같다고 외친 것도 그 오르페우스주의 영향이요, 핀다로스가 "사람들의 뿌리와 신들의 뿌리는 하나다"(단편 131, *Nem.*, 6, 1)고 노래한 것도 그 영향이다. "신을 따른다" '신의 자취'를 따라 걷는다는 말은 이미 '철학'의 구원 도식이다. 플라톤도 『국가』에서 '선의 자취'란 표현을 쓴다.

'필로소피아'란 낱말을 봐도 그 점을 알 수 있다. 신을 따라 사유하는 인간이란 뜻의 소포스σοφός나 소피스테스σοφιστής라는 낱말을 쓰는 대신 피타고라스파는 좀더 밀교적인 낱말 필로소포스φιλοσοφος를 더 좋아했다. 이 낱말은 인간과 신을 잇는 필리아φιλία를 상기시킨다. 여기에 이

---

14) Euripide, *Hipp.*, V, p. 952; Aristophane, *Gren.*, p. 1032; H rodote, II, p. 81 참조. 오르페우스주의 전체에 대한 Nilsson의 결론이 훌륭하다. *op. cit.*, p. 699: "오르페우스 종교 사상의 중심에는 인간이 있다. 선과 악의 본성을 지니고 있으며 육에서 구원되어야 할 인간이 있다. 그러므로 오르페우스주의는 종교적 천재의 작품인데 나중에 조잡한 신화와 정상배 사제들에 의해 더럽혀졌다."

15) Delatte, *Études sur la littérature pythagoricienne*. "오르페우스파와 철학 사이에서 자기 길을 찾았던 피타고라스파는 양쪽과 유사하면서 양쪽을 종합할 수 있다고 믿었다"(p. 26).

16) Aulu-Gelle, VII, 2, 2, S. V. F. 1000, Delatte, *op. cit.*, p. 25에서 인용.

미 플라톤 이전부터 영혼과 신의 일치라는 철학의 목적이 제시되고 있다. 행복이라는 개념—— εὐθαιμονεῖν ——에도 주술적인 관점과 철학적 관점이 반영되어 있다. 왜냐하면 '행복'이란 '좋은 영'이요[17] '좋은 영'은 인간이 '알 때' 인간에게 오기 때문이다. 다시 말하면 앎이 강하고 욕구가 약할 때 얻어지는 것이기 때문이다.[18]

아마 엠페도클레스의 『정화』에 있는 다음 구절로 오르페우스와 피타고라스의 뮈토스와 비오스를 요약해볼 수 있으리라:

"지복과 명예를 떠나 내가 인간들 사이에서 잘못을 저지르는구나!" "내가 알 수 없는 곳을 생각하며 울며 한숨지었다. 그곳은 살인과 분노가 있고 병마와 부패와 홍수 같은 재앙이 넘친다." 그리고 끝으로 유명한 말이 있다: "내가 네게 자신있게 말하노니 나는 신이요 인간이 아니다. 그러던 내가 신의 처소에서 추방된 후 세상의 불일치를 믿고 사는 방랑자가 되었다"(단편 115).

그러나 이 단편들은 오르페우스—피타고라스 전통이 철학적 신화(또는 신화적 철학) 안에서 완성되는 것을 증언하는 데서 그치지 않는다. 우리는 『정화』의 저자가 『자연(본성)에 대하여』라는 시의 저자인 것을 잊을 수 없다. 여기서 처음으로 불일치 νεῖχος가 우애와 함께 우주의 원리를 이루고 동시에 인간 악의 뿌리를 이루고 있음을 언급하고 있다. 인간의 영혼은 원래 신이었는데 "살인으로 손을 더럽히고 추락했으며" "맹세를 어기고" "불일치의 길을 걸었다." 신화에서 생긴 우애와 불일치의 관념이 어떤 원리가 된다: "원리로서의 선과 악"이라고 아리스토텔레스도 말한다.[19] 그리하여 엠페도클레스가 말하는 불일치와 함께 우리는 새로운 현상 앞에 선다. '신화'가 '사변'으로 발전된다. 이러한 악의 상징적 인식을 거치지 않고 그냥 건너뛸 수 없다.

---

17) D. L. VIII, p. 32: εὐδαιμονεῖν τ'ἀνθρώπους ὅταν ἀγαθὴ ψυχὴ προσγένηται.

18) "뭐가 강한가?" 답: "γνώμη" —— "뭐가 좋은가? 행복인가?" —— "사실은 어떤가? 사람들은 악하다는 것이다." Jamblique, V. P., chap. XVIII, cit. Delatte, *op. cit.*, p. 282.

19) Aristote, *Métaphysique*, A, 4, 985a.

제5장
신화의 순환 운동

1. 서 있는 차원에서 움직이는 차원으로

위와 같이 해석학적 작업을 진행하다보면 한 가지 어려운 물음이 생긴다. 우리가 그 같은 신화의 세계 속에서 살 수 있을까? 비판 정신 속에 사는 우리, 엄청난 기억을 지니고 있는 우리가 신화의 동 쥐앙들이 될 수 있을까? 우리가 번갈아가며 신화 속의 인물들이 될까?

만일 우리가 거기서 다른 것들과 반대되는 것 하나를 골라낼 필요가 있다면 지금껏 죽어 없어졌다고 생각한 신화에 새롭게 주목하고 무슨 이해를 구하는 일이 될까?

그러한 양자택일을 넘어서야 한다. 한편으로, 우리가 계속 신화 속에서 살아온 사실을 볼 때 신화가 어떤 방식으로든 우리에 대해 말하고 있음이 분명하다. 이것이 모든 시도의 전제다. 만일 신화가 우리와 관계되는 것이 아니라면, 그리고 만일 신화가 우리에게 말할 수 없다면 우리가 신화에게 묻지도 않으리라. 그러나 묻는 것도 어디에 서서 묻게 마련이다. 듣고 이해하려면 어디에 서 있어야 한다. 아무런 관점도 없이, 아무런 감정도 없이 이해할 수 있다는 환상은 버려야 한다.

내 작업의 전제는 이것이다. 곧, 우리가 특별히 어떤 신화 곧 아담 신화에 서 있을 때 다른 모든 신화의 의미를 가장 잘 이해할 수 있다는 점이다. 이 전제를 나는 합리적으로 설명해야 한다. 오르페우스―피타고라스 전통의 입문을 말하는 플라톤의 언어와 사도 시대 그리스도인들에게 전한 성바울의 언어로 설명해보리라.

어떻게 그것이 가능한가? 아담 신화의 우수성을 선포하는 신앙의 형태를 정확히 파악하면 된다. 세 가지 점을 자세히 살펴보자.

1) 우선, 그리스도교 신앙은 악에 대한 해석에서 출발하지 않는다. 곧 악의 본성과 기원에 대한 관심 그리고 악의 종말에 대한 관심에 그 바탕을 두고 있지 않다는 말이다. 그리스도인은 "나는 죄를 믿는다"고 하지 않고 "나는 죄사함을 믿는다"고 한다. 죄의 정체가 완전히 드러나는 것은, 성바울의 표현대로 하면 '의롭게 여김받는' 순간에서다. 회고적으로만 그 정체가 완전히 드러난다. 앞에서 흠―죄―허물의 삼중 구조를 공부할 때 그 점에 대해 충분히 말했다고 본다. 죄를 서술하고, 신화를 통해 죄의 기원을 상징화하는 것은 2차적이고 파생적인 것이다. 구원과 희망의 뒷면 구실을 하는 것이다. 그러므로 믿음으로 의롭게 여김받는다는 교리와 똑같은 권위를 원죄론에도 부여하는 것은 잘못된 것이다. 1,2세기의 교회들에 있어서 죄의 해석은 '믿음의 전주곡'이라기보다는 '믿음의 침전물'이다. 우리도 그 같은 방향에서 원죄론을 아담 신화와 연결시키고 아담 신화를 다시 이스라엘과 사도 교회의 참회 경험으로 연결시켰던 것이다. 그리하여 교리에서 신화로, 다시 신화에서 죄의 고백으로 가는 관계를 밝힘으로써 우리는 원죄 교리가 구원 선포에 뒤따르는 것임을 확인했다. 아담 신화가 신앙의 핵심과 맺는 관계는 적합성의 관계다. 죄의 교리에서 상징적으로 그려진 인간의 모습은 의롭게 여김받음의 교리와 거듭남의 교리를 통한 구원 선포에 적합하다. 이 적합성의 관계를 이해하는 것이 이미 성서의 악의 상징에 깔린 신앙을 설명하는 것이 된다.

2) 이 죄의 교리는, 그것을 추상적으로 생각한다 해도 다시 말해 그 구원론적 배경을 제거한다 해도 전혀 이해 불가능한 계시는 아니다. 기독론과 적합한 관계를 유지하고 있는 것 말고도 죄의 교리는 무언가 드러내고 있다. 여기서, 신화를 2차적 상징으로 보는 우리의 해석이 다시 등장한다. 신화냐 계시냐 하는 양자택일을 넘어서서 기독교 신앙은 타락 이야기를 신화로 보되 거기서 계시된 의미를 찾아야 한다. 타락 이야기를 신화로 본다는 것은 두 가지 의미가 있다. 첫째는 어떤 기원에 대한 추론으로서는

이미 역사에 의해 비신화화되었다는 뜻이고, 둘째는 그 비신화화를 통해 드러나는 상징성을 가리킨다. 이 신화의 계시, 그것이 우리를 부르는 힘이 아닐까? 성바울은 "성령의 내적 증거"에 대해 말했다. 악의 이해에 있어서 이 증거란 '영들의 분별'이 아니고 무엇이겠는가? 그리고 영들의 분별이란 가장 훌륭한 신화를 선택하는 것 말고 무엇이겠는가? 다시 말해 가장 의미가 풍부하고, 구원의 도래에 가장 잘 맞는 신화를 선택하는 일일 게다. 그런 각도에서 성서의 타락 이야기 속에 계시된 것을 찾는다면 그 계시는 그리 비합리적인 것이 아니다. 성령은 추상적이고 모순된 계명이 아니라 분별력이다. 그것이 내 지성에 전달되는 만큼 나를 인도해 신화들을 분별하도록 한다. 거기서 이미 알기 위해 믿는다 *crede ut intelligas*가 이루어진다. 한편 그러한 분별은 신화의 상징적 의미를 가려낼 수 있는 해석학을 요구한다. 그리고 끝부분에서 다시 말하겠지만 그 해석학은 철학자로 하여금 자기 믿음을 내기에 걸도록 요구한다. 상징의 계시 능력이 인간의 자기 이해에 미치는 효과에 따라 그 내기는 이기든지 지든지 한다. 어느 선까지 철학자는 자기 믿음이 내기에 걸렸음을 확인한다. 이 책의 나머지는 그러한 내기의 확인이 종합적인 체험을 통해 이루어짐을 보일 것이다. 그럼으로써 신화의 계시 능력이 밝혀지리라. 신자는 신화의 계시 속에서 자기의 믿음을 합리적으로 따지게 된다.

3) 아담 신화가 우수하다고 해서 다른 신화들이 필요없다는 얘기는 아니다. 오히려 아담 신화를 통해 다른 신화들이 살아난다. 아담 신화를 이해함으로 다른 신화를 이해하게 된다. 으뜸가는 신화가 우리에게 입을 여는 그 지점에서부터 다른 신화도 입을 연다. 아담 신화만큼 다른 신화도 '참되다'는 말은 아니다. 앞에서 우리는 여러 가지 이유로 아담 신화가 다른 신화와 반대됨을 보았다. 그러나 아담 신화는 그 복잡성과 내적인 긴장을 통하여 여러 가지 각도에서 다른 신화들의 본질 부분을 드러낸다. 여기서 우리는 아담 신화가 특별한 방식으로 합리적 설명을 하는 것을 보게 된다. 다른 신화와 반대 관계 또는 동일성의 관계를 설정함으로써 그리한다. 그처럼 으뜸가는 신화를 중심으로 다른 신화들을 조망해봄으로써 신화들 사이의 순환 운동이 드러난다. 그리고 정적인 신화 대신에 동적인 신화를 대체할 수 있기도 하다. 굳어진 눈으로 모든 신화를 다 똑같이 보지 않고 이

처럼 역동적으로 보면 신화들 사이의 싸움이 보인다. 신화들의 싸움을 이해하는 것 자체가 신화를 이해하기 위한 싸움이다.

이 장은 세번째 문제를 주로 고찰한다. 아담 신화의 우수성을 설명하는 세 가지 방법 가운데 우리의 탐구 방식에 가장 잘 어울린다. 두번째 것은 다음 책에서 다룰 것이다. 그것은 신학이 아닌, 잘못의 철학을 말한다. 그 원리는 이 책 결론 부분에서 말하리라. 우리가 다루려는 신화의 역동성 문제는 악의 상징을 철학적으로 해석하기 위한 예비 단계다. 악의 상징에 대한 철학적 해석의 내용물은 아담 신화 하나가 아니라, 신화들 사이의 순환 운동 그리고 으뜸가는 신화 주위로 뭉치는 힘 따위이기 때문이다. 한편 아담 신화를 설명하는 첫번째 방식은 신학의 영역이지 철학의 영역이 아니다. 철학자는 계시하는 것을 통해 계시된 것을 확인한다. 반면에 신학자는 아담 신화가 기독론과 맞아떨어짐을 증명한다. 성바울처럼 신학자는 '아담 안에서'를 '그리스도 안에서'와 짝짓고 타락의 상징이 케리그마에 속했음을 보인다. 그러한 주장이 교회 신학 안에서 권위를 형성한다. 철학자는 자기 작업에 기독론을 끌어들이지 않기 때문에 신화의 계시적 특성을 입증하는 데 주력할 수밖에 없다. 물론 철학자와 신학자는 똑같이 아담 신화의 우수성을 믿지만 말이다. 여하튼 그 설명 방식이 서로 다르다. 그 문제는 끝부분에 가서 말하리라. 우리가 지금 살펴려는 신화의 역동성 문제는 철학과 신학에 공통된 사고 형태에 속한다.

신화의 순환 현상은 개체물이 서로 끌어당기면서도 일정한 거리 밖으로 밀어내는 중력 공간에 비유할 수 있다. 아담 신화를 중심으로 보면 비극 신화가 아담 신화에 가장 가깝고 유배된 영혼의 신화가 가장 먼 동심 궤도를 이루고 있다. 우리가 앞에서 동적인 것을 말했을 때 바로 이 궤도 안에서 일어나는 운동을 가리킨 것이다. 비극 신화와 신 발생 신화가 아담 신화에 가깝고, 인간을 영과 육으로 나누고 이승에서 저승으로 도망가게 하는 오르페우스 신화는 멀어지는 운동이다. 이제 우리는 여러 가지 산재한 사실들을 조직적으로 엮어내야 한다. 신화들 사이에 차이가 많이 나는데, 그 차이를 뛰어넘어 힘없는 신화들의 본질까지도 밝혀지리라.

2. 비극성을 다시 확인함

이제 아담 신화에서 비극 신화로 가는 운동을, 인간학적이고 신학적인 이중 관점에서 살펴보자. 그리고 비극 신화에서 가장 오래 되어 보이는 세계관 곧 신 발생론의 세계관으로 가는 운동을 살펴보자.

아담 신화는 비극과 정반대다. 아주 분명한 것이 있다. 그것은 하나님의 거룩하심과 인간의 죄를 고백하는 마당에 인간의 운명적 소외 얘기를 꺼낼 수 없다는 점이다. 영웅의 허물과 악한 신의 허물이 서로 얽혀 있다는 비극 신화의 얘기가 낄 틈이 없다. 그럼에도 불구하고 아담 신화는 비극적인 인간에 대해 또 심지어 비극적인 신에 대해 무언가를 말하고 있다.

아담 신화의 '비극적' 측면이 몇 가지 있다. 우리는 앞에서 이미 악한 존재로 있는 뱀이 '비극성'을 띠고 있음을 살폈다. 그러나 뱀 얘기를 꺼내기 전에 아담이라는 인물 자체가 비극적임을 보아야 한다. 아담은 저지른 잘못에 기인하지 않는 어떤 부패의 신비를 주제로 삼고 있다. 그 부패의 신비는 키에르케고르의 낱말을 빌면 양적으로 지속되고 증가하는 죄성의 깊이를 가리킨다. 이 죄성의 깊이는 지금 저지르는 악에 의해 인식된다. 나중에 사변가들이 그 깊이를 유전이라는 개념으로 잘못 고정시켰다. 원죄를 그처럼 유전된 죄로 푸는 이성이 서양 사고를 오래 지배했다. 도대체 무슨 까닭에 그런 사변을 했는지 그 동기를 찾아야 한다. 그리하여 내가 저질렀다고 하는 그 순간에도 이미 그전부터 있는, 그런 악의 개념으로 돌아가야 한다. 저지른 악의 저지르지 않은 부분, 그것이 뿌리깊은 악의 '뿌리'다. 그러나 나는 그것을 묵시적으로만 알 뿐이다.

바로 그 부분을 가리켜서 다른 신화들은 옛것(신 발생론 신화)이라거나 외부적인 것(오르페우스 신화)이라거나 운명이라 했다. 그것이 바로 비극적인 부분이다. 그것은 피할 수 없는 것이지만 자유에 반대되는 것이 아니라 자유에 수반되는 것이요, 생물학이나 심리학·사회학을 통해 대상화할 수 없고 상징적이고 신화적인 표현으로만 접근할 수 있는 것이다. 자유 속에 들어 있는 그 피할 수 없는 것을 담고 있는 것이 바로 비극 신화다. 우리가 사회 참여를 통해 자유와 자율의 신장을 꾀할수록 끊임없이 운명을 생각케 하는 것이 바로 그것이다. 신화는 여러 가지 기호들을 통해 흩어져 있는 운명의 관점들을 긁어모은다. 신화가 없다면 너무나 잡다한 경험들 속에서 자신을 잃어버리거나 너무나 협소한 관점에 눌러앉아버리게 된다. 혼돈과 텅 빔 사이 그리고 값비싼 부와 파괴적인 가난 사이에서 나는 어려운 길을 개척해야 한다. 어떻게 보면 불가능하기도 한 길을 말이다. 통일성을 얻기 위해서는 부를 버려야 한다. 키에르케고르는 자기 자신이 되는 길에서 그 양쪽을 다 취한다는 것이 불가능함을 잘 알았다. 『불안의 개념』을 보면 인간이 유한 없는 무한 혹은 무한 없는 유한 속에서 자기를 잃고 가능성 없는 현실 또는 현실성 없는 상상 속에서 자기를 잃는다고 한다.

자유에 들어 있는 운명에는 또 다른 특성들이 많다. 가능성뿐 아니라 현실과 실존마저 배제하지 않고 자기 실현을 이룰 자가 누군가? 파괴 없는 자기 실현이 가능한가 하는 말이다. 깊이 있는 우애와 사랑 그리고 충만한 우주적 연대성을 축적할 수 있는 사람이 있는가? 인간 실존의 비극이 거기 있다. 곧, 인간의 자기 인식의 역사가 스토아적인 공감으로 시작될 수 없으며, 주체가 되느냐 종이 되느냐 하는 투쟁으로 시작된다는 점 그리고 한 번 자아와 우주에 합치를 이루었다 하더라도 다시 자아 분열 속으로 빠진다는 점이다.

그런데 그 같은 운명의 요소가 자유에 반대되지 않고 자유에 수반됨으로 나의 잘못으로 인식된다. 피할 수 없는 것을 돌출시키는 것은 나다. 내 안에서 내 밖에서 나의 실존을 전개하면서다. 그러므로 그것은 무슨 윤리적인 잘못, 도덕법을 어긴 잘못이 아니라 실존적 의미의 잘못이다. 내가 된다는 것은, 늘 목적으로 꿈으로 남아 있는 전체성을 실현하게 되는 것이다. 행복이란 말이 의미하는 것이 그것이다. 여하튼 운명이 자유에 속하여 있기 때문에 다시 말해서 내가 선택하지 않았으나 나의 선택에 수반되는 것이기 때문에 나의 잘못으로 여겨진다.

그리하여 비극 신화는 동반 신화다. 윤리적인 죄 고백의 이면에 있는 운명적인 부분을 보여주는 신화다. 눈멀고 소외된 영웅의 모습을 통해 비극 신화는 허물의 불가피성을 암시한다. 그 같은 운명론적인 관점은, 지금 출현하는 악의 한가운데에 전부터 있던 악이 거의 본성처럼 자리잡고 있음을 말하려 한다. 자유 속에 잡힌 깊은 주름 같은 운명은 연극이나 드라마를 통해서만 표현된다. 플라톤 사상과 그리스도 신앙으로 비극 무대가 치명타를 입었음에도 불구하고 결코 사라지지 않는 것은 그 때문이다. 생각될 수 없는 것이 비극적 영웅을 통해 드러날 수 있고 또 그래야 한다. 그 인물은 다시 비극의 감정을 크게 불러일으킨다. 그 비극의 감정은 판단과 저주를 넘어 공포와 연민을 불러일으킨다. 그때에 자비의 눈이 생겨 인간을 고발하지 않고 심판의 두려움에서 구원하려 한다.

여기서, 아담 신화에 '비극'의 빛을 비춘 뱀의 존재가 더욱 수수께끼처럼 된다. 뱀의 등장으로 말미암아 악의 기원을 순전히 인간으로만 볼 수 없게 되었음을 말한 적이 있다. 뱀은 '죄들'에 대한 '죄'의 문제 이상이요, 제기된 문제에 대한 제기되지 않은 문제 이상이요, 뿌리깊은 악의 뿌리 이상이다. 그것은 타자다. 대적이요, 반작용의 축이다. 그러므로 악마적인 것이 나쁜 행위를 유혹한다고밖에는 말할 수 없다. 비극에서 악마적인 권세 때문에 눈이 먼 영웅의 등장은 인간이 악을 악마적인 것으로 경험하고 있음을 보여준다. 그리하여 악한 인간 이전에 악마가 있으므로 인간의 악은 이차적인 데 지나지 않음을 보여준다. 생각케 하는 것이 아니라 보여준다. 비극은 죄의 고백 이면을 드러낼 뿐 아니라 인간 악의 전혀 다른 하나의 축을 계속 보여준다. 나를 통해 악이 세상에 처음 등장하지만, 거기에는 내가 감당할 수 없는 부분이 있다. 악을 인간 탓으로 돌리는 고백에는 인간 탓이 아니라는 고백이 뒤따른다. 오직 비극(연극)만이 이 고백의 고백을 수용하여 무대 장면으로 표현할 수 있다. 이 타자를 수용할 수 있는 일관된 논의가 없기 때문이다.

그러나 더 나아가야 하리라. 아담 신화가 재확인하는 것은 비극적 인간론뿐 아니라 비극적 신론이기도 하다. 성서 신론의 비극적 측면은 다음과 같은 방법으로 찾아볼 수 있다. 이스라엘과 야훼의 계약은 윤리적 차원으로 승화되었다. 거기서부터 출발하자. 그 윤리적 차원은 신에 다한 이해에서 나온다. 하나님이 윤리적 하나님이다. 그 같은 윤리적 인간관과 신관에서 도덕적인 세계관이 나온다. 도덕적인 세계관에서 역사는 법정이며, 기쁨과 고통은 행위에 대한 인과응보이며 하나님이 심판관이다. 동시에 인간의 경험은 벌의 성격을 띤다. 그런데 유대 사상은 흠 없는 자의 고난(고난받는 종)을 생각함으로 그런 도덕적 세계관을 좌초시킨다. 욥기는 도덕적 세계관의 종말을 대표적으로 보여준다. 욥이라는 인물은 악의 문제를 사람의 잘못으로만 돌릴 수는 없음을 증언한다. 아주 초보적인 도덕적 세계관에서 나온 인과응보 이론은 세상의 불행을 모두 설명해주지 못한다. 여기서 우리는 히브리의 또는 근동의 '고난받는 의인'의 사상으로 말미암아 예언자들의 고발에서 비극적 경건으로 신앙 형태가 옮겨간 것이 아닌가 하는 물음이 생긴다.

그런데 그 사상 운동은 윤리적인 시각 바로 거기에 바탕을 두고 있다. 하나님을 정의의 근거요, 정당화의 원천으로 보는 바로 그 지점에서 의로운 인과응보의 문제가 전례없이 심각하게 대두되었다. 옳지 않기 때문에 당하는 고난이 아닐 경우 그 고난은 이해할 수 없게 된다. 이해할 수 없는 고난, 그것은 윤리 신학의 산물이다. 다른 어느 문화에서도 찾아볼 수 없는 욥기의 신랄함도 바로 그 점에서 드러난다. 욥의 불평은 아주 성숙된 윤리적 신관을 보여준다. 하나님의 입법자의 모습이 뚜렷할수록 그의 창조주의 모습은 희미해진다. 하나님이 윤리적으로 거룩하지만 그가 휘두르는 권세는 비합리적이다. 거기에 윤리적 하나님을 고발할 여지가 생긴다. 그래서 하나님을 어설프게 정당화해야 하는 문제가 생긴다. 신정론이 탄생하는 것이다.

윤리적 관점으로 안 풀리니까 신정론이 생기는데, 바로 그 지점에서 비극적 관점이 다시 출현할 가능성이 생긴다. 윤리적 세계관을 구출할 수 없는 데서 그러한 가능성이 생긴다. 욥의 친구들은 욥이 당하는 고난을 벌로 보기 위해 과거의 죄, 알지 못하는 죄, 조상의 죄, 백성의 죄 따위를 들먹이지만 욥은 그 같은 꿰어맞추기를 거절한다. 고난당하고 있지만 결백하다는 것,[1] 그것이 윤리적 세계관 주변을 맴돌고 있다.

---

1) 그런 의인이 정말 있었느냐, 또는 그런 의가 정말 가능하냐 하는 물음은 부질없다. 욥은 상상적 인물로서 윤리적 세계관의 대표자이면서 그 세계관을 파괴하는 인물이다. 가정상 그는 의인이다. 문제가 예리해지기 위해서는 그가 의로워야 한다. 어떻게 그 같은 의인이 그처럼 고난을 당할 수 있을까 하는 물음이 생기게 하기 위해서다. 허물의 등급을 고려할 때도 비슷한 상상을 할 수 있다(1부 2,3장 참조). 허물의 등급은 완벽한 의인과 완벽한 악인을 상정하는데, 욥은 허물이 전혀 없으며 고난은 최고로 당한다. 거기서 문제가 생기는 것이다.

이미 바빌로니아 '지혜'[2]는 고난에 대한 명상을 통해 윤리적 세계관의 해체를 꽤 깊이 추진했다. 『주인과 종의 대화』의 저자가 볼 때, 고난은 부당한 것이라기보다는 엉뚱한 것이다. 사실은 모든 게 엉뚱하다. 그리하여 윤리적 세계관은 그 핵심부까지 파괴된다.[3] 『고난받는 의인의 시』 같은 문서에서는 불평이 욥의 불평과 저항의 수준에까지 이른다.[4] 그러나 바빌로

---

2) S. Langdon, *Babylonian Wisdom*, Londres, 1923; J. J. Stamm, *Das Leiden des Unschuldigen in Babylon und Israel* (Zurich, 1948). 우리가 인용하는 것은 Pritchard, *op. cit.*, pp. 434~40이다. *Anthology*는 "종과 주인 사이의 비관적인 대화," pp. 250~52 만을 재수록하고 있다. 그 밖에 Mendelsohn, *op. cit.*는 "지혜의 주를 찬양하리라"(바빌로니아의 욥)와 "인간의 불행에 대한 대화"(바빌로니아 전도서)를 수록하고 있다. pp. 187~204.

3) "주인과 종의 비관적인 대화," Strophe I. "종이여 나를 따르라—네, 주인님—마차를 몰아라, 타고 궁궐로 가야겠다—타십시오, 주인님〔……〕그가 당신을 지명할 것이고 그들은 당신 것이 될 것입니다, 그가 당신에게 잘할 것입니다—아니다, 종아, 나는 궁궐로 가지 않겠다—타지 마십시오, 주인님, 그가 당신을 몰아 내 포로로 잡을 것입니다. 그가 밤낮으로 당신을 괴롭힐 것입니다." 시는 계속된다: 먹을까 마실까? 네—아니오. 말할까, 침묵할까? 어떻게 하든 마찬가집니다. 부인을 사랑할까? 그것은 남자를 잃는 것입니다. 그의 나라를 도울까? 옛사람들의 가르침에 따르면 선한 자나 악한 자나 마찬가지라고 합니다. 시는 이렇게 끝난다: (XI) "종이여, 나를 따르라—네, 주인님—자, 무엇이 좋으냐? 내 목과 네 목을 꺾어 둘 다 강에 던져라—그거 좋습니다—하늘에 이를 만큼 키가 큰 사람이 누군가? 땅을 안을 만큼 넓은 사람이 누군가?—아닙니다, 주인님, 나보다 앞서 당신을 죽여버리겠습니다—그래도 내 주인님은 나보다 3일 더 살까요?" 이 시에 대해서는 Langdon, *op. cit.*, pp. 67~81과 J. Stamm, pp. 14~16 참조.

4) 주위를 보니 죄가 넘쳤구나!
나의 고난이 커가는데
신께 부르짖었더니 돌아보지 않고
여신께 기도하였으나 그의 머리를 들지 않는도다. (II, 2~4)
〔………〕
악이 어디서 오는고? (II, 10)
〔………〕
나는 이것이 신에게 좋은 것임을 안다.
사람이 보기에 좋은 것은 신에게는 나쁘다.
사람에게 나쁜 것이 신에게는 좋다.
하늘에 있는 신들 마음을 이해할 자 누군가?
신의 계획은 깊은 바다와 같으니 누가 이해하리오?" (II, 32~36)

니아 '지혜'는 알려고 덤비지 않고 침묵한다. 마르둑이 나타나 슬픔의 어둠 속에 희망의 빛을 비춘다.[5]

불가사의하다고 아예 포기해버린 회의주의와 기적을 기다리는 쾌락주의 같은 것들은 바빌로니아 '지혜'와 거리가 멀다. 고발자는 불평을 하지 않고 인내로 기다리며 알 수 없는 신의 손에 맡기고 알려고 하지 않는다.

그러나 고대 근동의 '지혜' 문서 중 가장 뛰어난 것은 욥기다. 욥기는 윤리적 신관에서 비극적 신관으로 돌아가는 전환을 뚜렷하게 보여준다. 신의 '윤리화'가 이스라엘에서 가장 분명하게 진행된 만큼, 그 붕괴도 가장 심각하게 발생했다. 아마 프로메테우스의 저항이 그래도 욥과 견줄 만한 것일 게다. 그러나 프로메테우스가 대드는 제우스는 예언자들의 거룩한 하나님이 아니다. 욥기에서는, 신의 초윤리적인 측면을 다시 거론하기 위해서 지금껏 정의의 법칙이었던 인과응보의 법칙이 신에게 등을 돌리고, 지금껏 윤리화를 이끈 정당화의 기준에 따를 때 신은 정당화할 수 없는 존재로 보이게 되었다. 그리하여 욥의 자기 변론은 세 '친구'들이 늘어놓는 낡은 신정론에 역행하는 것이 된다.

> 너희가 아는 것만큼은 나도 알고 있으니,
> 내가 너희보다 못할 것이 없다.
> 그러나 나는 전능하신 분께 말씀드리고 싶고,
> 하나님께 내 마음을 다 털어놓고 싶다……
> 하나님이 나를 죽이려고 하셔도,
> 나로서는 잃을 것이 없다.
> 그러나 내 사정만은 그분께 아뢰겠다. (욥기, 13장 2, 3, 15절)

---

5) Langdon, *op. cit.*에 보면 문제가 해결된 것은 아니나 고난받는 의인의 관념을 통해 위로받고 저항은 회개시로 바뀐다. 그러나 바빌로니아 정통 신앙은 언제나 신을 불가해한 존재로 고백하고 인간은 무지하여 아무것도 모른다고 한다. 이름 숫자만큼 많은 인간이 무엇을 알겠는가? 바빌로니아의 지혜 문학을 보면 이미 보상 이론은 사라지고 없다. Stamm(*op. cit.*, p. 19)은 이 시가 욥기를 예고하고 있다고 본다. 마르둑의 현현은, 아예 포기하고 있는 인간을 신이 구원할 수 있음을 가리킨다고 본다. 그때 인간은 수수께끼가 여전히 남아도 신을 찬양하게 된다고 본다.

아, 그분이 계신 곳을 알 수만 있다면
그분의 보좌까지 내가 이를 수만 있다면,
그분 앞에서 내 사정을 아뢰련만,
내가 정당함을 입이 닳도록 변론하련만.
그러면 그분은
무슨 말로 내게 대답하실까?
내게 어떻게 대답하실까? (욥기, 23장 3~5절)

31장에 있는 욥의 멋진 자기 변명——31장에는 욥이 자기가 저지르지 않은 잘못들이 나열되어 꼼꼼한 의식 연구에 흥미를 주는 문서다——은 다음과 같은 대담한 말로 끝난다:

내가 한 이 변명을 들어줄 사람이 없을까?
맹세코 나는 사실대로만 말하였다.
이제는,
전능하신 분께서 말씀하시는 대답을
듣고 싶다.
내 원수가 나를 고발하면서,
뭐라고 말하였지?
내가 저지른 죄과를 기록한
소송장이라도 있어서,
내가 읽어볼 수만 있다면,
나는 그것을
자랑스럽게 어깨에 메고 다니고,
그것을 왕관처럼 머리에 얹고 다니겠다. (31장 35~36절)

윤리적 하나님에 대한 의문이 극에 달하는 것은 이스라엘의 죄의식의 바탕이 되는 대화 관계가 흔들리면서다. 하나님 앞에 선 것이 원수 앞에 선 것과 같이 된다. 하나님의 눈이 전에는 죄를 재고 동시에 연민의 눈이 었었는데, 이제 두려움의 근원이 된다:

사람이 무엇이라고,
주께서 그를 대단하게 여기십니까?
어찌하여 사람에게 마음을 두십니까?
어찌하여 아침마다 그를 찾아오셔서
순간순간 그를 시험하십니까?
언제까지 내게서 눈을 떼지 않으시렵니까?
침 꿀깍 삼키는 동안만이라도,
나를 좀 내버려두실 수 없습니까? (7장 17~19절)

욥을 보는 하나님의 눈초리는 사냥감을 보는 사냥꾼의 눈초리와 같다. 하나님이 그를 '찾아내고' '엿본다.' 그를 잡으려고 '그물을 친다.' 그의 '기력을 빼놓는다.' 사람이 죄의식을 갖는 것은 그 눈길 때문이 아닌가 하는 의심까지 하게 된다: "네, 잘 압니다. 사람이 어떻게 하나님 앞에서 의로울 수 있겠습니까?" 오히려 인간은 너무 약한 존재가 아닙니까? "나는 바람에 날리는 나뭇잎 같을 뿐입니다. 주께서는 지금 마른 지푸라기 같은 나를 공격하고 계십니다"(13장 25절).

여인에게서 태어난 사람은
그 사는 날이 짧은 데다가,
그 생애마저
괴로움으로만 가득차 있습니다.
피었다가 곧 시드는 꽃과 같이,
그림자같이,
사라져서 멈추어서지를 못합니다.
주께서는 이렇게 미미한 것을
눈여겨 살피시겠다는 겁니까?
더욱이 저와 같은 것을
심판대로 데리고 가셔서,
심판하시겠다는 겁니까? (14장 1~3절).

그래서 욥은 자기의 출생을 저주한다: "내가 태어나던 날이 차라리 사라져버렸더라면, '남자 아이를 배었다'고 좋아하던 그 밤도 망해버렸더라면 〔……〕 어찌하여 내가 모태에서 죽지 않았던가? 어찌하여 어머니 배에서 나오는 순간에 숨이 끊어지지 않았던가?"(3장 3, 11절).

> 내 유일한 희망은
> 죽은 자들의 세계로 가는 것이다.
> 거기 어둠 속에 잠자리를 펴고
> 눕는 것뿐이다.
> 나는 무덤을 '내 아버지'라고 부르겠다.
> 내 주검을 파먹는 구더기를
> '내 어머니, 내 누이들'이라고 부르겠다. (17장 13, 14절)

암만 찾아도 하나님이 없는 상황에서(23장 8절, 30장 20절), 인간은 자기가 사라지기를 바란다:

> 어느 누구도
> 다시는 나를 볼 수 없을 것입니다.
> 주님께서
> 눈을 뜨고 나를 찾으려고 하셔도
> 나는 이미 없어졌을 것입니다. (7장 8절)

욥이 발견한 것이 비극의 하나님이 아닌가? 알 수 없는 공포의 하나님이 아닌가? 마지막 대목도 비극과 유사하다. 그리스의 성가대 역시 "이해하려면 고난을 받으라"고 말하고 있지 않은가? 이제 욥은 윤리적 세계관을 넘어 새로운 신앙으로 나아간다. 입증할 수 없는 신앙이다.

욥이 하나님과 인간의 대화 관계를 송두리째 거부하며 저항하는 그 순간에도, 그 저항은 여전히 탄원임을 잊어서는 안 된다. 하나님을 고발하는 소리는 역시 하나님에 대고 하는 소리다.

차라리 나를 스올에

감추어두실 수는 없으십니까?

주의 진노가 가실 때까지만이라도

나를 숨겨주시고,

기한을 정해두셨다가

뒷날에 다시 기억해주실 수는 없습니까?

아무리 대장부라 하더라도,

죽으면 그만입니다.

그러므로 나는

더 좋은 때를 기다리겠습니다.

이 고난의 때가 지나가기까지

기다리겠습니다. (14장 13~14절)

"하늘에 내 증인이 계시고, 높은 곳에서 내 변호인이 되신다(16장 19
절). 〔……〕 그러나 나는 확신한다. 내 구원자가 살아계신다. 나를 돌보시
는 그가 땅 위에 우뚝 서실 날이 반드시 오고야 말 것이다. 내 살갗이 다
썩은 다음에라도, 내 육체가 다 썩은 다음에라도, 나는 하나님을 뵈올 것
이다"(19장 25~26절).

그러한 믿음은 인과응보에 대한 지식을 헛되게 보는 일종의 도전이다.
앎에 대한 도전이다(28장). 알지 못하는 가운데 욥은 하나님에 대해 "옳게
말했다"(42장 7절).

욥은 바빌로니아의 욥처럼 침묵으로 돌아갔다는 말인가? 어느 정도는
그렇다. '폭풍 가운데서' 욥에게 답하시는 하나님은 묻는 자와 물음을 받
는 자의 관계를 바꿔놓는다: "내가 땅의 기초를 놓을 때에, 네가 거기에
있기라도 하였느냐? 네가 그처럼 많이 알면, 내 물음에 대답해보아라"(38
장 4절). "이제 허리를 동이고 대장부답게 일어서서, 내가 묻는 말에 대답
하여라"(40장 7절). 욥은 이렇게 답한다:

주께서 못 하시는 일이 없으시다는 것을,

이제 저는 알았습니다.

주님의 계획은

어김없이 이루어진다는 것도,

저는 깨달았습니다.

잘 알지도 못하면서,

감히 주님의 뜻을 흐려놓으려 한 자가

바로 저입니다.

깨닫지도 못하면서,

함부로 말을 하였습니다.

제가 알기에는,

너무나 신기한 일들이었습니다.

주께서 말씀하셨습니다.

"들어라. 내가 말하겠다.

내가 물을 터이니,

내게 대답하여라" 하셨습니다.

주님이 어떤 분이시라는 것을,

지금까지는 제가 귀로만 들었습니다.

그러나 이제는 제가

제 눈으로 주님을 뵙습니다.

그러므로 저는 제 주장을 거두어들이고,

티끌과 잿더미에 앉아서 회개합니다. (42장 2~6절)

　욥의 침묵은 무의미에 빠지는 것이 아니다. 말문이 꽉 막히는 것이 아니다. 침묵 대신에 무슨 말이 전달된다. 그 말이 욥의 문제에 대한 해결은 아니다. 고난의 문제에 대한 해결이 결코 아니다. 윤리적 세계관의 재건과는 거리가 멀다. 폭풍 가운데서 욥에게 말하는 하나님은 베헤못과 리워야단과 들소와 악어를 들추며 창조주의 손길로 다스린 혼돈과 야수들을 열거한다. 그러한 상징들을 통해 하나님은 욥에게 모든 것이 아름다우며 질서지어져 있음을 보인다. 무서운 아름다움이요, 질서 없는 질서다. 불가지론과 윤리적인 역사관 사이에 하나의 길이 보인다. 그것은 설명할 수 없는 믿음의 길이다. 욥을 향한 개인적인 계시가 아니었지만 욥은 거기에 빨려 들어갔다. 동방의 시인은 아낙시만드로스나 헤라클레이토스의 방식을 따라 질서 너머에 있는 질서, 의미가 충만한 총체성을 선언하고 있는 것이다. 한 개인의 불만은 그 총체성 속에서 말해야 한다. 고난에 대해서는 아무런 설명이 없다. 윤리적으로도, 그 어떻게도 설명되지 않는다. 그러나 생각이 전체성에 미치면 새로운 움직임이 생긴다. 그 움직임은 자기 주장을 포기함으로써 완성된다. 불만의 바탕에 무슨 요구가 있었는데, 그 요구를 포기한다. 다시 말해서 우주 속에 자기만의 의미의 고도를 만들려 했던 의도를 포기한다는 말이다. 그때 갑자기 드러나는 것은 욥이 친구들만큼이나 인과응보의 구도 속에 있었다는 점이다. 결백한 욥이 결국 회개하는 이유도 거기에 있으리라. 그의 저항이 인과응보적인 요청이었다는 것 말고 회개할 게 무엇이 있겠는가? 욥이 자기가 당한 일에 대해 설명을 요구한 것은 결국 인과응보의 법칙 때문이 아닌가?

비극에서처럼 신의 현현도 아무런 설명이 없다. 그러나 그의 시각을 바꾸어놓았다. 그는 자유와 필연성을 같은 것으로 볼 준비가 되었다. 자유와 필연성을 운명으로 바꿀 수 있다. 그러한 전환은 참된 '되풀이'다. 인과응보의 구도 곧 일종의 보상 원리에 근거한 물질의 되풀이가 아니라 내면의 되풀이다. 그것은 지나간 행복을 다시 찾는 것이 아니라 지금의 불행을 되풀이하는 것이다.

이 모든 것이 욥기 안에 들어 있다는 말은 아니다. 그러나 욥기에서 얻은 감동으로 그러한 문제까지 밀고 갈 수 있다. 감동은 첫머리부터 생긴다. 욥기 첫머리에 보면 사탄이 내기를 한다. 욥이 "아무것도 바라는 것 없이" 하나님을 경외하겠느냐는 것이다(1장 9절). 결국은 이렇다: 인과응보의 법칙을 거부함으로써 악인이 잘되는 것을 시기하지 않을 뿐 아니라 행복처럼 불행도 하나님의 은혜로 수용한다(2장 10절). 윤리적 세계관을 이겨낸 비극적 '되풀이'의 지혜다.

이제 "숨겨진 하나님에 대한 믿음"과 불행의 '되풀이'에서 아담 신화 쪽으로 되돌아오면, 아담 신화를 이해하기 위해 비극에서 배워야 할 것이 무언지 알게 된다. 두 가지다. 첫째, 사람에 대한 동정심이다. 예언자들은 사람을 고발했지만 비극에서는 사람에 대한 동정심이 인다. 둘째, 신의 심연 앞에서 생기는 두려움과 떨림이다. 예언자들은 하나님을 거룩하다고 외쳤지만 비극에서는 그 하나님에 대해 두려움이 생긴다. 윤리적인 유일신론에서 하나님은 입법자이면서 심판자요, 사람은 도덕 주체로서 완전한 자유를 누린다. 그러나 성서의 신학이 그런 윤리적 유일신론의 진부함에 빠지지 않으려면 비극의 하나님의 모습이 결코 없어져서는 안 되리라. 비극 신학이 언제나 가능하기 때문에 하나님은 숨으신 하나님*Deus Absconditus*이다. 고난이 더 이상 벌로 이해되지 않는 한 비극 신학은 결코 사라지지 않으리라.

비극적 인간론이 자유에 수반되는 어떤 피할 수 없는 요소들을 드러낸다면 비극신론은 적대적인 운명의 징표들을 드러낸다. 그러한 징표들은 예를 들어 우리의 안목이 좁아질 때 갑자기 드러난다. 다시 말해서 총체성을 보지 못할 때 근거 없는 단편적인 결론을 내린다. 그리스 비극의 ‘관람객’ 그리고 셰익스피어 비극에 ‘미친 사람’만이 비극을 피할 수 있다. 그들은 전체를 봄으로써 비극에서 희극으로 거슬러 올라간다. 그런데 사실 직접 당하는 고난은 전체를 보는 눈을 자꾸 파괴하려 덤빈다. 그러한 모순이 해결되지 않았을 뿐 아니라 해결될 수 없는 것 같아 보이는 한, 우리는 아직 비극 신학을 따라 걷고 있는 것이다. 변증법적이지 않은 모순, 여기에 비극이 있다. 그리하여 안티고네와 크레온은 서로 망한다. 제3의 권세가 나타나 그들을 중재하고 각자의 정당성을 통합하지 않는 한 말이다. 다른 하나의 가치가 파괴되지 않고는 어떤 가치가 실현될 수 없을 때, 그때 또 한번의 비극이 있다. 어떤 가치가 증가될수록 그 가치를 지닌 사람이 파괴될 때, 그때 비극은 절정에 달한다.[6] 그때 세상만사가 모두 그런 것처럼 보이게 된다. 세상 돌아가는 것이 모두 절망이다. 막스 셸러의 말대로 “비극적인 것은 결국 이 세상이다. 그런 식의 일이 일어나는 이 세상은 모두 한통속이기 때문이다.” 세상 형편이 인간의 가치 여부와 무관하게 돌아가는 것, 곧 눈먼 필연성——햇빛은 선한 사람에게나 악한 사람에게나 똑같이 내린다——은 말하자면 그리스의 모이라 역할을 한다. 모이라는 가치 관계와 인간 관계가 인과 관계에 맞지 않으면 카코스 다이몬κακὸς

---

6) Max Scheler, *Le phénomène du Tragique.*

δαίμων 악한 신이 되기 때문이다. 영웅은 막스 셸러의 말대로 '비극의 교차로'가 된다. 눈먼 질서가 그에게서 한 많은 운명으로 바뀌기 때문이다. 비극은 개인적인 사건이지만, 우주적인 슬픔을 드러낸다. 영웅이 초월자의 희생물이 되는 것을 보이기 때문이다. 영웅은 한 많은 세상 법칙의 사도이다. 그리고 그런 법칙을 '늦춰' 보려다가 결국 비극적 행위의 종말을 '가속화' 시킨다. 그때 눈먼 필연성은 몹시도 적대적인 세력으로 등장한다.

논리로, 도덕으로, 심미적으로 아무리 해결하려 해도 비극적 관점은 영원히 남는다.

아담 신화와 비극 신화가 서로 대립하고 우리는 실존에 대한 그 두 가지 해석 사이에서 끝없이 왔다갔다 해야 하는가? 아니다.

우선 성서 신화(아담 신화)가 비극 신화를 부활시키고 그 다음 비극 신화가 성서 신화를 돕는다. 자기가 악의 주인공이라고 고백하는 사람만이 그 고백의 이면 곧 제기되지 않은 악, 이미 있는 악의 문제, 시험하는 타자의 문제를 발견한다. 나를 시험하고 내게 대적이 되는 것처럼 보이는 불가해한 하나님을 발견하게 되는 것도 그때다. 아담 신화와 비극 신화가 순환 관계에 있지만 겉면에서 주도권을 쥐는 것은 아담 신화요, 비극 신화는 뒷면을 이룬다.

그러나 여하튼 두 신화가 양극을 이루면서 우리의 이해가 어느 단계에서 멈춘다. 그 단계에서 우리는 이원론적 관점을 갖게 된다. 한쪽에는 아담이 있다. 악을 저지르면 유배는 마땅하다. 그것이 아담의 형편이다. 그러나 다른 한쪽에 욥이 있다. 내가 악을 저지르지 않았는데 당하는 고난은 부당하다. 그것이 욥의 형편이다. 첫번째가 두번째를 부른다. 두번째는 첫번째를 수정한다. 이제, 오직 제3의 인물만이 양극의 모순을 극복한다. 그 인물은 '고난받는 종'이다. 그는 고난을 통해, 저지르지 않고 당하는 악을 통해 저지른 악을 속량할 수 있는 분이다. 제2 이사야가 노래하는 '야훼의 종' (이사야, 42장 1~9절, 49장 1절~6절, 50장 4~11절, 52장 13절~53장 12절)이 바로 그분이다. 이 인물은 '지혜'의 인물과는 전혀 다른 시각을 연다. 위로는 창조자의 거대한 손길을 명상하는 데서 오지 않는다. 고난 그 자체가 백성의 죄를 대속하는 은혜가 된다.

그는 실로
우리가 받아야 할 고통을 대신 받고,
우리가 겪어야 할 슬픔을 대신 겪었다.
그러나 우리는,
그가 징벌을 받아서 하나님에게 맞으며
고난을 받는다고 생각하였다.

그러나 그가 찔린 것은
우리의 허물 때문이고,
그가 상처를 받은 것은
우리의 약함 때문이다.
그가 징계를 받음으로써
우리가 평화를 누리고,
그가 매를 맞음으로써
우리의 병이 나았다. (이사야서, 53장 4~5절)

　이 '고난받는 종'이 누구든, 그가 역사적 인물이든, 개인이든 집단이든 또는 장차 올 주님이든 이제 새로운 가능성이 열린다. 의문의 무의미 속에 있던 고난이 의미를 지닌다. 심판과 형벌의 관점에서 볼 때 고난은 허물 때문이었다. 그러나 허물 없는 이들의 고난은 그 같은 인과응보의 도식을 의문에 부쳤다. 죄와 고난 사이에 비합리적 심연이 자리잡아 둘을 나누었다. 그러다가 이제 '고난받는 종'의 고난은 인과응보와 다른 차원에서 고난과 죄를 연결시킨다. 둘 사이에 새로운 관계가 형성된다. '고난받는 종'의 비극은 그리스 영웅의 비극과도 다른 무엇이다.

　물론 율법의 신학이 있다. 그것은 대신 받는 고난을 인과응보 법칙을 고도로 수호하는 것으로 이해한다. 신의 사랑이 고난을 통해서 정의 법칙을 대신 '충족'시킨다는 것이다. 문제를 정의와 사랑이라는 신의 두 속성으로 푸는 그런 구도는 결국 새로운 질의 고난을 인과응보라는 양의 문제로 돌려버리게 된다. 그러나 은총으로서의 고난은 종래의 알 수 없는 고난을 다시 취하되 허물과 고난의 관계를 완전히 뒤집어놓는다. 옛 법에 따르

면 허물이 고난을 낳는데, 그 고난은 벌이었다. 그런데 이제 새로운 고난
은 인과응보 밖에 있는 의문의 고난이요, 인간의 악 전면에 서서 세상 죄
를 지는 고난이다. 고난이 나타나되 인과응보의 율법주의를 벗어버려야
했다. 너무나 뿌리깊은 인과응보의 법을 이행함으로써 제거하기 위해 자
진해서 그 법 밑으로 들어가야 했다. 간단히 말해 욥과 같은 의문의 고난
이 벌을 자비로 바꾸는 중재 역할을 한다. 그때 허물은 전혀 다른 차원에
선다. 심판의 대상인 허물이 아니라 자비와 사랑의 대상인 허물이 된다.

새로운 고난 앞에서 비극적인 관점은 어떤 의미를 지닐까? 새로운 고난
의 의미에 도달하지 못한 우리 모두에게 비극적 관점은 언제나 가능하다.
거룩한 고난 이편에는 언제나 물음이 존재한다: 하나님은 악하지 않은가?
"시험에 들지 말게 하소서" 하는 기도는 그런 가능성을 염두에 둔 것 아닌
가? 그 기도는 "비극신의 모습으로 내게 오지 마소서"라는 얘기가 아닐까?
비극적인 눈멂의 신학 바로 옆에 시험의 신학이 있는 셈이다.

그렇기 때문에 비극의 관점은 결코 사라지지 않는다. 철학의 로고스와
유대-그리스도교 케리그마가 없애려 했지만 그것은 두 번의 죽음에서도
살아 남았다. 비극적 관점의 궁극 동기가 되는 하나님의 노여움의 문제는
철학과 신학으로 해소되지 않는다. 하나님의 결백을 합리적으로 정당화
할 수 있는 문제가 아니기 때문이다. 흠 없는 자의 고난 앞에서 스토아 학
파나 라이프치히식의 설명은 너무나 무력하다. 당하는 악의 어두움 그리
고 "그 같은 일이 일어나는 이 세상"의 어두움이 존재한다. 막스 셸러가
『비극의 현상』에서 말하듯이 말이다. 무의미가 덮치면서 하나님의 분노가
떠오르고 비극 의식이 다시 생긴다. 오직 고난을 총체적으로 감당하는 사
람만이 하나님의 분노를 하나님의 사랑 속에 흡수할 수 있다. 그래도 다른
이들의 고난, 아기들의 고난, 지극히 작은 자들의 고난은 여전히 불공정의
신비로 남는다.[7] 오직 조심스런 희망 속에서 '악한 신'의 현상이 없기를
기대할 수 있을 뿐이다.

---

7) 사랑의 신학은 조직적인 신학이 될 수 없음이 명백하다. 정의를 제대로 일관되게 설명
   할 수 없음은 세상의 악을 설명할 수 없는 데 비하면 아무것도 아니다. '허락'이라는
   개념(하나님은 악을 '허락'하되 악을 '만들지는' 않는다)도 그러한 무력성을 보여준
   다. 그 문제는 사변적인 악의 상징을 다루면서 다시 살피도록 하자.

3. 혼돈 신화의 수용

비극 신화가 결코 사라지지 않는다는 사실에서 알 수 있는 것은 혼돈 신화 역시 어느 정도 재등장한다는 점이다. 문제는 이것이다: 신 발생 신화가 내게 무슨 말을 하고 있는가, 아니면 완전히 죽었는가? 아직 이 문제에 대해 완전한 답을 내릴 단계가 아니다. 물론, 악이 인간에게 있음을 고백하는 윤리적 유일신론에 의해 신 발생 신화가 파괴된 게 사실이다. 유일신론에서 하나님은 거룩하다. 오직 인간에게 허물이 있다. 인간에게 문제가 있기 때문에 하나님은 결백하다. 그게 유일신론이다. 그러나 아직 문제가 다 끝나지 않았다. 앞에서 비극 신화를 고찰하면서 밝혀진 것은 윤리적 유일신론을 넘어서야 한다는 점이다. 윤리를 넘어서야 한다. 아마 유일신론도 넘어서야 할지 모른다. 왜 그럴까? 한 가지 사실 때문이다. 그 사실이란 이것이다: 초보적인 바빌로니아 신 발생 신화와 고대 그리스의 신 발생 신화는 사라졌을지 모르나, 정교한 존재 신학*onto-théologie*을 통해 신 발생론 시각이 끊임없이 출현한다. 존재 신학에서는 악이 존재의 시초라 한다. 헤라클레이토스의 우주론이나 14세기 독일 신비주의 그리고 독일 관념론이 신 발생론 냄새가 나는 철학을 전개했다. 그들은 악이 존재의 고통 곧 존재의 비극 속에 뿌리를 두고 있다고 보았다. 존재가 비극이라는 얘기다. 신 발생론이 끊임없이 여러 가지 형태로 출현하는 데 주목해야 한다.

비극의 관점에서 보면 신 발생론이 왜 매력을 지니는지 알 수 있다. 우선, 악에는 저지른 악뿐 아니라 그냥 당하는 악이 있으므로 비극은 인간경험에서 결코 사라지지 않는다. 앞에서 말한 바와 같다. 그 다음, 비극신은 어떻게 생각으로 풀 수 없는 존재다. 결국 비극은 인간 쪽으로 보면 결코 없어지지 않을 경험이요, 하나님 쪽으로 보면 생각으로 풀 수 없는 것이다. 그런 비극을 생각으로 한번 풀어보는 유일한 방법이 신 발생론이다. 신 발생론은 만물의 근원에 비극이 있다고 보고, 존재의 논리가 비극 논리임을 보인다.

그처럼 비극적인 세계관이 불가피한 것이 되면서 존재의 비극 논리가 그럴듯하게 등장한다. 그럼으로써 '악한 신'이 부각된다. 비극에서 말하는

'악한 신'이 존재의 변증법을 떠받치는 논리의 핵심이 된다.

존재의 비극 논리가 참된 논리인가? 그 문제에 대해 충분한 답을 여기서 할 수는 없다. 철학적 인간학을 넘어서는 존재의 '시학'에서 다루어야 할 문제다. 우리가 악의 상징이나 악의 신화들을 연구할 때 알게 되는 것은 인간의 악에는 이면이 있다는 점이다. 인간이 저지르지 않은 악이 있다는 점이다. 그 부분은 인간 밖의 인물 예를 들어 뱀에게 돌려진다. 그러나 그 인간 밖의 인물은 악의 인간론에서 아주 가장자리로 밀려나 있다. 인간론을 넘어선다. 그러므로 이렇게 말할 수 있다: 아담 신화는 악이 존재의 범주가 아님을 생각케 한다. 그것이 아담 신화의 독특성이요, 우수성이다. 그러나 아담 신화 역시 이면이 있기 때문에 다른 신화가 끼여들게 마련이다. 분명한 것은 아담 신화의 악의 인간론만으로는, 악이 처음부터 존재에 붙어 있다고 말할 수 있는 여지가 없다.

악의 문제에 대한 우리 연구에서 결국 언급하지 않을 수 없는 것은 '그리스도론'이다. 악을 존재의 범주요 실체로 보는 관점을 극복할 수 있는 것은 '그리스도론'이다. 그리스도론이란 하나님의 삶 안에 또는 신적인 '위격들'의 변증법 안에 고난받는 종의 형상을 담을 수 있는 논리라고 본다.

'그리스도론'에 따르면 고난은 신성의 계기다. 하나님이 낮아지고, 자기를 비움으로써 비극을 이루면서 제거한다. 불행이 하나님에게 일어나니 비극은 소멸되는 것이다: "인자가 넘겨져야 하는 것을 너희는 모르느냐?" 물론 이 '넘겨져야 한다'는 것은 하나님이 감당할 운명을 가리킨다. 그러나 상황이 완전히 역전되기 때문에 비극은 제거된다. 신 발생 신화에서는 크로노스가 자기 아비를 해치고 마르둑이 티아마의 권세를 산산이 파괴한다. 그러나 복음서의 그리스도가 영광받는 것은 철저한 희생을 통해서다. '넘겨져야 하는' 운명은 '은총'의 빛에서만 이해된다. "아무도 내 생명을 해칠 수 없으며 다만 내가 자진해서 내 생명을 내놓는다"고 요한복음의 예수가 말한다. 철저한 운명이 철저한 은총이 된다는 사실, 바로 거기에서 비극은 이루어지면서 제거된다.

그러나, 그리스도론이 앞서 말한 '야훼의 종'의 연장선상에 있기는 하지만 좀 다르다. 야훼의 종은 인간이다. 인간의 고난을 염두에 둔 것이다.

야훼의 종은 한 사람일 수도 있고, 한 민족일 수도 있고 과거의 예언자나 앞으로 올 왕일 수도 있다. 다시 말해 극한 상황 속의 인간을 갈한 것이다. 야훼의 종의 상징이 인간 실존에 대한 철학적 반성에 도움을 줄 수 있는 이유가 거기에 있다. 그러나 하나님 안에서 의문의 고난을 설정하는 이론, 그 의문의 고난을 은총의 고난으로 보는 이론은 더 이상 인간 실존의 상징에 속하지 않는다. 인간의 극한 상황에서도 일어날 일이 아니기 때문이다. 물론 그리스도의 희생 안에서 일어나는 '운명'과 '은총'의 일치가 우리의 행실과 고난에 응용될 수 있기는 하다. 그러나 우리의 고난과 그리스도의 고난은 차원이 다르다. 그렇기 때문에 비극이 그리스도론 안에서 이루어지면서 소멸된다는 것은 철학적 인간론이 다룰 수 있는 부분이 아니다.

한편 신 발생론이, 옛날 신 발생 신화는 모두 없어졌음에도 불구하고, 끊임없는 물음으로 남는 까닭은 여기 있다. 우선 악의 기원이 인간이라고 고백할 때도 사라지지 않는 인간 너머의 측면에서 비극이 다시 출현한다. 그리고 그 비극은 생각으로 풀 수 없는 것인데, 신 발생론이 비극을 논리로 바꾸어 구출하는 궁극적인 수단이 된다. 그리하여, 생각으로는 풀 수 없는 '악한 신'에 대해 말하는 신학이 악을 존재의 범주로 생각하여 푸는 존재 신학을 요청한다. 존재 신학을 통해 신 발생론은 여전히 남아 있다.

결국 두 가지 길이 있다. 비극이 존재의 논리로 기반을 다질 것인가, 아니면 그리스도론 안에서 역전될 것인가? 둘 가운데서 선택하는 것은 자유의 '시학'에 속한 문제이며 아직 이 책에서 취급할 수 있는 문제가 아니다. 그러므로 우리의 철학적 인간론은 둘 가운데 하나를 선택하지 않겠다. 인간이 저지르지 않은, 인간 이전의 악의 수수께끼에 부딪힐 때마다 둘 가운데 하나를 선택하도록 하는 요구가 있지만 말이다.

4. 아담 신화와 유배 신화의 싸움

유배 신화는 다른 신화들과는 그 유형이 매우 다름을 앞에서 보았다. 그것은 유배 신화가 아담 신화와 반대된다는 뜻일까?

그리스도교가 신플라톤주의를 빌어 신앙의 교리를 표현하였기 때문에 타락 신화가 유배 신화에 의해 많이 오염되었다. 그 점을 간과할 수 없다. 물론 그런 혼합이 잘못된 것이라고 넘겨버릴 수 있다. 그러나 그 혼합된 덩어리의 실마리를 잘 풀어보는 것이 철학자와 신학자의 임무이리라. 그 혼합으로 말미암아 그리스도교는 니체가 말하는 대로 대중을 위한 플라톤주의가 되었다. 그리하여 역사 뒤의 세계를 강조하는 종교로 보이게 되었다. 그러나 앞에서 본 대로 영육의 이원론과 아담 신화의 인간론적 일원론은 서로 대립된다. 전자는 악을 혼합물로 보고 후자는 악을 처음 상태와 다른 것으로 본다. 아담 신화를 중심으로 도는 동심원에서 볼 때, 오르페우스 신화는 상당히 정적인 부분을 차지한다.

그러나 그들이 어떻게 오염되었는지를 이해해야 한다. 그런데 그들의 혼합을 따지려면 각 신화들이 반대되는 신화에 대해 갖는 친밀성을 알아보아야 한다. 신화들끼리 친화력을 통해 오염되는 것을 알아내면, 가장 중심되는 신화의 빛에서 다른 모든 신화도 이해할 수 있게 된다.

먼저 아담 신화에서 출발하여 그것이 어떻게 유배된 영혼의 신화와 반대되는지 보자. 다시 한번 이미 있는 악 곧 아담 신화의 이면에서 출발해야 한다. 이브와 뱀이 만들어내는 부분이다. 그러나 비극 신화가 그 부분을 신이 눈멀게 한 데서 찾고, 신 발생 신화는 태초의 혼돈에서 찾는 반면에 오르페우스 신화는 그 부분을 외부성으로 해석해서 육과 하나로 본다. 육이 비의지적인 것의 유일한 뿌리라는 것이다.

그런데 뱀에서 육체—감옥으로 옮겨가는 것은 그리 이해하기 어렵지 않다. 악의 체험을 두고 신화 상징에서 일차 상징으로 올라가면 새삼스럽게 어떤 상징들을 발견하게 된다. 그것들은 히브리 문학에 속해 있으면서도 오르페우스 상징으로의 전이를 보여주는 상징들이다. 애굽(이집트)의 옥살이나 출애굽 같은 상징들이 그것이다. 그런 상징 체계는 바빌로니아 유폐라는 역사 경험을 통해 강화되고, 유폐 당시 대예언자들의 선포의 핵심이자 지금껏 디아스포라들의 정신적 지주인 대회귀(돌아옴)의 희망에 의해 자리를 굳힌다. 그런데 직접 유대 역사 신학과 연관되어 있는 이 상징 체계는 추방 주제를 통해 정말 신화답게 표현된다. 그 추방 주제는 타락 이야기와 뗄 수 없는 관계에 있다. 추방과 방황과 상실의 시간이 타락에서 비롯된다. 아담의 에덴 추방, 카인의 방황, 바벨탑 사건이 그러한 상실의 시간들을 상징한다. 그러므로 유배의 주제가 타락의 주제에 낯설다고 할 수 없다. 유배는 타락했기 때문에 받는 '저주'다. 성서의 포로됨과 영혼의 유배의 관계는 유대인의 출애굽과 오르페우스파 영혼의 오디세이의 관계와 같다.

물론 유배되고 돌아오고 하는 것이 오르페우스파들에게는 영혼이다. 육은 유배의 장소다. 그러나 어느 정도까지는 히브리 상징 체계에도 그런 모습이 있다. 포로됨과 해방의 상징은 악의 외부성을 염두에 두고 있다. 그 점은 앞에서 이미 살펴보았다. 그런데 그 외부성이 이미 에스겔이나 예레미야 같은 예언자들이 사용하는 육의 상징에서도 보인다. 돌같이 굳은 마음, 동물처럼 음탕한 간음 따위의 상징이다. 죄의 상징 내면에 흠의 상징이 다시 들어가는 것도 악의 외부성 때문이다: "나를 죄에서 깨끗게 하소서. 나를 씻으소서, 그리하면 때가 없겠나이다. 나를 씻으소서, 눈보다도 희게 되겠나이다"라고 시편 기자가 기도한다. 이 같은 흠의 상징과 육의 상징 사이의 거리가 멀지 않다. 왜냐하면 육이라 할 때도 문자적인 육이 아니라 상징적인 육이기 때문이다. 육이란 내 속에서 나 없이 이루어지는 모든 것의 집합소다. 그런데 유혹과 시험도 내 속에서 나 없이 이루어지는 것이다. 그러므로 내 의지와 상관없는 육의 외부성을 이용해 밭과 이브가 만나는 경험을 표현한 것도 놀라운 일이 아니다. 육의 개념은 아주 풍부한 상징성을 지니고 있으며 단순히 생물학적인 것에 그치지 않는다. 적어도 인체 과학이 발전되기 전까지 그리고 그리스 의학의 영향권 밖에서는 그랬다.

성바울이나 어거스틴 그리고 루터가 겪은 새로운 유형의 종교 체험에서 오염 문제가 새로운 단계에 접어든다. 이른바 거듭남의 체험이다.[8] 이 유형에 속한 사람들은 악의 불가항력성과 은총의 불가항력성을 차례차례 경험한다. 그들의 인간론은 반(反)의지적 인간론이다. 죄의 노예인 인간이 '그리스도의 노예'가 된다. 성바울의 경우가 특별히 인상적이다. 그의 언어는 헬레니즘이나 영지주의 언어와 아주 비슷하여, 성서 전통이 그에게

---

8) N. P. Williams, *Ideas of the Fall and of Original Sin*, New York, Toronto. 1927.

서 신오르페우스주의나 영지주의에 의해 오염되었다고 해석할 수 있었을 정도다. 과연 그는 "네 속에 자리를 잡고 있는 죄"를 말하고 "내 지체 속에는 다른 법이 있어서 내 마음의 법과 맞서서 싸우고, 내 지체 속에 있는 죄의 법에다 나를 사로잡는 것을 봅니다"고 한다. 또 그는 종종 육을 가리켜 '죽음의 육신'이란 표현을 쓴다. 그러나 포로됨의 상징과 예레미야와 에스겔의 표현들 연장선에서 볼 때, 바울이 말하려는 것을 제대로 이해할 수 있다. 앞에서 본 대로 바울이 말하는 '육'이란 실체가 아니라 실존적인 범주다. 감정적인 것과 율법 안에서 영광받으려는 도덕심까지 포함한 말이다. 그것은 소외된 나를 총체적으로 일컫는 말이요, 나의 내면을 이루는 '성령의 요구'에 반대되는 개념이다. 나와 나의 분열 그리고 그 같은 외부적 자아에 나를 투사하는 것, 이것이 바울의 육 개념의 핵이다. 바울에게서 그 같은 모습의 죄의 상징이 탄생했다는 점에 대해서는 이의가 없을 줄 안다. 문제는 그러한 상징이 원래 히브리 전통의 연장선상에서 형성된 것인데, 헬레니즘 전통에 모종의 빌미를 제공한다는 점이다. 원래 악한 육체에 영혼이 유배되었다고 보는 헬레니즘 사상 말이다. 그 빌미를 가지고 이후 그리스도교와 신플라톤주의가 만나고 많은 오해가 생기게 된다. 그리하여 차차 성서 전통의 죄의 이해가 이원론과 비슷하게 된다.

성바울 자신이 적어도 그 용어에 있어서 헬레니즘의 이원론 쪽으로 상당히 나가는데,[9] 그가 영지주의에 빠지지 않게 된 것은 무엇보다도 그리

---

9) 좀 애매한 본문 가운데 몇 가지를 살펴보자: 로마서, 8장 1~12절; 에베소서, 2장 1~6절, 4장 22절; 고린도후서, 4장 16절. 이 본문들은 위에서 말한 대로 외부성의 도식에 따라 해석될 수 있다. 그러나 바울이 육의 개념을 쓰게 된 동기를 잊어버리면, 표현 그 자체는 헬레니즘의 개념과 별다를 것이 없다. 그런데 바울 자신이 헬레니즘과 관계 없는 어떤 상황을 표현하기 위해 헬레니즘의 용어를 썼을지 모른다면, 바울 사상을 의심하는 것은 당연한 일인지도 모른다. 과연 그는 그랬는가? 여하튼 그의 사상이 이원론이라고 명백하게 증명할 수 있는 본문은 없다. 고린도전서 15장에 보면 '세상의' '썩을' '죽을' 육신 또는 '처음 사람'의 육신과 '영적인' '천상의' '썩지 않을' '영생할' 몸, 곧 '둘째 사람'의 몸을 대비시킨다. 첫째 사람이 원래 선하게 창조되었는데 나중에 악이 들어왔다든지 하는 설명이 전혀 없으면서 말이다. 그러나 고린도전서 15장은 그런 설명을 할 만한 곳이 아니다. 왜냐하면 거기서의 문제는 죽음의 문제지 죄의 문제가 아니기 때문이다. 거기서 썩는다든지, 세상적이라든지 하는 말은 피조물의 상태를 가리키는 것이지 꼭 악을 가리키는 것은 아니다. 사실 16장 56절에 보면 위의

스도가 우리 같은 몸을 입었다는 성육신론 때문이다. 그리고 육신의 구원을 기다린 점과 아담 신화 때문이다. 이 마지막 부분에 주목해보자. 만일 바울이 아담 상징을 문자적으로 받아들여 그를 한 개인이요, 태초의 첫 사람으로 본다면 그것은 매우 염려스러운 일일 수 있다. 그러나 만일 그렇다면 바울이 이원론으로 빠지지 않게 된 것도 그런 해석 때문이라는 점 역시 인정해야 한다. 아담을 한 개인으로 보고 그리스도를 아담과 대칭된 둘째 아담으로 보는 본문("한 사람에 의해 〔……〕하였듯이")에서 이원론 문제에 대한 새로운 시각이 생긴다. 흔히 그분을 자연법(본성의 법칙)의 문제로 보려 하지만 사실은 우연성의 문제가 제기된다. 그 '한 사람'은 원래 선하게 지음받은 상태의 인간과 지금 상태의 인간의 차이를 보여준다. 지금 상태의 인간은 바울이 '육' '옛사람'이라고 부른다. 그렇게 볼 때 바울이 영지주의로 빠지는 것을 막은 것 가운데 하나가 아담 신화다.

아담 신화와 유배된 영혼의 신화의 거리가 바울에게서는 아직 예민하게 지속되고 있다. 그러나 그 거리는 아담 신화의 고유한 특성이 줄어들고 그리스도교가 유배된 영혼의 신화에 매력을 느끼면서 점차 작아진다. 실제로 아담은 점차 인간성의 상징이 되지 못한다. 차츰 그의 결백은 그 본성이 그렇든 아니면 덧붙여진 것이든 앎과 복과 영생이 있는 환상적인 결백으로 생각된다. 동시에 그의 잘못이 초래하는 소외야말로 정말 '타락'이요 초인적인 상태가 붕괴되는 것으로 여겨지게 된다. 그렇게 되면 아담의 타락은 플라톤이 『파이드로스』에서 말하는 영혼의 추락과 다르지 않다. 영혼이 육체로 추락했다고 본 플라톤의 생각과 다르지 않다는 말이다. 이제 타락은 영혼이 옛날 있던 곳에서 멀리 떨어진 곳으로 유배된 것과 별다를 바가 없게 되었다.

아담 신화가 변하면서 그리스도교 신앙도 변화되고 일종의 이원론적 신화를 설정하게 된다. 플라톤화된 그리스도교는 차츰 신비주의와 함께 금

본문을 내적 싸움과 은밀히 연관시키고 있다. 한편 갈라디아서 5장 17절 역시 이원론처럼 보인다: "육체의 욕망은 성령을 거스르고 성령이 바라시는 것은 육체를 거스릅니다. 이 둘이 서로 적대 관계에 있으므로 여러분은 자기가 원하는 것을 할 수 없게 됩니다." 그러나 다음 구절을 보면 이 이분법이 율법 아래서 내적인 싸움을 하는 것이다: "그런데 여러분이 성령께서 인도해주시는 것을 따르면 율법 아래 있는 것이 아닙니다."

욕적 성격을 띠게 되면서 관조와 육적인 일을 반대되는 것으로 보고 거기에 따라 영과 육도 반대되는 것으로 보게 된다. 흠과 육과 성에 대한 두려움, 아주 오래 된 그 두려움들이 다시 등장한다. 교만의 문제로 이해했던 죄를 육욕의 문제로 돌리면서 이원론적인 신화가 스며든다. 그렇게 해서 그리스도교가 악을 육과 동일시한다(실제로 그렇게까지 되지는 않았다)는 얘기가 생길 만하게 되었다. 그런 변화의 원인 가운데 하나로 죽음의 체험을 꼽아야 하리라.[10] 순교자가 생기면서 죽음의 독기는 이후의 영성을 보장하는 것으로 생각되었다. 때로는 자진해서 순교를 하기도 했는데, 그러면서 죽음은 참된 삶 곧 그리스도와 함께하는 삶의 시작으로 여겨졌다. 이 '눈물 골짜기'에서 사는 삶은 시험의 기간이요, 악의 형상 이상이 아니게 된다. 『고르기아스』의 소크라테스처럼 정말 바라는 것은 여기서 떠나는 것이다. 그렇게 되면서 그리스도교 신앙은 신플라톤주의와 뒤섞이게 된다. 신플라톤주의가 육을 감옥으로 보는 유배된 영혼의 신화에서 유래된 것임은 앞에서 보았다. 그리스도교와 신플라톤주의와 영지주의, 이 세 가지 낱말 사이의 관계를 뒤에서 살펴볼 것이다. 그 관계를 이해하려면 모든 요소를 다 알아내야 한다. 훨씬 사변적인 상징들 곧 '물질' '원죄' '에온의 타락' 같은 상징들 사이에도 그런 관계가 있다. 그러나 거기까지 나가지는 않겠다. 우리 연구는 신화 상징의 차원에 머무른다. 아담 상징의 내적 긴장을 이룬 동기들이 어떻게 해서 유배 신화를 끌어들여 상호 오염을 가능하게 했는지 볼 것이다.

그러나 유배된 영혼의 신화가 특별한 변신 능력을 지니지 않았다면 아담 신화가 유배된 영혼의 신화로 빠져드는 것이 쉽지 않았을 것이다. 앞에서 우리는 가장 오래 된 악의 상징 곧 흠의 상징이 얼마나 풍부한 상징력을 지녔는가 여러 차례 강조했다. 흠은 때 이상이다. 그것은 노예 의지에 이르기까지 모든 단계의 악의 경험을 대변할 수 있다. 그런데 육의 상징도 흠의 상징 못지않다. 그 둘이 서로 나뉠 수 없기 때문이다. 왜 그런지 쉽게 이해되리라. 흠의 상징이 외부성·적극성 그리고 완전히 파괴적이지는 않은 변형 따위로 구성되어 있다면 육은 그 상징의 상징 역할을 할 수 있

---

10) Gargam, *L'amour et la mort*, Paris, 1959, pp. 281 이하.

다. 육 역시 실존의 부분이기 때문이다. 그리고 육은 안과 바깥의 경계에 있어 처음부터 예민하다. 육의 풍부한 상징력은 거기서 나오고, 악을 육으로 설명하는 것도 다 그 때문이다. 그렇지 않다면 육은 악의 알리바이가 되어 누구든 자기 책임이 아님을 변명할 때 육을 들먹이리라. 악을 육으로 설명하는 것은 객관적인 설명이 아니라 추원론적인 신화요, 이차적인 상징일 뿐이다. 만일 현대인들처럼 그 설명을 과학적인 것으로 받아들인다면 악한 행위에 윤리적 책임을 물을 수 없게 된다. 인간이 악의 문제에 부담을 느끼려면 육은 상징이 되어야 한다. 악의 체험의 어떤 관점을 상징하는 것으로 봐야 한다. 육이 악의 신화에 끼기 위해 필요한 조건은 육의 풍부한 상징력이다.

그리하여 그리스도교 역사에서 성서 상징이 외면화되고 거기에 화답해서 육을 감옥으로 보는 오르페우스 상징이 내면화되는 것도 놀라운 일이 아니다. 성바울은 '타락' 영상에서 '육'의 영상으로 가고 플라톤은 거꾸로 악한 육에서 불의한 영의 문제로 간다.

플라톤이 육을 나쁘게만 생각했다고 보면 안 된다. 육―감옥 상징이 내면화되는 운동을 그 역시 알았다. 소크라테스를 따라 불의한 영을 육 속에 투사했지만 그는 육을 영의 수동성의 상징으로 바꾸어놓는다. 그 두 가지 운동이 어떻게 교차하는지 보아야 한다. 한편에는 아주 소크라테스적인 것으로 영혼의 '치유' '돌봄' 따위의 개념이 육의 상징을 요청한다. '치유'란 말에 들어 있는 뜻은 영혼이 돌보고 치료해야 할 육체와 같다는 점이다. 그때, 윤리와 정치는 영혼의 '의사'와 같다(『프로타고라스』, pp. 311b~13a, 356c~57a). '영혼의 치유'라는 의료적인 상징에 일치하는 것으로 '불의의 병'(『고르기아스』, 480b) 같은 상징이 있는데 이들은 모두 영혼의 혼란을 삐딱한 육체에 빗대고 있는 것이다. 속죄도 같은 식으로 풀린다. 속죄란 영혼의 악을 '떼내는' 것이다. 마치 목욕을 통해 육체에 붙어 있는 오물을 떼내듯이 말이다. 따라서 벌받은 영혼이 불의한 영혼보다 낫다. 전자는 악을 씻어냈고 후자는 아직 안 씻어냈기 때문이다. 불의는 병과 같은 것이요, 정당한 벌은 치료와 같은 것이다. 이제 육이 무슨 불의한 것을 낳기 이전에라도 그 자체로 불의의 상징이 된다. 그처럼 병과 치유라는 의료적인 비유를 통해서 오르페우스 신화가 철학의 옷을 입는다. 이미 소크라테스가 말한 영혼의 문제에 플라톤이 오르페우스 신화를 다시 취하기 위한 준비가 되어 있었던 셈이다. 플라톤이 오르페우스 신화를 다시 취함으로써 철학은 다시 신화와 접촉하게 되고 좀더 높은 단계의 상징으로 나아가게 된다. 그러면서 육의 상징의 문자적 의미는 점차 경감된다.

『파이돈』의 대화를 보면 육의 상징이 점차 변모하는 것을 쉽게 볼 수 있다. 그런데 영혼의 의미가 바뀌듯이 육의 의미도 바뀐다. 처음 보기엔 산다는 것 자체가 악인 것 같고 철학과는 정반대인 것 같다. 그때 육은 생각과 정반대가 된다. 세상과 접촉하는 한 순결이란 절대로 있을 수 없으니, 그것은 육이 "영혼을 어지럽혀 진리와 생각을 얻지 못하게 하기"(66a) 때문이다. 따라서 철학이란 "영혼만으로 사물을 그대로 보기 위해" 육을 죽이는 것이다(66d). 육은 두말할 나위없이 악의 장소다: "우리 영혼은 나쁜 것과 섞여 있으며"(66b), "육의 발광에 내맡겨져 있다"(67a). 그러나 육의 문제는 그것의 물질성에 있지 않고 사물과 접촉하는 데 있지도 않다. 문제는 영혼을 그 접촉의 포로로 만들어 육에 가두는 무슨 '끌림'에 있다. "인간 영혼이 기뻐하거나 고통스러워하는 것은 그러한 감정을 일으키는 대상물이 무엇보다도 참되고 명백하다고 오해하기 때문이다"(83e). 그러므로 감각이 순결하지 않은 한, 거기서 일어나는 느낌 역시 순결하지 않다. 그리고 그 감각과 느낌을 파토스로 만드는 어지러움이 생겨 영혼은 감각의 포로가 된다. 그 어지러움이 영혼 안에 생기기 때문이다. 그 어지러움이 영혼을 육체의 욕망에 잡아넣는다(79c). 이제 '수동성'은 자기를 가두는 자에게 자기를 맡겨 스스로 포로가 되는 영혼의 행위다: "놀랍게도 이 감옥은 욕망의 열매요, 그를 감옥에 넣는 것은 결국 그 자신이다"(82e). 그렇다면 영은 "자기 자신의 살인자"다.

이제 우리는 악한 육의 신화에서 멀리 떨어졌다. 신화를 윤리적으로 해석하다보니까 신화 속의 '소마'(영혼)가 지니는 여러 가지 측면을 보게 되었다. 신화 속의 '소마'는 이미 육 이상이다. 물론 영이 육 속에 들어 있는 것을 상상해서, 이 실존이 육이라는 옷 속에 갇혀 있는 포로라고 볼 수도 있으리라. 그때 정화란 그 옷을 벗어버리는 것이리라. 그러나 그보다 앞서 '육'을 좀더 상징적인 것으로 보면서 정화는 이미 시작되었다.

플라톤이 앎의 단계를 말할 때 영혼의 의미와 함께 육의 의미가 바뀐 까닭도 거기 있다. 영혼은 더 이상 육에서 육으로 도망가는 그런 것이 아니다. 영혼은 이데아와 유사한(좀더 높은 단계로 가면 영혼은 이데아로 이루어진다) 존재다. 그런데 영혼이 이데아에 가장 가깝다면, 육은 멸망하는 것에 '가장 가깝다.' 영혼이 존재에 대해 무슨 활동을 하듯이 육도 어떤 사물이라기보다는 존재의 방향이요, 무엇에 거꾸로 가는 것이다: "육이 영혼을 자기 동일성을 상실하는 방향으로 이끈다. 그때 영혼은 술 취한 것처럼 비틀거리며 방황한다. 그런 유의 것과 접촉하고 있다고 볼 수도 있다" (79c). 이제 두 개의 '닮음'에 따른 두 개의 존재 운동이 있다. 멸망하여 사라질 운동과 변치 않는 운동이 있다. 조금 전에 우리는 이데아와 육을 대충 대립되는 두 '세계'로 놓고 봤다. 그러나 영혼은 그 둘 사이에 있어 스스로 변치 않는 존재가 되거나 아니면 욕망의 어지러움을 따라 멸망하게 되는 방향으로 움직인다.

그러므로 육은 무슨 사물이라기보다는 어지러움의 방향이요, 이데아를 닮은 영혼과 반대 방향이다. 그렇게 볼 때 영혼은 이데아로 '도망가기'보다는 멸망의 질서에 비슷하게 보인다.[11]

육은 어떤 원리를 바탕으로 반대 방향을 향하고 있는가? 육의 신화의 철학적 의미를 찾으려면 '불의'에 대해 생각해야 한다. 욕망의 어지러움을 이해해야 한다고 『크라틸로스』에서 말하고 있다. 거기서는 욕망이 능동적이면서 수동적임을 암시함으로써 육체를 단순히 감옥으로 보는 해석을 피하고, 이미 악을 영혼의 적극적인 운동으로 해석하고 있다. 언어의 왜곡에 대해 생각하면서 『크라틸로스』는 의미가 빗나간 것이 멍청한 입법자 때문이라고 한다. 만일 언어가 고정되지 않고 변화한다면, 만일 철학의 왜곡을 담는 언어가 있다면 그리하여 개념이 흔들린다면 그것은 그런 환상을 만들어내는 자가 "일종의 소용돌이에 휘말려 혼돈되고 어지러워진 때문이며 또 우리를 그런 식으로 끌어들이기 때문이다"(439c).

이 본문은 굉장히 중요한 본문이다. 플라톤주의가 언어의 바탕을 우선 의미의 현실성에 두고 그 다음 의미의 변증법적 구조를 따지는 점을 염두

---

11) 『파이돈』의 2부와 3부를 나누는 종말 신화는 그러한 사고의 발전을 보여준다. 지옥에 도착한 불의한 영혼은 불의의 자국을 지니고 있는데 그것은 자기가 자기에게 한 방 먹인 것 같은 자국이다. 재판관은 그 자국을 보고 영혼이 육체와 유사하다고 본다.

에 둘 때 상당히 중요한 본문이다. 그러므로 사람이 기본적으로 말이라면 말의 열정은 으뜸되는 열정이다. 파르메니데스는 이미 지칭 명사를 의견과 방황과 헛소리로 나누어 말했다. 그런데 말의 열정은 수동적인 열정이 아니다. 정치에서 볼 수 있듯이 거짓말은 참말을 적극적으로 왜곡한다. 거짓말은 꼬리 변화를 일으켜 거짓의 세상을 만든다. 그렇게 되면 대화자가 한 말 안에서 진실을 형성할 수 없게 되고 대화가 아니라 대화의 모방에 지나지 않는다. 이 같은 '거짓'에 대한 논의가 악을 육의 문제로 돌려버리려는 '욕망'의 문제에 영향을 미친다. 욕망은 그것이 순전히 육적이지 않기 때문에 나쁘다. 욕망은 일정한 도를 넘어 무엇에 사로잡힌다. 그런데 도를 넘는 것은 '거짓'을 통해서다. 폭군은 대표적으로 욕망에 사로잡힌 자다. 폭군은 정치나 형이상학에서보다 철학에서 더 중요하다. 왜냐하면 그는 자기 욕망을 모두 충족시킨 인간을 상징하기 때문이다. 그것은 무한한 욕망의 신화다. 무슨 법에 의해 제약되지 않은 권세의 뒷받침을 받기 때문에 무한하다. 그런데 그 욕망의 육은 불의한 영을 거쳐 나오는 것이다. 욕망은 불의에서 오는 것이며 거꾸로가 아니다.

그러므로 욕망을 영혼의 질병으로 만드는 것은 '육' 그 자체가 아니라 '불의'다.

이렇게 해서 우리는 소크라테스의 불의한 영혼관에서 육을 저주로 보는 관념으로 이르는 길을 거꾸로 추적하였다. 육에서 영혼으로 올라가며 퍼지는 혼돈의 원인은 불의와 거짓말에 있다. 그것들이 영혼을 가두어 피곤하게 한다. 그러므로 육은 더 이상 악의 원천이 아니며 영혼이 갇히는 '장소'일 뿐이다. 악의 기원은 불의다. 불의가 소용돌이를 일으켜 영혼의 참된 공동체를 뒤흔들고 그리하여 영혼이 육과 비슷하게 되도록 한다.

『파이드로스』에 있는 타락의 신화를 그런 식으로 해석할 수 있을까? 그럴 수 있다고 본다. 타락을 의지의 왜곡으로 보는 성서의 신화와 육으로의 타락으로 말하는 플라톤을 너무 반대되는 것으로 생각해서는 안 된다. 신화의 '육'을 너무 문자적으로 해석하다보면 신화 그 자체의 구조를 고려하지 않는다. 우리는 앞에서 신화가 '타락'의 신화이기에 앞서 '구성'의 신화임을 지적한 적이 있다. 악은 꼭 육의 문제가 아니며 따라서 바깥에 있지 않다. 악은 나와 내가 일치하지 않아 생기는 것이므로 안에 있다. 그렇게 해석할 때 윤리적 해석이 된다. 영혼은 타락 이전에 구성되고 육을 입었다. 그렇기 때문에 『파이드로스』에서 말하는 영혼 불멸은 육을 움직이면서 움직여지는 영혼을 전제로 하고 있다. '움직임'과 '움직여짐'의 관계가 악보다 앞선다(245c~46a). 천상의 존재들 곧 신들과 별들과 인간 영혼은 모두 그 관계를 지니고 있다: "죽을 존재와 죽지 않을 존재가 모두 산 이름을 가지는 이유가 무얼까? 그 점에 답해야 한다. 〔……〕 모든 종류의 영혼은 영혼 없는 것을 책임진다"(246b). 신은 "불멸의 존재로 영혼과 육을 소유하는데 그 둘이 영원히 자연스럽게 통일되어 있다"(246d). 세상의 영혼은 "완전하여 세상 전체를 통치한다"(246d). 『티마이오스』도 바로 그 점을 말하고 있다(34c~36d). 영이 육 안에 있다기보다 육이 영 안에 있다(36d, e).

영혼이 처음부터 육을 입었으므로 처음부터 변화한다: "우주 전체를 운행하면서 여러 가지 다른 형태를 취한다"(246b). 육과 세상을 경영하는 것은 전진해나가는 것이다. 좀더 자세히 말해 무게중심과는 반대 방향으로 날개를 타고 올라가려는 것이다(246d). 바로 여기서 이성과 감성은 처음부터 불일치를 일으킨다. 이 불일치는 위에서 말한 대로 영혼에 들어 있는 이중의 유사성과 다를 바 없다. 이 이중의 유사성은 새로운 특징으로 풍부해진다. 새로운 특징이란 『파이드로스』에서 말하는 영혼의 '구성'이 『국가』 IV에서 말하는 영혼의 세 부분과 연관을 가지면서 생긴다. 영혼의 세 부분이란 영혼의 연약성과 원초적인 불균형과 '애매모호한' 매개 기능이다. 세번째 것이 앞의 둘을 포괄한다. 그리하여 영혼은 처음부터 다양하고 논쟁적인 성격을 지니고 거기서 감성은 악의 원리가 아니며 다간 시험과 유혹의 원리다.

그러므로 『파이드로스』의 '타락'이 감성과 육으로의 타락이 아니라 '이 땅'으로의 타락이다. '이 땅'은 에로스가 지향하는 예지적 진리인 '천상'과 반대되는 방향이다. 땅은 철학적 에로스의 반대다.

그런 각도에서 볼 때 인간 영혼은 처음부터 불행을 갖고 있는 것 같다. 신들은 '쉽게 올라가고' 그들의 관조가 완벽한 반면에, 타락 이전부터 있던 인간 영혼의 혼합은 일그러진 통일이다. 마소가 끄는 힘과 날개의 은총 사이에서 영혼은 이미 팽창되어 있다.

타락도 그러한 원초적인 불일치의 뒤를 잇는 것으로 이해될 수 있다. 또는 불의의 악이 다시 출현한 것으로 이해될 수도 있다. 그러나 결국 키에르케고르가 『불안의 개념』에서 말하는 대로, '구성'에서 '타락'으로 가는 것——잘못의 가능성에서 잘못으로 가는 것——은 예측할 수 없는 불행이요 '비약'이다. 성서의 타락 신화 역시 일면으로는 유혹에서 잘못으로 가는 과정을 연속적으로 그리고 있지만 잘못의 행위 그 자체는 불연속적인 돌출로 본다. 만일 타락이 불행한 구조에서 불가피하게 나온 것이라면 악은 애초의 궁핍으로 완전히 환원되고 말 것이다. 언제나 타자의 평계를 댈 수 있을 것이다. 신플라톤주의가 악을 그렇게 이해했지만 영혼이 타자에게 맡겨진 것은 영혼의 배반 때문이라는 점을 간과하지 않았다. 만일 악이 부패에서 나온 것이 아니라면 '회심'은 필요없을 것이다. 칸트가 그 점을 잘 보았다.

이상에서 신화를 철학적으로 고찰한 결론은 이것이다. '이 땅'은 영혼이 자초하는 포로 상태요 성요한이 말하는 '세상'이요, 성바울이 말하는 '육신'이다. 간단히 말해서 '이 땅'을 철학적으로 해석하도록 하는 것은 '불의'다. 불의를 신화적으로 상징하는 것이 '육'이듯이 말이다.

『국가』에서는 애매한 문제를 상당히 철학적으로 해석하고 있다. 불의가 영혼의 악이라는 생각은 이 대화 모음집의 계속적인 바탕을 이룬다(I, 352c~54a; IV, 434c~45b). 그런데 불의라는 악은 애초의 불일치가 내란으로 터지는 것이다. 거꾸로 정의란 "많음에서 하나가 되는 것"(443e)이다. 그러므로 악은 우리 안에 많은 것을 방치하는 것이다. 제X권에 보면 아주 날카로운 결론이 나 있다: 마치 부패가 육신을 파괴하듯, 그런 식으로 이 악이 영혼을 파괴하지는 않으며 단지 불행을 끌어올 뿐이다. 오직 영혼만이, 악은 자기가 부패시키는 것을 파괴한다는 법칙에 해당되지 않는다(609a). 영혼의 악은 영혼을 죽일 수 없다. 그러므로 그 악은 낯선 악이 아니다. 육이 악이 아니라 불의가 악이다.

우리는 플라톤이 오르페우스 신화를 어떻게 변형시켰는지 좀 길게 살펴보았다.[12] 이스라엘의 예언자나 그리스도교의 케리그마의 가르침을 받은

---

12) 우리는 해석학의 틀을 벗어나지 않기 위해서 이 문제를 변증법의 차원까지 끌고 가지

사람들이 볼 때, 그것은 '악한 육신'의 상징에서 '악한 선택'으로의 방향 전환이다. 동시에 그 연구를 통해 두 개의 신화가 어떻게 섞여 돌아가는지 알게 되었다. 두 개의 신화란 앞에서 말한 대로 처음 '사람'을 중심으로 도는 신화와 '육을 감옥으로 보는' 신화를 가리킨다. 만일 성바울이나 성 요한이 말하는 '육'이 신체 이상이요, 그들이 가리키는 '세상'이 사물 세계 이상임을 인정한다면 플라톤도 그런 식으로 읽을 수 있다. 그러면 성 바울의 '육신'과 플라톤의 '육'이 거의 차이가 없다. 그러나 똑같다고 할 수는 없다. 성바울이 아담 신화 때문에 영지주의에 빠지지 않듯이 플라톤 역시 그리스의 욕망 개념에 집착해서 성서의 악의 개념과 거리가 있다: 로 기스티콘τὸλογιστιχόν과 에피투메티콘τὸἐπιθυμητιχόν이 『국가』 IV에서 실 존의 양극을 이루고 있다. 이성과 감성이 서로 대립하고 있으며, 감성은 이성의 생각에 저항하고 방해하는 모든 것을 가리킨다. 그렇기 때문에 플 라톤이 말하는 '탐욕'은 성바울이 말하는 '육'과 꼭 일치하지는 않는다. 바울의 '육'은 그리스의 감성 말고도 "스스로 의로워지려는" 도덕성과 지 혜까지 포함하기 때문이다. 소크라테스파——특별히 견유 학파——의 영 향으로 그리스 사상은 특별히 쾌락과 욕망에 거부 반응을 보였다. 그 점에 서 그리스 사상은 히브리 예언자들과 다르다. 예언자들은 탐욕보다는 교 만을 더 경계했던 것이다.

　나중에 아리스토텔레스가 쾌락에 대한 태도를 수정하고 윤리적인 해석 을 가한다. 또 에피쿠로스 학파도 있었다. 그러나 스토아 학파는 윤리적인 해석에서 다시 견유 학파 쪽으로 돌아간다. 그렇게 볼 때, 소크라테스 학 파에서 플라톤을 거쳐 스토아 학파에 이르는 그리스 사상의 맥이 있는데, 그들에 따르면 결국 악은 적극적인 나쁜 의지라기보다는 수동적인 욕망의 문제다. 그러한 유형의 사상이 아담 신화보다는 오르페우스 신화에 가까 운 것은 당연한 일이리라. 그러한 사상은 성서의 죄의 상징보다는 흠의 상 징과 궤를 같이하고 신비주의적이고 제의적인 정화의 전통 위에 서 있다.

는 않았다. 제3권에 가면 플라톤의 '형이상학'과 사변적인 상징들을 살펴겠다. 예를 들면 '필연성' '방황하는 원인' '열등한 신들' '무한성' 따위다. 그것들이 욕망과 불 의의 상징을 바탕으로 고도의 상징을 이루고 있음을 보게 될 것이다.

'영혼의 감정'에 주목하는 사상의 싹이, 육 속에 유배된 영혼의 신화와 함께 플라톤화된 그리스 사상 속에서 이미 움트고 있었던 것이다.

다른 모든 신화들을 하나의 주된 신화에 비추어 살펴보는 것이 굉장히 만족스러울 수 있을까? 그렇다고 보진 않는다. 만일 그토록 만족스럽다면 신화의 해석학이 조직적인 철학을 대체할 수 있으리라. 그러나 결코 그렇지 않다. 신화들의 세계는 흩어진 세계다. 우리가 상상력과 공감을 통해 이해하는 방법을 쓴 것은 신화들 중 어떤 특정한 신화를 고찰해서 신화 세계 전체를 알아낼 수 없었기 때문이다. 한편 정적인 신화에서 동적인 신화로 옮겨가도 드러나지 않는 부분이 여전히 있다.

그래서 우리의 미완의 작업 끝에는 철학적 방법의 필요성이 제기된다. 상징의 도움을 받지만 아주 이성적이고 합리적인 철학 방법 말이다.

우리의 해석학적 연구 결과, 얻은 것은 적어도 다음과 같다. 혼돈의 신화와 눈멂의 신화와 유배의 신화 세 가지는 타락 신화의 초윤리적인 차원을 보여준다. 그래서 윤리적인 세계관에 머물고 있는 '의지의 철학'의 한계를 제시한다. 타락의 신화에는 그 세 신화가 필요하다. 타락의 신화에서 보는 하나님은 윤리적 하나님인데, 세 신화가 들어온 후 '숨어계시는 하나님'의 모습도 등장한다. 타락의 신화에서는 인간을 죄인으로 보는데, 그 세 신화를 받아들일 때 인간을 알 수 없는 힘의 희생물로 보는 관점이 생기며, 분노의 대상에 머물지 않고 동정의 대상이 된다.

결 론

상징은 생각을 불러일으킨다

 이 앞 책에서는 인간의 잘못의 가능성을 추상적으로 서술했다. 그리고 이 책에서는 잘못의 가능성이 아닌 현실적인 잘못을 어떻게 인간이 의식하는지 '되풀이' 해보았다. 이제 문제는 어떻게 연구를 계속할 것인가? 하는 점이다.

 '잘못의 가능성'에 대한 연구는 순수한 반성 *réflexion* 이었다. 잘못의 현실에 대한 연구는 '죄'의 고백이다. 반성과 고백 사이의 차이는 명백하다. 반성은 신화나 상징이 필요없다. 그것은 직접 합리성(이성)으로 이루어진다. 그러나 합리적 반성으로는 악에 대한 이해의 문이 열리지 않는다. 우리의 일상 생활은 '감정의 포로'요 그래서 합리성 안에 들어오지 않기 때문이다. 우리의 일상 생활에 분명히 자유의 이면이 있으며 인간은 종교 심성으로 그것을 고백한다. 그 고백은 방법론적인 단절을 거친다. 반성의 연속성이 끊기는 것이다. 죄의 고백은 반성과는 다른 경험에서 나올 뿐 아니라 전혀 다른 언어를 사용한다. 상징 언어다. 그런데 그 같은 단절을 겪은 후 다시 순수한 반성을 끌어들이는 것이 가능한가? 상징 세계에서 얻은 악에 대한 지식을 반성으로 더 풍부하게 할 수 있는가 하는 문제다.

 어려운 문제다. 암초 사이를 잘 빠져나가야 하기 때문이다. 던저, 단순하게 반성과 고백을 병렬할 수는 없다. 철학적 논의를 끊고 갑자기 환상적인 설화를 집어넣고 "자, 여기서 논의는 끝났고 이제부터는 신화가 시작된다"고 할 수 없다. 라슐리에Lachelier의 말이 옳다. 철학은 모든 것을 이해해야 한다. 종교까지도 이해해야 한다. 과연 철학은 길 위에서 멈출 수 없다. 철학은 첫발을 내디디며 일관성을 서약했다. 그 서약을 끝까지 지켜야 한다. 그 다음, 악의 상징이나 신화를 우의적으로 해석하면서 종교 상징들을 곧바로 철학으로 변형시키는 것 역시 불가능하다. 상징은 그 껍데기만 벗기면 무슨 합리적인 교훈을 내미는 그런 것이 아니다. 이제 이 두 가지 암초 사이에서 제3의 길을 찾아야 한다. 그 길은 창조적 해석의 길이다. 그것은 상징이 제공하는 선물 곧 의미의 충격에 충실하며 다른 한편으로는 철학자의 서약 곧 일관된 이해에 충실하여야 한다. 우리는 그 창조적 해석의 길을 다음 경구로 표현하고자 한다: "상징은 생각을 불러일으킨다."

위 문구는 다음 두 가지를 말한다. 먼저, 상징은 무엇을 불러일으킨다. 그 다음, 상징이 불러일으키는 그 무엇은 생각이다.

상징은 무엇을 불러일으킨다. 반성의 도중에 신화의 가르침을 받은 철학이 갑자기 등장한다. 그 철학은 철학적 반성을 넘어 현대 문화의 상황에 대해서까지 무언가 답을 주려 한다. '

아주 오래 된 무엇이나 야경이나 꿈을 들먹이는 것——바슐라르가 『공간의 시학 *Poétique de l'Espace*』에서 말하듯이 이것들 역시 언어의 탄생에 접근하는 것이다——은 철학에서 시작하는 어려움을 피하려는 시도다. 철학적인 시작이 먼저 눈에 띄지는 않는다. 그보다 앞선 출발점에 다가가야 한다. 상징을 이해하는 것은 그 출발점을 향한 움직임에 속한다. 철학적 시작에 다가가려면 우선 생각이 언어 속에 충분히 자리잡아야 하기 때문이다. 사람들은 제1 진리를 찾아, 또는 제1 진리와 아무런 관련이 없을 것 같은 출발점을 찾아 철학 뒤로 파들어간다. 출발점을 찾는 게 잘못이 아니라 전제 없이 출발점을 찾는 게 잘못이다. 전제 없는 철학은 없다. 상징들에 대한 생각도 이미 있는 언어에서 시작된다. 모든 것이 그 언어로 이야기된 상태에서 시작된다. 그래서 상징들에 대한 생각도 자기 전제가 있는 생각이 되고자 한다. 그러한 생각의 첫번째 과제는 생각을 시작하는 것이 아니라 이러저러한 말들 속에서 뭔가 생각나는 것이다. 생각을 시작하기 위해서는 먼저 생각나야 한다.

그러한 과제는 '현대성'과 관련하여 중요한 의미를 지닌다. 역사적으로 볼 때, 상징 철학의 탄생 과정을 망각과 회복의 과정으로 볼 수 있다. 현대에 이르러 히에로파니(신의 현현)와 성스런 표징과, 성스런 무엇에 속한 인간 따위가 모두 잊혀졌었다. 천체 기술로 자연을 정복하면서 그러한 망각이 이루어졌다. 그러면서 우리 언어가 좀더 잘게 나누어지고, 빈곤해지고, 기술화되고, 심지어 상징논리학이라는 형식 속에 말려들게 되었다. 바로 그때 우리 언어를 재충전하고, 충만한 언어에서 다시 출발하려는 움직임이 생긴 것이다.

그런데 그것은 '현대성'이 준 선물이기도 하다. 철학과 주석과 종교현상학과 언어 정신분석학이 모두 현대에 나왔기 때문이다. 언어를 지나치게 형식화하여 텅 비게 하지 못하도록 한 것도 현대에 생긴 일이요, 성스런 무엇과 인간과의 관계에서 무게 있고 충만한 의미를 찾아 언어의 공백을 채우려 한 것도 현대의 일이다.

그리스 신화의 아틀란티스를 추모하자는 것이 아니라 언어를 재창조하자는 것이다. 삭막한 비판(비평)의 사막을 넘어 새삼스럽게 무언가에 끌려가보려는 것이다.

그러나 상징이 불러일으키는 것은 생각이다. "상징은 생각을 불러일으킨다"는 말은, 모든 것이 이미 수수께끼처럼 얘기되었다는 것, 그렇지만 결국은 모든 것을 생각의 차원에서 시작하고 다시 시작하고 해야 한다는 것을 뜻한다. 조금 전에 우리는 상징의 왕국 속에서 떠오르는 생각을 말했다. 생각나는 생각이다. 그리고 여기서는 생각하는 생각을 말한다. 그 두 가지 생각을 정립함으로써 우리의 시도에 하나의 비판점이 생긴다.

우의적 방법(알레고리)이 아니고는 어떻게 상징에서 생각이 가능한가? 우리에게 필요한 것은 상징의 원초적인 신비를 존중하는 해석, 상징이 스스로를 드러내도록 하는 해석이다. 그러나 나아가 그 해석은 책임있는 자율적 생각 속에서 의미를 형성해야 한다.

문제는 여기에 있다: 어떻게 생각이 어디에 묶여 있으면서 동시에 자유로울 수 있는가? 상징은 직접적이요 생각은 이미 한 단계를 거친 것인데 그 둘이 어떻게 같이 있을 수 있는가?

만일 상징이 철학 언술(言述)과 전혀 별개의 것이라면 우리의 시도는 희망이 없으리라. 그러나 상징은 이미 말의 세계 속에 존재한다. 앞에서 여러 번 말했듯이, 상징은 두려움 같은 느낌으로 하여금 침묵과 혼란을 벗어나게 한다. 상징이 언어를 주어 고백을 낳는다. 상징을 통해 인간은 언어이기를 계속한다. 그러나 또 하나 중요한 점은 이것이다. 곧, 해석학 없이는 상징 언어가 없다는 것이다. 꿈꾸고 환희하는 인간이 있는 곳에, 일어나 해석하는 인간이 있다. 꿈꾸고 환희하는 것 역시 언술이다. 다만 일관성 없는 언술일 뿐이다. 그같이 일관되지 않은 언술이 해석학을 통해 일관된 언술로 들어가는 것이다. 원래 상징에도 항상 저절로 하는 해석이 있었다. 현대의 해석학은 그런 저절로 하는 해석의 연장선상에 있는 것이다. 다만 현대 해석학이 다른 점은 그것이 비판적 사고(생각)의 틀 속에 있다는 점이다. 그러나 현대 해석학의 비판 기능 때문에 감싸서 취하는 기능이 없어지지는 않는다. 신화와 설명을 나누는 것은 신화와 상징을 다시 찾기 위해 필요하다. 그러므로 비판의 때가 곧 다시 찾을 때다. 우리는 비판 정신의 후손이지만 비판으로 비판을 넘어서고자 한다. 다시 찾고 회복하는 비판으로 환원적인 비판을 넘어서려 한다. 셸링과 슐라이어마허와 딜타이 그리고 오늘날 린하르트, 반 데어 레우van der Leeuw, 엘리아데, 융, 불트만이 모두 그런 생각을 한다. 그런 각도에서 현대의 해석학은 큰 작업을 벌이고 있다. 한편으로는 신화를 신화로 의식화하는 작업을 하는데 이는 진전된 비판 작업의 열매다. 이 의식화를 통해 비신화화가 빠르게 진행된다. 비신화화란 역사 방법을 통해 역사적인 것과 비역사적인 것을 가리는 것이다. 결국 객관성과 지적인 정직성을 찾으려는 움직임이다. 그러나 다른 한편으로, 현대 해석학은 의식의 바탕에 깔려 있는 상징과 접촉하여 철학에 활기를 불어넣으려는 시도도 하고 있다.

그렇다고 우리가 1차 원시성으로 돌아갈 수 있을까? 그럴 수는 없다. 분명 뭔가는 상실되어 되찾을 수 없다. 곧, 직접적이고 즉각적인 믿음은 아주 잃어버렸다. 그러나 그처럼 우리 현대인이 원초적 믿음과 성스런 상징에 따라서 살 수는 없지만, 비판을 통해 2차 원시성으로 나갈 수 있다. 간단히 말해, 해석하노라면 잃어버린 소리를 다시 듣게 된다. 상징이 의미를 선물하고 지성이 그것을 풀어내는 것은 모두 해석학 안에서 일어나는 일이다.

해석학은 그런 문제를 어떻게 해결하는가?

상징은 불러일으키고 비판적 지성은 해석하는 그 운동을 해석학은 순환 관계로 본다. 그 순환을 우리는 단적으로 이렇게 말할 수 있다: "믿어야 안다, 그러나 알아야 믿는다." 이 순환은 진부한 순환이 아니며, 죽은 순환은 더욱 아니다. 살아 있어 운동하는 순환이다. 이해하고 알려건 믿어야 한다: 해석자는 자기가 묻고 있는 의미의 세계 속에 이미 살고 있지 않으면 본문이 말하는 것을 알 수 없다. 불트만이 *Glauben und Verstehen* (우리나라에서는 『학문과 실존』이라고 번역되었음) 안에 있는 유명한 논문 「해석학의 문제」에서 강조하는 것도 바로 그 점이다: "모든 앎(이해)은 해석이 모두 그렇듯이 그가 어디를 향하고 있느냐에 따라 결정된다. 곧, 묻는 방식에 따라 결정된다. 그러므로 항상 무슨 전제가 있다. 다시 말해 앎은 항상 전이해에 따라 결정되고 그 전이해의 각도에서 본문을 읽어 들어가게 마련이다. 그 전이해를 가지고 따지고 해석하는 것이다." 또 이런 말도 있다: "모든 앎에는 본문이 직접 간접으로 말하는 그 무엇과 해석자의 살아 있는 관계가 전제되어 있다." 본문이 말하고 있는 것과 해석자가 어디를 향하고 있느냐 하는 것이 일치한다는 말을 오해하면 안 된다. 불트만이 특히 경계하는 것은 그 같은 의미에의 참여와, 해석자와 "삶에 대한 특정한 표현"의 심리적인 일치를 혼동해서는 안 된다는 것이다. 해석학이 구하는 것은 삶과 삶의 유사성이 아니라, 삶이 겨냥하는 그 무엇과 생각의 일치 다시 말하면 문제가 되고 있는 무엇과 생각의 일치다. 그런 뜻에서, 알려면 믿어야 한다. 그러나 또한 우리가 알아야만 믿을 수 있지 않는가?

우리가 찾는 2차적 직접성 곧 2차 원시성은 해석학 이외의 다른 곳에서는 얻을 수 없다. 해석하면서만 믿을 수 있기 때문이다. 상징을 받아들이는 '현대적인'·양식이 그렇다. 거기에 현대의 고뇌가 있고 또 그 고뇌의 치유가 있다.

해석학은 그가 해석하면서 이해해야 할 그 무엇에 대한 전이해에서 출발한다. 해석학의 순환이 그렇다. 그 순환 덕분에 나는 지금 해석의 전이해가 무엇인지 밝히면서 성스런 무엇과 교제할 수 있다. 그러므로 해석학은 '현대'의 산물이지만 현대를 극복하게 해준다. 성스런 무엇을 망각한 현대를 말이다. 존재가 내게 말하고 있다고 나는 믿는다. 물론 비판 정신 이전의 직접적인 믿음의 형태가 아닌, 해석학을 통한 2차적 직접성의 형태로 말이다. 신의 현현(히에로파니)이 비판 정신 이전이었다면 그 같은 2차

원시성은 비판 정신 이후에 해당된다.

그처럼 믿음과 비판 정신의 결합으로 "상징은 생각을 불러일으킨다"는 문구의 두번째 뜻을 살펴보았다. 그리고 그 같은 결합은 믿음과 앎의 순환 관계다. 그러므로 우리가 '비신화화'를 말할 때 얼마나 조심스럽게 말해야 하는지 알 수 있다. '비신화화'와 '신화의 제거'는 구분해야 한다. 오직 전자만이 가능하다. 비판 정신은 비판인 한 언제나 '비신화화' 한다. 역사적인 것과 비역사적인 것을 가린다. 그리하여 비신화화는 끊임없이 미토스(예를 들면 우주를 땅과 공중과 하늘과 지옥의 수겹으로 이루어진 세계로 보는 것)에서 로고스를 찾아내려는 것이다. 가장 '현대적인' 것으로서, 비판 정신은 '비신화화' 하지 않을 수 없다. 거기서 진실성과 지적인 정직성을 얻고 나아가 객관성을 얻는다. 그러나 다른 쪽으로 보면 현대 해석학이 '비신화화'에 열을 내면서, 성스런 무엇의 상징 차원이 빛을 보게 되었다. 그처럼 상징과 만나게 되면서 철학이 생기를 되찾았다. 해석학은 철학이 젊어지는 데 중요한 역할을 한 것이다. 결국 '비신화화'가 생각을 상징에 미치게 했다. 그러한 역설은 우리가 앞서 말한 믿음과 앎의 순환에서 생기는 현상이다.

해석학의 순환이 그런 것이라면 이제 우리는 철학적 해석학의 길에 들어선다. 그 순환을 확인하는 것은 우리가 단순한 '되풀이'에서 자율적인 '생각'으로 가기 위한 단계에 지나지 않는다.

그런데 상징의 양태로 머물러 있는 상징 이해가 있다. 상징을 상징으로 이해하고자 하는 비교현상학이 그렇다. 설명하고 환원하는 사고 활동과 단절한다는 명목으로 아예 상징에 머무르는 지성이 등장했다. 그런 지성만 가지고도 서술현상학이 가능하다. 그것 자체로 이미 하나의 이해 방식이기 때문이다. 그 지성에게는 상징들이 이루는 '세상'이 있다. 거기서 이해한다는 것은 각 상징들의 여러 가지 의도를 드러내고 신화들과 제의들 사이의 의도적인 유사점을 발견하고 상징 속에 들어 있는 여러 차원의 경험과 표상들을 섭렵하는 것이다.

엘리아데가 잘 보여주듯이 그런 형태의 이해는 개별 상징들을 전체적인 상징 체계 속에서 보는 경향이 있다. 악의 상징과 악의 신화를 분석하는 우리의 분석도 일단 그런 지성과 무관하지 않다.

그러나 우리는 그처럼 상징 속에 묻혀 있는 상징의 지성에 만족할 수 없었다. 거기에도 진리의 물음이 끊임없이 제기되지만, 만일 현상학자들이 상징들끼리의 조직성과 일관성을 가리켜 진리라고 부른다면 그 진리는 믿음 없는 진리요, 거리를 둔 진리다. 거기에는 내가 그것을 믿는가? 하는 물음은 배제된다. 그런 상징들을 가지고 내가 무엇을 하는가? 하는 물음이 배제된다. 한 상징에서 다른 상징으로 가는 비교의 차원에 머무는 한 그런 물음은 배제될 수밖에 없으리라. 그런 지성은 호기심은 있으나 중립적인 지성이다. 그러나 그것은 하나의 단계에 지나지 않는다. 그러므로 우리는 이윽고 각 상징의 진리치와 비판적이면서도 뜨거운 관계에 들어갈 수밖에 없었다.

우리가 신화 상징의 정적인 것에서 역동적인 것으로 옮겨갔을 때 철학적 해석학으로의 이동이 시작된 것이다. 상징의 세계는 조용히 머물러 있는 세계가 아니다. 상징이 각기 단독으로 있는 한 우상 숭배의 벽을 쌓아 자기를 강화하지만, 다른 상징과의 관계에서 우상 파괴자가 된다. 그러므로 그 투쟁과 운동에 참여해야 한다. 그 투쟁을 통해 상징은 저절로 해석학을 일으켜 자기를 넘어선다. 그러한 역동성에 참여할 때에 비로소 비판의 차원에 접근하고 해석학적 이해가 가능하다. 그러기 위해서는 무관심하게 멀리서 보는 방관자의 입장을 벗어나야 한다.

그렇게 해서 우리는 믿음 없는 진리를 떠나, 이해하기 위해서는 믿어야 되는 해석학의 순환에 도달했다. 앞에서 나는 신화 세계를 어느 각도에서 보겠다고 분명히 말했다. 그 각도란 유대적인 죄의 고백과 그 상징과 그 신화다. 내가 그렇게 말할 때 우리는 이미 해석학적 순환에 들어간 것이다. 그처럼 어떤 하나의 신화에 서서 볼 때만 신화 전체를 보는 것이 가능했다. 적어도 어느 정도까지는 말이다.

그러나 그런 식의 순환적 이해 방식도 넘어서야 한다. 주석가 또는 해석가는 얼마든지 그 순환 속에 머물러 있을 수 있다. 마치 비교학자가 진리의 에포케(판단 정지)를 행하고 계속 중립성 속에 믿음 없이 머물러 있을 수 있듯이 말이다. 그러나 일관성 있는 반성을 수행하는 철학자는 그 순환의 단계에 머무를 수 없다. 물론 해석학적 순환은 그로 하여금 믿음 없는 안이한 중립성을 떨쳐버리게 한다. 그러나 믿음이 필요하다고 상징들 속에서 생각하는 데 그쳐서는 안 되며 상징들을 출발점으로 다른 것을 생각해내야 한다.

상징들 속에서 노는 '해석학의 순환'을 어떻게 벗어날 것인가? 순환을 확신으로 바꾸면 된다.

만일 내가 상징적 사고(생각)의 지표라면 인간에 대해서 그리고 인간 존재와 다른 모든 존재의 관계에 대해 더 잘 알게 되리라고 나는 확신한다. 그런데 그 확신이 서기 위해서는 그것을 지성적으로 만족시키고 입증하는 과제가 생긴다. 이때 이번에는 그 과제가 확신을 변형시킨다. 상징 세계가 지니는 중요성을 확신하면서 나는 동시에 내 확신이 내게 반성의 능력을 주고 삶에 대해 일관성 있는 언술 능력을 주리라고 확신한다.

그때 내 앞에 정말 철학적인 해석학의 영역이 열린다. 그것은 우의적 해석과는 거리가 멀다. 우의적 해석이란 철학이 신화의 옷으로 변장하고 있다고 보고 그 옷을 벗겨 철학을 끄집어내는 것과 같다. 그러나 철학적 해석이란 창조적 해석이다. 상징으로부터 의미를 형성하는 사고 활동이다. 그 과정을 잠정적으로 상징의 '선험적 연역'이라 부르자. 칸트가 말하는 선험적 연역은 한 개념이 어떤 객관 영역을 가능케 함을 보임으로써 그 개념을 정당화하는 작업이다. 내가 돌아감이나 방황이나 포로됨 같은 상징을 사용할 때, 그리고 혼돈 신화나 타락 신화 같은 신화 상징에서 인간의 모습을 드러낼 때, 간단히 말해 악한 존재의 신화를 통해 노예적 자유의 현실을 보일 때, 그때 나는 악의 상징을 '연역했다'――선험적이라는 뜻으로――고 말할 수 있다. 그처럼 상징을 인간 현실을 간파하고 드러내는 것으로 여기고 취할 때, 그 상징이 과연 인간의 경험과 고백의 영역을 밝히고 들추어내는 힘으로 그런 역할을 감당하기 때문이다. 그런데 흔히 상징이 들추어내는 그런 경험의 세계를 너무 빨리 이러저러한 유한성의 차원 곧 악의 상징 없이도 알 수 있는 실수나 습관이나 감정이나 수동성 같은 것으로 환원한다.

그러나 여하튼 선험적 연역을 통해 상징을 표현하는 것으로는 완전히 만족할 수 없다. 선험적 연역의 방법으로는 자기 의식이 증가되고, 단순히 반성 영역이 확장되는 데 그친다. 그러나 우리가 말하는 상징 철학은 반성 의식의 질적인 변화까지 목표로 삼고 있다. 알고 보면 모든 상징은 히에로파니요 인간과 성스런 무엇과의 관계를 표현한다. 만일 상징을 단순히 자아 의식을 드러내는 것으로 보면 상징의 존재론적 기능을 무시하게 된다. "너 자신을 알라"는 말을 흔히 반성 차원의 문제로 알지만 실은 존재 안에 자리를 잘 잡으라는 충고다. 플라톤의 『카르메니데스』가 그 점을 꼬집어내고 있다: "신은 그들을 구원하기 위해 이렇게 말한다: 지혜롭게 되라. 그는 신의 품의를 가지고 '지혜를 가지라' 또는 '스스로 네 자신을 알라'고 한다. 그런데 그 둘은 같은 얘기다. 그러나 많은 사람들이 그 점을 간과한다. 그리고 지혜롭게 된다는 것을 '지나치지 말라'든가, '보증을 서면 불행이 닥친다'는 따위의 말로 이해한다. 그래서 그들은 '너 자신을 알라'는 말도 하나의 조언으로 알 뿐 신의 구원으로 알지 않으며, 자신들도 조언한다며 이러쿵저러쿵한다"(165a).

결국 상징이 말하는 것은 삶의 터인 존재 한가운데 처한 인간의 상황이다. 그러므로 상징의 인도를 받는 철학자는 자아 인식의 담을 헐고 반성의 특권을 제거해야 한다. 상징은, 코기토 *Cogito*가 존재 안에 있는 것이지 그 반대가 아니라는 생각을 불러일으킨다. 그러므로 2차 원시성은 두번째의 코페루니쿠스적 혁명이다: 코기토를 통해 존재가 제기되지만, 코기토는 상징 안에서 존재의 부름을 듣고 이미 존재에 참여하고 있다. 허물의 상징들——돌아감·방황·포로됨——과 신화들——혼돈 신화, 눈멺의 신화, 혼합 신화, 타락 신화——은 모두 세계 존재 안에 있는 인간 존재의 상황을 말하고 있다. 그러므로 상징들로부터 실존의 개념들을 정립해야 한다. 반성의 구조뿐 아니라 인간 존재로서의 실존의 구조를 정립해야 한다. 그때 비로소 인간 존재가 어떻게 형성되는지, 그의 유한성이 어떻게 무로 나타나는지 그리고 인간의 악이 어떻게 반은 있는 것(존재)이고 반은 없는 것(무)인지 알게 된다.

그래서 만일 우리가 노예 의지의 경험을 찾는 과정을 선험적 연역이라고 한다면 그 선험적 연역은 유한성과 악의 존재론 안에서 일어나야 한다. 그럴 때 상징은 실존 개념으로 뛰어오른다.

확신은 이렇다. 철학이 자아로부터 시작하기 위해서 전제 없는 철학이 되어야 한다고 보는 사람은 지금껏 위에서 말한 사고 형태 또는 생각하는 방식에 반대하리라. 그러나 참으로 언어에서 출발하는 철학은 전제를 지닌 철학이다. 다만 그 전제를 분명히하고, 그것을 자기의 믿음으로 제시하고, 믿음을 확신으로 정립하고 그 다음 그 확신을 이해시키면 된다.

그런 확신은 아무것도 안 거치고 앎을 믿음으로 바꾸는 변증론과 정반대다. 상징에서 출발하는 철학은 그런 변증론과 반대 방향으로 나아간다. 기본적으로 안젤름의 도식을 따른다. 상징에서 출발하는 철학은 그 바탕 안에 이미 전제로 자리잡고 있는 인간을 발견한다. 그 같은 전제는 상당히 우연하고 폭 좁은 것으로 보일 수 있다. 어떤 상징을 취했다는 것이 상당히 우연하게 보인다. 왜 철학하는 데 하필 상징인가? 왜 그 상징을 취하는가? 어떤 상징을 취할 때 생기는 문화적 우연성과 제약성이 있지만, 철학은 그러한 우연성에서 출발하여 반성과 사변을 거쳐 그런 방식의 합리성을 발견해야 한다.

그 다음에도 계속 철학의 조건만 따지는 데는 좀 냉담할 필요가 있다. 오직 처음부터 언어의 양분으로 사는 철학은 그런 냉담함을 보일 수 있다. 그 철학은 그런 문제를 어느 선에서 정리하고 자신의 접근 방식의 합리적이고 보편적인 구조를 찾는 일을 늘 염두에 둔다.